普通高等教育"十三五"规划教材

会 计 精 品 系 列

新编外贸会计
——外贸会计及国际结算
（第七版）

纪洪天　陈婉芳　冯福妹　纪　一　编著

立信会计出版社
LIXIN ACCOUNTING PUBLISHING HOUSE

图书在版编目(CIP)数据

新编外贸会计：外贸会计及国际结算 / 纪洪天等编著. —7版. —上海：立信会计出版社,2019.1(2020.7重印)
ISBN 978-7-5429-6059-7

Ⅰ.①新… Ⅱ.①纪… Ⅲ.①对外贸易－会计 Ⅳ.①F740.45

中国版本图书馆 CIP 数据核字(2019)第 013958 号

策划编辑　　方士华
责任编辑　　方士华

新编外贸会计——外贸会计及国际结算(第七版)
Xinbian Waimao Kuaiji——Waimao Kuaiji Ji Guoji Jiesuan

出版发行	立信会计出版社		
地　　址	上海市中山西路 2230 号	邮政编码	200235
电　　话	(021)64411389	传　　真	(021)64411325
网　　址	www.lixinph.com	电子邮箱	lixinaph2019@126.com
网上书店	http://lixin.jd.com		http://lxkjcbs.tmall.com
经　　销	各地新华书店		
印　　刷	常熟市华顺印刷有限公司		
开　　本	710 毫米×960 毫米	1/16	
印　　张	28		
字　　数	482 千字		
版　　次	2019 年 1 月第 7 版		
印　　次	2020 年 7 月第 2 次		
印　　数	3 101—6 200		
书　　号	ISBN 978-7-5429-6059-7/F		
定　　价	57.00 元		

如有印订差错,请与本社联系调换

第七版前言

2016年以来,我国有关外贸业务的规章又有了某些重大变化,本书随之改版。主要变动如下:

1. "营改增"向全国、全行业推开,这将影响本书第五章第四节及第十章的主要内容。

2. 2006年的《企业会计准则第14号——收入》有了修改,上市公司与非上市公司先后适用。虽然与外贸企业较少实质影响,但也在第七章中指出其变动要点。

3. 从教学法角度作了一些改进。

其他章节经多年与时俱进,结构已趋成熟,未作重大变动。只是继续压缩了一些过时内容。

关于外汇汇率计算的演示,仅有教学示范作用,不再随市场牌价改变。

本书拟再次强调教学中的原理讲解。尽管近年来税务、海关无纸化与电算化会计有极大发展,只要输入原始数据,统一的软件就会"自动生成报表",工作的统一简化已达极致。似乎不学会计也可当会计。这种认识将危及中级、高级会计人才的成长,恐不是学校教育的正道。

为便教师教学,本版对每章分别增加了少量计算及分录题,读者也可借以加深对教材的理解。

从本版起,本书改由纪洪天、冯福妹和纪一三人修订改编。

作　者
2019年1月

(注:本书本版习题有习题解答,授课老师可向本社营销部获取。)

第六版前言

本书自1994年初创以来，连同本书的姊妹篇《外贸会计基本教程》已畅销了近18万册。由于不断追求与时俱进，至今还能跻身于同类书籍的前沿行列中。

自第五版出版以来，国内的外贸环境不断有变化，加上作者在某些教学法上也有所改进，有必要再作一次全面的修订。本版的主要变动有如下各点：

1. 第三章中取消了外汇联网核查等措施；在第七、八章中取消了出口收汇与进口付汇的核销要求。

2. 第五、七、十章新增了"营改增"的内容。

3. 第五、七、九章对出口退税，结合税制改变，从教学角度作了大量改进与充实。

4. 第十三章中对外汇期权组合的国内新开放的内容作了简单介绍。

5. 压缩了少数章节中相对次要及外围性题材，以腾出篇幅。但多数章节因历年修订，结构已趋成熟，只有零星修改。

这里需要提醒一点：自从海关实施报关通关"无纸化"以来，许多纸质单证已经改在网上在线操作，在实践中已见不到这些纸质单证了。这大大促进了"贸易便利化"，应该得到称颂。但本书从教学目的出发，还是要讲解这些单证。如果不了解外贸财会信息流程的内在联系，把财会工作"简化"到只是"输入信息"和"计算机会自动生成报表"，将不利于中高级外贸财会人才的成长。在本书各章中就不再申明这一观点了。

初次采用本书作为教材的教师，如需配置习题，可从立信会计出版社出版的《外贸会计基本教程》各章中选用，或从立信会计出版社出版的相应《外贸会计习题集及解答》中酌情选用。

作　者
2016年1月

第五版前言

本书初次问世于1994年。几经改版更新，至第四版止已发行15万册以上，并配有习题集、较小篇幅的《基本教程》和英汉双语版，成为一个体系，深得读者好评。现趁入编立信会计出版社"普通高等教育'十三五'规划教材·会计精品系列"之机，将第四版以来相关国际惯例和国内规章的变动吸收进来，成为第五版，以求与时俱进。

本书自第三版起改变了编写格局：自外贸企业会计转变为专讲外贸业务的专业会计，以求加强专业深度并避免与《中级财务会计》学科相重复。又根据作者长年来的教学经验，深信一本好的会计教科书必须是业务、财务与账务三者融为一体的结构，这样方能避免死记硬背，囫囵吞枣，发展前景相应狭窄的缺点。本书特别着力于有关"外贸单证"及"国际结算"两个部分。第五版继续保持了这种理论与实践密切结合的体例。这样既有利于在职、在校两类读者使用，也有利于金融系和国际经贸等专业选用为教材。

由于历经多年增删，本书结构已趋稳定，与第四版相比，只有下列局部几小节的变动，特提请教师们注意：

章次	修改内容
1. 第二章	增加了2010年版《国际贸易条款》的主要变化，列为第二节。
2. 第三章	充实了第七节"人民币国际化后的会计处理"。
3. 第七章	小量改写了第五节"出口收汇核销制"。
4. 第八章	小量改写了第三节"进口付汇核销制"。
5. 第十章	小量改写了第三节"技术进口的会计"。

其他章节都只有零星增删或改正错排，无损大体，不再一一列示。

欢迎读者提出批评意见，并继续希望任课教师通过编辑部与作者建立联系(E-mail：fangshihua2013@163.com.)。

作　者
2011年8月

【重印附告】在第五版定稿后，我国在会计、外汇管理、税务等方面新发生了某些变动，特以【重印更新】标题在有关章节添加页底注，以供教师、学生及读者参考。

第四版前言

自本书第三版改版以来,我国外贸的财务、会计大环境发生了众多变化,例如:

(1) 2006年2月及10月,财政部先后颁布了新的《企业会计准则》及其《应用指南》。虽然一开始只在上市公司实施,但它们代表了我国会计规范将和国际会计准则进一步趋同的大方向;也包含了某些全新的会计业务的规范。

(2) 2008年8月《外汇管理条例》修正公布,大大影响了外汇会计的内容。在此前后的国际金融风暴,也引起了一些外汇管理措施的改变,因而影响到外贸财务与会计。

(3) 2007年7月,国际商会发布了国际贸易结算中的重要惯例《跟单信用证统一惯例》的600号出版物修订本,同时发布了《关于审单的国际标准银行实务》的601号出版物,使国际贸易结算产生了某些变动。

(4) 金融衍生工具市场在我国有了某些发展,使与外贸相关的套期防险内容有了更多的现实操作意义。2007年后的国际金融风暴,使我们开始注意衍生工具的投机方面对财务的影响。

(5) 增值税出口退税及外贸融资实践在这几年内也有了某些发展,导致外贸税务和会计方面有了某些细化。

为此,有必要在保持原书的编写精神及结构格局的前提下,进行一次修订改版。

作者认为有一点必须提醒读者。任何会计都是业务、财务(金融)和账务的结合。业务和财务(金融)知识是会计上的确认和计量的基础。没有外贸的业务和相关财务(金融)知识,就不能辨析应否记账、进什么科目、记多少金额,也不能知道资料从哪里获得。本书的编写结构特别重视这一内在联系。我们认为本科生为了将来的发展,应该从这一层次去理解外贸会计,不能单纯重视分录,忽视业务、财务和会计依据。本书的姊妹篇《外贸会计基本教程》将更适合较少学时较多实践性的要求。

再一次向读者推荐本书配套的《习题集及解答》。该书相当于提供大量的例题,可以帮助读者更具体、更方便也更深入地理解本教材,也极有利于培养学生的实践能力。

本版首先由原作者按原分工作了初步修订,纪一老师也在本书教学积累的基础上参与了部分修订,然后由冯福妹同志将外贸会计的新发展问题重点作了补充,最后由纪洪天对全书作协调统一。

继续欢迎广大读者和采用本书作教材的教师们,通过编辑部(电邮:fangshihua@yahoo.com.cn)为我们指出不足,并互通信息。

作　者

2009 年 11 月

第三版前言

本书修订的第一个意图是想把本书的适用范围扩大到财会、贸易以及金融院系的本专科学生、在职外贸财会人员、业务单证人员和银行的国际结算人员。本版新增了一个副题。其中的"国际结算"本是外贸系及金融系的主要学科,但与"外贸会计"互相关联的内容特别多,从而有可能写成一本通用的教材。特别是"国际结算",这是高层次、高素质财会人员所必须掌握的内容,必然会相得益彰。

本书前两版共发行了12万册,可算是外贸会计近年来最畅销的一个版本。但是,我国2001年11月《参加世界贸易组织的议定书》第5条规定:"……在加入后3年内,使所有在中国的企业均有权……从事所有货物的贸易。"2004年6月新"对外贸易法"已准许企业和个人不经批准(只要备案)即经营外贸。当前在我国已开始涌现出大量不在国有外贸公司体系内的国有和民营从事外贸业务的企业,还有1997年以来已经开始出现的外商投资专业外贸企业,以及出口额已占我国外贸总额半数以上而且单位数还在不断新增的"三资"企业。可以预见,短期内将开始出现一个外贸高潮。此外,自2007年起外资银行将被许可全面进入我国金融市场。随着这些高潮的到来,必然会有大量财会、业务及国际结算工作方面的新手参加进来。他们都迫切需要一本适用于新进人员的循序渐进的教材。这就是本版修订的主要意图。为此,本书这一版在第一部分中重点讲解了外汇、价格条款、运输、保险、佣金、税务、国际结算等七个单项业务要素的会计。然后在第二部分对进出口四大会计系统的实务进行前后贯穿的讲述。最后,在第三部分上升到某些专题的研究。

本版修订的第二个意图是想专业化。本书第一、第二版在几年前是有一定超前性的。但是近年来财政部陆续发布了一批《企业会计准则》,在高等学校的课程中已吸收了国外《中级财务会计》学科的内容。因此,在一本专业会计教材中已没有必要再来讲述投入资本、本币、长期资产、利润、会计报表等共性题材,可以专注于外贸业务的会计。这次还充实了技术进出口及外汇防险的衍生工具等专业会计的新发展内容(2004年2月我国银行业务监督委员会公布了《衍生产品交易业务管理暂行办法》,正式开放了我国的衍生工具市场)。

由于本版的选材跨度广,本、专科的课时多少不同,故特把内容划分为A、B两个层次:在多数章节末及第十三章全章介绍一些较高级的题材,加标"B级材料"字样;其余则为A级(A级从略不标)。A级材料内凡排小号字的,使用频率稍低,可以简讲。全书均需仰仗任课教师斟酌选讲范围,因为如第七至第十章也已着眼于工作岗位需要,难度不低,未必都能于在校时学透,学生务必听从教师的选择。如果课时不足,可把第一至第九章作为重点。

作者在立信会计出版社另行编写了一本英汉双语教材《外贸财务、会计及国际结算》。在专业内容方面较本书为简要,但对需要接触更多专业外语实践的读者将会有较大的帮助。

在2004年重印的《新编外贸会计习题集及解答》也已随本版而增补修订同时出版,当可供教师参考,节约一些备课时间,也可对学生布置习作以加深对教材的理解。

本版第二部分由陈婉芳及冯福妹负责修订;第一、第三部分由纪洪天负责修订;并相互校阅。

欢迎读者提出批评意见,特别希望任课教师与作者建立联系(E-mail:fanghui 1972@sohu.com)。

纪洪天
2004年6月

(附告:本书已另写出适当精简篇幅的《外贸会计基本教程》,由本社于2005年8月出版,可供选用。)

修订本前言

本书出版短短一年多来,深受读者欢迎,已再三重印。在此期间我国在外贸、国际金融及会计方面的改革进展较快。例如1995年内修改了出口退税办法;1996年公布了《外汇管理条例》及新的《结汇、售汇及付汇管理规定》;1996年内推行了加工贸易保证金台账制。另外,鉴于外商投资企业在我国进出口总额中已占到近40%的比重,外贸经营权将进一步放开,对国有企业的收购买断制行将压缩,不少专业外贸企业将转行代理制等的形势,外贸会计的内容必须进一步切合这一超部门化的发展趋势。为此,特将原书作一适应性修订。

修订本取材截至1996年11月份。为适当压缩篇幅,删去了原第二章"会计基础方法",必要时可另求助于专书。

为了方便教师、学生与实际工作者使用本书,自修订本起,另行增编了《习题解答》一种,其中还增加了一些补充习题、重点教学参考材料及注释,与原书中的习题合成一册,单独出版,特此奉告。

纪洪天

1996年12月9日

前　言

　　自1993年7月起,我国实行了《企业财务通则》、《企业会计准则》和十多个行业的"财务制度"及"会计制度",开始与国际通行的财会实践接轨,随即在1994年初,我国又推出现代企业制度、外贸体制、外汇管理体制、金融体制、税收体制等几大改革措施,原来以传统的计划经济为背景写成的外贸会计教材,已不能适应新形势的需要,因此,迫切需要有一本能反映这些重大改革的新教材,本书是为满足这一需要而作出的一个粗浅尝试。

　　目前,我国正处在深化改革的阶段,行政规定变动频繁。财政部将在近两年再公布二三十个专题性的准则。为了避免本书过快成为"明日黄花",在编写中适度地从理论出发增加了一点超前意识。同时,我国财会工作发展的总趋势是日益与国际通行规则靠拢,因此,本书在编写中虽以现行制度为背景,但避免了单纯的"制度加解释"的传统模式,而适度联系国外实践并作少量原理性探讨。对会计制度中即将成为过去的残迹着墨较少;而对国际上早已盛行,但在我国未来有可能面临的某些题材,也适当作些提示。

　　为求一书多用,适应不同读者的需要,本书既要高度概括全面性内容,又要突出专业性特点。为此,对共性题材力求精简扼要,而对对外贸易中的外汇、进出口问题以及会计接轨后和1994年体制改革的新问题则叙述较详。从而特别要依靠任课教师分别学生情况作较多发挥或作某些简略。例如,对大学会计本、专科班级来说,学生已经学习过"中级财务会计"一类课程,故对本书中的共性会计题材可以简讲或指定学生自学,其中纯专业会计范围的内容大致可供一学期三学分的教学之用。在非会计(如外贸)专业,则全书均要讲解,适当简缩后足可供四学分之用。对中专班级,建议可减缩各章内某些理论题材及某些对比讨论的内容,而主要讲述接轨后的会计处理,这样,约可供每周4~6课时一学期的教学之用。此外,为供职业培训班级采用本书,特增列了第二章,扼要地叙述了会计的基础方法,以便在教师作较多的补充讲解后,使学生能在螺旋式上升的情况下学习第二章以后的题材,但仍建议在对各章增加教学课时的同时,也可考虑压缩某些较高难度的章节。

  本书由上海市外经贸委原财务处调研员、上海市海外公司财务处副处长陈慧珍,上海申达纺织服装联合公司原总会计师陈婉芳,上海手帕进出口公司财务部副经理冯福妹及上海市经济管理干部学院、上海市纺织职工大学兼任教授纪洪天共同编写,由纪洪天进行总纂。全稿承章普安高级会计师审阅及上海纺织职工大学乔萍讲师协助通读指正并提供大量习题,深表感谢。

纪洪天
1994年5月12日

目　　录

第一章　概说 ··· 1
　第一节　学科概说 ·· 1
　第二节　外贸会计的类型及内容 ·· 4
　第三节　外贸的国内体制背景 ·· 7
　第四节　进出口业务程序与财会岗位责任 ··························· 9
　复习思考题 ··· 13
　习题 ·· 13

第一部分　单项外贸业务的会计

第二章　价格条款 ·· 17
　第一节　国际商会《国际贸易条款》 ·································· 17
　第二节　2010年版《国际贸易条款》的主要变化 ·················· 30
　第三节　《国际贸易条款》和财务决策及报价 ······················ 33
　第四节　美国外贸定义(1990年修订本)(B级材料) ··············· 37
　复习思考题 ··· 40
　习题 ·· 41

第三章　外汇会计 ·· 43
　第一节　外汇的定义 ··· 43
　第二节　外汇管理及其对外汇会计的制约 ·························· 46
　第三节　汇率 ·· 48
　第四节　外汇会计 ·· 53
　第五节　分账制记账方法(B级材料) ·································· 72
　第六节　国际金融新形势下的外汇会计 ····························· 75
　复习思考题 ··· 80
　习题 ·· 80

第四章　运输、保险及佣金的会计 …… 83
第一节　运输业务和运费 …… 83
第二节　保险 …… 103
第三节　佣金 …… 111
第四节　运、保、佣的会计处理 …… 113
复习思考题 …… 116
习题 …… 116

第五章　税务的会计 …… 119
第一节　关税 …… 119
第二节　增值税 …… 128
第三节　消费税 …… 138
第四节　全面"营改增" …… 143
第五节　附加税 …… 152
第六节　核定征收所得税 …… 153
复习思考题 …… 154
习题 …… 155

第六章　国际贸易结算的会计 …… 156
第一节　外贸中的支付条款 …… 156
第二节　汇款 …… 157
第三节　托收 …… 163
第四节　信用证 …… 171
复习思考题 …… 192
习题 …… 193

第二部分　进出口各系统的会计

第七章　出口业务会计 …… 197
第一节　自营出口销售的会计 …… 197
第二节　代理出口销售的会计 …… 211
第三节　代理买断制出口 …… 215
第四节　出口退税的会计 …… 218

第五节　出口收汇核销制 …………………………………………… 236
　　复习思考题 ……………………………………………………………… 236
　　习题 ……………………………………………………………………… 237

第八章　进口业务会计 ……………………………………………………… 239
　　第一节　自营进口的会计 …………………………………………… 239
　　第二节　代理进口的会计 …………………………………………… 256
　　第三节　进口付汇的监管 …………………………………………… 261
　　复习思考题 ……………………………………………………………… 262
　　习题 ……………………………………………………………………… 263

第九章　加工贸易会计 ……………………………………………………… 265
　　第一节　加工贸易和保税 …………………………………………… 265
　　第二节　来料加工的税务及会计 …………………………………… 268
　　第三节　进料加工的税务及会计 …………………………………… 276
　　复习思考题 ……………………………………………………………… 289
　　习题 ……………………………………………………………………… 289

第十章　技术进出口业务的会计 …………………………………………… 292
　　第一节　技术进出口的业务 ………………………………………… 292
　　第二节　技术进出口的税务 ………………………………………… 294
　　第三节　技术进口的会计 …………………………………………… 299
　　第四节　技术出口的会计 …………………………………………… 309
　　复习思考题 ……………………………………………………………… 313
　　习题 ……………………………………………………………………… 314

第三部分　几个外贸专题的会计

第十一章　信用证专题 ……………………………………………………… 317
　　第一节　审单 ………………………………………………………… 317
　　第二节　不符点的处理 ……………………………………………… 329
　　第三节　特殊信用证（B级材料） …………………………………… 330
　　复习思考题 ……………………………………………………………… 339

习题 ·· 340

第十二章　外贸融资会计 ··· 341
　第一节　外贸短期融资会计 ·· 341
　第二节　外贸中长期融资会计 ··· 354
　第三节　出口信用保险与担保 ··· 373
　　复习思考题 ··· 383
　　习题 ··· 383

第十三章　外汇防险及衍生工具会计（B级材料） ················ 385
　第一节　概说 ·· 385
　第二节　远期交易的财务与会计 ·· 387
　第三节　期权的财务与会计 ··· 405
　第四节　防险会计 ··· 411
　第五节　投机的会计处理 ··· 418
　第六节　新型期权 ··· 420
　　复习思考题 ··· 425
　　习题 ··· 426

第一章 概　　说

第一节　学科概说

1-1　外贸会计的重要性

自从改革开放以来，我国的对外贸易量飞跃增长，至 2014 年货物进出口总额已达 4 万亿美元，居世界第一，其中出口占世界第一；进口占世界第二。近 10 年来的外贸依存度一般在 40%～69% 之间。尤其是出口，长期以来一直与投资及内需共同成为拉动我国 GDP 增长的"三驾马车"之一。我国还曾被国外誉为"世界工厂"。2015 年前后屡次对外宣布 5 年内将进口 10 万亿美元的商品。2018 年 11 月还史无前例地举办了中国上海国际进口博览会，此前还提出了"一带一路"的倡议。这些对我国国民经济的繁荣与就业的增长，都起着巨大的作用。

以上内容是就宏观经济而言的，如果从外贸企业的微观经营来看，单是进出口总额有增长还只是走了一半路程，必须最终能获取利润并且能转化成现金，使资金链运转顺畅。否则迟早会失去生存能力。这就要求企业有高素质的财会人员参与其中。同时还要求业务人员和企业领导具有财会意识。否则就会出现历史上曾发生过的出口成交量与收汇额越多，而亏损却越大直到难以为继的境地。这就促使外贸财会学科获得了进一步的重视。特别是外贸业务要受到众多国际惯例和国内金融规章的制约，其会计颇多行业特点，如不经过专业教学培养，极难胜任工作。我国会计科系毕业生虽已学习过中级财务会计及高级财务会计，但在分配到外贸会计岗位时，往往会茫然不知所措。这就说明必须有独立的外贸会计学科，也说明了相关院校有必要开设外贸会计课程。

1-2　我国外贸格局转变对外贸会计的影响

在 2001 年 11 月我国参加世界贸易组织后，国内市场迅速和国际市场融为一体。民营企业和几十万个外商投资企业在我国进出口总额中已占到一半以上的份额。再加上我国"参加世界贸易组织的议定书"中规定的"在加入后三年内，使所有在中国的企业均有权……从事所有货物的贸易"，我国外贸单位数空前增长,至 2012 年中小外贸企业已近 500 万户。全部外贸企业的会计工作都已处在国际市场的环境中,受到众多国际惯例和国际会计规范(在我国已由财政部制定为相应的企业会计准则)的约束,使我国外贸会计的内容富有特色。以下将分段展开叙述。

1-3 外贸会计的对象

一般地说,会计的对象,是指会计所要记录、计算、反映、监督的客体,即能以货币为单位来衡量的经济活动。这一经济活动也就是物质财富在生产、分配、流通、消费的全过程中的变动情况。在财务、会计专业用语中,以货币为单位来衡量的物质财富就称为资金。所以,会计的对象就是资金在社会再生产过程的各道环节间的移动变迁情况。资金的这种移动变迁总是要一次又一次不断地重复进行下去,这在财务、会计专业用语中,称为资金的周转。因此,会计的对象就是企业资金的周转过程。

由于各类企业的资金周转过程的具体内容不同,会计对象的具体内容也随之而有不同。例如,商品流通企业与工业企业不同。前者只有购、销两个过程而没有典型的生产过程。这可用图式(图表 1-1)表示如下:

图表 1-1

工商企业的资金周转过程

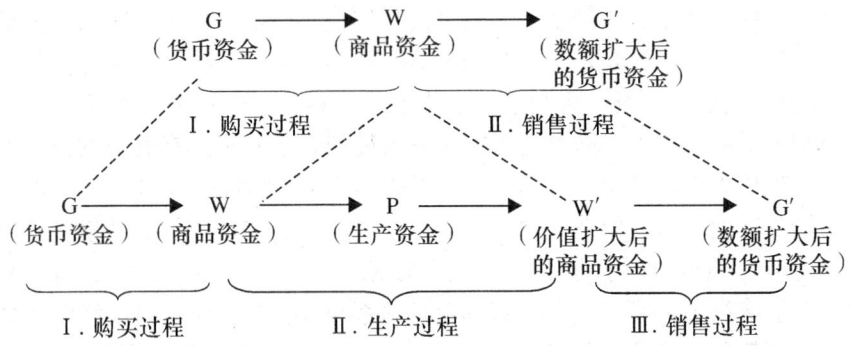

外贸企业虽然与商业企业同属商品流通领域,但外贸企业的业务是跨国境的,它包括进口、出口与加工贸易三个方面(转口贸易在某些国家和地区占有相当大的比重,在我国还属发展初期)。跨国境的实际意义,是无论进口、出口、加工贸易都要收或付外国货币(外汇),都要有关税支出、远距离的运输等等,特别是外国货币的收付是最重要的特点,经常面临着国内外的外汇管制措施。

在市场经济中,多种经营是常规,在实际生活中,往往不能截然划分外贸、内贸与工业。在一个专业外贸企业内会有内贸与工业性活动(如加工、直属联营厂等),一个专业工厂也会有自营进出口或委托代理进出口业务,特别是工贸、农贸、技贸结合的企业。从而上述会计对象的划分只是从学科分工出发的理论叙述,作为一个具体的企业单位来说,往往会三种对象共存。随着市场经济的发展,混业经营将渐增多。专业会计只是为了便于突出讲述其特点而作的学科分工。

1-4　外贸会计的特点

国际上外贸业务的专业会计,大致在下列四方面不同于国内业务的会计:

1. 有外币制交易的会计,特别是实行浮动汇率制后产生了防护外汇汇率风险的会计;

2. 有以国际统一规约为基础的定型贸易条件下的会计;

3. 有国际贸易结算和国际融资方面的会计;

4. 有国际贸易的税务方面的会计。

本书有鉴于上述我国外贸格局的转变的特点,将尽量向以上四大方面靠拢。

1-5　外贸企业的具体会计规范

新中国成立后,企业的会计规范经历了漫长的发展过程:

1. 1950—1993 年——仿照前苏联计划经济的模式,实行全国统一的会计制度。外贸部在总模式下发布了外贸企业的会计制度。

2. 1993 年起——开始与国际"接轨",实施市场经济型的会计管理模式。财政部发布了第一批《企业会计准则》和 13 个行业会计制度。外贸企业会计归并到统一的《商品流通企业会计制度》的规范之内。

3. 2001 年起——发布了《企业会计制度》,同时补充颁发了 12 个《会计核算办法》。全国大中型企业陆续开始过渡。外经贸部只以工作手册形式下发细则指南。2004 年起财政部又发布了《小企业会计制度》。

4. 2007 年起——修订发布了《企业会计准则》及其《应用指南》,随后在 2013 年发布了《小企业会计准则》及其《会计科目、主要账务处理和财务报表》,开始逐步过渡。"十二五"规划中拟定"在上市公司和大中型企业范围内,实施企业会计准则。在小型企业范围内,实施小企业会计准则。相应废止行业会计制度、企业会计制度等原有企业会计处理规定"。

根据上述过程,需要提醒两点:

(1)准则是各行各业都要遵守的规范,内容都是共性的规定,不可能对每个行业的个性特点都包罗万象。例如,销售的确认,在准则中只有五条抽象的标准,即使是国内的送货制、发货制、提货制三种常用的方式,就已经没有具体的规定了,何况外贸出口的确认要按国际贸易13种价格条款逐一剖析,单靠《准则》,是很有些难度的。就学科而言,以诠释准则为主要内容的中级财务会计和高级财务会计在这方面也难面面俱到。外贸会计作为一种专业会计的使命,就在于对外贸业务的环境条件、活动内容、财务收支、会计处理作比较详细的探讨,借以落实准则的规范。

(2) 强制力程度问题。我国的会计制度和准则是财政部发布的行政法规,对企业具有强制执行性。在国外,会计准则只是民间公约,企业只要符合准则的规范和公认会计原则的大框框,在具体会计处理上并无强制条款。举凡科目的设置、借贷对应关系的确定、账簿结构的安排、甚至报表格式,都有因事因地制宜的余地。目前我国对此已稍有放宽:在2006版《企业会计准则》的《应用指南》及《小企业会计准则》的相应部分中,已有"在不违反会计准则中确认、计量和报告规定的前提下,可以根据本单位的实际情况自行增设、分拆、合并会计科目"。的规定。本书的叙述即按此尺度办理,有时由于外贸还要受到众多国际惯例的制约,从而会更多地倾向于国际"趋同"的论述。

第二节 外贸会计的类型及内容

外贸企业的业务类型决定了它的会计内容。这可划分为如下四个类型。

1. 出口会计:

    国内采购或自产→出口→结算(外币→本币)

2. 进口会计:

    进口→结算(本币→外币)→ { 国内销售(商品) / 自用设备(固定资产) / 自用物资(材料) }

3. 加工贸易会计(包括进料加工复出口、来料加工及生产会计):

    进口→结算(本币→外币)→加工、生产→出口→结算(外币→本币)

4. 技术进出口会计:涉及无形贸易的特点。

以上1、2出口会计与进口会计两个类型的差异基本上只是企业所处地位的不同,可以说是互为"镜像"的反映。所有4个类型都有外汇、价格、运输、保险、佣金、纳税、结算等环节的财务与会计。

第一章 概 说

为了便于读者了解今后展开讲述的脉络,现将进、出口两种会计的主干分录列示于下。由于4个类型的会计将在第七、第八、第九、第十章等细述,当前只要求读者对下列分录作一般常识性了解,以便据此引导出各业务要素,在后列第二至第六章逐一作讲解,以为进出口会计的叙述作铺垫。

1. 出口业务的主干会计分录:

如上述,先作国内采购,然后出口。除基本购、销分录与内贸相似外,颇多特点:

国内采购的主干分录:

① 借:在途物资(或采购)
　　　　应交税费——应交增值税(进项税额)
　　贷:应付账款

② 借:经营费用(或营业费用,下同)　　　　　　[特点:部分费用不入
　　贷:应付账款或银行存款等　　　　　　　　　　 "采购"户]

③ 借:库存出口商品
　　贷:在途物资

出口的主干分录:

① 借:应收外汇账款(或票据)　　　　　　　　　[特点:外汇会计]
　　贷:主营业务收入——自营出口

② 借:主营业务收入——自营出口
　　贷:应付外汇账款——国外运费、保险费、佣金等户　[特点:统一入账口径]

③ 借:主营业务成本——自营出口
　　贷:库存出口商品

④ 借:销售(或营业)费用
　　贷:银行存款

⑤ 借:营业税金及附加
　　贷:应交税费——出口关税　　　　　　　　　　[特点:内销无此内容]

⑥ 借:银行存款
　　　　财务费用——手续费
　　借或贷:汇兑损益　　　　　　　　　　　　　　[特点:外汇及防险会计]
　　　　贷:应收外汇账款(或票据)　　　　　　　　[特点:随所用国际结
　　　(或:短期借款——押汇　　　　　　　　　　　算方式而异]
　　　　　　　　——贴现)

⑦ 借：应收出口退税　　　　　　　　　　　　　［特点：内销无此内容］
　　　　主营业务成本——自营出口
　　贷：应交税费——应交增值税(出口退税)
　　　　　　　　——应交增值税(进项税额转出)

⑧ 借(或贷)：汇兑损益　　　　　　　　　　　　［特点：月末重估价］
　　贷(或借)：(相应外币制银行存款、债权、债务账户)

2. 进口业务的主干分录：

进口的主干分录：

① 借：其他货币资金——银行汇票、信用　　　　［特点：随所用国际结
　　　　　　　　　　证存款等　　　　　　　　　　算方式而异］
　　贷：银行存款

② 借：在途物资——进口商品(运费、保险
　　　　　　　　　费、佣金)　　　　　　　　　 ［特点：统一入账口径］
　　贷：银行存款

③ 借：商品采购——进口商品(进口关税)　　　　［特点：内贸无关税］
　　　　应交税费——应交增值税(进项税额)
　　贷：银行存款

④ 借：营业费用　　　　　　　　　　　　　　　［特点：部分费用不入
　　　　　　　　　　　　　　　　　　　　　　　　"采购"户］

　　贷：银行存款

⑤ 借：在途物资——进口商品
　　贷：其他货币资金——银行汇票、信用证
　　　　　　　　　　　存款等(银行存款或应付账款或票据)
　　借或贷：汇兑损益

⑥ 借：应付外汇账款(或票据)
　　借或贷：汇兑损益　　　　　　　　　　　　　［特点：外汇及防险会计］
　　贷：银行存款

⑦ 借：库存进口商品
　　贷：在途物资——进口商品

⑧ 借(或贷)：汇兑损益
　　贷(或借)：(相应外币制银行存款、债权、债务账户)　［特点：月末重估价］

国内销售的主干分录：

① 借：应收账款
　　贷：主营业务收入——自营进口商品销售
　　　　应交税费——应交增值税（销项税额）
② 借：主营业务成本——自营进口
　　贷：库存进口商品
③ 借：销售费用
　　贷：银行存款

综上分录可以看出外贸会计的特点大致有以下几个方面：
① 统一购、销入账口径——有待仔细了解价格国际惯例；
② 运、保、佣、税的会计——有待仔细了解这些费用的业务内涵；
③ 收付账款及其资金融通的会计——有待仔细了解国际贸易结算及国际融资的各种方式，因为不同的方式有不同的特点和不同收支项目的内涵；
④ 外汇会计——要仔细了解汇率折合、月终重估、汇兑损益等的内涵；
⑤ 防险会计——了解防范汇率风险的财务与会计处理。

以下将分章讨论这些特点。在具备某些准备知识后，才能汇总地讲述出口、进口、加工贸易及技术进出口等四个模式的会计问题。

第三节　外贸的国内体制背景

世界各国的各种外贸单位都以两种主要经营方式从事外贸活动，通常是主体自营方式与中间商代理方式，如下所示。

自营进出口制，即自负盈亏的主体经营制(Business as Principal)；中间商或代理商则实行佣金制(Business on Commission)。

和上述世界通行的经营方式不同，我国从1949年新中国建立以来认为外贸业务攸关国计民生，故实行外贸业务的国家垄断制，设立了专业的外贸企业，集中收购货源后出口。一般国有工商企业不得从事进出口业务。直到1978年决定实行改革开放政策后，作为试点，才有极少数大企业被批准实行代理出口和自营出口，但改革的进程极为缓慢，从全国范围看，实行的仍是外贸垄断制。

直至2001年年末我国参加了WTO，才全面放开了外贸经营资格的限制。至此我国共存在着三种主要的外贸经营方式：国有专业外贸单位的垄断收购制、工商或供货单位的自营进出口制和进出口代理制。

为便于更直观地把握这三种方式的基本精神，现以出口为背景列示三者在盈亏关系和业务工作关系方面的差别如下（见图表1-2）：

图表 1-2

外贸三种经营方式的比较

```
              货源单位         外贸公司         外    商
收购制:
  盈亏关系    ──────→      （卖断）
  业务关系    ──────→      （交到外贸      ──────→
                          仓库为止）
代理制:
  盈亏关系    ────────────（货源单位自负）────────────→
  业务关系    ──────→      （外贸代办     ──────→
                          收手续费）
自营出口制:
  盈亏关系    ────────────（货源单位自负）────────────→
  业务关系    ────────────（货源单位自办）────────────→
```

但是不能认为今后不存在收购制。尤其是新进企业如果自己没有国外客户渠道或是构不成批量出口,由中外专业外贸公司作价收购累积成批量出口,或由其自负盈亏分配订单,都属于收购制形式(或称卖断制),即不属垄断的专业外贸主体经营制。不过就供货企业说,在会计上和内贸也就没有什么大差别了。单纯供货"间接"出口不作为外贸企业。

我国税、会文件中,近年多见生产型贸易企业及贸易型贸易企业的分类法。这两种经营主体与三种经营方式之间大致有如下关系:

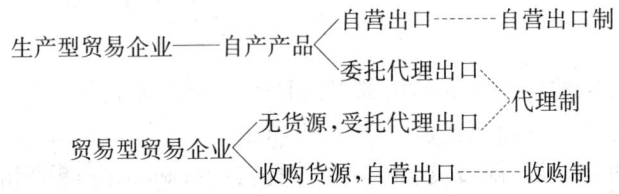

其中生产型贸易企业也有受托代理小微企业出口的。

经营方式决定了财务与会计的结构与内容,以出口为例,如图表 1-3 所示(业务关系从略)。

图表 1-3

三种经营方式与财务及会计的关联

经营方式	货 源 单 位	专业外贸单位
收购制	作价卖断,负内贸盈亏	对外报价成交,获取退税,负外贸盈亏
代理制	对外报价成交,获取退税,自负全程盈亏	代理收付,统一划转,获取佣金
自营制	对外报价成交,获取退税,自负全程盈亏	—

在财务与会计上有三个共通问题:

(1) 报价——要服从国际惯例以确定其外延与内涵,这将在第二章展开。

(2) 退税——相当于成本的降低或收入的增加,这将在第五章增值税部分展开。

(3) 成本——这是价格的下限。其构成内容将在第九章加工贸易会计中展开;部分内容将在第四章运输、保险部分展开。

第四节 进出口业务程序与财会岗位责任

4-1 出口业务总流程

出口业务的总流程,暂以外贸公司为主体列成示意图(图表1-4)如下。它可以划分为6个阶段。

图表1-4

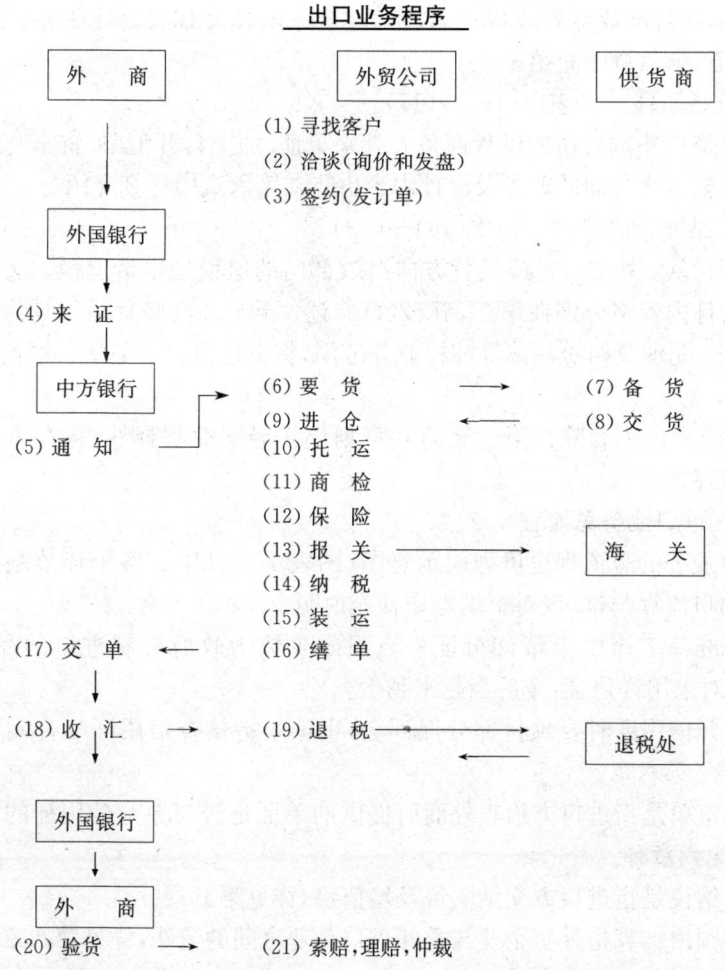

a. 洽谈(或询价与发盘)阶段——表中(2)。

与客户当面谈判价格、交货与支付条件或来电、来函询价,货方发盘报价。报价条款的国际惯例将在第二章中展开说明。

b. 签约(或发订单)阶段——表中(3)。

c. 来证和备货阶段——表中(4)~(9)。

付款有多种方式,其中较多使用信用证,如双方议定用此方式,则供货方宜等待客户开来信用证后方开始生产、备货。这样,供货商较有保障。关于支付方式及有关会计业务将在第六章中讨论。

d. 发货阶段——表中(10)~(15)。

外贸公司或供货商向船公司租船或订舱位,申报商品检验,投保保险,向海关报关,经批准放行后装货上船启运。这些内容及有关会计业务将分别在第四、第五、第六章中介绍。

e. 交单阶段——表中(16)~(17)。

交单是指外贸公司或供货商备齐外来单证、加上自开汇票,将全套单证送交银行索款。这方面的财务及会计内容也将在第六章中详细介绍。

f. 了结账款阶段——表中(18)~(19)。

银行付款,外贸公司或供货方向财政部门的退税处申请退税。这方面的财务及会计内容将分别在第三、五、六章叙述。至于外商验货后发现量、质问题的索赔,受理及纠纷仲裁等纯粹业务范围,将由进出口实务学科讨论,本书从略。

图表 1-4 的内容除在第三至第六章划块作局部性解释外,将在第七章作贯穿性叙述。

4-2 进口业务总流程

进口业务的总流程也可列成示意图(图表 1-5)如下。各个环节基本上可据上列出口流程类推,仅对个别点作补充说明。

(1) 准备工作中申请许可证一点只限少数为政府限制进口的品种,但 WTO 反对采用许可证,今后当越来越少。

(2) 开信用证时要预付部分保证金,审证是指核查信用证与合同是否一致。均详见第六章。

(3) 审单是指进口方检查外商所提供的单证是否与原开信用证的要求相符,也见第六章释。

(4) 纳税是指进口方交纳关税及增值税,详见第五章。

(5) 国内结算指外贸企业与委托进口企业之间的清账,详见第八章。

图表 1-5

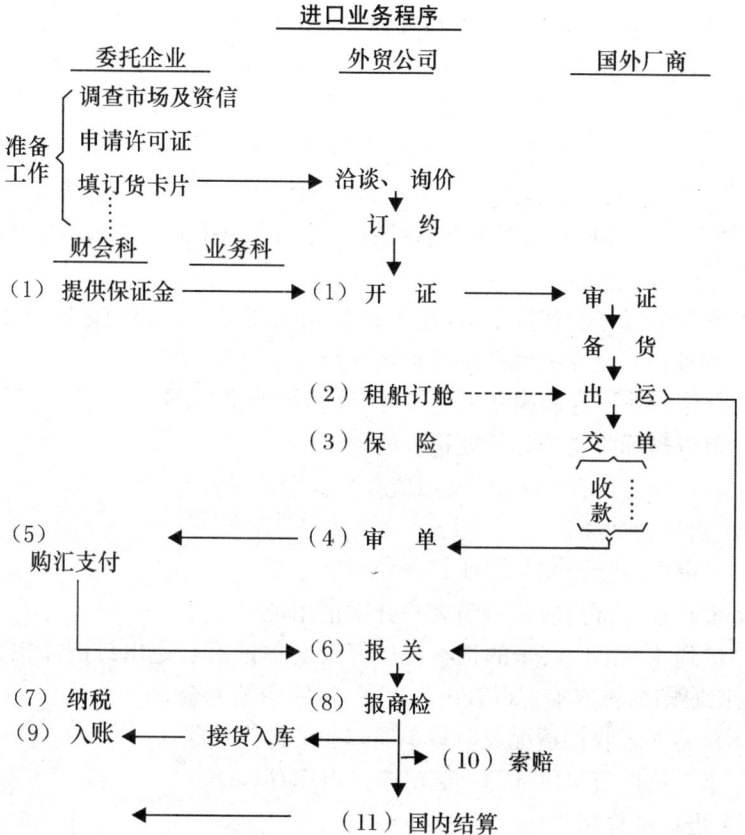

图表 1-5 的内容也将在第三至第六章划块作局部性讲解,再在第八章作贯穿性叙述。

4-3 财会岗位责任

外贸企业的财务会计岗位有两个层次:领导岗位和具体工作岗位。

外贸企业的财会领导岗位,在大企业中通常可设置总会计师和财务总监,其下再设财会科长(部门经理),以总揽具体工作,在中小型企业也可只设科长,不设总会计师与财务总监,或在总会计师和财务总监中只设一个岗位,兼任两种工作。

总会计师与财务总监在现体制下是企业的顶级领导成员之一。其职责是协助总经理(CEO,或译为首席执行官)进行企业的经营管理,总会计师负责经营管理信息的提供,参与企业决策;财务总监则负责企业资金的筹划并参与决策。

本书读者将来可能是企业顶级财会领导干部的后备队伍。因此，在学习"外贸会计"学科的过程中，必须在具体会计业务外，多注意外贸效益、资金回笼等相关环节；不能仅以掌握分录和具体单证等为目标，如第二章的报价等内容，攸关企业利润，必须放入视野。

外贸企业的具体工作岗位，要根据其规模的大小，设置各种财务及会计岗位，可以一人一岗、一人多岗或多人一岗，务使与上述进出口业务相关的财会工作能以落实。现将与外贸业务直接有关的几个岗位的工作内容简述如下：

（1）外汇资金岗：

a. 掌管银行外汇存款账户，管理支票、开发汇票。月终与银行对账。

b. 审查外汇收支的凭证是否符合现行外汇管理法规。

c. 具体向外汇管理局办理进口付汇及出口收汇的核销。

d. 负责国际收支统计凭证报表的填报。

e. 联系外汇贷款的申请、使用监督与督促还贷。

（2）出口会计岗：

a. 复审出口合同和信用证。

b. 催促业务部门转催进口客户开来信用证。

c. 接到业务部门转来的正本提单等全套单证后登记出口商品销售账，保证按配比原则结转成本。审查出口运费、保险费及佣金。

d. 对逾期未收汇情况及时抄单通知业务部门催收。

e. 年终负责与出口部门一起清查盘点库存。

（3）进口结算岗：

a. 收到合同副本后，检查合同内容项目在财务上是否妥帖。

b. 收到银行转来发货单证后进行审单，在规定期限内办理付款赎单或承兑汇票手续。

c. 严格执行企业内部付款审批等有关规定。

d. 对进口关税、增值税及消费税严格审查，按规定期限交款。

e. 收到国外账单或进口货船到达通知后，按合同规定及时办理货款结算手续。

（4）出口退税岗：

a. 确保及时办妥出口退税申报，争取足额到位。

b. 及时取得购货有关增值税专用发票、专用缴款书、外汇核销单、报关单及外销发票，并加强审核，发现问题及时处理。海关近年已实行无纸化报关，实行计算机在线操作。

c. 收到税务局退税清单后及时分入核算,核对应退数与实退数,并装订成册归档。

复习思考题

1. 外贸企业适用的会计规范有哪些?在与国际会计接轨后,企业规模大小与国有、民营性质等因素对运用科目、报表等制度要求有什么变化?
2. 外贸会计与内贸会计相比有哪些主要特点?
3. 国际通行的外贸经营方式有哪些?我国当前在这方面有何特点?收购制、代理制及自营进出口制三者在盈亏与业务工作方面各有什么异同?
4. 外贸企业的财会岗位有哪些特有工作内容?

习 题

习题 1-1

一、要求 根据下列资料计算在收购制、代理制及工厂自营出口制三种情况下工、贸双方各自的利润。

二、资料 上海某外贸公司经外贸系统驻香港机构华润公司中介,将某厂产品 X 出口至美国 A 公司。

X 产品国内含增值税单价	RMB1 170/T
X 产品外销价	USD250/T
外运公司海运运费	USD25/T
海运保险费	USD1.25/T
工厂至外贸仓库市内运营	RMB50/T
增值税退税率	17%
外贸公司代理手续费	3%
香港华润公司总代理费(佣金)	2%
银行收款手续费	3‰
工厂自营时,自设出口部人员工资、费用	RMB10 000/月
工厂自营时,要另行委托报关行报关费率	1‰
工厂自营时,估计月出口额	USD100 000
工厂自营时,出口品生产成本(料费 400,工费 100)	RMB900/T
工厂生产出口品利润	RMB100/T

工厂自营退税款　　　　　　　　　　　　　　　　　RMB136/T

美元汇率基本为 USD1＝RMB 8.2700,近期少变动。又如月出口额为 USD 150 000(动用上期余下成品),工厂自营利润将为多少?

提示　外贸收购含税价÷1.17×17％＝外贸退税额

退税是退还垫支的进项税额,由于增值税是价外税,原来在"应交税费"科目中,如不退还将转为成本。详细原委可留待第七章细究。习作此题时,可按冲销"应付税费"科目做。

第一部分

单项外贸业务的会计

第二章 价格条款

和国内贸易不同，每一笔进出口交易的收入、支出、可能发生的风险和损失的范围是多种多样的，它们可以随着贸易双方的约定而各有不同。这在世界各国几百年的贸易实践中已经形成了普遍接受的国际惯例，甚至还成为"公约"。为此，外贸财会人员必须了解这些规范，方才能够进行单证审核、正确进账、报价和盈利监控。

第一节先扼要介绍这些国际惯例，然后说明其与报价工作的关联。

第一节 国际商会《国际贸易条款》

1-1 《国际贸易条款》的作用

1-1-1 历史进程

《国际贸易条款》(Incoterms)在我国常称为《国际贸易价格术语解释通则》，它是国际贸易的主要惯例之一，是国际商会(International Chamber of Commerce, ICC)对贸易条款的正式解释。

外贸合同双方互不熟悉对方国家中的贸易惯例，这在很多国家中引起了争执，甚至发生诉讼。为求减轻这一问题，ICC在1936年首次制定了《贸易条款解释的国际规则》，后更改为今名并历经修改，现行版本有2000年条款(即ICC560号出版物)和2010年版(715号出版物)等。

1-1-2 《国际贸易条款》在业务上的作用

《国际贸易条款》中包含下列三类分界点(或称关键点)：风险、工作责任及费用。这些分界点列示进出口双方如何划分风险、责任及费用。后两者的分界点常相一致，但有时也不一致。

(1) 风险的分界点表示，如果在营业过程中发生了货物的灭失与毁损，进、出口双方要在何时和哪一点上分别承担各自的那一部分。

(2) 工作责任的分界点表示，谁将申请许可证、安排运输和保险、办理通关手续等等。

(3) 费用的分界点表示，什么费用已包含在价格之中，有哪些费用要由进口方单独支付。

在《国际贸易条款》中对进、出口双方规定了这三方面的如下十个细目(图表 2-1),分别详细地规定了进出口双方各自承担的范围:

图表 2-1

分界点的细目及内容

方　面	具体标题(进出口双方)	内　　容
工作责任	1. A：供货	出口方按合同提供货物与发票。
	B：付价款	进口方按合同规定付款。
	2. 许可证,批准和通关手续	规定由何方申请及办理。
	3. 运输及保险合同	规定由何方安排。
	4. 交货	规定怎样才算交接货;何时何地交给何人;要否负责上货或卸货等。
	5. 通知进口方/出口方	何时何地交接货、发运等要通知对方。
	6. 证实交货,运输的单证	如提单等的交付。
	7. 其他义务	帮助提供必要资料以证明产地、转运、投保等。
风　险	8. 风险转移	规定双方在何时何地转移货物的风险。
费　用	9. 费用划分	规定费用如何在进出口双方之间划分。
	10. 核数、包装及打唛(作标记)	质量、尺码、点数的检查费,必要包装的负担等。

1-1-3 《国际贸易条款》在财务及会计上的作用

在进出口贸易的会计中,到处要涉及企业权利义务的入账问题。因此,作为划分买卖双方的责任、风险和费用界限的固定模式的国际贸易条款,必然要成为进出口会计的重大背景框架。在研讨进出口会计的具体内容前,必须对此有一基本了解。国际贸易条款对进出口会计的影响:首先,在于入账的时间界限,即一笔进口业务或出口业务应在什么时间记录入账,要决定于货物所有权的转移时点(即交货点);其次,在于双方费用的划分,构成货物各自的成本,对于向外商报价说来,这是必不可少的前提条件(报价在国外属于成本会计部门汇总负责)。至于业务原始凭证中 FOB、CIF 等简略符号的正确含义,几乎更是每笔会计记录都不能不运用的概念。

1-1-4 《国际贸易条款》的内容——以 2000 年版为例,共包括四组十三种定型组合(图表 2-2)。2010 年版另由次节介绍。

现再作一图解(图表 2-3)列示 13 个条款的关键点的全貌。这里有一条规

图表 2-2

十三种定型条款总表

组别	符号	英 文 名	译 名①
E 发货	EXW	Ex Works(… named place)	工厂交货(……指名地)
F 主要运费未付	FCA FAS FOB	Free Carrier (… named place) Free Alongside Ship (… named port of shipment) Free On Board (… named port of shipment)	货交承运人(……指名地) 起运港船边交货(……指名起运港) 起运港船上交货(……指名起运港)
C 主要运费已付	CFR CIF CPT CIP	Cost and Freight (… named port of destination) Cost, Insurance and Freight (… named port of destination) Carriage Paid To (… named place of destination) Carriage and Insurance Paid To (… named place of destination)	成本加运费(……指名目的港) 成本加运保费(……指名目的港) 运费付至目的地(……指名目的地) 运费、保险费付至目的地(……指名目的地)
D 货到	DAF DES DEQ DDU DDP	Delivered At Frontier (… named place) Delivered Ex Ship (… named port of destination) Delivered Ex Quay (… named port of destination) Delivered Duty Unpaid (… named place of destination) Delivered Duty Paid (… named place of destination)	边境交货(……指名地) 目的港船上交货(……指名目的港) 目的港码头交货(……指名目的港) 目的地交货关税未付(……指名目的地) 目的地交货关税已付(……指名目的地)

律:凡在关键点左侧的,属于出口方的责任范围,右侧则属于进口方。

图表 2-3 中"↑"箭头所指为交货点,"→"及"⋯→"专指费用的关键点,"〜"则指内陆某一地点的可能关键点。可以看出 13 种条款互有不同。以下将分别展开细节。两图表中四组条款的大意如下:

1. E 组:发货地交货组——只含 EXW 一种,↑箭头指于供货人所在地。

2. F 组:起运地交货,主要运费未付组——包括 FOB,FAS 及 FCA 三种,其↑箭头或指向起运港口,或在出口国的内陆地点。但三者的主要运费都未支付即要由买方支付。

---

① 此处译名多只在教学上使用,在实践中几乎全用符号,本节中初次接触,为求加深印象,全用译名。今后各处为免辞费,将一律改用符号叙述,希读者能在本节中熟练掌握符号的含义。

图表 2-3

关键点总图

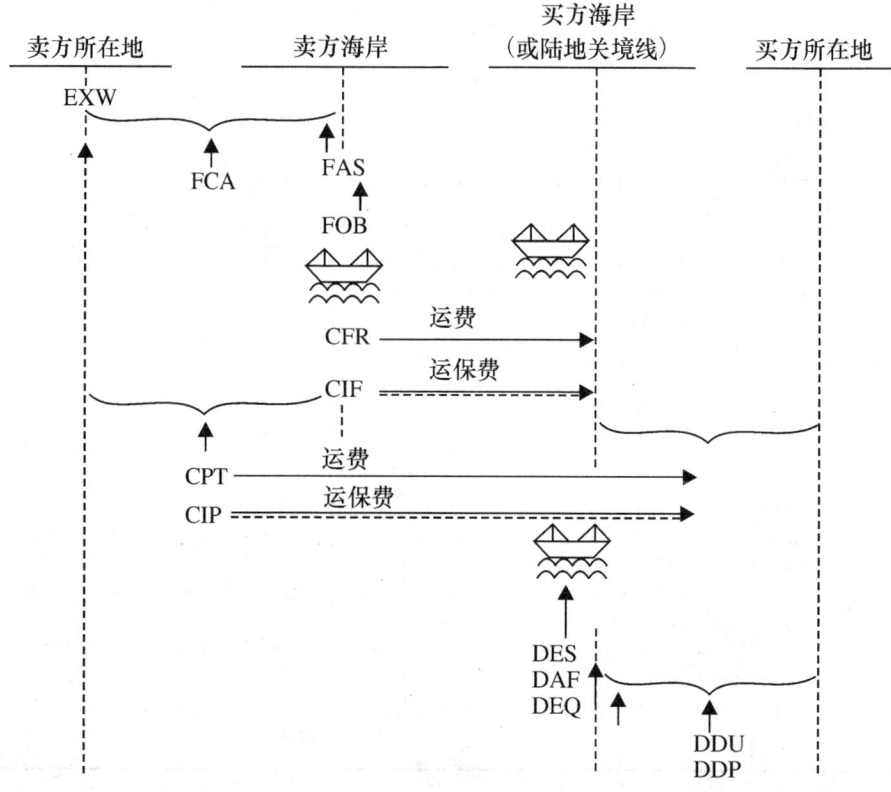

3. C组：起运地交货，主要运费已付组——包括 CFR、CIF、CPT 及 CIP 四种，其↑箭头与F组同，但主要运费（甚至保险费）已付至目的港或目的地。

4. D组：目的地交货组——包括 DAF、DES、DEQ、DDU 及 DDP 五种，↑箭头指向目的地或目的港。

1-2 工厂交货，EXW

1-2-1 要点

工厂交货是指当卖方在其营业所所在地或其他指名地（指工厂、仓库等等）将货物交给买方支配，不需作出口清关，也不需为任何提货车辆装货，就算完成了交货。

这是卖方义务最少的条款，而买方则要负担从卖方所在地取货中所包含的一切费用和风险。

然而,如果双方希望卖方要负责在发货时装车并负担这一装车的全部费用,就应在销售合同中添加明文说清这一层意思。如果买方不能直接或间接完成出口手续,就不应采用这一条款。

1-2-2　图解

图表 2-4

EXW 关 键 点

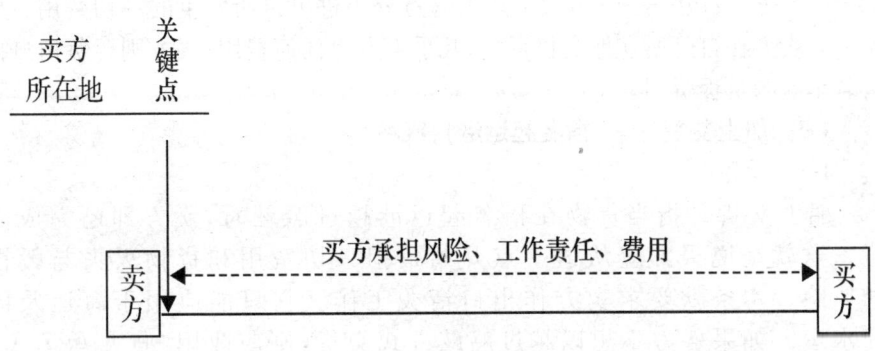

1-2-3　解释

(1) 分界点——交货点是风险、费用和工作责任三方面共同的分界点(直译为关键点)。

工厂交货意味着一当卖方在其所在地或其他指名交货地将货物放置于买方支配之下就已算交了货。但这一交货并不包括将货物装上任何来提货的车辆,故除了交付给对方支配之外卖方不需再做什么。

所谓"所在地"或"地"可能是:

① 工厂,常指仓库、车间和其他惯常地点;

② 农场、矿山等。

这里所指"……指名地"通常是像城市之类的一个特定地区或是合同中指定的更具体的地点(指路名、门牌号等地址)。如果在特定区域内有几个可用地点而合同未作约定,则卖方可在其中选定对他最合适的那一地点。

(2) 风险转移——凡在关键点以前发生的一切货物灭失与毁损的风险应由卖方负担,而在关键点后则属买方负担。

但是,如果因买方疏于通知卖方要于约定(限)期内去提货,那就要由买方承担此种风险。

(3) 工作责任。

① 卖方必须提供货物、商业发票及其他足以证明和销售合同相一致的证件;买方必须支付合同规定的货价。

② 买方须自负风险和费用以取得一切进出口许可证或其他官方批准件并清关(即办理海关通关手续和支付税费)。

③ 买方须安排货物全程的运输和保险事项。

(4) 费用划分——双方按上述关键点分担进出口所发生的一切费用。事实上因卖方在自己所在地交付货物,几乎不发生任何费用;买方则要负担自接货装车起的全程费用。

1-3 船上交货(……指名起运港),FOB

1-3-1 要点

船上交货是指当货物在指名起运港越过船舷时,卖方即已完成交货。这就是说买方应从这一点开始负担一切费用和货物灭失与毁损的风险。本条款要求卖方作出口清关工作。它只能应用于海运及内河水运。如果各方不想以越过船舷方式交货,则应改用"货交承运人"条款。

1-3-2 图解

图表 2-5

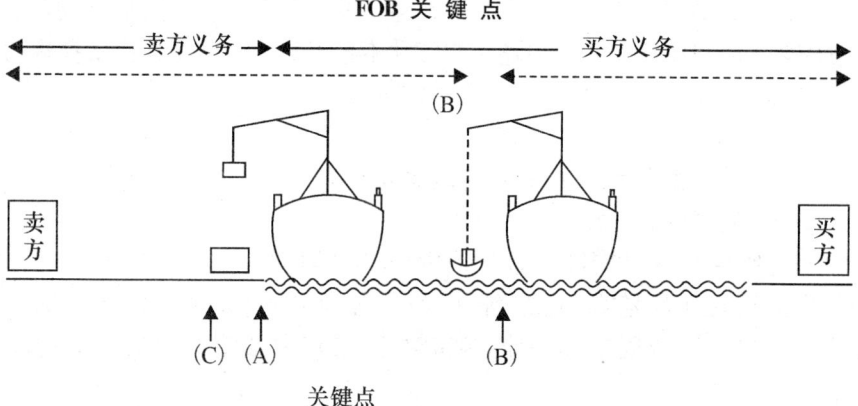

关键点

1-3-3 解释

(1) 关键点——"装上甲板"(On Board)。

船上交货意味着当货物在指名起运港越过船舷时卖方就已完成交货。虽然标题上指的是"装上甲板",但并不如字面上那样要求货物实体接触甲板,关键点是在空中越过船舷(图中 A 点),作为规则,买方应该承担从这一点起的一切费用和风险。如果在途中起重机吊索断裂,货物落海,这意味着交货未完成,其损失应由出口方负担;反之,如果货物掉落甲板而损毁,此损失即由进口方承担。

如果船大,不能靠近港内码头,只能远离海岸以就深水,从而使用了驳船,在此种情况下,关键点仍采用"越过船舷"的观点,有如上图中的 B 点与虚线所示。我国自 20 世纪 50 年代起,在正式文件中就采用了日本的译法称 FOB 为"离岸价",这是不确切的。目前在教科书上已改用"越过船舷"和"船上交货"等词语了。

(2) 关于费用和责任:费用和工作责任也服从一般规则,按上述关键点,左方为出口方的范围,右方则是进口方的范围。

其余方面与工厂交货条款中所讨论的相似。应清楚指出,买方必须自负费用为来自起运港的货物订立运输及保险合同。如买方处于内陆,也须自行安排运输;如果买方船只不能及时到达出口方港口如期提货或是船只比进口方通知出口方的时间提早停止收运,进口方必须负担全部此类风险。

作为例外,在用班轮运输时,运费已包括吊装及吊卸货物的费用,不另计收。

1-4 船边交货(……指名起运港),FAS

船边交货是指卖方把货物放置到指名起运港的船边就完成了交货。这意味着买方从那时起就应负担一切费用和货物灭失和毁坏的风险。

"船边"的含义是按照港口的惯用方式,而且一般是指起重机的吊钩能吊取货物的地点。

除了关键点不同(如上述图解中的 C 点所示)外,船边交货的其他一切内容完全与船上交货条款所界定的相同,例如要求卖方作出口清关。如果要求买方清关则必须在销售合同中用明白的措辞加以明确。

1-5 货交承运人(……指名地),FCA

1-5-1 要点

"货交承运人"是指卖方要在指名地将已清关的货物交于买方指定的承运人。所选交货地对在那里装货和卸货的义务有关(见下述)。如买方指定承运人以外的人来接货,则卖方将货交给此人也算完成了交货。

1-5-2 图解

图表 2-6

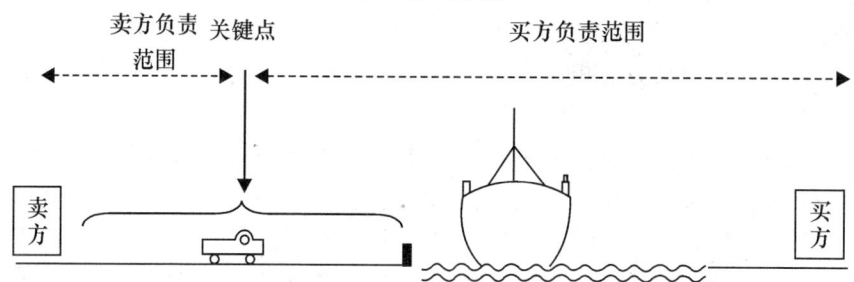

FCA 关 键 点

1-5-3 解释

(1) 关键点:货交承运人意味着在指名地将货物交付给买方所指定的承运人。

承运人意指任何在运输合同中承担履行铁路、公路、海洋、内河运输或多式联运任务的人或是委托他人履行的人。如果买方指定一个不属于承运人的人(例如运输代理人,Forwarder)去接货,也允许对这种人交货(参看"运费付至指名地"条款)。

这时的关键点(交货点)可能是处于出口方与港口之间一长段距离中的任何一个可能的位置:近可以近到和工厂交货的位置相同(但要装货上车);远可以远到和船边交货的位置相同。这可由双方决定。例如我国新疆伊犁的工厂,它的出运港口要到天津新港,此时可能承运人到伊犁接货,也可能到乌鲁木齐接货,甚或在新港接货。这要以合同为准。

风险划分规则和一般相同:在关键点之前由出口方负担;自关键点起则属进口方。

按照指名地的不同,视同交货的情况有两种:

① 如在卖方所在地:以货物已装上运输工具为交货;

② 如在其他任何地点:以货物交到承运人支配但不需从卖方运输工具上卸下即为交货。

如果在指名地范围没有约定的地点,而且又有几个具体地点可选用,则卖方可选择对其最为合适的那一点。

(2) 关于工作责任及费用:

① 运输合同——买方须自负费用订立运货合同。但如经买方请求或有商业惯例,卖方可在由买方负担风险和费用的条件下代为按通常条款订立运

输合同。

② 卖方应办理出口清关。

1-6 成本加运费(……指名目的港),CFR

1-6-1 要点

"成本加运费"条款是指当货物在起运港越过船舷,卖方就算完成了交货。

卖方必须支付将货物运送到指名目的港所需的开支和运费。但是货物灭失和毁损的风险还有交货时点后各种事件所引起的一切附加费用都要转由买方负担。

本条款只适用于海运及内河水运。如果各方不想以越过船舷方式交货,则应改用 CPT 条款。

1-6-2 图解

图表 2-7

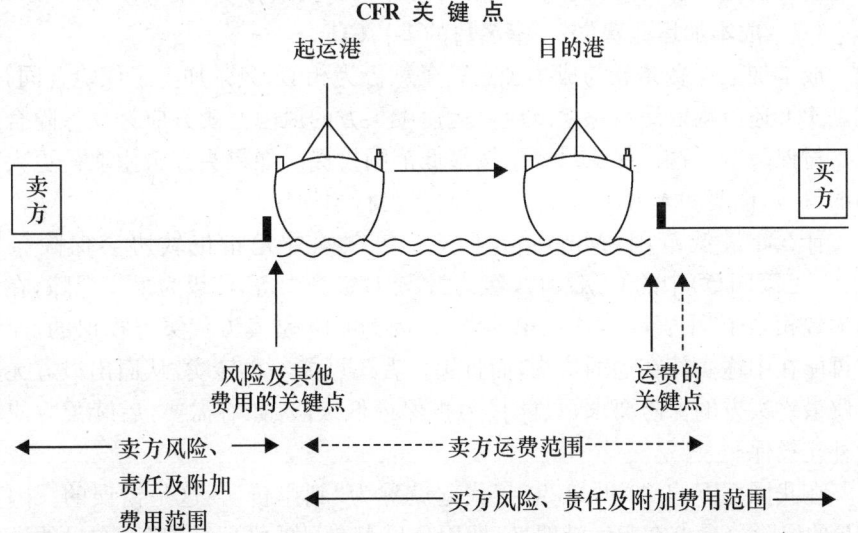

1-6-3 解释

此处的成本即是上述 FOB 的数值。

(1) 关键点——成本加运费条款的特点是具有三个关键点:

① 风险关键点——卖方以货物在起运港内越过船舷为交货。

② 运费和相关费用以及责任的关键点——卖方应支付为把货物运达目

的港所必需的费用运费。但任何在运费以外的在关键点后发生的事件所外加引起的费用则转归买方负担。

③ 有关运费以外的一切费用及责任的关键点——在交货后全归买方负担这类费用。

(2) 关于费用和工作责任：

① 卖方必须按通常条款自负费用订立运货合同,此合同按常规路线和运用通常的运送这类货物所需类型的船舶来订立。

② 卖方应办理货物出口清关,即填写有关报关单式、支付关税和其他出口应付的费用。

③ 至于究应由买方或卖方来支付约定卸货港的卸货费用(包括驳船和码头费用),则由运输合同规定。请注意,在图解中有两个箭头表示两种不同的情况：如属买方支付,则费用的关键点在卸货港的船上,否则费用关键点应在码头上。

④ 当买方被授权决定起运时间及（或）目的港口而却疏于对卖方作出充分的通知的话,因此而造成的一切额外费用均将由买方支付。

1-7 成本加运保费(……指名目的港),CIF

成本加运保费条款与成本加运费条款极为相似,只是加上了保险合同,也就是卖方还应购取海运保险以应付运途中买方的风险。卖方应订立保险合同并支付保险费。这一保险只要求按最低范围投保。如果买方希望取得更大范围的保险,他要和卖方明白商定或是自己另行添加保险。

什么是最低范围(Minimum Cover)。在国外是指伦敦协会保险条款(ICC,见第四章)中的 C 级险(A 级为最广,B 级为中等,C 级为最少保障,在我国大致相当于"平安险",均见第四章)。因为 CIF 是卖方代买方投保的,而买方可能在中途卖掉在运的货物,而且买入者还可能一再转卖,从而出口方无法了解最终买方的保险要求,只能代为投保最低级险,如有需要,后续买方应自行补充投保。

在我国 CIF 自 20 世纪 50 年代起就称为"到岸价"。这是错误的。因为 CIF 的风险分界点在起运港船舷,费用分界点在目的港船舷,都不在目的港岸上。这比 FOB 译为离岸价的问题更大。

成本加运保费的一切其他内容完全和成本加运费条款所界定的相同。如果当事方不想按越过船舷交货,则应采用"运保费付至目的地"(CIP)条款。

1-8 运费付至目的地(……指名目的场所),CPT

1-8-1 要点

"运费付至目的地"意指卖方须把货物交到自己所指定的承运人手中,而且还必须支付将货物运送到指名目的场所所必需的运费。这意味着买方要负担如上交货后一切风险和除运费以外的一切费用。

1-8-2　图解

图表2-8

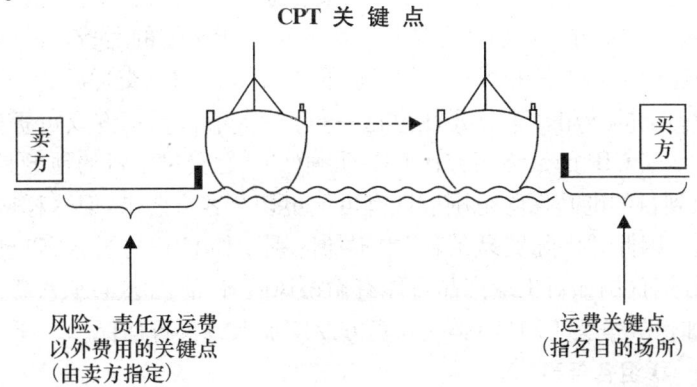

1-8-3　解释

"运费付至目的地"及"运保费付至目的地"是"成本加运费"及"成本加运保费"的对应条款。

它们之间的区别全在于两个阶段，即发运阶段与目的地阶段的差别。

正如下一章将解释的，当今"门到门"运输模式应用剧增。在大多数情况下，这是多式联运的过程。运费付至目的地及运保费付至目的地是最适合于这种需要的。

其关键点如下：

① 风险、责任和运费以外费用的关键点——卖方将货交到他所指定的承运人。买方要负担在交货后所发生的除了运输以外的一切风险和费用。

"承运人"一词的含义和"货交承运人"条款中的相同。在多式联运中先后有多个承运人，这时风险从卖方把货交到第一承运人的场所起转归买方。

因为第一承运人可能在起运地内的不同场所来接受货物，例如把空集装箱送到卖方所在地上货、在市内的集装箱货物集散站上货(见次章释)，或是卖方把已装满的集装箱送到码头集装箱堆场交接。在图解中在发运地用一个括弧来表示关键点。

② 运费关键点——卖方必须支付到达指名目的场所为止的运费。请注意，就"门到门"的概念来说，这里的指名目的地不仅是地而且是一个更具体的点(场所、地点)。

基于上段所述同一理由在图解中在目的地用了第二个括弧。

1-9 运保费付至目的地(……指名目的场所),CIP

读者可就"运费付至目的地"条款增加保险合同的内容来类推"运保费付至目的地"的内容。

"运保费付至目的地"条款意指卖方要把货物交到自己所指定的承运人手中,而且还必须支付将货物运送到指名目的场所所必需的运费,并取得保险以防护运输途中货物灭失和毁损的风险。买方要负担如上交货后的一切风险和其他一切另加的费用。买方要注意这一点:在本条款下卖方只负责按最低范围投保。本来 CIP 的最终买方比 CIF 明确(CIP 运费付至目的地的具体场所;而 CIF 只到目的港),保险范围应该有可能更切合客户要求,但这样区别处理,容易纷扰。因此,"国际贸易条款"中不加区别。如 CIP 的买方客户认为最低范围不合适时(例如对工业产品可能有偷窃风险等,有的甚至连 A 级险都不能满足,要加保战争罢工险等)必须和卖方商定加保或自行加保。

1-10 D组各条款

D组五种条款的共同特点是到达地(目的地/港)交货,此组包括:
① 边境交货,DAF;
② 目的港船上交货,DES;
③ 目的港码头交货,DEQ;
④ 目的地交货关税未付,DDU;
⑤ 目的地交货关税已付,DDP。

1-10-1 图解

图表 2-9

D 组 关 键 点

(1) 边境交货:

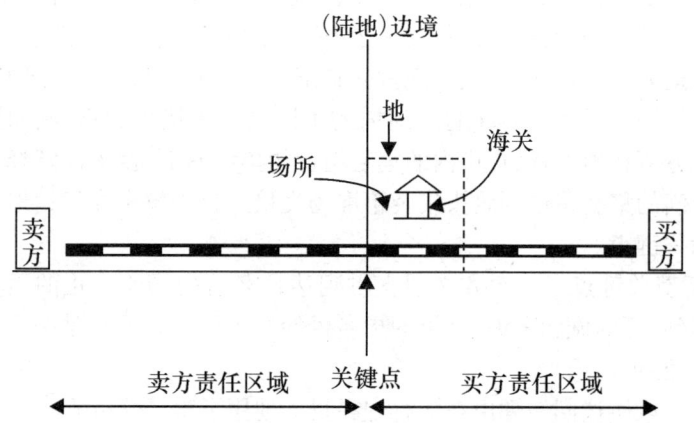

(2) D组其他条款：

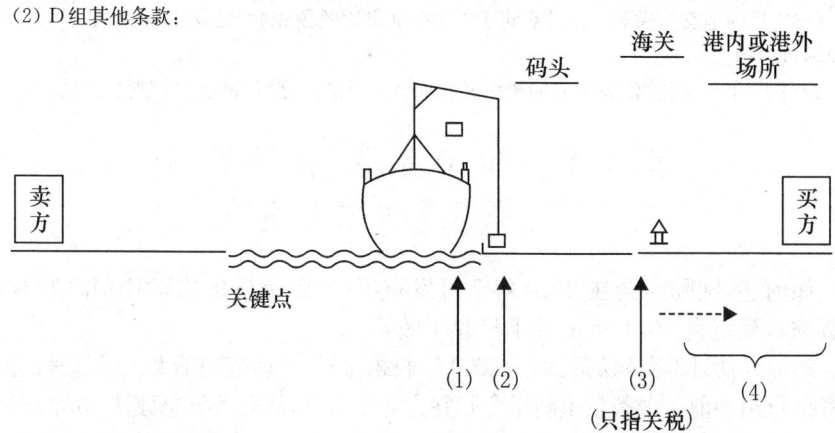

1-10-2 解释

D组各条款可以分类如下：

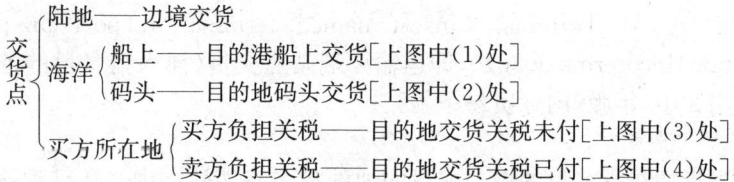

(1) 边境交货(……指名地)的特点是卖方必须自负费用订立将货物运到边境的交货地(城市)中的指名场所的运输合同，但是这一场所是在邻国关境之前，其交货点是在到达的运输工具之上而不必卸货，已办出口清关而不办进口清关。买方必须支付卸货费用。此处所指"场所"是在一个特定区域(例如城市)内的特定的点，如我国内地供应香港、澳门地区的食品等货物使用 DAF 条款即在皇岗和拱北两地交货。虽然此条款不管运输形式都可使用，但只使用于陆地边境，故可理解为只可能使用铁路、公路或航空运输。如果目的地是一个港口，则应采用"目的港船上交货"及"目的港码头交货"条款。

(2) "目的港船上交货"的特点是卖方必须自负费用订立将货物运到指名目的港内的指名场所在船上交货，不作进口清关，不需卸货。而买方则要支付卸货费用。如果当事方希望由卖方负担卸货的费用和风险，则应采用"目的港码头交货"条款。

此条款只能用于经海洋或内河交货。

(3) "目的港码头交货"不同于"目的港船上交货"的地方是卖方必须支付卸货费用，但不要求清关。

(4) "目的地交货关税未付"和"目的港码头交货"相似，它不要求卖方办进口清关，其不同点在于前者是当事方希望卖方负责把货物从码头交到港内或港外的另一个地方：仓库、终端站、运输站等等，如"门到门"的要求。买方必须办妥货物进口所必需的一切海关手续。

(5)"目的地交货关税已付"不同于"目的地交货关税未付"之处在于卖方必须完成目的地国进口清关义务。

相对于"工厂交货"代表卖方的最少义务而言,"目的地交货关税已付"则是其最大义务。

第二节 2010年版《国际贸易条款》的主要变化

如前述,国际商会在2010年7月发布了《国际贸易条款》2010年版(♯715出版物),规定自2011年1月1日起生效。

2010年版《国际贸易条款》与2000年版相比较,变动范围不大。最显著的变化是将原D组中前4个条款重新组合归并为2个条款,从而条款总数从13个压缩为11个,并将条款改称为规则(rule)。此外多是零星变动。本节以下择要作介绍。

2-1 新条款一:DAT

2-1-1 全称

Delivery At Terminal(insert named terminal at port or place of destination)Incoterms ®2010,即运输终端站点交货(插入指名目的港或目的地),适用2010年版《国际贸易条款》。

2-1-2 要点

——当货物在指名目的港口或目的地的指名终端站点中。从已到达的运输工具上卸载,移交给买方处置,即作为卖方交了货。

2-1-3 图解

图表2-10

DAT 关键点

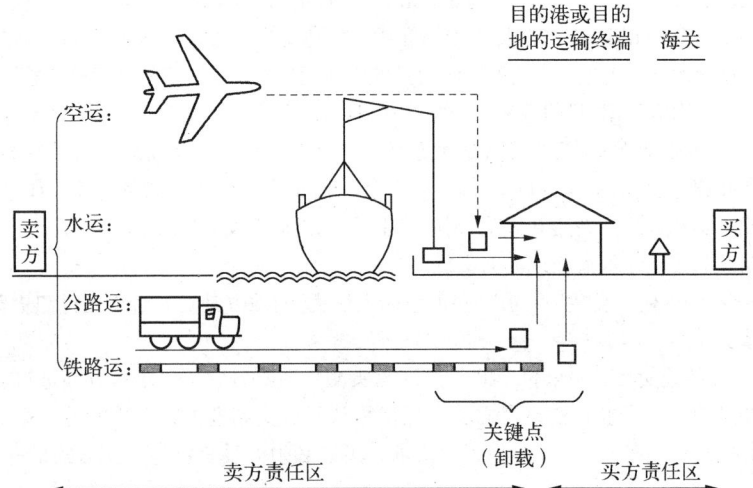

2-1-4 解释

DAT 的关键点在 T(Terminal)上,为此必须弄清楚 T 的具体含义。下分空间与时间两方面解释:

DAT 的空间意义——T 是运输终端站或点的代号,不问是露天的(场)或室内的(棚或屋)都可以。细说如下:

运输方式	站点名称举例
a. 航空运输	航空货运站仓库等
b. 海运或河运	码头、港区等
c. 汽车运输	长途车站货栈、仓库等
d. 铁路运输	铁路货站,仓库等
e. 联运	集装箱堆场或集散站

可见货运到达的目的地可能是港口,也可能是"××路××号"终端的具体地址。

DAT 交货的时间点——运输工具到达后卖方要负责卸货交付买方。

卸货前的风险和运费归卖方负担。这相当于原 2000 年版中 DEQ(要求卸货),只是把运输方式的范围扩大了。

DAT 中卖方不负担进口报关手续和关税,也不负担投保保险的责任[①]。

2-1-5 适用情况

如果有意使卖方在承担风险和费用的条件下,去把货物从终端站点中再运输和处理到站点外另一地点,则在销售合同中双方应商定选用 DAP 或 DDP 规则。

2-2 新条款二:DAP

2-2-1 全称

Delivery At Place(insert named place of destination) Incoterms Ⓡ 2010,即目的地交货(插入指名目的地),适用 2010 年版《国际贸易条款》。

2-2-2 要点

本规则意味着:在运输工具到达目的地后,已经准备好卸货并已把货物移交给买方处置时,即作为卖方交了货。

---

① 《Incoterms 2000 版》中"10. ……虽然一方'没有责任'为对方去完成某件事,但这不意味着完成这件事对自己没有利害关系。例如,在 CFR 中买方没有责任为了卖方而订立一个保险合同,但显然买方为自己订一个这样的合同,对自己是有利的……"对 DAT 和 DAP 下的保险合同,也要如此理解。

2-2-3 图解

图表 2-11

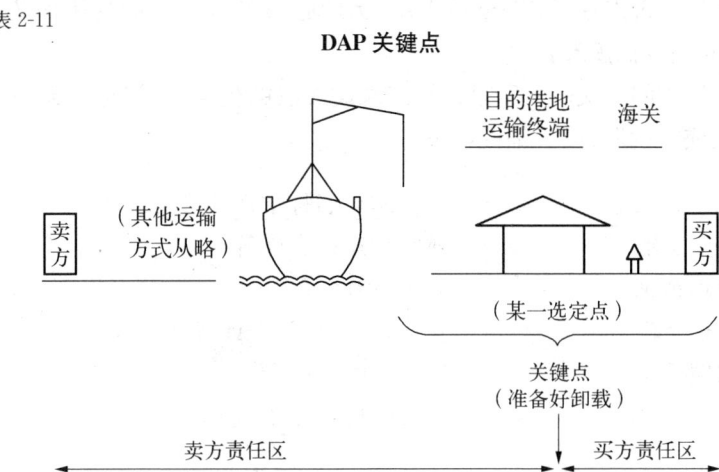

DAP 关键点

2-2-4 解释

DAP 关键点的空间意义——与 DAT 的关键点只在于运输终端站点（T）不同，DAP 的关键点可以在目的地中某一具体地址。在图解中可以看出：括弧跨及的区域，其起点可能在目的地的运输工具上，终点最远可以到买方所在地址，这两者所包括的区段中的任何一个约定地点都有可能成为 DAP 的关键点[①]，而且必须是在到达这一地点的运输工具上。

DAP 交货的时间点——卖方不负责卸货而只要将货物做好可卸载的准备，在此状态下移交买方的那一刻，就作为交了货。

DAP 的目的地可以包括港口；到达目的地的运输工具可以包括船只。从而 DAP 相当于原来 2000 年版中的 DAF、DES 和 DDU（卖方都不负责卸货）。

卸货前的风险和运费归卖方负担。卖方不负担进口报关手续和关税，也不负担投保保险的责任。

2-2-5 适用情况

如果要使卖方办理进口报关及支付关税，则要约定选用 DDP。

[①] 根据《Incoterms 2000 版》中"6. 用词体例"对"ports, places, points and premises"的解释：水运用 port（港口），其他运输方式用 place（地），……地相当于泛称，例如相当于一个城市的区域；凡用 point（地点）则是具体特定的地址、地点。

2-3 其他明显变化

2-3-1 分类改变——11种术语不再按照E,F,C,D 4组分类,只按下列两组分类:

A. 可用于任何运输方式的7种规则:包括EXW,FCA,CPT,CIP,DAT,DAP及DDP。

B. 专用于海运及内河水运的4种规则:包括FAS,FOB,CFR及CIF。

2-3-2 2010年版可兼用于国内贸易

历来《国际贸易条款》只在国际销售合同中使用。但是世上有许多贸易区(例如欧盟)中的国界已无重要意义。ICC发现很多贸易商已在纯国内销售合同中使用《国际贸易条款》,甚至在美国也有高度热情在其国内贸易中不再使用原来的《美国外贸定义》(参看第40页)的编码而改用《国际贸易条款》。从而这次修订的《国际贸易条款》2010年版正式认可所有的贸易规则都可兼用于国际和国内贸易。

2-3-3 不再采用"越过船舷"的标准

在FOB,CFR和CIF三个术语项下,不再以"越过船舷"(pass the ship's rail)为交货标准,改用了将货物装运上船(on board)的标准。这样可以更贴近现代商业的现实,避免了以往风险围绕船舷这条虚拟垂线前后摇摆的过时概念。

2-3-4 《国际贸易条款》各年版本的可选择性

由于国际惯例不是法律,它不会因为新版本的公布而同时使老版本失效。

国际商会明白指出,"……一切根据Incoterms 2000版订立的合同在2011年后仍继续有效。虽然我们推荐在2011年后采用Incoterms 2010版,但是一份货物销售合同的买卖双方还可以在2011年后通过协议选用任何一个Incoterms的版本。重要的是要明白地指明他们所选用的是Incoterms 2010,2000还是任何更早的版本"。

第三节 《国际贸易条款》和财务决策及报价

外贸企业的盈亏攸关企业的生存,财会人员不可忽视财务决策这一环节。

财务决策的出发点是利润水平,而利润的决定因素往往是销售价格。在某些贸易环境下,财务决策运用的基本公式是"成本+利润=价格",但另一些情况下却是"价格-成本=利润",那时的成本又决定于收购(或进口)价格。

图表2-12

出口价格计算表（以假设数字为例）

商品：食品ABC　　　　　　　　　　日期：××××，××，××
买方：XYZ股份有限公司　　　　　　价格基础：FOB, CFR, CIF, …
数量：×××　　　　　　　　　　　付款办法：L/C, D/P, D/A
　　　　　　　　　　　　　　　　　体积：1.2m×0.8m×0.8/箱
　　　　　　　　　　　　　　　　　重量：50千克/箱

项目	说明	小计	FOB	CFR	CIF
产地收购价	或自产成本				
出口包装成本					
国内运杂费					
专项差旅费					
专项招待费	细节见第五章				
出口关税、报关费					
邮电费					
代理手续费					
管理费					
初步FOB净额			￡10 004.00	￡10 004.00	￡10 004.00
银行手续费	0.3%				

第二章　价格条款

项　目	说　　明	小　计	FOB	CFR	CIF
贴现息率	0.5%（细节见第六章）				
预计利润	15%				
FOB售价	$=\dfrac{10\,004.00}{1-(15\%+0.3\%+0.5\%)}$		£11 881.24		
海运运费	细节见第四章	£2 036.00			
初步CFR净额				£12 040.00	£12 040.00
银行手续费	0.3%				
贴现息率	0.5%				
预计利润	15%				
CFR售价	$=\dfrac{12\,040.00}{1-(15\%+0.3\%+0.5\%)}$			£14 299.29	
保险费	细节见第四章				£125.79
初步CIF净额					£12 165.79
银行手续费	0.3%				
贴现息率	0.5%				
预计利润	15%				
CIF售价	$=\dfrac{12\,165.79}{1-(15\%+0.3\%+0.5\%)}$				£14 448.68

外贸的第一步几乎都从询价开始。一个出口商一旦接到潜在进口方的询价,必须回复报价单。由于竞争一般总很激烈,一个好的报价是成功的关键。报价和《国际贸易条款》、运费、保险和其他有关费用紧密相关。在已学习了《国际贸易条款》后,我们就可粗粗地接触报价论题了。表格(图表 2-12)只是一个起点,其细节则是以后各章的内容。

解释

(1) CFR 及 CIF 中的 C,都是 FOB 价(初步净额)。

(2) FOB、CFR 及 CIF 都有两段计算过程,先要求初步净额然后求最后报价。

(3) 后段都要用初步额÷(1-倒求率)的方式求取。因为如不倒求,则报价偏低,企业对外支付手续费及利息后,将不能如原意图取得预计利润和成本费用。如下图银行计收的财务费及利息都要按最终 CFR 及 CIF 为基础、预计利润也要按最终报价计算 15%,因此不能用初步额为基础来计算报价。

向客户收取额 100% { FOB,CFR 或 CIF 初步额 / 财务费 0.8% / 预计利润 15% } [1-(0.8%+15%)] =84.2%

(4) 银行手续费是指收款时要通过银行代办(汇兑或信用证……收费各有不同,此处统一假设为 0.3%);贴现息是假设客户按合同是远期××天付款,例如年率 $9\% \times \dfrac{20 \text{天}}{360 \text{天}} = 0.5\%$。

(5) 此一报价例中 FOB 初步额中都有大量细节(例如出口包装规格的要求),必须在报价单中同时向客户明确,在签订合同时双方取得一致,否则易致纠纷。故一般报价单中均需有此内容。例如:

报 价 单

承你公司询价,我方现报出如下条款下的商品价格:

1. 支付条款:用全额保兑不可撤销的可转让___×___期信用证。
2. 装运条款:在信用证到达后___××___天内在___××___港装船。
3. 包装条款:……
4. 保险条款:按 CIF 价 110%投保一切险及战争险。

……

上述价格计算实际上是"成本＋利润＝价格"模式的细化,其中成本带有某种"刚性",计划利润的高低却是企业主观选定的,具有很大的伸缩余地。

国际贸易是竞争性市场。个别供应(生产)企业不可能决定出口商品的价格。因此,以上计算表式只是一种估摸企业竞争力底线的参考值。能否按此成交,尚待进行艰苦的谈判。

在我国当前条件下,上述计算还要考虑因退税不足而转增成本、附加税费(见后第五、七章)、销售及管理费用等纯财务因素。

第四节 美国外贸定义(1990年修订本)(B级材料)

《美国外贸定义》(American Foreign Trade Definitions,简称 AFTD,修订后为 RAFTD)是世界上这方面三个突出的国际惯例之一,也为全世界的进出口双方广泛接受并采用。它最早发布于1919年,在1940年一度修订,现行版本属1990年修订。它明言是报价定义。一般地说,它没有法律效力(除非某些州的立法或法院已作认可),从而要在销售合同上由双方宣布同意接受这些定义,才对双方有拘束力。

3-1 分类

(1) EXW

(2) FOB

—A(在指名内陆发运地点的指名内陆承运工具上交货);

—B(同上 A)运费付至指名出口地点;

—C(同上 A)运费算至指名地点,运到时扣付;

—D(在指名出口地点的指名内陆承运工具上交货);

—E 轮船(在指名发运地点交货);

—F(在指名进口国内陆地点交货)。

(3) FAS

(4) CFR

(5) CIF

(6) DEQ(关税已付)

除了 FOB 外其余都和 ICC 的国际贸易条款相似,美国定义的特点就在于 FOB 条款不限于海运,而能用于一切运输形式。因此在条款中要指明承运工具的种类。

例如,第一类 FOB 所报出的价格只适用于内陆发运点而且由卖方安排把货物装上或装进铁路车辆、汽车货车、各种驳船、飞机或其他提供来的运输工具。

3-2 图解简释(图表 2-13)

读者将能发现,在美国定义中 FOB 的"B"或"装上甲板(On Board)"的意义从船舶的甲板扩大到一切运输工具之上,而且从 Shipping 或 Shipment 转意的"发运"也不仅指用船发货,而还指一切运输工具。

图表 2-13

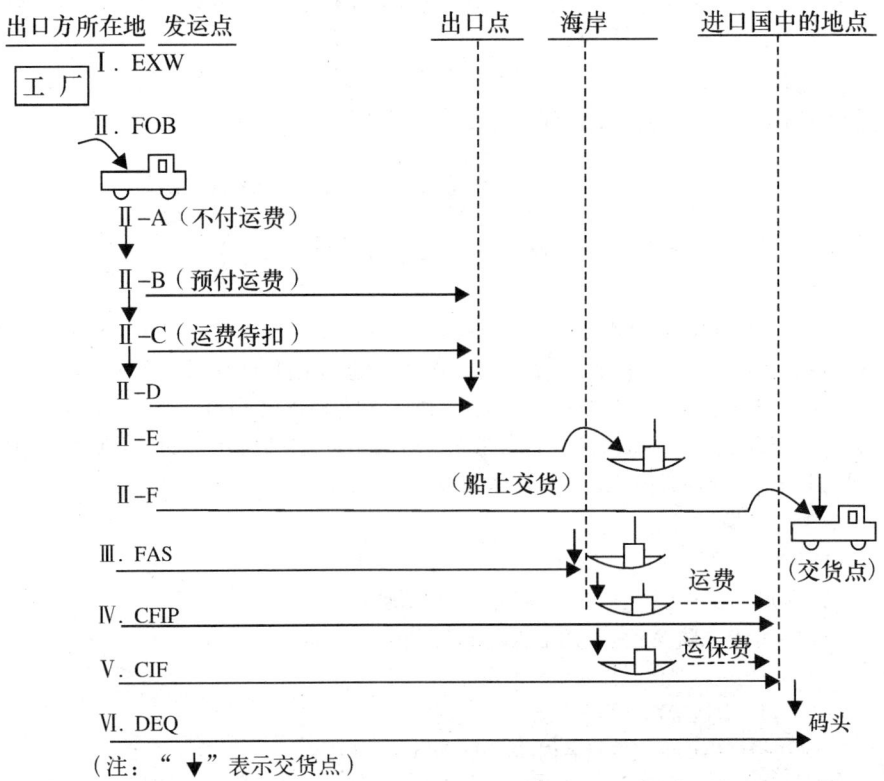

美国贸易条款示意图

(注:"↓"表示交货点)

图表 2-13 中:发运点是一个指名的内陆地点,如美国的底特律市(内陆城市);出口点可能是具有铁路终端(站)的接近港口的一个城市,如纽约市;海岸则意味着企业在那里等船来临的一个港口;进口点是有港口的一个地点,例如上海市。FOBⅡ-F 对应于《国际贸易条款》中的 DDP,这是把货交到一个进口国内陆点,例如南京或苏州。

3-3 分项释要

(Ⅰ) EXW——指名地①:包括 Ex Factory, Ex Mill, Ex Mine, Ex Plantation, Ex Warehouse 等等(指名货源地点)。

这一术语所指价格只用于在某一天或在确定期限内,在货源地点(场所)上卖方将货物

---

① 在美国定义中多用 point,少用 place,但未见其区分。不如 Incoterms 中有明白解释。本书对 Point 仍译地点(场所),但实用中可能只是一个城市的笼统说法,未必是其××街道××号。

交到买方手中。应用例:"USD 100 per dozen Ex Factory Detriot",在底特律的工厂交货价格为每打100美元。

(Ⅱ) FOB。

Ⅱ-A"FOB(在指名内陆发运地点的指名内陆承运工具上交货)":这一术语所指价格只用于在内陆发运地点由卖方安排将货装上承运工具,即铁路车厢、汽车货车、驳船、内河货轮、飞机和其他派来的运输工具。

应用例:"USD 102 per dozen FOB Cars Detriot",即在底特律市铁路车厢上交货价格每打102美元。

Ⅱ-B"FOB(在指名内陆发运地点的指名内陆承运工具上交货),运费预付至(指名出口地点)":这一术语指卖方所报价格包括到达指名出口地点的运费,并已预付该运费,但卖方在取得内陆起运地点的清洁提单或其他运输收据以后不再对货物承担责任。

应用例:"USD 110 per dozen FOB Cars Detriot Freight Prepaid to New York",即在底特律市铁路车厢上交货价格每打110美元,运费预付到纽约。

Ⅱ-C"FOB(在指名内陆发运地点的指名内陆承运工具上交货),待扣还买方垫付的至(指名地点)的运费":这一术语指卖方所报价格包括已算到指名地点的运费,但是卖方在取得内陆发运地点的清洁提单后不再对货物承担责任。所谓"算到"是指运费要待到达后向买方收取,不过买方所付运费可在货款中扣回,即在发票价格中减除后支付货款。因此,只是资金差别,没有价格差别。

应用例:"USD 110 per dozen FOB Cars Detriot Freight Allowed to New York",即在底特律市……扣除到纽约的运费。

Ⅱ-D"FOB(在指名出口地的指名内陆承运工具上交货)":这一术语指卖方所报价格包括将货物运到指名出口地点的运费,并承担到这一地点前所发生的任何灭失和毁损的风险。卖方要在买方请求及负担费用的情况下,帮助其取得原产地国家及(或)发货地国家所开发的单证,以供其出口和到达目的地时进口之用。买方要支付各种出口税费。

应用例:"USD 110 per dozen FOB Cars New York",即在纽约铁路车厢上交货价格。

Ⅱ-E"FOB轮船(在指名发运港交货)":只有这一术语与ICC的FOB大致相当,解释略。

应用例:"USD 112 per dozen FOB Vessel New York",即在纽约船上交货。比Ⅱ-D多负货物从铁路卸下再装船的费用与风险。

Ⅱ-F"FOB(指名进口国内陆地点交货)":本术语指卖方所报价格包括商品成本及一切运达进口国内陆指名地点的运输费用。卖方要支付投保海洋保险及战争险的费用,并承担货物在运载工具上到达进口国内陆指名地点前的灭失和毁损风险。支付为买方进口到目的地或经其他国家转运所需的产地证、领事发票及其他由原产国或起运国开发的其他单证,登岸税费、码头费用、进出口两处通关费用及关税。

应用例:"USD 125 per dozen FOB Trucks Nanjing",即在南京运货汽车上交货价格为每打130美元。

（Ⅲ）"FAS 轮船（指名发运港交货）"：本术语指卖方所报价格包括到货物在船边为装货吊钩所及的范围内交货。买方要对卖方发出船名、航行期、船只的装货码头泊位及交货时间方面的适当通知。

应用例："USD 111 per dozen FAS Vessel New York"，即在纽约港船边交货价格为每打 111 美元。

（Ⅳ）"CFR（指名目的地点交货）"：这一术语指卖方所报价格包括抵达指名目的地点的运费在内。在买方的请求及负担费用的前提下，卖方要提供原产地证、领事发票或由原产地国或发货地国开发的其他单证，以供买方货物进入目的地国家或经中途转运国家所需。买方要支付货物到达后的登岸费及一切后续移动的开支，支付进口关税等一切税费，以及指名目的地点的其他开支。安排保险并支付保险费。

应用例："USD 118 per dozen CFR Shanghai"，即在上海交货的运费在内价格为每打 118 美元。

（Ⅴ）"CIF（指名目的地点交货）"：本术语指卖方所报价格包括货物的成本、海运保险费及一切抵达指名目的地点的运费在内。除保险费外，其余同 CFR。

应用例："USD 119 per dozen CIF Shanghai"，即在上海交货的运保费在内价格为每打 119 美元。

（Ⅵ）"DEQ（关税已付）"：这一术语指卖方所报价格包括货物成本及一切将货物交到指名进口港的码头上所必需的附加费用、并已付关税。卖方要支付登岸费用，包括码头费用及税捐，负责进出口通关，支付进出口关税。本术语主要用于在美进口，很少用于美国的出口。

应用例："USD 125 per dozen DEQ Shanghai"，即在上海码头交货的关税已付价格为 125 美元。

复习思考题

1. 国际贸易条款有什么作用？与财会工作有何关联？
2. 《国际贸易条款 2000》有哪些定型？试就图表 2-3 作解释。
3. 《国际贸易条款 2000》对通关手续的原则是什么？有无例外？
4. 什么是价格条款中的分界（关键）点？
5. 在 13 种定型中能否看出哪些是纯海洋运输方式的（即从启运港至到达港）？哪些是要运用海、陆、空运联合方式的（即从出口方内地至进口方内地）？
6. 在实践中发现下列几个有关价格的案例，试加议论：
   a. 价格条款为 CIF 巴黎；
   b. 在 CFR 下，信用证中列有出口方"要提供保险单"的条款；
   c. 中国某企业在与美国企业签订的进口合同中，价格条款为 FOB 纽约，但派出的接货船只到达纽约港口后,在港口找不到应交货物(事前经电报通知,并非违约)。

7. 2010年版中的DAT和DAP与2000年版中的D组相比有何重大变化?

8. 国际贸易条款和报价有何关系?

9.《美国外贸定义》与《国际贸易价格解释条款》间主要的不同点是什么?

10. 试解释下列专用术语及符号:

EXW FOB FAS FCA CFR CIF CPT CIP DAF DAT
ICC

习 题

习题2-1

一、要求 为B厂拟订FOB、CFR、CIF及FCA(铁路直运)的报价单。

二、资料 假设香港A公司要求青岛B厂对出口商品甲报价,有关资料如下:

EXW报价=CNY1 000/T(CNY即RMB的国际代号)

市内运费:	
自工厂至:铁路货站	20/T
码头	10/T
联运第一承运人	5/T
班轮运输:	
惯用航线的海运运费	100/T
铁路运费	240/T
目的港至买方仓库运费	15/T
海运保险费	5.51/T
目标利润率	10%
银行收款手续费率	1%

习题2-2

一、要求 对××规格运动衫裤作FOB天津新港、CFR汉堡、CIF汉堡三种报价。

二、资料 世界名牌 Adidas 运动器材公司德国子公司通过中间商委由我国天津运动服装厂定牌生产。该厂有关资料如下（以每一 20 英尺集装箱，每箱装足 200 打为报价单位）：

出厂成本	￥1 404/打
国内费用：	
运杂费	800 元
商检费	150 元
报关费	50 元
港区定额费	650 元
其他	350 元
	共计 2 000 元
国外佣金	按报价 3%
海运运费每一 20 英尺集装箱	USD1 950
保险费	￥1 536
目标利润率	10%
银行手续费	1%
汇率	USD1＝RMB8.25

第三章 外汇会计

第一节 外汇的定义

任何涉外经济活动,不论是外贸、国际投资或跨国融资等都要涉及外汇。

企业的外汇会计要涉及很多国际金融业务,以及我国有关外汇管理体制的背景。为此,必须先对这些准备知识作一最低限度的介绍,然后再进入外汇会计本题的叙述。

关于外汇汇率风险的会计问题,将另在第十三章作介绍。

1-1 外汇在国际金融领域中的含义

外汇是用外国货币定值的用以了结国际债权债务的工具,即支付手段。

根据我国 2008 年修正公布的《外汇管理条例》的规定:"本条例所称外汇,是指下列以外币表示的可以用作国际清偿的支付手段和资产:

1. 外币现钞:包括纸币、铸币;
2. 外币支付凭证或支付工具:包括票据、银行存款凭证、银行卡等;
3. 外币有价证券:包括债券、股票等;
4. 特别提款权;
5. 其他外汇资产。"

这里有两点须作进一步的说明:① 国际清偿和货币的可兑换性,② 特别提款权。

(1)国际清偿和可兑换性——在 20 世纪 70 年代后在不兑换纸币制下,可兑换的概念从可兑换黄金改变为可兑换为"硬"通货,如美元、欧元、日元等货币,即全世界都能接受的外国货币。

所以,在外贸中单是把外汇理解为上述五种范围是不够的。并不是所有的货币都是可兑换的。很多国家不能维持足够的外汇资金来为外贸付款。它们的货币不能兑换成硬通货,从而不能为其他国家接受以清欠,这些货币是不可兑换的货币。例如 2008 年 7 月 1 日前的俄罗斯卢布等。

国际货币基金《协定》第八条规定,凡能满足如下三条要求(会员国义务)

的方可为可自由兑换货币：

① 不限制经常账户的支付；

② 不采取歧视性货币措施（例如双轨制汇率——译注）；

③ 愿意赎回他国持有的本国货币。

换言之，发行国听任货币市场进行交易，除了极有限的中央银行所加影响外，不对其币值进行控制。

在外贸与外国投资中区分可否兑换极为重要。否则会造成出口了货物而不能取回对价的后果。此外，缺乏可兑换性将严重制约吸引外国投资的能力。

（2）特别提款权（SDR）——这是国际货币基金组织所创立的一种国际储备资产，可用于成员国在外汇储备不足时用本币换取外汇的一个分配额。特别提款权并不发行货币，只是"账面资产"，作记账单位，但也可为公司财务工具（指债券、股票等）及银行存、贷款以及售货开发票时作定值单位，不过在清账时仍要使用其他外币收付。因为它是一种"篮子货币"，其价格构成中的强势和弱势货币的汇率涨跌动态可以全部或部分互相抵销，故按此定值更为稳定。SDR 只在国际货币基金组织和各国政府之间使用，与一般外贸企业无关。

1-2 外汇在会计上的含义

在会计学中，对"外汇"（或外币）一词还需加上某种专业性的限制词。首先，这里所谓"外"，是以记账本位币作为基准的。在我国，会计上所谓"外币"，是指记账本位币以外的币种，而不绝对以国别为划分标志。所谓记账本位币，是指一个企业在主体账系中统一使用的作为记账单位的那一种货币，同时也是编制会计报表所用的币种。我国《企业会计准则》第 19 号规定：企业以人民币为记账本位币。业务收支以外币为主的企业，也可以选定某种外国货币作为记账本位币。因此，在以美元、港元等作为记账本位币的外国投资企业中，人民币就处于会计上的"外"币地位了。外币在《国际会计准则♯21 公告》中，定义为"报告货币"（即企业编制财务报表时采用的货币种类）以外的其他货币。这与我国对外币的定义大体相当。其次，由于外汇管理上的不同，本书在叙述中，还区分下列三种用词的侧重点。

1. 外币——是指外国通货的具体实物。其形态是纸币和铸币。要用会计科目"现金"进行记录。

在实行外汇管制的国家中，通常不准许外国货币在国内流通（保税区例外）。

2. 外汇——指以外国通货计价的抵账工具，侧重点在于其实物形态是外币制银行存款、票据等流通工具，不仅限于纸币、铸币。但主要是能通过银行结算的资金头寸。这要用会计科目"银行存款"等进行记录。在外国会计中，一般不区分"现金"和"银行存款"两个科目。

在国际资金流动中的绝大部分是通过银行进行汇划的。通常所说的外币业务，实质上多为外汇业务，极少直接使用外国纸币或铸币结算。因此，"外汇"一词比"外币"一词在使用上具有更大的比重。一旦人民币进入完全的自由兑换，区分外币和外汇的概念即无实际意义。

3. 外币制债权、债务（资产、负债）——除了上述外币、外汇这些货币资金外，在经济业务中还会发生不少双方权利义务按某种外国通货计算，并且在日后要以外汇、外币来了结（结算）的债权、债务，以及外币面额的有价证券等。这要用会计科目中"应收(付)账款"、"应付债券"、"长(短)期投资"、"预收(付)货款"、"应付利润"一类账户进行记录。在外商投资企业中，还可能有以外币计值的工资、技术转让费等应付款项。概括说来，这些都是以外国通货计值（在日本称之为"建值"）的货币性资产负债。计值(Denominate)不等于单纯的入账计数(Measure)。计值的侧重点是权利义务的结算标准。

现将比较常见的部分外国货币及简写符号例示（图表3-1）如下：

图表 3-1

某些常见外币符号

外币名称	货币符号	简写	单位及记账时辅币进位办法
英　镑	£	GBP	1 镑＝100 便士
港　元	HK＄	HKD	1 元＝100 分
美　元	US＄	USD	1 元＝100 分
瑞士法郎	SF 或 SFR	CHF	1 法郎＝100 分
欧　元	€	EUR	1 欧元＝100 分
新加坡元	S＄	SGD	1 元＝100 分
巴基斯坦卢比	PRS	PKP	1 卢比＝100 派沙
荷兰盾	F	NLG	1 盾＝100 分
瑞典克朗	SKR	SEK	1 克朗＝100 欧尔
丹麦克朗	DKR	DKK	1 克朗＝100 欧尔
挪威克朗	NKR	NDK	1 克朗＝100 欧尔
奥地利先令	ASCH	SCH	1 先令＝100 格罗申
日　元	J￥	JPY	1 日元＝100 钱，记账时小数以下不计
加拿大元	CAN＄	CAD	1 元＝100 分

(续表)

外币名称	货币符号	简写	单位及记账时辅币进位办法
澳大利亚元	A＄或＄A	AUD	1元＝100分
马来西亚林吉特	MR	MYR	1林吉特＝100分
斯里兰卡卢比	单数 SRe 复数 SRS	LKR	1卢比＝100分
芬兰马克	FMK.	FIM	1马克＝100盆尼
伊拉克第纳尔	ID	IQD	1第纳尔＝100费尔
马里法郎	MF.	MLF	1法郎＝100分,记账时小数点以下不计
伊朗里亚尔	RI.	IRR	1里亚尔＝100第纳尔,小数点以下不计
以色列谢克尔	Shekel		
尼泊尔卢比	单数 N. Re. 复数 N. RS.	NPR	1卢比＝100派司
韩国圆	WON	W	1圆＝100分
越南盾	D.		1盾＝10角＝100分
俄罗斯卢布	RBS	RbIs.	1卢布＝100戈比
澳门元	PAT. 或 P.		1元＝100分
菲律宾比索	P	PHP	1比索＝100分
缅甸元	K.	BUK	1元＝100分
泰国铢	B	THB	1铢＝100萨当
印度卢比	RS	INR	1卢比＝100派司
新西兰元	NZ＄	NZD	1元＝100分

注：上表中各种外币的货币符号,系习惯使用的符号,简写系国际标准化组织规定的简写符号,目前两者均可使用,以逐步统一使用简写符号为原则。但在账簿上手写时颇多沿用货币符号,读者仍宜熟悉。本书特意混用,以期增多接触。

第二节 外汇管理及其对外汇会计的制约

2-1 外汇管理的概念

一国所采取的外汇政策,决定着外汇业务的环境条件,外汇会计的内容也随之而有显著的差别。在一国采取外汇自由政策的情况下,企业对外汇的供求全都通过外汇市场解决,那时外汇会计的内容较为单纯。但在一国政府采取外汇管理措施的情况下,外汇会计的内容就会受到纷繁的监管措施的限制,而显得颇为复杂与多样化,不仅会计分录有特点,而且外汇凭证、向外汇管理部门报送的业务报表也有特殊要求。

所谓外汇管理(或管制,Foreign Exchange Control),是指政府对外汇的买卖、借贷、收付、移动、外汇汇率及外汇市场,实行管理与限制的一种制度,也即对一国外汇的流出、流入施加影响的一切政策措施。与之相对的,则是外汇自由的政策,政府不加干预。

外汇管制的主要内容是禁止外汇的自由买卖,把外汇资源集中到政府手中,一般采取如下两种方法:

1. 数量管制——例如实行进出口许可证制,出口所得外汇要按官定汇率出售给国家指定的银行,进口需汇必须经申请批准等。

2. 价格管制——对不同性质的外汇买卖规定不同的汇率等等。

虽然国际货币基金组织(International Monetary Fund,简称为IMF)不允许对国际收支中的经常项目进行外汇管制,但仍允许会员国对国际收支中的资本项目进行管制。所谓经常项目(Current Account),是指一国与外国经常发生的收支项目,主要包括货物贸易收支、无形贸易(即运输、银行、保险、旅游等)收支及国外投资的利息和股利等。所谓资本项目(Capital Account),或称资本及金融项目,是指资本的流入和流出,主要包括私人直接投资和证券投资、国际贷款等长期资本和短期资本等收支。

一般说来,外汇管制政策是缺汇国家采用的,例如英国政府曾在1939—1979年间实行了40年的外汇管制。在一百多个国家中只有美国、瑞士、加拿大等少数国家未正式实行过管制。管制的方向通常是对外汇"宽进严出"。

2-2 我国外汇管理的主要内容

我国自新中国成立时起即长期缺汇,但至2006年2月外汇储备即居世界第一,至2014年6月末已近4万亿美元。其间外汇管理措施自必宽严不同,综观前后,大致经历了如下三个阶段。

1. 1949—1993年:

我国在新中国成立后实行管制外汇的政策,采取"国家集中管理(通过外汇管理局),统一经营(委托中国银行)"的方针。这是计划经济下的管理措施:外汇由国家定价,国家强制收购出口收汇,用汇要经国家计划批准。后期实行对企业出口奖励部分外汇,可供相互提价调剂。

2. 1994—2005年6月止:

随着我国社会主义市场经济改革进程的发展,必须改变原来计划经济体制下的外汇计划审批制。

1994年设立全国性银行间外汇交易所(即外汇交易中心),按市场加权平均成交价,逐日公布隔天外汇中间价。

同时将国家收购外汇改为银行的结汇制及售汇制。企业将外汇收入按当日汇价卖给银行,银行收取外汇,兑给人民币,即称为结汇。企业如需要外汇,只要持有效凭证(如进口许可证、进口证明或进口合同和境外金融机构支付通知书等)到银行用人民币兑换,由银行依靠结汇收入的来源将外汇售给企业,即称售汇。

1996年7月1日起,正式实现了经常项目下的人民币有条件可兑换。但还未实行资本项目的自由兑换。

3. 2005年7月21日至2007年止:

由于我国外汇储备不断飙升,自2005年7月21日起,对人民币汇率定价改为按"一篮子"外币定值,实行有管理的浮动汇率制,并决定自主地(持续、小步地)将人民币对美元汇率升值。

在2007年8月完全放开了企业出口收汇必须结汇的限制,可以自行保留外汇;至2008年8月更全面修订了《外汇管理条例》。资本项目的开放程度也在有序地提高。外汇政策的开放程度整体上日益提高。

4. 2008年后:

持续升值和我国利率持续高于美元,吸引了大量"热钱"涌入我国;反之,在国际金融形势变化时热钱又会急着逃出我国。这就会导致我国经济的不利波动,甚至出现危机。外汇管理当局正在实施堵截措施,加紧实施跨境外汇出入的监控。

同时由于美国在2008年前后出现了金融风暴,美元作为国际贸易结算货币的地位已经严重削弱。我国开始了人民币国际化的步伐(参看第六节)。

以上各阶段的外汇政策措施,都会直接影响外贸企业的会计操作。

第三节 汇 率

外汇汇率,是指一国的货币兑换成另一国货币的折算比例,也即两种不同货币间的比价,也称汇价、外汇行市。

3-1 汇率制度

由于汇率是各国货币间的比价,所以汇率制度归根到底是由货币制度决定的。当前国际上有两种汇率制度:固定汇率制与浮动汇率制。

固定汇率制,是指一国的货币与其他国家的货币兑换比率基本固定不动。在20世纪70年代前,各国多采用金本位制,直接或间接按货币的含金量的比例确定汇率。例如,早年英镑法定含金量折合纯金为113.0016格林,1美元含金量折合纯金为23.22格林,则汇率计算如下:1英镑 $=\dfrac{113.0016}{23.22}=4.8665$(美元)。那时,由于各国货币的法定含金量轻易不作变动,因此,短期因供求关系造成的汇率波动幅度较小。

浮动汇率制,是指政府听任汇率由外汇市场中的供求关系自发地确定的一种汇率制,政府不承担维持官定汇率的义务。世界各国在 1973 年后,先后废除金本位制,改行不兑现的纸币制,大多实行了浮动汇率制,这已是当今的主流。

由于汇率的高低会影响本国商品的出口和国际收支平衡,而且有时波动幅度很大,所以自由浮动只是名义上的,实际上没有一个国家不在暗地采取干预措施,以达到自己的目的。这被称为管理性浮动,即受控制的浮动。

此外,还有一些在某种程度上和固定汇率制相结合的浮动汇率制,如盯住浮动制,即对某一种或几种货币保持挂钩盯住随之浮动的办法。例如,港元对美元按 7.80∶1 的比例盯住,随美元涨落(称为"联系汇率制")。我国从 1985 年起一度采用了以美元为基准的有限弹性汇率,实际上形成了盯住美元浮动的汇率。

3-2 汇率的决定

汇率在形式上是两国货币的折算比率。这一比率,在金本位制下是通过各自与黄金的对比关系决定的。但黄金只是价值的表现形式,两国货币含金量的折算比率,其实质就是所含价值量的折算比率。因此,在各种金本位制下,汇率的决定不成为问题。

在不兑现纸币制的情况下,从理论上说,可以粗略地按两国纸币的购买力(商品价格的倒数)来决定汇率。这就是西方经济学中所说的"购买力平价说"(Purchasing Power Parity Theory,简称为 PPP 说)。平价就是比价的意思。

例如: X 美元＝一袋面粉＝人民币 Y 元

(反映 A 币的购买力)　(反映 B 币的购买力)

则 X 美元＝Y 人民币。可见,通过一组有代表性的商品,可以决定两国货币的汇率。

但是,出于一国外贸策略上的考虑,各国政府往往故意背离平价原理而由央行来操纵汇率——因为一国货币汇率贬值可有利于出口而不利于进口;本币汇率升值则相反。

3-3 银行及金融市场中的外汇报价

1. 直接标价与间接标价——直接标价,是指以一单位(或扩大为一百乃至十万单位)的外币为基准(称为基础货币或单位货币),所能换到的本国货币数额(称为报价货币)来表示其汇率的形式。例如,我国公布的 2015 年 5 月 13

日的美元汇率牌价为人民币 6.1123 元。在日本同月末的美元汇率为 124.73 日元。世界上除英、澳、新及欧元区等国外，绝大多数国家采用这种标价法。

间接标价则相反，它是以一单位的本国货币所能换到的外币数额来表示汇率的形式。例如，英国外汇市场上 2015 年 5 月 15 日的美元汇率为 1 英镑 =1.5720 美元。在欧洲市场上则为 1 欧元=1.1451 美元。显然直接标价与间接标价互为倒数。故很多人称之为"倒数标价法"（Reciprocal Quotation）。

2. 买入价、卖出价、中间价、现钞价——通常外汇的买卖都要通过银行，因此，公布行情信息时都从银行的立场看问题，把汇率分为买入价及卖出价。

买入价：是银行买入外汇的价格，又称出口汇率，意指出口商卖给银行外汇时用的汇率，如在我国 2015 年 5 月 13 日美元买入价为 6.1926 元。

卖出价：是银行卖出外汇的价格，又称进口汇率，意指进口商向银行购买外汇时用的汇率，如在我国上例同日美元卖出价为 6.2174 元。

汇率的报价包括五位有效数字，一般同时报出买入、卖出价。银行报价习惯总是按后列方式书写："基准货币/报价货币　买入价/卖出价"，两个价中总是前小后大。例如，上述两个美元汇率写成"USD/RMB 6.1926/6.2174"。另有一种简化写法，如 EUR/USD/1.0941643 是指 1 欧元兑取美元时，银行买入价为 1.0941 美元，斜线后为卖出价的末两位数，即银行卖出价为 1.0943 美元。这一写法中，基础货币居前，报价货币居于斜线之后，这与通常在分母位置为一单位的习惯相反，需加注意。

买入价与卖出价两者间的差价即为银行的手续费收入。在我国自 2012 年 4 月 16 日起为±1‰，即 2‰①。上述标价中的末位数，在银行实践中称为一个基本点（简称为点）。例如，USD/CHF 汇率由 1.1224/31 变为 1.1214/21，即称为美元下跌了 10 个点。国外电汇汇率高于票汇、信汇汇率，因电汇的传递结算速度快，银行无可占用资金头寸。我国的人民币汇率还未加区分。

中间价：为买入价与卖出价的平均价，即未加银行手续费以前的汇率。它是纯真的汇率，但不用于外汇交易而只用于记账、缴纳关税等场合。我国在 2005 年汇改后，允许买卖价对中间价之差不对称，从而改称基准价，但实践中仍颇多沿用"中间价"的叫法。

现钞价：现钞买入价在四个率中是最低的。这是将外币现钞交售给银行兑取人民币的价格。因为银行要等待积成整批外币后运到国外兑换，有运费、保险费、垫付利息等负担，故要比一般买入价低。我国自 2005 年 9 月起为不

---

① 时有变动，今后还可能趋向扩大，陆续定向自由浮动。

超过中间价的4‰①。但现钞卖出价则和上述卖出价相同。

3. 即期汇率(Spot Rate)与远期汇率(Forward Rate)。

这是按双方了结交易(一方付本币,另一方付外汇,称为交割)的日期长短来划分的类别。

即期汇率,是指成交后双方"当即"交割的汇率,事实上因为有地球时差及准备时间等等因素,在外汇市场上,这是指成交以后次日起第二个工作日交割,例如星期一成交的在星期三交割。工作日的定义是要交易两国的银行都营业。任何一方遇有假日要顺延。例如星期六、日休息两天,则星期四成交的外汇,即要到下星期一才交割。企业在了结债务时要提前向银行做交易。但在我国银行对客户的"零售"交易中,有当天或隔天交割的,称为超短期交易,有利息差别。即期汇率由国际金融市场上大银行间的大宗交易所形成(称为"批发价")。

远期汇率,则是成交后在两个工作日以后的期间内交割的汇率。通常交割期约定为1~3个月,一般长的可以长到1年以上,超过1年的为"超远期"。

远期汇率也在国际金融市场上由大银行间的大宗交易来形成;外贸企业等客户则根据往来银行报出的价格("牌价",俗称"零售价")进行买卖。在外汇行情表上,远期汇率有两种标价法:① 全额标价。② 差额标价。在瑞士、日本等一些国家中习惯上采用全额标价法;而在英、美、欧元区等一些国家则惯用差额标价法。所谓差额标价指各该远期汇率和即期汇率相比较的涨跌差额,实践中称为汇水。在直接标价法中远期大于即期时称为升水(Premium,代号为 p);反之,远期小于即期则为贴水(Discount,代号为 d);在呈倒数关系的间接标价法中则升、贴水的命名标准即相反②。

现以往年某日中国银行的人民币某些远期汇率牌价列表示意如图表3-2。

图表 3-2

远期汇率标价法

期 间	美 元		欧 元		英 镑		澳 元	
	全额标价	差 额	全额标价	差 额	全额标价	差 额	全额标价	差 额
即期	6.8341		9.0528		9.8961		4.7897	
1个月	6.8382	+41	9.0558	+300	9.8881	−80	4.7607	−290
3个月	6.8413	+72	9.0617	+89	9.8955	−6	4.7454	−443
6个月	6.8427	+86	9.0689	+161	9.9060	+99	4.7251	−646

---

① 现钞买卖价也可一日多价。

② 以往升、贴水在期汇会计中要入账。近年各国准则中,已改按现值原理做账,升、贴水只在外汇交易中使用。在会计分录中已无表现。本书不再展开讨论。参看本书第十三章。

(续表)

期间	美元		欧元		英镑		澳元	
	全额标价	差额	全额标价	差额	全额标价	差额	全额标价	差额
9个月	6.8441	+100	9.0707	+242	9.9174	+213	4.7063	-834
12个月	6.8460	+119	9.0857	+329	9.9265	+304	4.6897	-1 000

4. 汇率运用中的几个注意点。

(1) 欧元区使用间接标价法——间接标价法原来只有英联邦中一些国家采用。但自1999年起，欧元开始流通，它也采用间接标价法。欧元的使用会涉及几十个国家：德、法、奥、比、意、荷等十多国把欧元作为官方货币(欧盟中只有英国、丹麦、瑞典不采用)；还有波兰、捷克、匈牙利等十余国，将陆续完成正式采用的程序。此外还有27个欧、非国家的货币盯住欧元浮动。从而在我国外贸伙伴中，欧元使用国所占比重已大大增高。我国外贸会计教材以往只讲直接标价法，这在今后是不够了。外贸财会人员至少要能看懂外汇行情表中的间接标价，否则就不能记账、核算和作决策。

(2) 欧元标价法、英镑标价法和美元标价法——直接标价和间接标价，原来是和本币、外币的概念相联系的，因此与经办银行的所在地有关。但是现今国际金融市场已大为发展成熟，所有外汇银行都广泛经营跨国业务，因此外汇报价必须有国际通用性，从而当前已经发展为统一应用欧元标价、英镑标价和美元标价三类形式，也就是说，不管经办银行的所在国别，都只按三类基础货币报价，采用"基础货币/报价货币，买入价/卖出价"的形式报价，如"EUR/USD,1.2180/84"。这一形式是说银行(不论处于何地)报出，用美元买入1欧元的价格是USD1.2180；反之，卖给客户1欧元时要收取USD1.2184。凡是用欧元作为基础货币的，称为欧元标价法，用英镑、澳元、新西兰元、爱尔兰镑作为基础货币的，都属于英镑标价法；美元标价法可以类推理解。

从实质上说，直接、间接标价法的分类只用于国内，在国际金融市场中已经转变为只用欧元、英镑、美元的三类基准货币标价法了。但是这些货币相互之间的汇率又如何报价呢？国际上已经形成一个习惯顺序：① 欧元。② 英镑、澳元、新西兰元。③ 美元。当三者互兑时，按上述①、②、③顺序，以占位居前的为基础货币，占位居后的为报价货币。例如，EUR/GBP，而不采用GBP/EUR的报价形式；美元对澳元，则必须按AUD/USD报价。

(3) "基础货币/报价货币"的买入价，是指银行买入基础货币而用报价货币支付给客户作为代价。外国将其称为"买入基础货币；卖出报价货币"。反之,卖出价则是"卖出基础货币;买入报价货币"。一定要辨别收和付的币种。始终要从基础货币的立场去思考。

第四节 外 汇 会 计

我们分四步来讲述外汇会计。首先摘引一下会计准则的要点,其次结合我国外汇管理的规定讲述外汇收、付、兑、存四方面的会计处理,第三演示一个数字例子,最后简略叙述分币记账制的要点(B级材料)。

4-1 会计准则

各国现行外汇会计的基本原理是美国准则在 1975 年奠定的。我国财政部在 1994 年开始引用,至 2006 年正式吸收入了我国新准则(符号 CAS)♯19"外币折算"内。

现先引述 CAS19 及相关规定的要点,然后再逐一细释:

1. 初始确认和计量——一笔外币制①交易在交易日作初始确认,并按交易当天即期汇率折算为记账本位币入账。(第 10 条)

2. 在每一资产负债表编表日:(第 11 条)——
(1) 对外币货币性项目改用期末汇率计量,即采用公允价值等折算。
(2) 非货币性项目仍按原以外币定值的历史成本作为账面价值保留。

3. 在了结(清账)日——再按当天汇率计量。

汇率差异(损益)应确认为当期的收益或费用。

4-1-1 何时作初始确认

a. 与确认及计量相关的四个日期。

所谓确认,是指判断一个事项在什么时点正式记录入账。所谓计量,是指按什么标准确定入账的金额。所谓初始是指事项发生后最早的入账,而不是入账后的调整。

现首先分析初始确认。我国财政部在 1994 年《关于外汇管理体制改革后企业外币业务会计处理的规定》中的措辞是"业务发生时……记账",但是究竟什么是具体的"发生"时点?为此先要辨别四个相关日期,以外贸进出口业务为例:

---

① 在外汇管制国家,外币不能在国内自由流通。所有权利义务的了结都通过外汇银行划账。因此通常教材都据美国译本作"外币交易"(Foreign Currency Transaction),这是因为美国不存在外汇管制的缘故,但在我国容易误解为外币本身的买卖。在中国的外汇管理背景下,笔者一贯主张译成"外币制交易",这是指外国通货定值(Denominated)并要以外国通货来收付了结(IAS 21 第 8 条),而不是外国硬币纸币的交易。

(1) 订单(发出或承接)日——指购、销定单开发日,此时一般不作确认,见下"b"。

(2) 交易成立日——指发货或支付对价日。公认会计原则以此为初始确认点。

(3) 中间编报日——指交易日与了结欠账日之间跨越会计编报日(月、季、年度)。此时应调整账面原来的计量,因为要编制会计报表。

(4) 了结清账日——指账款支付日,惯用的付款方式是通过银行电讯划账,也要按最终汇率调整账面计量。

上列(1)、(2)两个日期涉及初始确认的判别;(3)、(4)两个日期则涉及后续确认及计量,即汇率变动所致汇兑损益的确认及计量。

b. 一个会计概念论题:待生效合同。

单是一个在未来执行的合同承诺是一个"待生效合同"。按照现行会计概念,一张订单或一个合同"仅就其本身而言并不构成一个现有的义务。只有在这一资产业已交付或企业作出了一个不可撤销的购取该项资产的协议时,义务才正常产生"(见国际会计准则委员会关于《编报财务报表的大纲》第61条)。美国财务会计准则委员会的《会计概念大纲》也以"现有"义务作为负债成立的界限(见FAC6),即要区分现时义务和"未来承诺"。

我国新准则在《基本准则》对资产(第20条)和负债(第23条)也都采用这一原则:"预期在未来发生的交易或者事项不形成资产"、"未来发生的交易或者事项形成的义务,不属于现时义务,不应当确认为负债"。

因为合同只是一种稍为正式的意向,如果违约,只有罚款或赔偿损失的制约,从而订约双方均有撤销合同的可能。就购销合同或订单看,不仅不是确定不变的现有负债,同时也不是现实的已购得的资产。订单或合同的交货期可长可短,很多定购的货物在定购当时还未生产出来:可能是工厂的在制品或在建工程、农业的未下种子或未到收获期的作物,在矿业的未开采的矿石……因此将来能否最终交货,也存在相当大的不确定性,不能借记"在途物资"或"采购"账户;反之,也不能借记"应收账款"账户,贷记"主营业务收入"账户。

即使是订有一项重大罚赔条款,可以保证成为一个确定不变的合同,或是使对方不太有可能逃避履行义务,但这仍只能起制约作用而不能确有保证。从而在会计实践中也只在资产负债表下作附注[但为了稳健(审慎)起见,可将估计损失列入"存货跌价准备",有的则可作为运用衍生工具预作防险的确认缘由(见第十三章)],并不将采购承诺正式确认入账。即"将来生效的合同"不构成确认的条件。可见会计上这一判定标准要比法律上更为严格。对于外币交易,第一个会计论题也就是会计人员通常都同意的,应在交易成立日入账。

4-1-2　如何作初始计量

a. 所用货币种类。

用以了结一笔交易的币种可以是外币也可以是本币。这要看合同商定用什么币种来开发票而定。如属按外币定值的,应收应付账款这一方须用外币汇率来计量后按记账本位币入账。

b. 所用外币汇率。

原来我国财政部规定:外币金额折合为人民币记账时,均采用业务发生时的外汇局公布的全国统一的市场汇价作为折合率,也可按业务发生当期期初的市场汇价作为折合率。市场汇价是外汇市场当天收盘价(中间价)。但是2005年7月21日汇率改革后,银行对汇率可以一日多价,故已不适宜采用固定折合率。2006年颁布的《企业会计准则第19号——外币折算》已改为初始确认采用即期汇率,也可采用近似汇率(第10条)。所谓即期汇率,通常是指中国人民银行公布的当日人民币外汇牌价的中间价;所谓近似汇率,通常采用当期平均汇率或加权平均汇率等(《应用指南》)。但企业与银行实际发生结汇、购汇或兑换等业务,应当按实际采用的银行买入价或卖出价折算。

一般认为,上述折合率之为固定或按当时汇率的原则,一经选定,不宜随意变更。如有必要变更,也需自新的会计年度开始变更。

中国人民银行当前只公布人民币对美元、欧元、日元、港元等有限几种货币的基准汇价。人民币对其他货币的基准汇价都要通过美元间接推算,财政部规定在会计处理中可按下式进行套算。

① $\dfrac{\text{某种货币对人民币的汇价}}{1} = \dfrac{\text{美元对人民币的基准汇价}}{\text{美元对该种货币的上述市场汇价}}$

② $\dfrac{\text{货币A对货币B的汇价}}{1} = \dfrac{\text{美元对货币B的上述市场汇价}}{\text{美元对货币A的上述市场汇价}}$

如为其他货币对美元互折,则直接按上述市场汇价计算。

4-1-3　四类外币制项目在中间编表日的重估价

a. 非新《准则》实施范围各企业的期末重估价会计处理。

从1994年"接轨"起,外币制货币性项目(账户),在结账日要将账面原外币制余额改按期末即期汇率(中间价)重行折算入账,即重估价,因重估价产生的差额作为汇兑损益计入当期损益。例如,假设汇率上涨,则:

借:应收账款　(按重行折算金额减账面原金额后的差额)
　　贷:汇兑损益

如汇率下跌,则分录相反。

　　b. 重估价的范围。

　　在2007年新《企业会计准则》实施前,只有货币性项目要作重估价;非货币性账户不重估,即始终保留原历史成本基础。

　　所谓货币性项目,是指企业持有的货币资金和将以固定或可确定的金额收取的资产或者偿付的负债。这里有两个条件:

　　(1) 必须是按某种外币定值(Denomination,即按外币标准计算)成为一个固定金额,或是可确定(如按利率等可以算定)的金额。

　　(2) 必须是货币资金,或是或早或迟要变为外币制现金(即收或付外币)。

它共分为三类:

　　(1) 外币制应收账款、应收票据及其他货币性债权;

　　(2) 外币制应付账款、应付票据、银行贷款及其他类似负债;

　　(3) 外币制现金及银行存款。

　　凡不属货币性的一切账户均属非货币性账户,如固定资产、存货、收入、费用等等。

　　虽然国际会计准则21号所下定义是"……货币性项目是所持货币及有待收或付某一固定或可确定金额的货币的资产及负债",但要注意,并不是所有资产都可成为一个货币性项目的。

　　"货币性"并不意味着"流动"(这是指在一年内能变成现金)。货币性必须是那些要按固定量的货币去了结的项目,而"了结"意味着法律上的现金清偿,即是一个外币制的求偿权。所以,存货、投资等等都能转变为现金(有流动性)。但其金额可变,要取决于价格的波动,不是一个法律上的求偿权。债券属于货币性负债,其金额可以根据票面条款确定;但股票就不具有货币性。

　　这里"固定"意味着按外币定值,此额是固定的,只是汇率是变动的,从而本币额不固定。

　　很明显,国际会计准则委员会并不主张一切资产负债都是货币性的,只有一部分资产才有资格列为货币性的。

　　c. 新《准则》中重估价范围的扩大。

　　随着金融工具的盛行和金融创新的迅速发展,美国财务会计准则委员会在1993年年末发布了FAS115准则,改变了金融工具的分类标准和会计处理。其中对频繁买入卖出以炒作牟利(即交易性)的证券,实行按公允价值(主要为市场价值)计量的办法。我国新《企业会计准则》第19号,也采纳这一原则。

　　这一改变,连带影响到外币制项目的重估价,即:

(1) 股票(包括基金等)投资,本来不属于货币性,但如属于交易性,则在期末结账时也要重估价。

(2) 债券本来是货币性项目,现在则只有持待到期兑取本金的部分仍属货币性;凡是炒作牟利的交易性债券,也要按期末公允价值作重估。

这两者的重估,要以"公允价值变动损益"名义计入当期损益,即先按数量乘以证券的期末外币制市场价,再按期末外币总价折成记账本位币金额后,调整原账面余额。因此,汇兑损益隐藏于公允价值变动损益之中,不单独列示。

由于公允价值重估价与外贸业务没有直接关系,应属"中级财务会计"的范围,本书以下仍以三类货币性项目为对象。

权益类中的外方投入外币制资本,按历史成本原则计量,不可重估。

d. 现行价值会计与历史成本原则的冲突。

重估价的实践被称为现行价值会计。重估的各个余额使资产负债表更为有用,因为它们所反映的是当前的财务状况;从而企业报表上的变现性更能"赶上当前状况",这一实践为现行公认会计原则所承认。

可见公认会计原则之间有时可能相互矛盾,有待会计人员判断选用。

但是这一实践也有缺点:在损益表上的"外汇(汇兑)损益"项目中包含着未实现的损益额,这带来了某些不确定性。如图表3-3在中期期末如果期末汇率下跌,根据稳健原则视为已实现损失是对的,但如期末汇率上涨,则是未实现的利益,本来不应入账,要到了结日这才成为确定的损益,现在却先已入了账。

图表3-3

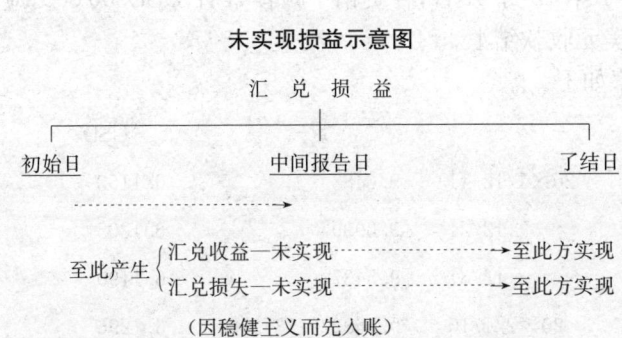

未实现损益示意图

4-1-4 了结日及期末的会计处理

企业向银行结售或购入外汇必须分别按买入、卖出价而不是中间价记账。

故了结欠账的分录如下：

借：应付账款
　　贷：银行存款 ⎫按卖出价

或：借：银行存款
　　贷：应收账款 ⎫按买入价

从而应收应付账款户将发生初始入账的中间价和现行买入、卖出价之间的差额，现金和银行存款户也会因按逐日不同汇率记账而发生差额。这些差额在期末前都可以留在账面上。到月末一笔汇总将有关账户上原余额与重估价余额之间的差额反方向对冲，轧净后记入"汇兑损益"账户（因各账户汇率先后波动情况不一，要逐户辨认其借贷差）。

(1) 借：有关重估价余额比原余额出现贷差各户
　　贷：有关重估价余额比原余额出现借差各户
　　借或贷：汇兑损益

(2) 借：本年损益
　　贷：汇兑损益 ⎫（或反转）

【例】

假设中国 C 公司与一英国供应商 B 和另一美国顾客 A 间有下列进出口交易：

(1) 20×1 年 12 月 11 日，从供应商 B 购得存货￡100 000，应在 20×2 年 1 月 10 日购汇付英镑款。

(2) 20×1 年 12 月 21 日，存货销予顾客 A 计 USD300 000，应在 20×2 年 1 月 20 日按美元收款结汇。

有关汇率如下：

	￡	USD
20×1/12/11	9.6483	6.1153
12/21	9.5999	6.1205
12/31	9.5437	6.1190
20×2/1/10	9.6692/9.7372	6.1296
1/20	9.2612	6.2009/6.2257
1/31	9.2753	6.1370

(3) C 有关进口的分录：

① 20×8/12/11　　借：采购　　　　　　　　　　　　　CNY 964 830
　　　　　　　　　　贷：应付账款——£　　　　　　　　CNY 964 830

② 12/31　　　　　借：应付账款——£　　　　　　　　10 460
　　　　　　　　　　贷：汇兑损益　　　　　　　　　　10 460

③ 20×9/1/10　　 借：应付账款——£　　　　　　　　941 600
　　　　　　　　　　贷：库存现金（或银行存款）　　　941 600

④ 1/31　　　　　借：应付账款——£　　　　　　　　12 690
　　　　　　　　　　贷：汇兑损益　　　　　　　　　　12 690

(4) C 有关出口的分录：

① 20×8/12/21　　借：应收账款——USD　　　　　　　1 836 150
　　　　　　　　　　贷：主营业务收入　　　　　　　　1 836 150

② 12/31　　　　　借：汇兑损益　　　　　　　　　　　450
　　　　　　　　　　贷：应收账款——USD　　　　　　　450

③ 20×9/1/20　　 借：库存现金（或银行存款）　　　　1 860 270
　　　　　　　　　　贷：应收账款——USD　　　　　　1 860 270

④ 1/31　　　　　借：应收账款——USD　　　　　　　24 570
　　　　　　　　　　贷：汇兑损益　　　　　　　　　　24 570

说明：

分录①、⑤——交易日按国家外汇局统一公布的中间价确认入账。

分录②、⑥——中间结账编表日按公允价值（当天中间价）重估价。

分录③、⑦——本例假定购汇和结汇，了结日按经办外汇银行买入、卖出价购汇、结汇。是项买入、卖出价由银行根据当时金融市场供求情况定价。在规定波幅限度内自行定价。

如果在外汇存款户上进行收付，则要按中间价计量入账。

分录④、⑧——按一般会计原理看，④与⑧本可分别和③与⑦组成复合分录，现例按我国规定[参见 4-2-4 中(2)]在期末汇地结总进行货币性项目的重估价。但本例假设单笔按金额购汇、结汇，以致期末应收、应付外币账款子目原币余额为"0"，无可重估。只要把账款子目中本位币尾差转销为汇兑损益即可。因此所列资料中 1/31 的汇率未获使用。尾差计算：初始计量 964 830－了结额 941 680－中间编表日已入账 50 460。汇率下跌，少付本位币的收益。⑧可类推，是汇率上涨多收本位币的收益。

4-1-5 簿记方面的考虑

外币制业务的簿记有两种方式：① 复币制(统账制)；② 分币记账制(分账制)。

三类货币性账户的会计有一个特点：这些以外币计值的业务，不仅在期末要重估价，而且对外方的权利义务结算，要以原币为准，而在企业的主体账系中又须按记账本位币记账、汇总和编表。由于原币和记账本位币多不一致，国际上对此遂有分账制记账法及统账制记账法两种记账实践。

1. 分账制记账法——也称多单元法或分币记账制。每笔涉及外币制三类账户的业务，平时均按原币分别在独立账册内进行记录，只在期终结账时才折成记账本位币额汇总记入主体账簿(即本位币账簿)综合计算盈亏并汇总列表。这种方法适用于外币制业务发生笔数很多的企业，例如经营多种货币信贷的外汇业务银行、融资租赁公司等。

2. 统账制记账法——外币业务与本币业务合并在一个账系内进行日常记录。每笔涉及外币的业务随时折算为记账本位币记录入账，这时既记录原币金额，又记录折合本位币金额，故称"复币"。一般企业发生外币制业务笔数不多，可以采用统账制。本节以下先按统账制作介绍；分账制将在第五节作简要说明。

4-2 我国外汇管理下外币制业务的会计处理

外币制业务(Foreign Currency Transaction)不仅指直接向银行兑取外币的交易(或称兑换，Conversion)，还包括以外币计值，从而今后要以外汇了结清账的进出口、借贷、投资等业务。此外，还包括附有汇率风险防护措施的业务交易。现先介绍前一类单纯的外币制业务交易的会计处理，至于汇率风险防护会计将另在第十三章介绍。

已如前述，外汇会计的内容受制约于外汇管理的体制。我国的外汇储备已从稀缺转为满溢。外汇紧缺时期的外汇管制措施所引起的复杂会计程序，自然要发生重大的改变。1996年修订的《结汇、售汇及付汇管理规定》本来是一个包罗万象的强制性外汇管理法规，这也就相应地产生了几十个会计分录。但是由于本世纪以来的外汇形势发展，这一规定早已时过境迁，多有脱节。例如，强制结汇制已放开为自愿结汇制，甚至放开为有条件的境外存汇，诸如此类，会计处理当然要随之变动。虽然实践中不断发过零星修补的文件，但这一规定将近20年来未作全面修订，本书也无力逐条厘正后汇总列示分录，只得就原体系的会计处理作些历史性回顾。在实践中读者还须与外汇局及经办银行多作联系，以求针对监管内容，作出会计处理。

以下分外汇(币)资金的收入、付出、币种兑换及结存等四方面作叙述。

4-2-1　收入外汇(币)的会计处理

(1) 外汇(币)账项进入企业的渠道和形态——根据以上外汇管理的叙述,可知外汇(币)账项进入企业的渠道众多,大致分为经常项目及资本项目两类,具体则有:外来投资;对外投资分来红利及利息;外贸收汇;向银行买入;境外贷款或发行债券、股票;劳务承包公司境外工程合同期内调入境内的工程往来款项;非贸易外汇等等。

从这些渠道中流入的外汇、外币,一般可有现汇及外币两种形态。

① 现汇——原来根据1994年起的外汇管理体制改革的规定,有的要向银行结汇,有的可保持现汇,各有不同的处理。其后陆续放宽为限额保留,至2007年8月完全取消限额,企业可以自主选定结汇或自行开户留汇。

② 外币——各国外币在别国内一般都不能流通使用。自1994年1月1日起,我国再次明确不能在国内以外币计价结算。外国人对宾馆、民航、运输等非贸易单位,也都要改用人民币支付。在一般情况下,国有企业、股份制企业,集体企业都无从取得外币,以下不再述及。但在特区、保税区,个别经特别批准的,还会有外币流通的情况发生。

开立现汇账户不仅对企业提供了使用外汇的方便,而且还有现实的经济效益。因为本来出口收汇按银行买入价结汇,进口购汇则要按银行卖出价计算,一进一出,企业将多负担两笔价差。现开立现汇账户后,直接用原币收支,不通过兑换,即可省去这一差额。

接受开户的银行,必须是经国家外汇管理局批准经营外汇业务的金融机构。这包括外汇指定银行及外资银行。开户手续已大为简化。

(2) 收入外汇(币)资金的分录。

企业收入并保留现汇时:

原始凭证:银行进账单(格式见第六章图表6-13;贷方账户的凭证根据不同情况而定,待以后各章分述)。

分录:

　借:银行存款——××外币户(在外贸企业也可为"外汇银行存款"
　　　　　　　　　　　—级账户,下同,不另加注)

　贷:实收资本——××方
　　　银行借款——××外汇借款
　　　主营业务收入——出口

……

企业立即结汇时:

原始凭证:银行结汇水单(格式同第六章图表 6-13)。

分录:

 借:银行存款——人民币户
  贷:主营业务收入——出口(指一般工业企业)
       ——自营出口(指外贸企业)
   应付账款——委托单位(指外贸代理出口货款)
   主营业务收入——代购代销收入(指外贸代理出口代理费)

……

  由于我国对资本项目尚未完全放开,故其收入必须全部进入企业的外汇账户,非经外汇局审批,不得结汇。

  4-2-2 付出外汇(币)的会计处理

  (1) 外汇(币)账项支付渠道。已如前述,境内机构的贸易及非贸易经营性对外支付用汇,除可从保留外汇账户中支付外,也可由企业持与支付方式相应的有效商业单据和所列有效凭证到外汇指定银行兑付,资本项目则要先经外汇管理局审核。1996 年《规定》中具体的渠道又分三类,分释如后。

  第一类:直接支付或购汇兑付。

  经常项目范围——

  ① 贸易进口用汇。 随其货款结算方式之不同而要以不同的有效凭证和单据作为依据。因本书对结算方式要到第六章才展开讲解,有的内容甚至要待第八章作讲解,此处只得先列示结论,请在学完本章及第六、八章中有关单证后再来逐步了解下述细节。

结算方式
 a. 信用证(或保函)
  开证保证金——从企业人民币账户或外汇账户中支付,不得购汇。
  最终了结付汇时购汇——持进口合同、开证申请书,还应提供信用证要求的有效商业单据,及验货合格证明。
 b. 跟单托收——持进口合同、进口付汇通知书及托收要求的有效商业单据。
 c. 汇款——持进口合同、发票、正本报关单、正本运输单据。如提单上的"提货人"和报关单上的"经营单位"与进口合同中的买方不一致,还应提供两者间的代理协议。

注:海关实行"无纸化"后,单证多改在线操作。

  ② 预付货款不超过合同总金额 15%(或虽超过而未超过等值 10 万美元)的——持进口合同。

  以上①、②两项如属实行进口配额管理或特定产品进口管理的货物,还应提供许可证或进口证明;如为实行自动登记制的货物则应提供已填就的登记表。

③ 进口及出口运输费、保险费——分别持进口及出口合同、正本收据。

④ 佣金——不超过合同总金额的××‰（例如10％，时有变动）的暗佣和明佣或虽超过比例而未超过等值1万美元的——持出口合同或佣金协议、结汇水单或收账通知。

⑤ 偿还境内中资金融机构外汇贷款利息——持《外汇(转)贷款登记证》、借贷合同和债权人付息通知单。

⑥ 以外币支付的股息——持董事会分配利润的决议书及完税证明。

⑦ 外商投资企业外方投资者依法纳税后的利润、红利——持董事会利润分配决议书；其外籍、华侨、我国港澳台职工依法纳税后的人民币工资及其他正当收益——持证明材料。

资本项目范围——

上述第⑤条的本金——持上述同类凭证。

第二类，先付后核。（略）

境内机构的贸易及非贸易经营性对外支付，外汇指定银行凭用户提出的支付清单先兑付，事后核查：

第三类，先批后购。

境内机构下列贸易及非贸易经营性对外支付，经外汇管理局审核后到外汇指定银行兑付或从外汇账户中支付：

经常项目范围——

① 超过规定比例的预付货款、佣金。

② 转口贸易项下先支后收发生的对外支付。

③ 偿还外债利息。

资本项目范围——

① 偿还外债本金，持《外债登记证》及债权机构还本通知单。

② 对外担保履约用汇，持担保合同、外汇管理局核发的《外汇担保登记证》及境外机构支付通知。

③ 境外投资资金的汇出，持国家主管部门的批准文件和投资合同。

(2) 付出外汇（币）资金的分录。总体上可以套用本币"银行存款"及"现金"账户的处理法。

"从外汇账户支付"的典型分录是（增值税另释）：

借：材料采购或商品采购(进口原材料、商品等)
　　在建工程(进口需安装的固定资产)
　　固定资产(不需安装的固定资产)
　　无形资产
　　管理费用——技术转让费等
　贷：银行存款——××外币户

至于应付账款及外方人员的应付工资等的偿付,情况较为复杂,留待下一段内一并说明。

"购汇支付"则只要将上列分录中的贷项改为"银行存款——人民币户"即可。

付出外汇(币)分录在计价方面还有特点。自1993年7月1日起采用前述国际上通行的按外币制业务发生当时的汇率贷记的做法。其借方所记原收入当时汇率与现在贷方付出时的汇率之间有可能互不一致。这样造成的差额称为"汇兑损益"。汇兑损益的会计处理留待后文集中讨论。

4-2-3 外汇(币)兑换的会计处理

不同币种外币间的互相兑换,可认为是一种外币兑成人民币后再将兑得款购入另一种外币,是两种情况的复合。我国银行实践,要按待兑换的两种外币,分别作买入卖出处理。此时两种外币买入价或卖出价各自会和企业的入账汇率(即按业务发生当时中间价入账)产生差异,这也是汇兑损益。此时共有两个因素造成汇兑损益:

(1) 兑出的A外币按现时银行买入价计算的总额与原账面汇价总额之差;

(2) 兑入的B外币现时银行卖出价与该外币按中间价入账之差。

现举数字例说明如下:

某企业有港币10 000元要兑成美元。港币存款户的汇率为0.7892。设当天港币的银行买入价为0.8012,卖出价为0.8042,美元买入价为6.2121,卖出价为6.2369,中间价为6.1205。则银行套算可购美元时,先将港元折成人民币,再用人民币买入美元如下:

$$兑入美元 = \frac{10\,000 \times 0.8012}{6.2369} = 1\,284.12(美元)$$

假定美元按当天中间价6.8396记账,则以结汇水单为原始凭证作成分录如下:

借:银行存款——美元户(USD1 284.12×6.1205)   7 859.46
    财务费用——汇兑损益   152.54
  贷:银行存款——港币户(HKD10 000×0.8012)   8 012.00

这一汇兑损益是美元的银行卖出价(等于港元买入价总和)对入账的中间价之差,1 284.12×(6.2369−6.1205)=152.54(元),此数必须立即记入,否则分录不平。此外,还有港元的银行买入价和原账面汇率之差,10 000×(0.7892－0.8012)＝120(元),将在期末一并处理(参看本章 4-3-3),这时不必逐笔进账。

在银行外汇存款从一种存款户转入同一币种的另一种存款户时,按理可以不考虑其汇率变动差异,例如从一般美元存款户转入信用证的保证金存款户(属"其他货币资金"科目),或从甲银行的美元存款户转入乙银行的美元存款户之类,均可按原汇率转移,不出现汇兑损益。

4-2-4　外汇存款账户结存额的会计处理

有两个问题:一是期末重估价;二是平日汇率变动差异。

(1) 历史成本原则的再思考——我国财政部对企业会计历来采用"历史成本原则"。所有资产都以原入账时取得的成本为准。非经特殊批准不得变更,因而没有大规模资产重估价的做法。

在国际通行会计实践中,为了"审慎"(稳健)考虑,对于外汇的货币性资产负债却盛行另一种纯时价原则。例如美国早在 1975 年 11 月公布的《财务会计准则♯8 公告》第 7 条就规定"在每一决算日,已入账的外币现金,应收、应付款项的余额,要按现行汇率调整后反映"。其后英国及国际会计准则都采用了这种规定。可以认为,这样处理使资产负债表比采用历史成本法时更能真实地反映决算当时的资产和负债情况,更真实地反映企业的变现能力与偿债能力,对会计报表使用人更有益。虽然西方各国的实践并不完全一致,但上述做法可说是主流,应该可以加以肯定。我国财政部也接受这种会计处理。

(2) 汇兑损益简化为月终总轧算的兼容——上述外币制三类科目期末重估价的处理,其着眼点是为了资产负债表的反映真实性。但随之而来的好处是可以因此而简化汇兑损益的入账手续。

从原理上说,在采用按会计事项发生当时汇率记录外币制业务时,账上余额是历史汇率,当存款付出而贷记时又用当天汇率,势必产生汇兑损益,这笔汇兑损益在发生时就应入账,即逐笔计算汇率变动差异。这样次数较多,手续较繁。另一种较简化的入账法是逐日按当时汇率折合本位币记账时,并不逐笔计算汇率变动所致的差异,听任其混在各账户余额内,到月终据外币制账户中的原币余额另按月终汇率重新折算,与账面人民币余额相比较,将两者的差额概括一笔计作汇兑损益,这就可与上述期末重估价过程合二为一了。这点可举例(图表 3-4)作说明如下。

图表3-4

银行存款USD户

月	日	摘要	借方			贷方			余额		
			原币	折合率	本币	原币	折合率	本币	原币	折合率	本币
1	1	上年结转							10000	6.1270	61270.00
	3	A公司还来贷款尾数	10	6.1258	61.26				10010		61331.26
	10	还贷				10000	6.1277	61277	10		54.26
	20	C公司还来贷款	20000	6.1293	122586				20010		122640.26
	25	汇出外方分红				20000	6.1304	122608	10		32.26
	31	按月末汇率调整			29.09				10	6.8349	61.35

上例都按当时汇率折算,在10日支付10 000美元时,如照先进先出的原则处理(按期初的61 270元计),则余额10美元,应为￥61.26,但因按当时汇率折合入账,而当时汇率又是上涨的,因此使余额过度冲低了￥7.00。但因这时并不编制报表,为了简化汇兑损益的计算,可以听其自然,暂不计算汇率变动的影响。到25日支付20 000美元时,因当时汇率6.1304比20日上涨0.0011元,如与假设按先进先出原则处理的结果相比,显然又把余额冲低了￥22.00。根据同样的简化目的,仍任其混在余额中,可以等到月终集中一次处理。到月终时,原币10美元,按31日汇率6.1349重行折算,应为61.35元,比账面余额高出29.09元,作成调整分录：

  借：银行存款——美元户   29.09
    贷：财务费用——汇兑损益   29.09

  这样,既完成了期末外币制资产的重估价,又集中一笔汇总调整了月内几笔收支的汇兑损益,不致增加工作量,此外也简化了按先进先出的计价手续。

  可以看出,月内不论按什么汇率折算,都不影响月末的时价原则的计值。但会影响对方科目的计价,例如"借：材料采购；贷：银行存款——外币户"中的材料计价,到月终并不调整。前述月末重新折算的范围,只限按外币计算其权利义务的对外债权债务及外币资金本身即"外币制三类账户"。至于已折合记账本位币入账的非外币资产负债,均不在重折算范围内。

4-3 外币制债权债务的会计处理

4-3-1 汇率变动差异的产生原因

  当企业发生以外币计值的赊账进出口业务或国际借贷款业务等时,即会产生外币制的应收、应付款项一类债权债务。这类外币制业务比上述外汇、外币资金的会计稍见复杂。这将是以下两个过程的复合：前一过程为把外币折算为本币额以将债权债务记录入账,和后一过程为清偿债务或收回债权的外汇、外币资金收付的了结记录。

  以赊账进出口业务为例,由于赊账成立日期与清算了结日期之间在浮动汇率制中发生的汇率变动,会使两次入账额发生差异,甚至有时这两个过程还会跨决算期。这就会产生三个日期之间前后汇率变动的差异。

4-3-2 处理汇率变动差异的两种观点——一笔交易观点与二笔交易观点

  国际上对于上述一类因汇率变动而造成的汇兑损益的处理,有两种观点。

  1. 一笔交易观点——这种观点认为,业务成交与日后结算支付这两件事是一笔交易的两个不可分割的组成部分。因双方权利义务要按原币结算,故成交日外币折合记账本位币额是一笔"暂估"数,日后结算时按支付日汇率折合记账本位币额才是真正的价款额,应该按后者调整第一笔会计记录的金额。在这种观点下,账上不出现独立表示的因汇率变动所致的差异额。例如出口账款在汇率下跌时作"借:主营业务收入——出口,贷:应收账款"之类。

我国不采用这种观点。

2. 两笔交易观点——这种观点认为,成交日确立的是购销业务,结算支付日产生的是另一笔外汇买卖业务。前者应由企业的购销部门业务人员负责;后者则应由企业的财务部门对如何避免汇率波动的风险负责。两者考核的对象是不同的。这时账上要单独记录因汇率变动所致的差异。

设我国C公司以赊账出口条件销给美国A公司货物一批。C公司的分录可示意如下:

(1) 赊账成交日——按交货当日即期汇率入账,设为USD10 000,汇率为6.1451元。

  借:应收账款——××USD客户   ¥61 450
   贷:主营业务收入——自营出口   ¥61 450

(2) 决算编表日——设外币汇率下降为@6.1353元。

  借:财务费用——汇兑损益   98
   贷:应收账款——××USD客户   98

(3) 了结清账日——按当日即期汇率将最终收汇数折合入账,设汇率为6.1203。

  借:银行存款——美元户   61 203
    财务费用——汇兑损益   150
   贷:应收账款——××USD客户   61 353

可见在两笔交易观点下,销售(或采购)账户在结算时即不再调整。我国现行会计制度也都采用这一观点。

4-3-3 汇兑损益的逐笔轧计法及月末集中轧计法

在两笔交易观点下,汇兑损益的轧计入账,可有两种实践:逐笔轧计及月末集中轧计。

1. 逐笔轧计法——上例是从原理上叙述汇兑损益的产生。按此类推,凡有汇兑损益产生时都可逐一轧计入账。这种做法的结果是汇兑损益的笔数较多。为求适当减少汇兑损益的入账次数，以往对汇率的选定一般采用"原进原出"的处理方法，而不采用业务发生当时的汇率。1993年后我国已停止使用这种方法。

2. 月末集中一次轧计法——为求进一步简化，平时可以不逐笔轧计汇兑损益，让其隐含在各账户之间，到月末再集中一次轧计。这和前述外汇外币资金存款户的"汇兑损益简化为月终总轧算的兼容"的原理完全相同。现据前述"银行存款——美元户"的数字例，并假设应收、应付账款等账户年初余额及1月份内发生的事项，演示月末轧计过程，并酌加说明于后：

20×9年1月3日 美商A公司汇来上年货款尾数10美元，当日汇率为6.1258；

4日 出运给A公司商品一批，计价2万美元，按托收60天结算，当日向银行交单托收，当日汇率为6.1288；

8日 向美商B公司进口库存商品一批，按美元计价，共2万美元，托收45天结算，已验收入库，当日汇率为6.1252；

10日 归还银行短期借款1万美元，当日汇率为6.1279；

20日 美商C公司还来上年所欠货款3万美元中的2万美元，当日汇率为6.1293；

25日 汇出上年已宣布外方应得分红2万美元，当日汇率为6.1304；

31日 汇率为6.1349。

相应的分录如下：

1/3 借：银行存款——美元户	￥61.26
贷：应收账款——A公司美元户	￥61.26
1/4 借：应收账款——A公司美元户	122 576
贷：主营业务收入——自营出口	122 576
1/8 借：库存商品（采购）	122 504
贷：应付账款——B公司美元户	122 504
1/10 借：短期借款——美元户	61 279
贷：银行存款——美元户	61 279
1/20 借：银行存款——美元户	122 586
贷：应收账款——C公司美元户	122 586

1/25　借：应付利润——外方　　　　　　　　　　　　122 608
　　　　贷：银行存款——美元户　　　　　　　　　　　　122 608

上述分录过账后各账户的情况如下(图表 3-5～3-10,银行存款户已见第 70 页)：

图表 3-5

应收账款——A 公司美元户

月	日	摘要	借 方			贷 方			借或贷	余 额		
			原币	汇率	本币	原币	汇率	本币		原币	汇率	本币
1	1	期初							借	10	6.127	61.27
	3	归还				10	6.1258	68.26		—		0.01
	4		20 000	6.1288	122 576				借	20 000		122 576.01

图表 3-6

应付账款——B 公司美元户

月	日	摘要	借 方			贷 方			借或贷	余 额		
			原币	汇率	本币	原币	汇率	本币		原币	汇率	本币
1	8	进口商品				20 000	6.1252	122 504	贷	20 000	6.1252	122 504

图表 3-7

应收账款——C 公司美元户

月	日	摘要	借 方			贷 方			借或贷	余 额		
			原币	汇率	本币	原币	汇率	本币		原币	汇率	本币
1	1	期初余额							借	30 000	6.127	183 810
	20	部分归还				20 000	6.1293	122 586		10 000		61 224

图表 3-8

短 期 借 款

月	日	摘要	借 方			贷 方			借或贷	余 额		
			原币	汇率	本币	原币	汇率	本币		原币	汇率	本币
1	1	期初余额							贷	10 000	6.1270	61 270
	10	归还	10 000	6.1277	61 277				借	—		7

图表 3-9

应付利润——外方

月	日	摘要	借方			贷方			借或贷	余额		
			原币	汇率	本币	原币	汇率	本币		原币	汇率	本币
1	1	期初余额							贷	20 000	6.127	122 540
	25	汇出	20 000	6.1304	122 608				借	—		68

图表 3-10

汇兑损益计算表

科 目	原币余额	月末汇率	折合本币	账面余额		差 额	
						贷:汇兑损益	借:汇兑损益
银行存款	10	6.1349	61.35	借	32.26	29.09	
应收账款——A	20 000		136 698	借	122 576.01	121.99	
——C	10 000		61 349	借	61 224.00	125.00	—
应付账款——B	20 000		122 698	贷	122 504.00		194.00
短期借款	0		0	借	7.00		7.00
应付利润——外方	0		0	借	68.00		68.00
合 计						276.08	269.00
净汇兑损益							(贷)7.08
合 计						276.08	276.08

据此作成月末重估价兼集中轧计汇兑损益的分录如下：

借：银行存款　　　　　　　　　　　　　　　　　29.09
　　应收账款——A公司美元户　　　　　　　　　121.99
　　　　　　　——C公司美元户　　　　　　　　125.00
　　贷：应付账款——B公司美元户　　　　　　　194.00
　　　　短期借款　　　　　　　　　　　　　　　7.00
　　　　应付利润——外方　　　　　　　　　　　68.00
　　　　汇兑损益　　　　　　　　　　　　　　　7.08

依据上例可见,在月末重估价兼集中一次轧计汇兑损益时：

(1) 月中按当时汇率折合记入外币制三类账户的方法,不论月中汇率高低如何,最后总要按原币余额落实到期末汇率的水平,总不影响以纯时价为原则的资产负债表要求。

(2) 重折算只限外币制货币性资产、负债三类账户。对于固定资产、材料采购、销售等资产、负债或当期收入与费用,都没有重折算问题。因此,发生日按当时汇率折算的非货币性资产、负债、费用、收入等,就是新形成的历史成本。

外币制债权债务的月末重估价差额列为本期汇兑损益后,包含着未实现的利益,这一点与前述完全相同,请自参照。

第五节 分账制记账方法(B级材料)

如前述,外汇分账制是适合外币制业务发生频繁的金融企业采用的记账法。在今天,某些外贸企业已具备了采用分账制的条件;一旦人民币进入完全的自由兑换后,分账制将有更多采用的可能。

原来分账制在银行中运用于外币兑换,那时会计处理的总体思路是:平时分账,期末并账,可简示大意如图表3-11所示。

图表3-11

分账制操作原理图

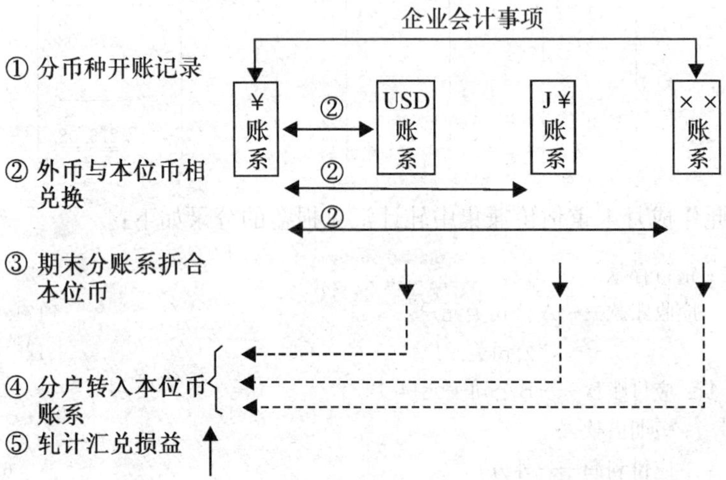

① 分币种开账记录　￥账系　USD账系　J￥账系　××账系
② 外币与本位币相兑换
③ 期末分账系折合本位币
④ 分户转入本位币账系
⑤ 轧计汇兑损益

其后我国接受了国际上对外汇及金融工具采用公允价值计量原则的实践,分账制也相应地有所改变。此时在一般企业中的使用方法可简述如下:

第三章 外汇会计

1. 平日对每一种外币和记账本位币都分别开立一个独立账系,各自开设有关资产、负债、费用、收入等账户。各笔涉及外币的业务平时都按原币分别填制凭证,作成分录;登入各种币种的账簿内。均应在本账系内自行平衡。

2. 各外币分账系的记入——

记入各外币分账系的内容和本位币分账系基本相同,大体可分为 4 个类型,但所用会计处理的方法却只有两种,细述如下:

类型 A:与银行作外币对本位币的兑换——适有某种外币与人民币互相兑换时,要将一笔分录人为地拆成两笔分录以便分别记入两个分账系。这时须分别增设两个"兑换"账户的子目,以补平分录。例如,在以人民币购入美元 1 万元,汇率为 6.1 时,如图表 3-12 所示。

图表 3-12

实质分录	在美元账系内	在人民币账系内
借:银行存款——美元户 　　　　USD 10 000→ 贷:银行存款——人民币户 　　　　￥61 000→	借:银行存款 　　　USD10 000 　贷:兑换——￥ 　　　USD10 000	借:兑换——USD 　　　￥61 000 　贷:银行存款 　　　￥61 000

两个账系的"兑换"账户同时对应地记录外币及人民币,到期末并账时自然对销。可见,实质上"兑换"科目的含义相当于"其他账系往来"账户。

类型 B:某种外币和同一种外币的非货币性项目相对应的分录。

现行《准则》规定,外币非货币性项目采用历史成本计量原则,要按交易发生日的即期汇率折算额确认入账并保留下来,期末不按公允价值重估价。因此其会计处理和上述 A 相同,业务发生当时即要跨账系在本位币账系中记入历史成本,这一折算就相当于"兑换"成了本位币。

【例 1】 3 月 1 日用美元外汇购买进口商品(或固定资产等)共计 USD10 000。设当天即期汇率为 6.1000,期末即期汇率为 6.1500。记账方法如下:

外币($)账系	本位币(￥)账系
借:货币兑换——$　　$10 000 　贷:银行存款——$　　$10 000	借:在途物资　　　　￥61 000 　贷:货币兑换——￥　￥61 000

类型 C:两种外币互兑。

借贷两方都是货币性项目,都要按期末即期汇率折算为公允价值后编列报表。因此,在交易成立当时不必按当天汇率折算后"暂记"入账,即可按原币金额入账后等待期末总折算。从而与前两型不同,在交易日与本位币账系无关。

【例 2】 以美元 10 000 向银行兑取港元。3 月 1 日当天即期汇率为 USD 1

＝HKD7.7500,3月31日汇率USD 1＝￥6.1500,会计处理如下：

外币账系		本位币账系
美元账系	港元账系	
借：货币兑换――$ $10 000	借：银行存款――HK$ HK$77 500	—
贷：银行存款――$ $10 000	贷：货币兑换――HK$ HK$77 500	—

类型D：某种外币对应同种外币的货币性项目的分录。

企业发生向银行借入或偿还外汇贷款、发行或偿还或投资于外币票面长期债券等业务均属货币性项目，都要按期末即期汇率折算为公允价值后编列报表。因此，其会计处理方法与类型C相似，在本位币账系中平日无记录。

【例3】 某企业3月1日借入6个月期银行贷款$100万元，当日汇率6.1300,3月31日汇率6.1500,会计处理如下：

	外币账系（$）	本位币账系
3/1 借：银行存款――$	$1 000 000	—
贷：银行借款――$	$1 000 000	—

3. 期末并账。

以上4种类型的业务合用2种会计处理方法，主要是配合期末并入￥分账系的要求使然。

类型C与D，都是原币入账，全期汇总后按期末即期汇率折算，然后并入￥账系编表。这时外币分账系起了类似于基础会计学科中特种日记账的作用，减省了逐笔折算的事务工作。

类型A与B的并账则要复杂一些。因为在交易发生当时就已分别按原币和当天汇率折算额记入外币分账系和本位币分账系，而外币在期末要按期末即期汇率重新折算为公允价值并账编表，这就与本位币账系互不一致。并账后"货币兑换――×外币"与"货币兑换――￥"不能自然冲销，必须将差额确认为汇兑损益。续[例1]示意如下：

$账系	￥账系
3/31 借：货币兑换――$ $61 500	
贷：银行存款――$ $61 500	⎬→（并账）
（期末外币重估价$10 000×6.1500）	
—	3/31 借：汇兑损益 ￥500
	贷：货币兑换――$ ￥500
	[重估价差额$10 000×(6.1500－6.1000)]

这样，结果是：①"货币兑换"户两子目自相冲销。

②外币属货币性项目已重估而原在途物资保持历史成本不变。

事实上，上述并账是全期汇总后才重折算的，因为外币户中有借有贷，是两方发生额轧净后再折算；并入￥账系后还要和外币期初原币余额的重折算额相合并，即调整为期末余额列表。以上分录只是局部示意，以便了解总的脉络。

第六节　国际金融新形势下的外汇会计

以上各节所讲的都是传统的外汇会计的内容，也是我国 2006 年《准则第 19 号——外币折算》所吸收的国外通行规范。但是 2007—2008 年自美国起源的金融风暴席卷全球，大大冲击了各国的金融，我国的外汇管理也不得不有所因应，从而外汇会计也相应受到一些影响。现从①热钱防堵和②人民币国际化两个方面作一些讨论。

6-1　热钱防堵对我国外汇管理及外汇会计的影响

6-1-1　热钱的含义

所谓"热钱"(hot money)是指国际金融市场上以追逐利润为目的而短期进出一国的资金。上述资金进入我国的具体目标有两个：一是套利，即追逐利差，例如美国的利率低，我国的利率高，两者间曾有 2% 上下的差距。同一笔资金，在美国放贷或投资，不如汇入我国运用。另一是套取汇率升值的利益，当时人民币持续地升值，一年曾有 10% 上下的幅度，因此，汇入我国后即使单是委托银行贷放，隔一年汇回美国，也就会有大量的美元可赚（参看第十三章 2-3-3 [例二]）即便到了 2015 年，美国还在实行 0～0.25% 的基准利率，我国存款基准利率在 3% 以上，人民币的年升值率在 2013 年仍达到 3.1%，近年对美元虽渐趋均衡，但对欧元等仍有升值。

6-1-2　热钱的危害

热钱对接受国的国民经济具有相当大的危害。

当热钱大量涌入时，接受国的金融流动性（现金供应）激增。会导致通货膨胀，诱发产能畸形增长和资产"泡沫"。当热钱因情况不利而急剧外逃时，会发生大面积停工倒闭，失业狂增，国民经济萎缩甚至金融体系崩溃。这在 1997 及 2007 年两次金融危机中各国颇多历史教训。因此接受国必须采取防范措施。

但是我国对资本项目的外汇流动并未完全放开，国际资金不能自由进出。为此，热钱进出只得采取变相渗透的方法。例如：① 从金额上渗透——串通外贸客户，低报进口金额，差额并不汇出，而代外方存入我国银行或作其他应用；或是高报出口金额，多汇入的虚报差额即成潜入的热钱。② 从时间上渗透——以出口的提前预收货款或进口的延后支付货款的名义进入我国，借以占用一段时间；反之，热线离开时可以通过虚构的预付进口货款或延迟收取出口货款等不正当手法变相撤出。

为此,外汇管理要采用两个方向的防堵措施,自 2008 年下半年起我国先后实施了出口收结汇联网核查及贸易外债及对外债权登记管理等措施。大意如下:

(1) 出口收结汇联网核查——银行在每次经办出口收汇时,要和海关网上的报关单数据核对相符才可划转外汇;在联网核查期间,银行先将外汇转入"待核查账户",并对预收货款及加工贸易收入只能先支取一小部分(例如 20%)外汇,称为可收汇额度。

(2) 贸易信贷登记管理——贸易信贷包括预收、预付及延期收付货款。例如预收货款要逐笔作合同、提款及注销三次登记;延期付款除登记外还要作总额管理,即年度累计发生额不得超过上年度进口付汇总额的 10%等等。

但是这些措施对外贸企业的经营都增加了不少束缚。

6-1-3　会计论题

在出口收汇联网核查中,存在着一时"冻结"不能为企业自由动用的外汇资金。根据国际通行的会计理论,凡是不能直接、无条件用以清偿支付的货币资金都不能确认为"现金(包括银行存款)"。因此,应该先后作分录如下:

核查时:
　　借:其他货币资金——待核查外汇
　　　　贷:主营业务收入(或预收货款等)

划出(或结汇)时:
　　借:银行存款——外币户(或人民币户)
　　　　贷:其他货币资金——待核查外汇

2012 年 8 月起收汇联网核查成为历史陈迹,也就不再存在会计处理问题了。

6-1-4　货物贸易外汇管理制度改革

由于上述联网核查等热钱对策,在防堵的同时也阻滞了企业的外汇资金周转,损害了企业的正常经营和发展,导致外贸的萎缩,从而在实施 4 年后,国家外汇局会同税务总局和海关总署宣告了从 2012 年 8 月 1 日起在全国实行货物贸易外汇管理制度的改革[①]。这一政策是改善外汇风险管理并结合某些贸易便利化措施的综合性改革。前者的主要内容是:① 金融监管机构进行非现场总量核查与监测。② 企业的动态分类管理。

[①] 细节可从互联网上查阅外汇管理局 2012 年第 1 节公告及 6 月 30 日汇发[2012]第 38 号文附件 1、2 有关"指引"及"细则"等。

所谓非现场总量核查与监测是指：改革后停止原来逐笔监管的联网核查及贸易外债的登记管理，只由金融机构监测货物流、资金流的总量分析，只对"异常或可疑"的贸易外汇收支业务进一步实施现场核查。

所谓分类管理，是指：外汇局根据企业贸易外汇收支的合规性及其与货物进出口的一致性，将企业分为 A，B，C 三类：对合规企业给予便利；对存在异常情况的企业进行重点监测。

A 类企业：出口无需联网核查，收付汇审核手续相应简化，这包括了绝大多数企业；

B 类企业：由银行实施电子数据核查。由外汇局核定可收汇、可付汇额度，实质上部分保留了联网核查的做法。

C 类企业：贸易外汇收支需经外汇局逐笔登记后办理。

所谓"动态"，是指将在规定期内随企业外汇行为的合规性程度而调整分类。

同时，企业要将贸易信贷信息在线录入监测系统，作为报告。例如对超过 30 天的预收预付货款，超过 90 天的延期收付款及远期信用证等。至于 B、C 类企业则要将所有预收预付货款以及超过 30 天的延期收付款在线上报。

经过上述政策后，热钱防堵措施在企业会计处理方面已可回复常规。

至于贸易便利化是指取消收付汇的逐笔核销、外汇收款可以存放境外等等，将在后续章节中先后述及。此处从略。

6-2 人民币国际化背景下的外汇会计

6-2-1 人民币国际化的含义

人民币国际化在我国正式文件中称为人民币境外使用。我国的人民币不是完全的自由兑换货币，原来只能在我国国内流通。所谓"人民币国际化"，就是在部分国家（地区）之间就某些跨国（地区）经济往来，使用人民币以替代外汇的收付，是事实上的低水平自由兑换。"国际化"只是一个通俗的命名。

人民币做到完全自由兑换，本来是我国的长期目标，近年来正在逐步有序地创造条件以求达成目标。由于 2007 年金融风暴后美国频繁地增印美元，用贬值来挽救其经济颓势，使得全球持有美元资产的国家遭受到越来越大的损失，各国开始寻觅各种对策。这就加速催促我国开始了人民币国际化的进程，其直接目标就是减少美元的使用，事实上也就是加速了自由兑换的进程。

6-2-2 人民币国际化的做法

人民币在境外流通，出现了"境外人民币"的概念，这很相似于国际上惯称为"欧洲"美元一类专用于发行国以外的"离岸金融"工具。根据法理，离岸货币既不受制于发行国本国监管,又不受所在国金融当局的监管。但我国实行外汇管理政策,对本国企业在境外使用人民币仍是有监管的。外贸企业应该了解这些规定以便于运用。

当前我国人民银行和外汇局已经开放的境外人民币业务共有如下几种形态。

a. 跨境贸易人民币结算——

在对邻国的边境贸易中早就发生了零星的人民币结算。

2009年7月按照国务院的决定,开始作了跨境贸易人民币结算的试点,其后扩大到境内所有企业。到2015年初,对外贸易中以人民币结算的比例已达20%,在我国及亚太地区经济体之间使用人民币的结算支付比例达31%。做法要点如下:

① 不限主体——所有具有进出口经营资格的企业均可采用人民币计价、收付结算进出口货款。

② 做法——结算过程类似于国内汇兑、托收及人民币面额的信用证方式;出口收入的人民币资金可以存放境外以备支付境外支出。①

③ 范围——以人民币进行进口货物贸易、跨境服务贸易和其他经常项目结算及出口贸易。

④ 重点监管——对二年内在税务、海关、金融等方面有比较严重违法行为的企业核定名单,实行重点监管;现场核查、所得收入不得存放境外等等。

b. 跨境人民币直接投资——

在跨境贸易后继续扩大人民币的使用。

为进一步支持"走出去"的方针,自2011年1月起,人民银行许可境内企业以人民币计值直接向境外作投资。做法要点如下:

① 有限主体——(1) 只限经主管境外投资的部门批准的境内企业;

(2) 也包括民营企业。

② 资金来源——(1) 跨境贸易存放境外的人民币资金②;

(2) 境内企业相应汇出的人民币资金;

(3) 银行为此发放的人民币贷款。

---

① 分别见:人民银行2011年1月6日#1公告《境外直接投资人民币结算试点管理办法》及发改委2012年6月29日1905号文《关于印发鼓励和引导民营企业积极开展境外投资的实施意见的通知》。

② 《跨境贸易人民币结算试点办法》第23条规定,试点企业可以将出口人民币收入存放境外。"……试点企业拟将出口人民币收入存放境外的,应通过其境内结算银行向中国人民银行当地分支机构备案,并向人民币跨境收付信息管理系统报送存放境外的人民币资金金额、开户银行、账号、用途及对应的出口报关单号等信息……"。

③ 范围——只限直接投资,即通过设立、并购、参股等方式在境外设立或取得企业或项目全部或部分所有权、控制权或经营管理权等权益。

c. 创造"回流"渠道——

境外持有人民币资金者,虽已获得升值预期,但如不能运用于赚取利润或利息,就会减弱积极性,故要为他们创造"回流"境内的投资渠道,例如:

① 外商投资企业以人民币向我境内直接投资——2011年10月14日商务部发布,"境外投资者(含港澳台投资者)可以合法获得的境外人民币依法开展直接投资活动。境外人民币主要包括:通过跨境贸易人民币结算取得的人民币……""跨境人民币直接投资在中国境内不得直接或间接用于投资有价证券和金融衍生品,以及用于委托贷款,不得购买理财产品、非自用房产……"。

② 境内单位去境外发行人民币票面惯券——2012年5月起境内非金融机构可以去香港发行人民币票面的债券。要经发改委批准,作为外债登记,有控制配额,例如宝钢和五矿集团去香港发债。

③ 境内开放"人民币合格境外机构投资者(RQFII)境内证券投资试点——2013年3月1日起RQFII经我国证监会批准,并取得国家外汇管理局批准的投资额度,可以运用来自境外的人民币资金进行境内证券投资。从境外汇入的人民币资金必须存入专用存款账户。专用存款账户与其他账户之间不得划转资金,因此,也是受监管的资本项目。

6-2-3 人民币国际化的会计问题——

人民币国际化会在某种程度上减少外汇的使用,从而也压缩了传统的外汇会计的使用范围。

首先是降低了汇率风险,月终不需要重估价,不计算汇兑损益,不需要外汇防险的复杂操作和会计处理(第十三章的内容将会缩减)。

其次可减省外汇监管和国际金融业务的某些成本。最明显的是可以省去银行汇兑结算手续费。

人民币国际化也引起新的会计处理。境内的外贸企业手头将会持有境外的人民币头寸或是境内的有监管的外来人民币,要区别情况增设"境外人民币"明细科目作分录。一般的判断原则是:

① 跨境贸易收付人民币:记入"境外人民币"明细科目;

② 境外人民币资金中属于有监管的资本项目的,例如存入银行中的"专门存款"账户的,要另开明细科目;

③ 跨境贸易已汇入境内的资金不属监管范围,可以与境内资金混记一户。

将来随着我国人民币资本项目的完全自由兑换化，将不存在监管要求，不再需要区分境内外资金，那时的会计处理也就更为简单了。

复习思考题

1. 什么是外汇？国际金融学科上"外汇"概念与会计学上的外汇概念有何异同？我国外汇的范围有哪些？与记载外汇收支有关的科目有哪些？

2. 什么是外汇管理？通常它对会计有什么制约作用？人民币自由兑换与外贸财会有什么关系？划分经常性项目和资本性项目对外汇会计有何关系？

3. 什么是结汇制、售汇制？这和人民币的国际自由兑换有何区别与联系？对会计有何影响？三资企业和国有外贸企业能否在外汇指定银行开立外汇存款户？

4. 外币制交易的初始确认的条件是什么？初始计量的标准又是什么？

5. 期末重估价是否违背历史成本原则？为何要采用重估价？这样做是否有缺点？在近年的会计处理中是否还有什么类似的实践？

6. 什么是外币制货币性三类账户？具体包括哪些内容？为何只限这些账户作期末重估价？

7. 两笔交易观点的理论根据是什么？

8. 可否说分账制的实质是不同币种月末一次性折算本位币入账？平日如何处理跨币种交易？(B)

9. 在国际"热钱"进出下，我国外贸企业的财务与会计会受何影响？

10. 人民币国际化后外汇会计将如何变动？一旦人民币做到完全自由兑换又将如何？

11. 解释下列术语及符号：

FX　IMF　SDR　€　GBP　CHF　JPY　EUR/USD

习　题

习题 3-1

一、要求　根据资料作成有关分录。

二、资料　20×5年8月5日，上海名苑房地产公司为其别墅式期房向日本大阪金大空调机公司订立了进口 100 套家用小型中央空调机的合同,约定两个月内发运,发货后 60 天内付款,单价 J￥30 万 CIF 上海。10 月 3 日日方发货上船,银行索款单据于 10 月 7 日寄到,当天汇率 0.07510/20,同日货到上海纳关税 RMB 1 014 525 及增值税 RMB 555 734.15,名苑公司提货后与住宅配套安装供次年交房。10 月末汇率为 0.07500/10,11 月末汇率为 0.07480/90。12 月 2 日向银行购汇付款,当天汇率 0.07475/85,12 月末汇率 0.07470/80。名苑公司按月编制会计报表。

习题 3-2

一、要求 作成外汇业务有关分录,并过入三栏式复币制"银行存款——USD 美洲银行"账户,并作年末各外币制货币性账户的重新折算。本题汇率均为中间价,为简化计不考虑买入、卖出的差价。

二、资料

1. 20×4 年 7 月 1 日成立中外合资企业,注册资本为美金 1 000 万元,记账本位币为人民币。中、美两方各出资 50%,出资比例按美金计算。第一期应出 60%,美方出设备 USD300 万。中方以厂房作价 RMB1 400 万,场地使用权作价 RMB800 万,其余应以人民币折算补足,存入 A 银行开户。资金已于 7 月 10 日到位,当日汇率为 1∶8,合同规定,今后出资均按 1∶8 折算后计算比例。

2. 7 月 10 日向纽约美洲银行订约借七年期贷款 USD 550 万,在该行开立存款户转存。约定两年后每半年末平均还本 1/10,年利率为 9%,每年 12/20 及 6/20 付息两次。另在 A 银行借入人民币短期贷款 500 万元供周转。

3. 7 月 20 日进口设备到货,由美洲银行支付货价 USD 450 万。同日支付从属费用国外运保费 USD50 万,由美洲银行存款户中划付。当开汇率 8.01。又交关税 10%,按中间价汇率由 A 银行以人民币划付(按货价加运保费完税)。

4. 7 月 25 日运出产品一批给英国 B 公司,计价 £80 万。货款经 B 委托汇丰银行在本地的分行凭运单支付,即日转入本企业存款户,英镑对美元的汇率为 £1=USD1.5,当日美元对人民币汇率为 1∶8.02。

5. 7 月 26 日出运产品一批给香港 C 公司,计价 USD100 万,货款同日汇到,存入 D 银行,当日对人民币汇率为 1∶8.03。

6. ……(中略)

7. 12 月 9 日运出产品一批给英国 B 公司,计价 £80 万,延迟 45 天付款,当天汇率£1＝USD1.51，USD1＝RMB8.14。

8. 12月10日委托汇丰银行用存款购入美国财政债券USD15万，备作偿债基金。英镑对美元汇率仍为1∶1.5。美元对人民币汇率为1∶8.10。

9. 12月20日支付美洲银行借款第一次半年利息USD22万。同日汇丰通知存款利息£8 000已入账。汇率如前未变。

10. 12月31日汇率为USD1＝RMB8.15，£1＝USD1.51。年末结账前外币制账户的期末余额为：

   银行存款——USD D银行   借余100.2万 RMB 8 046 130
   银行存款——USD 美洲银行 借余28万 RMB 2 168 000
   银行存款——£汇丰银行   借余70.8万 RMB 8 482 000
   长期借款——USD 美洲银行 贷余550万 RMB 44 000 000
   应付账款——USD   贷余100万 RMB 8 100 000
   应收账款——£B公司   借余80万 RMB 9 833 120
   长期投资——USD   借余15万 RMB 1 215 000

第四章 运输、保险及佣金的会计

本章讲述外贸业务中最有特色的三种营业费用的会计。对每一种都先介绍业务过程中的原始凭证及其财务开支的组成,最后叙述会计分录。

第一节 运输业务和运费

对财务和会计人员来说,获得一些有关运输业务的坚实知识是极为重要的,因为会计分录的原始凭证从何而来,如何才能尽早收回货款,在对外报价时运费如何估算,对费用开支如何进行监督审查……这一切和这些业务过程有关。

在外贸中海运形式由于其运费最为低廉,运用机会多,故在各种运输形式中占据着首要位置,我们把它作为主要对象。本章中所讨论的内容对学习第六章国际结算的题材说来,是必要的准备知识。

1-1 运输业务总流程

货物的海运形式又分班轮及租船两种。班轮是指有固定航线、固定船期、固定停靠站点的运输形式,它的使用比重较高。租船则是为货主作定期或定程运输的形式,适用于大批量大宗商品。现从海运班轮发货流程讲起(图表4-1)。

解释

第一步:业务科收到出口订单后即开出发票及商品出库单并送交下列各处:

a. 财会科:存档等待记账;

b. 仓库:为运输科备妥货物;

c. 单证科:如下第二步开始运输过程;

d. 其他如商品检验局等等。

第二步:单证科缮打一式九联、十联(或更多联)的订舱单、装货单、大副收据、运费通知等等(见图表4-6,第101页)。

第三步:单证科将订舱单送至外贸运输公司或其代理公司(简称船代)请求预订船上舱位。

第四步:编成船公司积载计划(图)后,外运公司送回批准回单(第三联)。

第五、第六步:单证科送出装货单及大副收据(收货单)等至:

图表 4-1

出运工作程序示意图

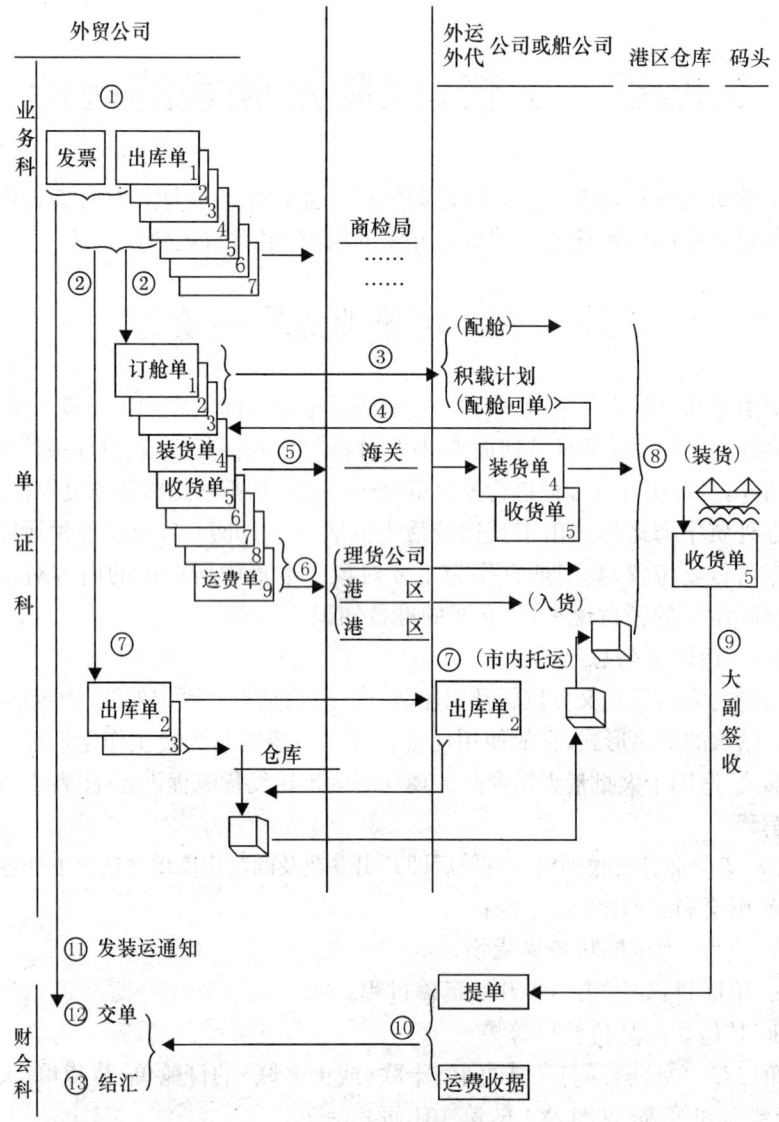

a. 海关：以完成报关手续，请求现场检查；
b. 市内运输公司：通知自仓库运货到港区码头；
c. 理货公司：请求指定理货员上船理货；
d. 码头（港区）：通知收货。

第七步:业务科职员去仓库提货并交由市内运输公司送货至港口,等待装货上船。

第八步:港口装货上船。理货员堆放货物(理货)、检查数量、检查包装是否完好,记入理货记录,并转录入大副收据。

第九步:大副在收据上签署,交给业务科职员。

第十步:业务科职员到船公司凭大副收据调换提单(见图表4-3,第95页)。

第十一步至第十三步:财务科向银行交单,收到结汇本币。会计人员根据单证记账。

1-2 集装箱化

近来货运已自"港到港"发展到了"门到门",即从出口方的门口上货直运到进口方的门口卸货。这是集装箱制度的主要贡献。集装箱是国际标准化组织(ISO)所设计的一项设备,但这里我们把它专指运输设备。①

集装箱化是在一种合成一体的形式下配送商品以求能把铁路、公路、内河和海上等运输联合起来,成为多式联运系统。

这里"合成一体的形式"有两层意思:一是一系列有统一规格的集装箱;二是有统一的运输业务运转方法。

1-2-1 集装箱的形式

现时应用的大部分集装箱是按照ISO规格制造的,这样可以便于在国际范围内到处使用。最常用的集装箱是用钢材或铝材制造的,大小是长6.10米(20英尺)或12.20米(40英尺),2.45米(8英尺)见方或2.45米(8英尺)×2.60米(8.5英尺)的舱。通常型的干货集装箱是封闭的,适用于运送所有形式的一般货物和散货,不论是固体或液体。还有多种专用的集装箱。

1-2-2 集装箱运营制度

(1) 集装箱运营制度的组成要素。一个集装箱运营制度由两组要素组成:一是货载是整箱货还是拼箱货;另一是货物收取的形式是集装箱堆场还是集散站。

① 整箱货(FCL,即 Full Container Load):指由货方负责装箱或拆箱的货物。

② 拼箱货(LCL,即 Less-than a Container Load):指由承运人负责装箱和拆箱的任何数量的货物。

③ 集装箱堆场(CY,即 Container Yard):指在装卸港由承运人或其代理人指定或认可的办理集装箱重箱或空箱交接、保管和堆存的场所。

④ 集装箱货运集散站(CFS,即 Container Freight Station):指承运人或其

---

① 英文中Container泛指多种盛器。

代理人进行装箱或拆箱及办理货物交接的场所。

(2) 形成集装箱运营的四种服务形式。

上述要素在进口方与出口方之间组合起来,将形成四种服务形式(见图表4-2):

图表 4-2

集装箱运营的四种服务形式

(1) 整装整拆,整箱货对整箱货,或场/场交接方式 FCL/FCL,或 CY/CY——由单一的发货人及单一的收货人组成:

(经海运)

发货人 → 整箱货 → 堆场 〜〜〜 堆场 → 整箱货 → 收货人

(2) 拼装拼拆,拼箱货对拼箱货,或站/站交接方式(LCL/LCL,或 CFS/CFS)——由多个发货人及多个收货人组成:

发货人 A → 拼箱货 ↘　　　　　　　　　　　　↗ 拼箱货 → 收货人 X
发货人 B → 拼箱货 → 集散站 → 整箱货 〜〜〜 整箱货 → 集散站 → 拼箱货 → 收货人 Y
发货人 C → 拼箱货 ↗　　　　　　　　　　　　↘ 拼箱货 → 收货人 Z

(3) 整装拼拆,整箱货对拼箱货,场/站交接制(FCL/LCL,或 CY/CFS)——由单一发货人与多个收货人组成:

　　　　　　　　　　　　　　　　　　　　↗ 拼箱货 → 收货人 X
发货人 → 整箱货 → 堆场 〜〜〜 整箱货 → 集散站 → 拼箱货 → 收货人 Y
　　　　　　　　　　　　　　　　　　　　↘ 拼箱货 → 收货人 Z

(4) 拼装整拆,拼箱货对整箱货,站/场交接制(LCL/FCL,或 CFS/CY)——由多个发货人与一个收货人组成:

发货人 A → 拼箱货 ↘
发货人 B → 拼箱货 → 集散站 → 整箱货 〜〜〜 堆场 → 整箱货 → 收货人
发货人 C → 拼箱货 ↗

(3) 解释:

① 整装整拆或场/场(CY/CY)交接方式:

由发货人或其代理人自行提取空箱、装箱、积载、理货、铅封、申请报关、检验、危险品监装并负责将重箱送至承运人指定的堆场,承担在此之前的一切费用和风险,发货人还承担由于箱内货物积载不当,理货不清而产生的责任和风险。

承运人在装货港集装箱堆场接受重箱,承担将重箱运至卸货港集装箱堆场为止的全部费用和风险。

收货人在卸货港集装箱堆场提重箱并负责拆箱,箱子拆空后交至承运人指定的堆场。

② 拼装拼拆或站/站(CFS/CFS)交接方法：

由发货人负责将货物运至承运人指定或认可的集装箱货运集散站，申请货物检验、报关、承担将货物运送至装货港集装箱货运站为止的一切费用和风险。承运人或其代理人在装货港集装箱货运站接货、理货、装货入箱、铅封并负责将重箱运至卸货港集装箱货运站拆箱，将货物交给收货人并承担此段的一切费用及风险。

③ 整装拼拆或场/站(CY/CFS)交接方式：

发货人要提取空箱，检查并装货入集装箱，加铅封，将已装货集装箱运至承运人指定的集装箱堆场并自负费用及风险。发货人还要自负费用来安排清关、申请商检，并监装危险品。

④ 拼装整拆或站/场(CFS/CY)交接方式：

由发货人负责将货物运至承运人指定或认可的集装箱货运站，申请货物检验、报关，承担将货物送至装货港集装箱货运站为止的一切费用和风险。承运人或其代理人在装货港集装箱货运站接货、理货、装货入箱、铅封并负责将重箱运至卸货港集装箱堆场，承运人承担该段全部费用及风险。收货人在卸货港码头堆场提重箱并负责拆箱，箱子拆空后交至指定的堆场。

1-3 运输单证

在运输单证中提单是最重要的一种，我们将详加解释。因为订舱单及其他各联的项目与提单各项目极为相似，只要了解了提单，其他类似单证就不必单独讲解。

1-3-1 提单(Bill of Lading，简称 B/L，见图表 4-3)

1. 定义：

在中国，"提单"两字意味着承运人（或其代理人）开发给托运（发货）人授权持单人凭以换取货物的单证。可是，按照国际惯例它有更广泛的含义。一张提单是指能证明海运合同的存在，承运人已接货、上船并负责凭此单交付货物的一张单证。

2. 提单的三个特性及其反映：

(1) 它是托运货物的收据——其反映是在提单正面总以如下词句开头："已收到货物，除另有注明外，均状态良好……"

这种情况下它被叫做"清洁"提单，否则称为"不清洁"或"肮脏"提单（请回忆上述程序第八步理货员所检查的内容）。在国际结算中持有一张清洁提单是必要的条件，否则将不能自经办银行取得货款。

(2) 它是运输合同的证明——实践中双方间并不存在单独的书面合同，只是在提单的背面引述了以国际运输惯例为依据的一般合同条款。在提单正

图表 4-3

Shipper 托运人 SHANGHAI ABC COMPANY LTD. IMPORT AND EXPORT DEPARTMENT ×××UNITED BLDG. NO. 2668 ZHONG SHAN RD., (N) SHANGHAI, P. R. OF CHINA			B/L No. 提单号 E6212374
Consignee 收货人 TO ORDER OF D. K. LTD.			××TRANSPORTATION CO., LTD (联运提单) COMBINED TRANSPORT BILL OF LADING
Notify party 受通知人 D. K. LTD. ×××, KIBA 2-CHOME, KOTO-KU, OSAKA, JAPAN			Received in apparent good order and condition except as otherwise noted. Total number of containers or other packages or units... (收货状态良好……遵守正背面规定条款的声明)
Place of receipt 收货地	Port of loading 装货港 SHANGHAI		Party to contact for cargo release 提货联系人
Ocean vessel 船名 XINJIANZHEN	Voy. No. 航次 V. 621		
Port of discharge 卸货港 OSAKA	Place of delivery 交货地		Final destination for the Merchant's reference only 最终目的地

Particulars furnished by shipper

Container No. Seal No. 集装箱号	Marks and Number 唛头和数量	Number of Containers or packages 箱(件)数	Kind of packages, description of goods 包装种类、货名、规格	Gross weight 毛重	Measurement 尺码
TACT-006	(In diamond) D. K. LTD S/# No. CT No. MADE IN CHINA	550 CARTONS	PAJAMAS	12 125 KGS	16.88 M³

COPY. NON NEGOTIABLE

FREIGHT PREPAID
(运费预付)

* Total number of Containers or other packages or units received by the Carrier (in words)
承运人收货总件数 550

SAY FIVE HUNDRED FIFTY CARTONS ONLY

Freight and charges 运费	Revenue tons 计费吨数	Rate 费率	per 单位	Prepaid 预付	Collect 待收
××××	××	××	Ton		

Exchange rate 汇率 @ ¥ ×××	Prepaid at SHANGHAI 预付地	Payable at 后付地	Place and date of issue 签发地点及日期 SHANGHAI SEP, 12, 2003
	Total prepaid Yen 日元总额 ×××	No. of original B(s)/L 提单正本份数 THREE	IN WITNESS WHEREOF three (3) original Bills of Lading have been signed, not otherwise stated above, one of which been accomplished the others shall be void. 提单之一已付后其余无效 ××TRANSPORTATION CO., LTD.
	LADEN ON BOARD THE VESSEL 已装上船		

面经常有如下词句:"托运人在接受此提单时……尽管未经签名仍同意接受正面及背面所示一切规定的约束……"

(3) 它是物权凭证——提单是收货人获取货物的唯一合法凭证。它总有这样的词句:"必须将合格背书的一联正本提单交付给承运人以换取货物。"

提单可以由持单人转售(转让)。在国际结算中银行经常用这种办法来保证能向买方收到货款。

3. 提单的格式和组成要素(参看图表 4-3)。

(1) 发货人——指托运人(出口方或其代理人)。

(2) 收货人——有三种情况:

① 非流通(转让)提单(直达提单):抬头为对一指名公司——在此情况下只有指名公司可以提货。

② 公开提单:抬头为对"来人"("To Bearer")——在此情况下任何持单人均可提货。

③ 可流通(转让)提单:抬头为"凭指示"("To Order")——在此情况下,提单虽已签发,但发货人还未知道谁将是最终收货人,或是必须经几次转手,故将留待今后用背书指定。有如:

抬头 {
  a. 指示或凭指示——这是要船方只允许由发货人另行指定的收货人前来提货。
  b. 凭发货人(托运人)指示("To Order of Shipper")——措辞虽不同,但含义同上。
  c. 凭×××指示(例如,凭中国银行指示)——这种措辞是要船方只允许经×××所指定的收货人前来提货,如发货人授权中国银行,而中国银行再授权纽约花旗银行提货。
}

凭指示式的提单必须伴随一个背书,并加签名。背书的意思是在提单背面指出受让人并加签名。可有三种背书形式:

• 记名背书——这是指明白指定受让人的情况,例如在背书中写成"向 ABC 公司交货"。ABC 还可再作转让。

• 指示式背书——例如"向×××银行指定人交货"。

• 空白背书——在提单背面只有转让人的签名而不写明受让人的名字,这就等于来人提单一般了。今后所有的转让不需背书,只要交付提单即成立授权。

(3) 被通知方——这是在目的地能和收货人取得联系的办事处或居间人。在凭指示提单的情况下,货物到达目的地时承运人还不知谁将会来提货(可能尚在转让过程中)。有此被通知方,承运人就可和他接触。

(4)货物说明——发货人按发票所列申报货名、数量、包装等等。

(5)运输情况——起运港、运输工具的名称、目的港等等。

(6)运费:有两种可能方式:

① 运费预付:运费和其他费用全应在提单发出前付讫。

② 运费到付(待收):运费和其他费用全应在货物交出时支付。

(7)交货点:

① 一般提单——对 FOB、CFR、CIF 条款应明白说清货已上船。

② 联运提单——对 FCA、CPT、CIP 及 D 组条款是在第一个承运人收货时为交货。从而"(收妥)备运"提单是可以被接受的(参看第十一章1-4-2)。因为此时货物虽未上船,但风险已经转移至承运人身上。

1-3-2 海洋运单(Sea-way Bill)及铁路、航空运单

什么是运输单证的可流通(转让)性?

所谓可流通(转让)的运输单据是指在目的地提货时必须提交的单据,而不可流通(转让)的运输单据则是货物交给单据中所指定的收货人,而收货人无须提交这种运输单据(见国际商会♯298 出版物《联合运输单据的统一规则》)。

海洋运单是不可流通(缩写为 N. N. 即 Non-negotiable)的,当前已越来越多地被使用,尤其在母公司对子公司发货或其他在货权没有中途转让的必要时,它的内容除了在序文中说明其不可流通性外,和提单是一样的。例如:图表4-4。

图表4-4

不可流通运单(联运或港至港用) NON-NEGOTIABLE WAYBILL FOR COMBINED TRANSPORT SHIPMENT OR PORT TO PORT SHIPMENT	WB/L No. Booking Ref: Shipper's Ref:
Shipper 托运人	××集装箱运输有限公司 ×××CONTAINER LINES TLX:××CN FAX:+86(021)×× WAYBILL 运单
Consignee 收货人	
Notify Party 通知方	
Pre-carriage by 前程运输人	RECEIVED in apparent good order and condition unless otherwise noted herein,…. DELIVERY will be made to the Consignee or his authorized representative upon presentation of a delivery receipt or other evidence of identity and authorization satisfactory to the Carrier in its sole and absolute discretion without the need of producing or surrendering a copy of this Sea Waybill.
Ocean Vessel Voy. No. 船名 航次	
Port of Discharge 卸货港	
Container No. 集装箱数	Final Destination for merchant's reference only 最终目的地
	Gross Weight(Kgs)毛重 Measurement(Cbm)尺码

图表4-5

计划号码或运输号码：
货位：
货物指定于　　月　　日搬入
运到期限　　日

××铁路局
货物运单
托运人→发站→到站→收货人

承运人/托运人装车
承运人/托运人施封

货票第　　号

托运人填写					承运人填写				
发站		到站(局)			车种车号			货车标重	
到站所属省(市)自治区					施封号码				
托运人	名称				经由	铁路货车篷布号码			
	住址		电话						
发货人	名称				运价里程	集装箱号码			
	住址		电话						
货物名称	件数	包装	货物价格	托运人确定重量(千克)	承运人确定重量(千克)	计费重量	运价号	运价率	运费
合计									
托运人记载事项					承运人记载事项				

注：本单不作为收款凭证，托运人签约须知见下页。	托运人盖章或签字 年　月　日	到站交付日期戳	发站承运日期戳

领货凭证

车种　　车号
货票第　　号
运到期限　　日

发站		
到站		
托运人		
收货人		
货物名称	件数	重量
托运人盖章或签字		
发站承运日期戳		

注：收货人领货须知见下页

187×345(1050)

图表 4-6

Shipper （发货人）		D/R No. （编号）

××Transport Company
Booking Note
（货物托运单等套写单证）

Consignee （收货人）

Copy1　Stub　货主留底
⋮
5　Shipping Order　装货单
6　Mate's Receipt　大副收据
⋮
10　Freight Receipt　运费收据

Notify Party （受通知人）

Pre-carriage by （前程运输）	Place of Receipt （收货地点）
Ocean Vessel(船名)　Voy. No.(航次)	Port of Loading （装货港）
Port of Discharge （卸货港）	Place of Delivery （交货地点）

Final Destination for the Merchant's Reference(目的地)

Container No. (集装箱号)	Seal No. （封志号） Marks & Nos. (标志与号码)	No. of Containers or Pkgs (箱数或件数)	Kind of Packages, Description of Goods （包装种类与货名）	Gross Weight 毛重(千克)	Measurement 尺码(立方米)

TOTAL NUMBER OF CONTAINERS
OR PACKAGES(IN WORDS)
集装箱数或件数合计(大写)

FREIGHT & CHARGES （运费与附加费）	Revenue Tons （运费吨）	Rate(运费率)	Per(每)	Prepaid(运费预付)	Collect(到付)

Ex. Rate: （兑换率）	Prepaid at （预付地点）	Payable at （到付地点）	Place of Issue(签发地点)
	Total Prepaid （预付总额）	No. of Original B(S)/L （正本提单份数）	

Service Type on Receiving　收货形式 □-CY，□-CFS，□-DOOR	Service Type on Delivery　交货形式 □-CY，□-CFS，□-DOOR	Reefer-Temperature Required （冷藏温度）	℉	℃
TYPE OF GOODS (货物种类)	□ Ordinary, （普通） □ Reefer, （冷藏） □ Dangerous, （危险品） □ Auto. （裸装车辆） □ Liquid, □ Live Animal, □ Bulk, □ （液体） （活动物） （散货）	危险品	Class: Property: IMDG Code Page: UN No.	

Transhipment:
(可否转船)：

Partial shipment:
(可否分批)：

Latest loading date:
(最迟装期)：

Expiry date:
(效期)：

Amount:
(金额)：

Date:
(制单日期)：

第四章 运输、保险及佣金的会计

其中序文大意为：……(本运单)将交货给收货人或其授权代表，只要出具交货收据或其他为承运人完全独立自主判定满意的身份证明和授权书，不需制成或交出这一运单的复本。

同样，铁路和航空运输中习惯上也采用非流通的运输单证。货到目的地后，承运人会自行通知收货人凭身份证明开收据提货。因此也不是物权凭证。现附列铁路运单式如图表4-5。

1-3-3 订舱单及其他各联(图表4-6)

它们的内容和"1-3-1 提单"中已经解释过的相似，只作少量补充。这一联合单证可有9～10联(或更多)，大同小异。其中和国际结算最为相关的是根据理货员报告作成而由主要副船长签署的"大副收据"。如果包装有破损，理货员将在其报告中注明，大副照转于他的收据中，这样，用它换出的提单也要加注，这就成为一张"不清洁"提单。

另一联是运费收据，在这一联的最低部分有运费金额。在发货人支付运费后这联由船公司签章交出。这将是会计分录："借：采购或营业费用，贷：银行存款——外币户"的原始凭证。有的企业不将运费收据列入10联之中而单列一张，如图表4-7。

图表4-7

××运输公司

运 费 账 单
FREIGHT ACCOUNT

单据编号
Note NO. _____

公司名称 ××IMP. & EXP. Corp.
Messrs.

下列账已列入你方账户
Please note that we have entered the following
item(s) in your account：

日期
Date 30th Nov. 20××

船名 M. V. _____	航次 Voy _____		从 From _____	到 To _____	
提单号码 B/L No.	摘要 Re:				金额 Amount
30	57 cases Slide Fastener 2.822 M/T 燃油附加 Bunker Surcharge 转船附加 Transhipment Add. 船边卸货附加 Arrimo Charge	@ @ @ @	HK $ 589.00 77.00 60.00 30.80	船公司盖章	HK $ 1 662.16 217.29 174.96 86.92

附件
Enclo.

签章
Stamp & Signature

1-4 海运运费率表

一张运费率表是一个运输公司颁发的成文式规则,它订出了运费计算的细节。在中国经济转型期以前,中国交通部、中国外运公司以及其他公司都曾公布过某些带有强制力的运费率表。现在由于市场经济中相互间竞争激烈,这些费率已全由谈判决定。现引述某一老文本作为例子,以便清晰地理解其组成及计算过程。

1-4-1 海运运费的构成

a. 总公式:

$$运费 = 运费基数 \times 分级运费率 + 附加费$$

基本运费和附加费如图表 4-8 所示。

图表 4-8

基本运费和附加运费

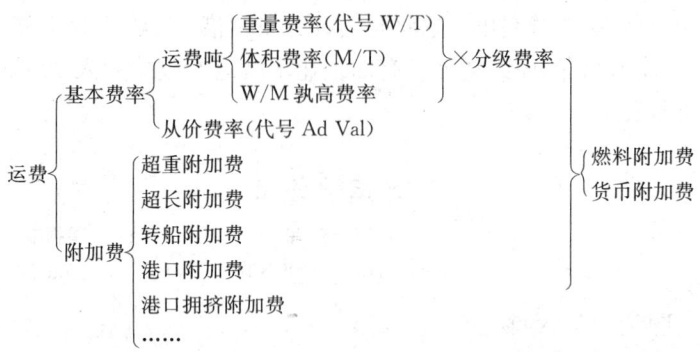

b. 基本费率:包括各航区等级费率、从价费率。这些表内的基本费率除另有说明外,均已包括燃油附加费和货币贬值附加费。

除从价费率外,一律采用米制,米吨和立方米。这两者都称为"运费吨",即立方米要折算成为米吨,例如 1 立方米 = 40 立方英尺 = 1 米吨。

标注"W"者按毛重每一米吨为计费单位,吨以下取小数三位。

标注"M"者按体积每一立方米为计费单位,立方米以下取小数三位。

标注"W/M"按重量及体积两者中计费高者计收。

标注"Ad Val"者按货物 FOB 计费。

标注"Ad Val or M"者按价格及体积两者中计费高者计收。

c. 各项附加费:

(a) 超重附加费:每件货物的毛重超过 5 吨者为超重货。超重货需加收超重附加费。

货方自行安排装货或卸货而产生的任何损坏,包括对船舶或其他货物的损坏,均应由安排装、卸的货方承担。

(b) 超长附加费:每件货物的长度超过9米时为超长货。超长货需收取超长附加费。

如果某件货物既超重又超长,则按其中收费高者收取其中一种附加费。转船货物的超长、超重附加费,每转一次,加收一次。

(c) 转船附加费:有此情况时适用。

例如,中国内地的出口货如果没有从内地港口出发的合适班轮,时常利用香港的班轮。很多班轮只停靠主要港口,如果一笔出口的目的地不是这些港口,那就不可避免地要求助于当地的班轮。在前一种情况下,附加费将只包括一笔费用,而在后一种情况下则转船附加费已包括后续运费在内。

(d) 港口附加费:适用于某些设备条件不好或是效率不高的港口。

(e) 港口拥挤附加费:适用于某些经常因船只拥塞,致使班轮要长时间地等待卸货的港口。

1-4-2 货物分级

全部商品划分为20级,每一级有一个不同的费率。现将某些分级率例示如图表4-9。

图表4-9

商品分级表(选列)

等　级	商　　　品
1	木炭、辣椒粉、蚌壳
2	煤,沙子、谷穗、瓷土
3	去污粉、小米
4	玉米、大米、软木
5	棉花(未加工)、尼龙、木板
6	面条、枣、日记本
7	塑料注射器、消毒液剂、细麦片
8	石墨坩埚、砂纸砂布
9	搪瓷器皿、电灯泡
10	棉织品、医疗设备、大豆
11	蛋白蛋黄、漆家具
12	红木家具、皮鞋、味精

(续表)

等级	商 品
13	兔毛、纸浆、山羊绒
14	樟脑油、电石
15	开司米织物、汽油、大黄
16	黄鼠狼皮、锡锭
17	酒精、甲醛
18	丝织物、硝酸
19	纯苯、各种丝
20	古董品、金器、牙雕、铱、溴、乙醚

1-4-3 运费率

运费率根据不同的起运港和目的港来订定,如图表 4-10。

图表 4-10

基本港：香港　　　　　　　　　　　　　　单位：美元

货物等级	大 连	上 海	福 州	汕 头	广 州
1	16.40	14.00	10.30	8.90	8.00
2	16.90	14.50	10.80	9.40	8.90
⋮	⋮	⋮	⋮	⋮	⋮
18	30.90	27.20	22.00	19.20	16.40
19	32.30	28.10	22.90	19.70	16.90
20	33.20	29.50	24.80	20.10	17.30
从价率	1%	1%	1%	1%	1%

1-4-4 集装箱货物运费

运费率表内的集装箱整箱运费除另有说明外均为 CY/CY 费率。

a. 整箱货运费：

整箱货不论集装箱内所装货物数量多少,均按箱内货物的等级及计费标准计收集装箱运费。但有一种包箱费率,论箱计费,不论货物,称为混统包箱费率;另一种大类包箱费率,则只粗分四个等级。

两种或两种以上不同等级、不同计费标准或相同等级不同计费标准或不同等级相同计费标准的货物作为整箱货装在同一集装箱内,其包箱运费按运费收入高者计收。

第四章　运输、保险及佣金的会计

以"W/M"为计费标准的货物,其包箱运费按孰高者计收。

以"Ad Val"为计费标准的货物,其包箱运费按箱内货物离岸价值的从价运费计收,但不应低于 20 级货物的运费。

b. 拼箱货运费(LCL Rate):

拼箱货按其等级和计费标准计收运费,不足一吨者,按其商品等级的一运费吨计收运费。以"Ad Val"为计费标准的货物,其拼箱货运费按箱内货物 FOB 价格的从价货运费计收,但应不低于 20 级货物的运费。

c. 特种箱运费:

挂衣箱运费:

承运人接受场到场(CY/CY)挂衣箱的运输。由承运人提供挂衣箱,箱子具备挂装服装所必备的木制或金属横梁、箱内壁衬垫及绳索,挂衣箱运费较普通货箱运费高 10%。

d. 集装箱站处理费(CFS Handling Charge):

由承运人或其代理人在集装箱站接货,并提取空箱、装箱、积载、理货、铅封并将重箱送至装货港集装箱堆场,此间发生的费用为集装箱站处理费。例如:USD 120/20′,USD 240/40′等。

该费用可根据国内各港口具体情况浮动。

1-5　航空运费

国际贸易中的航空运费是在国际航空运输协会(IATA)的控制之下的,全世界主要航空公司都是它的会员。国际空运业务有 98% 是服从 IATA 规则的,这可能使空运费率方面不存在竞争。

国际航空货运按计价重量收费,即按实际毛重或体积折合重量两者中孰高来计算。这时一种货物重 1 千克,而其体积大于 7 000 立方厘米(合 427 立方英寸)时为标准密度,凡货物密度低的(即相对来说体积大而重量轻的),则每 7 000 立方厘米即算作 1 000 克。但这一折算率在各个航空公司是不同的。在某些国家,例如,在中国,是 6 000 立方厘米或 366 立方英寸折合 1 000 克的。

空运费率有多种形式。例如:

(1) 特别商品费率(代号 SCR)——有 150 多种在费率表上列名的运量较大经常承运的货运,在特定起运空港和到达空港之间的航线上可以享受较低的费率。

(2) 商品分级费率(代号 CCR)——凡不适用 SCR 的,就采用此率。例如新闻报纸、书籍、期刊、商品目录、某些形式的金和铂、钻石、活动物、人类尸体等等。

(3) 一般商品费率(代号GCR)——凡不属于SCR及CCR的一般货物适用的基本费率。

由于竞争激烈,尽管运费率是明白的,但仍秘密地存在着暗扣。

不仅如此,还有一些空运代理人帮助发货人把货物拼凑成一个较大的托运批次,以求获得更便宜的运费。这一实践相似于海运中拼箱货进集散站的运作。

如前述,在空运中使用不可流通的航空运单。

1-6 公路运费

在欧、亚、中东的国际公路拖车运输市场在近年来有了显著的发展。

国际公路货运商索取的运费率,根据货物的体积或重量中孰高者计算。运费还和商品的等级、产地和目的地等有关。货物体积每3立方米折算为1吨后采用W/M(孰高)计算。

1-7 运费计算释例

某英国百货公司向米兰意大利丝绸服装厂询问一批丝绸睡衣的CIF伦敦价,并要求单独报出使用海、陆、空三种运输方式的运费以作决定。工厂作成计算表如下:

(1) 资料:

从米兰发货到伦敦,全部打包为6只3层纸箱,每一纸箱的尺码是$120 \times 80 \times 80$厘米,重50千克。

运费率为:

空运:每收费重量1千克为W/M£2.50

海运:每吨USD 150(假设£1=USD 1.5)

公路:每收费重量1 000千克为£200

收费重量/体积比率分别假定如下:

空运:6立方米=1 000千克

海运:1立方米=1 000千克

公路:3立方米=1 000千克

(2) 计算:

① 空运形式:

重量吨:
$$6 \times 50 \text{千克} = 300 \text{千克}$$

体积吨:
$$6 \text{箱} = 6 \times \frac{120 \times 80 \times 80 \text{立方厘米}}{1\,000\,000 \text{立方厘米}} \times \frac{1\,000 \text{千克}}{6 \text{立方米}} = 6 \times 128 \text{千克} = 768 \text{千克}$$

W/M：
$$空运总运费 = 体积折重768千克 \times £2.50 = £1\,920$$

② 海运形式：

重量吨：
$$6 \times 50\,千克 = 300\,千克$$

体积吨：
$$6\,箱 = \frac{6 \times 120 \times 80 \times 80}{1\,000\,000}\,千克 \times \frac{1\,000\,千克}{1\,立方米} =$$
$$6 \times 768\,千克 = 4\,608\,千克$$

W/M：
$$海运总运费 = 体积折重 4\,608\,千克 \times 150/1.5 \div 1\,000\,千克 = £460.80$$

在某些交易中要凑整为最近的吨数来计价，这时4 608千克要按5 000千克 $\times £0.10$ 计为 $£500$。

③ 公路形式：

重量吨：
$$6 \times 50\,千克 = 300\,千克$$

体积吨：
$$6\,箱 = \frac{6 \times 120 \times 80 \times 80\,立方厘米}{100^3 \times 3\,000} \times 1\,000\,千克 = 1\,536\,千克$$

W/M：
$$公路总运费 = 1\,536\,千克 \times £0.20 = £307.20$$

但是，多数承运人要按每1 000千克收费，故要凑整为最近的1 000千克，故上列体积折重将增为2 000千克 $\times £0.20 = £400$。

故承运人按体积折重费率计算后如下：

空运　　　$£1\,920$
海运　　　$£460.80$　（凑整为最近整数吨，则为$£500$）
公路　　　$£307.20$　（凑整为最近整数1 000千克，则为$£400$）

运费的会计处理将在第四节中合并讲述。

1-8　运输的其他论题（B级材料）

1-8-1　班轮提单背面条款的大意

班轮提单背面的条款通常都有二十多条。各国船公司所订，基本上都参

照海牙规则稍作变动,可谓大同小异。现归纳为以下四个方面作一例示:

涉及方面　　　　　　　　条款大意示例

(1) 一般总则　① 定义——例如"承运人"、"货方"、"分包人(Sub-contractor)"、"航程"等的含义。

② 首要条款(Paramount Clause)——指提单内容受何种国际公约或何国法律的约束。例如我国远洋运输公司规定"本提单受中华人民共和国法律拘束。……任何对承运人的诉讼由上海海事法庭……管辖……"某外轮公司的提单则规定受香港法律及香港最高法院管辖。

(2) 承运人权责　① 因任何目的……而绕航……所发生的延误或由此而发生的货物灭失和损坏,船方不负责任。

② 对共同海损(见次章"保险"中的解释)等不负责任。

③ 免责条款。

(3) 货物托运　① 对危险品、违禁品的处置不予赔偿。

② 对舱面货、活动物和植物的装载、运输、卸载均由货方承担风险,承运人对其灭失或损坏不负赔偿责任。

(4) 费用　① 预付运费应在装船时支付。装运物如属易腐货物、活动物、舱面货,运费必须在装船时付清。到付运费应在船舶抵达目的港时支付。

② 驳船费由货方负担。

③ 留置权(Lien)条款——承运人可因货方未支付运费、共同海损分摊费,而对所运货物及任何单证行使留置权,并有权出售或处置货物以抵偿上项费用,抵偿不足时还可向货方追索。

1-8-2　租船运输

如果待运货物是大宗商品,例如矿石、煤炭、谷物、食糖、化肥、石油、水泥之类,一般每批成交量较大,班轮不能提供足够的舱容,通常都租用整船装运,而且运费也相对低廉得多。因此,在国际贸易中租船运输可占总运量的80%以上,油轮的租船运输也占50%以上。

租船可有程租和期租两种方式:

(1) 程租(Voyage Charter)——租方与船方议定条件,船只按时到起运港装货再开航到目的港卸货,承担一个或几个航程的整程运输。这是租船市场中的基本形式。

(2) 期租(Time Charter)——按一定的时间长度租用。在租期内租船方取得全部运输支配权,期限少则3个月,多则不限。多数由船东保证船舶适航、负责提供船员及其给养,租方要负责燃料费、港口费及拖轮费等。另有少数实行光船租用(Bareboat或Demise Charter),租方要自行负责招用船员等。

第四章 运输、保险及佣金的会计

租船业务存在好几个国际市场,其中以伦敦为基地的"波罗的克交易所"为最大,此外还有汉堡、奥斯陆、纽约、东京、我国香港地区、新加坡等地的市场。除了面对面商谈交易外近年还增加了电子商务和网上交易。为了便于交易,已经形成了四五十种成熟定型的合同范本,例如程租中常用的是简称为"金康"(GENCON)的"标准杂货租船合同"(Uniform General Charter)。谈判中稍加变动即可使用。

以下列示一张"金康"空白合同供参考(图表4-11)并对其中涉及运费等开支的五个问题作一简短讨论。

(1) 运费率——有两种形式:一种是按每单位重量或体积的运费吨计算;另一种是整船议定一个包价(Lumpsum Freight),不论有无空舱,要按全船支付。按运费吨计算时又有按装船重量(Intaken Quantity)或按卸船重量(Delivered Quantity)等两种。这些都须事先议定。

租船运费多为到付,也有部分预付或全部预付的。

(2) 装卸费——和班轮不同,一般有下列几种也须在合同内订明。

① 统装卸条款(Gross Terms):船方一并负担装、卸两项费用,也称为码头条款(Berth Terms),这种条款在租船合同中较少采用,多用于班轮,故一般又称为班轮条款(Liner Terms)。

② 船方不负担装卸费(Free in and out,F.I.O.条款):即装卸货均由货方负担。

③ 船方不负担装卸、理舱及平舱费(Free in/out/stowed/Trimmed,F.I.O.S.T.条款)。

④ 船方管装不管卸(Free out,F.O.条款)。

⑤ 船方管卸不管装(Free in,F.I.条款)。

(3) 滞期与速遣费——程租船与班轮、期租船不同。因租方所付代价是按航程计算,故装卸时间的长短,也即装卸工作效率的高低,会影响船只的占用总时间,从而影响船主的利益。因此船主在合同中就要求议定租方完成装卸作业的总时间。如果实际装卸超过议定时间,租方要受罚,即支付滞期费(Demurrage);反之,如能提前完成装卸,租方可受奖,即由船方向租方支付速遣费(Despatch money)。这就是上列合同中订立第16栏及第18栏的目的。

滞期费通常参照这一船舶的每日固定成本来订定。速遣费通常为滞期费的一半。

许可装卸时间有两种表示方法:一是规定总的天数或时数;另一是规定每天的装卸率。

图表 4-11

金 康 样 本

1. Charter （租船合同）	Uniform General Charter（as revised 1922 and 1976） 标准杂货租船合同 (To be used for trades for which no approved form is in force) CODE NAME："GENCON"（代号："金康"）
	2. Place and date（地点与日期）
3. Owners/Place of business(C1.1) （船主）	4. Charterers/Place of business(C1.1) （租船人）
5. Vessel's name(C1.1)（船名）	6. GRT/NRT(C1.1)（总吨位/净吨位）
7. Deadweight cargo carrying capacity in tons (abt.) (C1.1) （总载重吨数）	8. Present position(C1.1)（现时位置）
9. Expected ready to load(abt.)(C1.1)（预计可装载量）	
10. Loading port or place(C1.1) （装货港/地）	11. Discharging port or place(C1.1) （卸货港/地）
12. Cargo(also state quantity and margin in Owner's option,if agreed:if full and complete cargo not agreed state "part cargo")(C1.1) （货物）	
13. Freight rate （also state if payable on delivered or intaken quantity）(C1.1) （运费率并说明在交货或收货时付）	14. Freight payment(state currency and method of payment:also beneficiary and bank account)(C1.1) （运费支付的币种、方式、受益人及银行账户）
15. Loading and discharging costs(state alternative(a)or(b)of C1.5;also indicate if vessed is gearless) （装卸费）	16. Laytime(if separate laytime for load,and disch.is agreed,fill in a)and b)if total laytime for load.and disch.,fill in c)only)(C1.6)
	a) Laytime for loading（装货期间）
17. Shippers(state name and address) (C1.6) （发货人）	b) Laytime for discharging（卸货期间）
	c) Total laytime for loading and discharging（总期间）
18. Demurrage rate(loading and discharging) (C1.7) （滞期费率，分装卸货）	19. Cancelling date(C1.10)（解约日期）
20. Brokerage commission and to whom payable(C1.14)（佣金及收佣人）	
21. Additional clauses covering special provisions,if agreed. （附加特殊条款）	

It is mutually agreed that this Contrace shall be performed subject to the conditions contained in this Charter which shall include Part I as well as Part II in the event of a conflict of conditions,the provisions of Part I shall prevall over those of Part II to the extent of such conflict.
本合同应按本租船契约所订条款执行，包括后附第二部分在内，如互相矛盾，以本部分为准。

Signature(Owners) （船主签署）	Signature(Charterers) （租船人签署）

(4) 佣金——租船通常经由货方代理人及专业的经纪人(Chartering Broker)居间安排。专业经纪人是以专为船主招揽租船生意为职业的人员。因此,租方除上述费用外还要负担佣金。

(5) 留置权——和费用相关联的还有一个留置权(Lien)条款。租方如不支付对货物运费、空舱运费、滞期费等,船主有扣押货物乃至拍卖处理以取偿的权利。租方对在装货港及卸货港发生的上述费用,在船主经留置后尚不足取偿的差额仍须负责。

租船合同提单的特点——

租船运输中在货物装船后也要由船主或船长签发提单,这种提单的正面内容和班轮提单相似,但租船提单没有背面条款,必须在提单正面写明"此提单受××租船合约的约束"。即凡租方与船主在所运货物方面的权利义务在租船提单中未加规定的部分,都要依据租船合同来判定,而且租船提单如和合同相矛盾,要以合同为准。从而,租船提单不是独立完整的运输单证。这一点在后述第6章国际贸易结算中就明显地凸显出来了——在信用证结算方式中银行除非在信用证上看到进口方明文同意接受租船提单的条款(参看第十一章1-4-2),否则银行不接受租船提单作为已执行交货的证明,其后果就是不肯代进口方付款。

银行之所以拒付,原因在于租船提单上没有详细的权利义务条款,容易发生纠纷、银行不愿意介入进去,同时银行也判断不了出口方是否真正完成了信用证上的交货要求,如果贸然付款,有出错的风险,所以,即使信用证要求提交租船合同,银行也不予审核。

第二节 保 险

2-1 概说

2-1-1 保险的含义

保险"是指投保人……向保险人支付保险费,保险人对于合同约定的可能发生的事故因其发生所造成的财产损失承担赔偿保险金责任……的商业保险行为"(我国《保险法》第2条)。

保险一般分为财产(损失)保险与人身保险两大类。"财产保险业务,包括财产损失保险、责任保险、信用保险等保险业务"(《保险法》第91条)。本节只讲述货物运输保险,在本书第十二章中将叙述责任保险中的出口信用保险,其余各类将不涉及。

在我国现行一般保险行为的规范是1995年6月30日经人大常委会通

过,于 10 月 1 日正式实施的《中华人民共和国保险法》;关于海上运输保险的专门规范则是 1992 年 11 月 7 日通过的《中华人民共和国海商法》中的第十二章"海上保险合同"。

2-1-2 保险的需要

由于在海运和空运中广泛存在危险,国际商人面临大量的风险。必须有某种方法来防护货物由于台风、搁浅、碰撞、火灾、恐怖主义者的劫持、海盗等等所造成的毁损与灭失。自 16、17 世纪起荷兰、英国等海上贸易蓬勃发展,实践中创造出了保险这种分散和共担风险的办法。一批承保人集中在英国伦敦,和船主、货主谈生意,逐渐形成了私人保险组织,其后英国正式颁布了保险法,个体承保人也组成了法人,至今还领导着保险的国际市场。

航海在历史上被认为是船东和货主的一种共同经营。一些国际惯例规定船东对货物在运输中的损失负有赔偿责任,例如每件最高为 1 万法郎,美国则规定为每件最高 500 美元等。但是承运人的赔偿责任却很有限。这就使货主不得不去投保保险了。以下我们以海运货物险为中心展开讨论。

2-1-3 保险的过程(图表 4-12)

图表 4-12

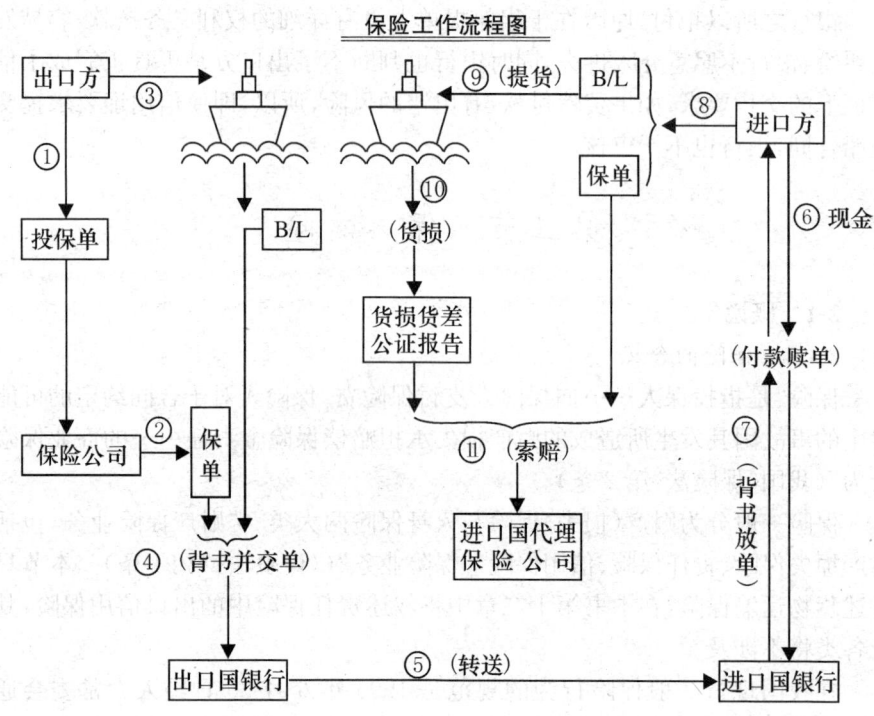

保险工作流程图

解释

第一步：进口方或出口方为外贸向保险公司投保运输险时要填制一张投保单，也可简单地发一封信。

在 FOB、CFR、CPT 及类似条款下，由进口方投保，而在 CIF、CIP 及 D 组各条款下则由出口方投保。

第二步：如果保险公司同意投保，就开发一张保险单或其他单证。

第三步：出口方发货并取得提单。

第四步：出口方收集提单、保险单等等组成全套单证。在运、保及有关单证上背书后将全套单证向银行交单。

第五步：出口方银行转送全套单证给进口方银行。

第六步：进口方付款赎单。

第七步：进口方银行在对提单及保险单作背书后转送全套单证。

第八、第九步：进口方等待交货。

第十步：如果在提货时发现有灭失或毁损，进口方必须立即向商品检验机关或中介单位、理赔代理单位申请检验并向承运人或海关、港务当局索取证明。

第十一步：进口方向保险公司在当地的代理人索赔。

2-2 风险和保险覆盖范围

2-2-1 图解（图表 4-13）

图表 4-13

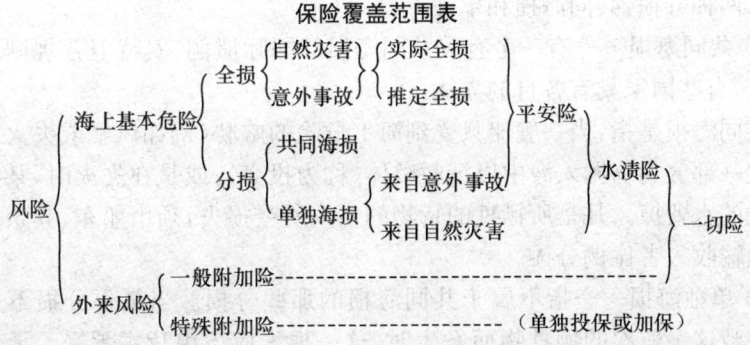

保险覆盖范围表

解释

(1) 海上基本危险——这只指海上偶发的意外事故或灾害，不包括普通风浪的作用（见英国 1946 年海上保险法附件《保险单开立规则》）。它是指因下列各项所引起的灾害：

① 自然灾害——例如恶劣气候、雷电、海啸、地震和洪水等。

② 意外事故——例如搁浅、触礁、沉船、与冰块或他物碰撞,以及失火与爆炸等等。

(2) 外来风险——指不是由于自然灾害和意外事故的外界原因所引起的一切危险。例如:

① 一般风险,诸如雨淋、钩损等等。

② 特殊风险,诸如战争、罢工等等。

(3) 风险所致费用的内容——包括货物的全损与(部)分损(失),并扩展到施救及求救费用,今后将不再明显提及这类费用。

① 实际全损——指某一特定发货人的货物完完全全灭失掉或毁损掉,它包括货物的下列灭失和毁损:

(a) 实物灭失和毁损,例如货物坠海或盐包、水泥包渗水。

(b) 丧失原有效用,或只剩下废料价值。

(c) 当一批货物包含多个部分或多个箱包,则任何一个部分的损失一般都可认作一项全损。

② 推定全损——如果一项实际全损看来已无可避免(例如船被海盗劫持并失踪),或一批货物的施救费用将会超过被救货物的价值。例如,有一精密测试设备原值 10 000 元,现因船只在恶劣气候中剧烈振动而损坏。如作修理,将会花费 15 000 元;如不修,残值也可售得 3 000 元。这种情况就可作为推定全损。

③ 分损——当一个货主的货物部分地被灭失或毁损,这一损失即称为分损。有两种分损:共同海损和单独海损。

④ 共同海损——有一个有关共同海损的国际惯例《安特卫普规则》(1974年版)。有些国家具有各自的立法。

共同海损是指:当一艘船只受到海上危险的威胁(例如风暴或失火),船长可以把一部分货物抛入海中以拯救整体(称为投弃);或是在失火时,某些货物被救火的水毁掉。凡是所牺牲的货物的主人所受损失,须由船东、其余货主及取得运输收入者比例分摊。

⑤ 单独海损——指不属于共同海损的那些分损。当某一分损不是由于作为挽救这一航次的牺牲物而发生时,这一损失应该由货主承受。承保人经常设法限制他们对单独海损的赔偿责任。例如,在一次风暴中原装在甲板上的一部分货物被冲入海中而整个船只却行驶安全。这一点损失就称为单独海损(在英语中也称摊损,但更正确地说这还是叫做分损为好)。

⑥ 一般附加险——这是在经常性的海运航程中时常发生的那些外来风险,它可以包括不属于下列特殊风险的一切风险,诸如:盗窃、挖窃和提货不着

(代号 T. P. N. D.);淡水及雨淋;短量;漏损;破损;钩损;包装破损等等。它们已全部包括在一切险之中,不需另行投保。

⑦ 特殊附加险——指某些特别指名的风险,它们不包括在经常性的保险范围之内,必须单独投保(指国外,在我国则要在投保三种基本险后申请加保)。诸如战争风险、罢工及拒绝工人上班风险等等。

2-2-2 中国保险条款中的海洋运输货物条款

各国所用的险别条款在 1982 年前基本上都采用英国所用条款。中国自 1981 年 1 月 1 日起采用的是取法于英国条款订出的"中国保险条款"(China Insurance Clause,简称为 CIC)。英国保险商在 1982 年起改用了修改后的保险协会条款(Institute Cargo Clause,简称为 ICC)。

当前已有多家中国保险公司:中国财产、平安、太平洋保险公司等等,它们都采用中国人民保险公司条款(简称"人保条款")。很多外国保险公司已进入中国市场或正在准备进入中国市场。它们都采用 CIC。

2-3 保险单证

保险单证中最为重要的是保险合同。我国的保险合同主要包括投保单和保险单。

我国《保险法》第 12 条规定:投保人提出投保要求,经保险人同意承保,并就合同的条款达成协议,保险合同即告成立。保险人应向投保人签发保险单……

2-3-1 投保单

投保单又称要保书,它是投保人向保险人申请订立保险合同的书面要约。投保单通常由保险人统一印就,投保人填写后交付保险人。投保单内容基本上和保险单相同,故留待下段合并叙述。

2-3-2 保险单

a. 保险单证的种类。

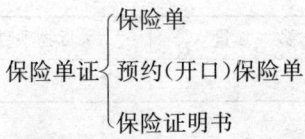

(1) 保险单(Insurance Policy)——对非经常的进出口人,其货物与交易情况有广泛的变动范围,当希望对每一批发货能有一个单独的保护以便于用信用证来结收账款时用此。下段 b. 将展开其内容。保险单背面印有双方权利义务的详细条款。俗称大保单。

(2) 开口保险单(Open Cover)——某些企业经常有进出口,在某一特定期间(例如一年)持有一个较重大的量,这就更愿意使用开口保险单以覆盖在一个约定期间内发运的全部货物。

(3) **保险证书**(Insurance Certificate)——在具有年度的开口保险单的前提下,对每一批货物都由出口方或进口方开发一张保险证明书(俗称小保单)作为单证,并用一张货物申报单将细节通知承保人。

一张证明书是简化了的保险单,它几乎具有和保险单同样的内容,只是在背面没有全部法律条款。在中国很少应用,但在英、美却多用于替代保险单。在这种情况下,保险费是在事后按货物申报单计算支付的。

通常银行在信用证情况下对接受保险证明书是很小心谨慎的,在英国及其他一些国家,被保险人如要采取法律行动对抗保险人,必须持有保险单。单是一张保险证明书是嫌证据不足的。

此外还有两种特殊形式的凭证:

(4) **联合凭证**(Combined Certificate)。即在商业发票上加盖保险公司印戳,写明险别、险额,其他项目即以发票为准。目前仅限于我国香港中资银行集团为华商开来的信用证使用。

(5) **批单**(Endorsement)。这是对已签订的保险单的内容加以变动、修改、补充用的附加凭证,必须黏附于原保险单上,加盖骑缝章,成为保险单的不可分割的一个部分,不能单独使用。

b. 保险单的要点(图表 4-14)。

图表 4-14

货物运输保险单

保单号次:_____

被保险人:_____

中国人民(财产)保险公司(以下简称本公司)根据被保险人的要求,由被保险人向本公司缴付约定的保险费,按照本保险单承保险别和背面所载条款与下列特款承保下述货物运输保险,特立本保险单。

合同号及标记	数　　量	货物项目	保险金额

总保险金额:
保　　费:　　　　　　　　　　　　　　　装运工具:
启运日期:　　　　　　　　　　　　　　　自:　　　至:
承保险别:
　　所保货物,如发生保险单项下可能引起索赔的损失或损坏,应立即通知本公司下述代理人查勘。如有索赔,应向本公司提交保单正本及有关文件。如一份正本已用于索赔,其余正本自动失效。
赔款偿付地点　　　　　　　　　　　　　　中国人民(财产)保险公司
　　　　　　　　　　　　　　　　　　　　　　　　上海分公司
出单日期　　　　　　　　　　　　　　　　总经理　×××

第四章 运输、保险及佣金的会计

说明：

(1) 投保人：

不论是进口方还是出口方，凡是对一批货运持有保险利益的人，去向保险公司(承保人)投保一项保险，称为投保人。在不同的贸易条款下，究应由何人去安排保险合同的问题已在第二章国际贸易条款中说明。

(2) 被保险人：

被保险人是一张保险单的受益人。当一批被保险的货物遭受灭失或毁损，保险赔款将支付给被保险人。在海上保险中如果不具有保险利益是不能成为被保险人的。

在很多情况下投保人就是被保险人。

(3) 投保额和保险利益：

投保金额是保险利益的一个度量。保险费和赔款都根据这一价值计算。保险利益，也称为可保利益，是指投保人对保险标的所具有的利害关系。在货物保险中保险利益的最普通的形式有：

① 货物的所有权；

② 保险费；

③ 运费；

④ 佣金；

⑤ 买方预计利润。

那就是说，如果货物灭失，受益人将丧失这些款项；反之，他将能收回这些金额。

在 CIF 条款下，出口方在保险开始时是被保险人，而其后则伴随着全套的单据向银行交单，受益人的权利就一步一步地用背书方式转让到进口方手中。从而，当提单被转让(包括"凭指示"字样的措辞)，保险单就要同时随之转让，而且必须和它相一致。

(4) 保险条款(Insurance Conditions)：

它指三个保险层次即覆盖范围，在中国保险条款中为平安险、水渍险和一切险。

不同的险种，其保险费也随之而异，此点将在下一节讲述细节。开支将随着风险和被保险人所选择的覆盖范围而定。

(5) 索赔：

当发生一项实际损失时，为了获得公平、有效和快速的赔偿，承保人常授权进口方国内的一家外国保险公司作为代理人，去接受被保险人(进口方、发货人或银行)的索赔:要去勘查和结付这一索赔。在情况清晰时当地代理人被授权直接作支付。

2-4 保险费的计算

公式:

$$保险费 = 投保金额 \times 费率$$

习惯上投保金额至少要按被保货物的价值(CIF 或 CIP 价)的 110% 计算,这意味着保险利益至少大于货价 10%。这是说,如果货物被丢失或毁损,进口方也受损于拿不到正常毛利以及收不回有关费用。

惯用实践上估计的 10% 要比进口方所乐意接受的为低,为此,对进口方说来可以请求提高加成率,但要自负费用。

现将中国人民保险公司以往实行过的保险费率表示意。如图表 4-15。

图表 4-15

保险费率例表

洲别	目的地(国家或地区)	险别 平安险	水渍险	一切险
亚洲	中国香港、中国澳门、中国台湾、日本、韩国	0.08	0.12	0.25
	约旦……菲律宾	0.15	0.20	1.00
	巴基斯坦、印度……马来西亚			1.50
	尼泊尔、阿富汗、也门			2.50
	泰国、新加坡等			0.60
欧洲、美洲、加拿大、大洋洲		0.15	0.20	0.50
中美洲、南美洲		0.15	0.25	1.50
非洲	埃塞俄比亚、坦桑尼亚等	0.20	0.30	2.50
	毛里塔尼亚等			3.50
	其他			1.00

至于保险费率,那是要受很多因素的影响的。诸如:

(1) 运载的船况——船龄、种类、所挂旗籍等等;

(2) 商品的种类——某些商品易于损坏;

(3) 所用包装、是否转船及有关仓库的配合等等。

因此,这应该按每次的情况逐一和承保人进行谈判。

在中国"人保"规定中对几百种指明的货物订有一个附加费率,例如糖、米等等为 0.3%~0.6%,而窗玻璃则高达 6%。

第四章 运输、保险及佣金的会计

现在这些费率都已过时,不能再引用,对所有中国和外资保险公司说来,它们不再是统一的。

释例

假设 A 公司出口一种 B 商品。发票价值为 USD 40 689.30,CIF 墨西哥。A 安排一笔保险:险种——一切险加战争险;保费率——一切险 1.5%,战争险 0.04%。

要求:计算下列情况下的保险费:

(1) 如果投保金额为发票价值的 110%。

(2) 如果被保险人希望提高加成率为 30%,这要多支付多少?

(3) 设只知 CFR 墨西哥价为 USD 40 000,加成率 10%,则其 CIF 及 I(保险费)各为多少?

答:(1) 40 689.30×(1+10%)×1.54%=USD 689.30

(2) 40 689.30×(1.3−1.1)×1.54%=USD 125.32,要单独支付

(3) $CIF = \dfrac{CFR 40\ 000}{1-(1+10\%)\times 1.54\%} = \dfrac{40\ 000}{98.306\%} = USD\ 40\ 689.30$

I=CIF 40 689.30−CFR 40 000=USD 689.30

保险费的会计处理将在第四节中合并讲述。

第三节 佣 金

3-1 佣金的含义

凡是通过中间商成交的进出口交易均须由卖方向中间商支付酬金,这称为佣金(Commission),通常都计入货价之内,称为含佣价。

$$净价 = 含佣价 \times (1-佣金率)$$

(1) 对最终客户说来,佣金未必全都明示,可分如下两种情况:

① 明佣。指作为价格条款的内容而列示的佣金,例如"CIF C3%香港",即指 CIF 条款的货价中还包含了 3%的佣金在内,卖方按扣除佣金后的净销货款收汇,另由买方直接对中间商支付佣金,卖方不需单独为佣金办理支付手续。

② 暗佣。指佣金不在价格条款中明白表示,出口发票上只列销售货物的含佣价总额,但另在与中间商订定的代理合同或买卖双方的付佣约定,出口方交单时规定有佣金。出口商在收取全额货款后,须自行支付佣金。

(2) 佣金的计算有下列两种基础,因此必须在合同中明确订定采用哪一

种计算基础,以免在实际结算时发生争执:

① 按成交价格计算。即按发票金额计算,我国目前大多采用此法。但因我国出口交易绝大多数按 CIF 或 CFR 价格条款成交,从而此时连运费甚至连保险费都进入了佣金的计算基础之内,不甚合理。

② 按 FOB 价格计算。如成交价为 CIF 或 CFR 等,而合同约定佣金按 FOB 价计算时,必须从 CIF、CFR 价中减去运费、保险费推算出 FOB 价。此时可以等待实际运费、保险费资料齐全后再计算佣金,但这样将使中间商难以及时取得佣金收入。此外,也可以采用估算法,根据历史资料中的运费、保险费,估算出一个 FOB 占 CIF(或 CFR)总值的百分比,将每笔成交价换算为 FOB 价。这一比例可以统一订定,也可按不同商品、不同地区分别订定。

佣金除了逐笔计算后结付外,为了促使代理商更多地推销商品,也有在代理合同中约定,按一定时期内累计的推销数量或金额按累进的佣金率汇总支付佣金的做法,即销售额越多,佣金率越高。

如果销售有折扣,应该减去折扣后再计算佣金。如发票上有加列利息等其他费用的情况,也应剔除后计算佣金。^①

3-2 佣金的支付方式

① 票扣。即在发票上减除佣金。在信用证上规定有扣除佣金的字句。上述明佣即采用票扣方式。

② 汇付。即由卖方收到全额货款后再向中间商汇付佣金。通常我国采用汇付形式,这是目前支付佣金时使用最多的一种方式。

③ 议扣。即在信用证议付(银行垫付货款)时扣除佣金。出口方交单时汇票上开足全部货款金额,并规定议付银行在议付单据时扣除佣金。这可看成是上述汇付形式的收后再付的简化,议付行只议付不含佣款,佣金由开证行径付中间商。

暗佣多采用汇付及议扣方式。

原我国外汇管理规定,贸易佣金一般不得超过货价的 10%(实践中一般多掌握在 5% 以下),并必须贯彻"先收货款后付佣金"的原则。1994 年 4 月起,明佣在 5% 以内,暗佣在 2% 以内,可不经批准直接售汇[②]。

现将佣金支付的三种方式对比示意如下(图表 4-16):

---

① 现税制,作为服务贸易之一,支付国外单位佣金时,要代扣代交营业税 5%,参考第十章。
② 此类限额时有改变,目前已改为 10%。

图表 4-16 (单位：美元)

佣金三式示意图

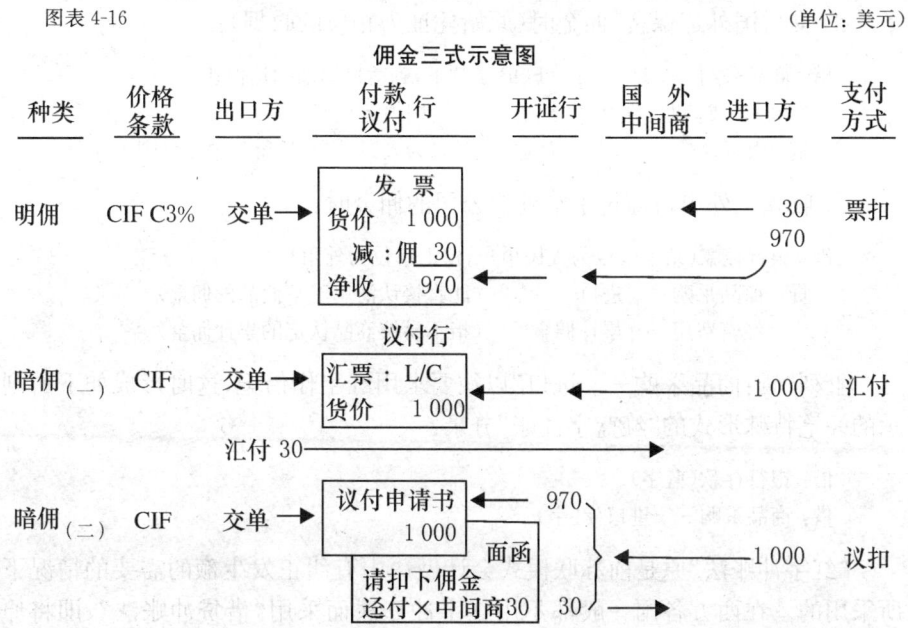

说明：

（1）在明佣票扣中进口方要分别支付：将货款 970 美元支付给银行而将佣金 30 支付给其中间商。

（2）在暗佣汇付中进口方将全额 1 000 美元付给银行，而由出口方径直将佣金 30 付给中间商，因此进口方不知道中间商拿到多少佣金或是否拿到佣金，从而隐含一种中间商另向进口方收取第二道佣金的可能。

（3）在议扣中，出口方在请国内议付银行垫付货款时，填写1 000美元并委托银行代付国外佣金 30 美元。国内议付行在向国外开证行索款时另加一张封面函件，委托直付 30 美元，从而国外开证行虽向进口方收取全额 1 000 美元但只向出口方支付净货款 970 美元，而由其将 30 美元迳付中间商。这样，进口方对中间商所得佣金也不知情。关于信用证的付款细节要到第六章才可讲清楚。当前只能作一大致叙述。

第四节 运、保、佣的会计处理

运、保、佣的会计处理随其为进口或出口支出而大有不同。

4-1 进口运、保、佣的会计处理

应抵减进口附属成本，有关分录如下：

① 支付国外运保费、佣金时（原始凭证为相应的收据）：

  借：商品采购——进口　　（FOB 条款下，到达口岸前的运保费）
    经营（或营业）费用　（到达口岸后国内运杂费）
  贷：银行存款　　　　　　（购汇兑付时为人民币户；从留汇中支付则为外币户）

② 收入国外出口商付来给外贸公司的佣金时：

  借：银行存款（结汇单位为人民币户；留汇单位为外币户）
  贷：商品采购——进口　　　（能直接认清属于某商品的佣金）
    经营费用——累计佣金　（指不易按商品认定的累计佣金）

上列"贷：商品采购——进口"以往要求用红字作借记，这时形成如下所列示的一笔特殊形式的"红蓝字冲账"分录：

  借：银行存款（蓝字）
  借：商品采购——进口（红字）

"红字冲账法"原是前苏联模式会计做法中有纠正发生额的需要的情况下所采用的。在西方各国一般都不用红字冲账法而采用"借贷冲账法"，即将原来的分录倒转：原来的借项改为贷项，原来的贷项改为借项。这种做法，在编制损益表一类动态表的发生数时可能会疏漏对方的冲销数。但稍加查找或注意防止，也不致造成大错。但是像上述那样的"红蓝字冲账"就显得异常，会造成有借没有贷或有贷没有借的表面感觉。因此，原外贸会计制度就只限在"销售"等少数账户使用。自 1993 年 7 月会计接轨后，各种会计处理已向国际通行做法靠拢，这样有利于相互理解对方的会计记录。这种显得特殊的红蓝字冲账法，不是国际通行实践，似无必要再作为必须遵守的要求了。

4-2　出口运、保、佣的会计处理

我国 2006 年《企业会计准则第 14 号——收入》第 2 条规定："企业代第三方收取的款项，应当作为负债处理，不应当确认为收入"。但是行文过于概括，不便于理解，不如国际会计准则及我国 1998 年原《企业会计准则——收入》既演绎了原理，又举出了某些例子，便于揣摩，特转引如后，供实践参考。这对判断外贸运、保、佣的会计处理方法，特别有帮助。

国际会计准则♯18"收入"第 8 条规定：

"……代第三方收取的金额……不是流入企业的经济利益，并不导致权益的增加，从而不应包括在收入中。同样的，在代理关系中经济利益的毛流入额包括了代委托人收取的金额，它不造成企业权益的增加。"

我国 1998 年原《企业会计准则——收入》中定义第 4 条也规定"……收入

第四章 运输、保险及佣金的会计

不包括为第三方或客户代收的款项"。在其《指南》中定义的解释中也指出："4. 收入只包括本企业经济利益的流入,不包括为第三方或客户代收的款项,如增值税、代收利息等。代收的款项,一方面增加企业的资产,一方面增加企业的负债,因此不增加企业的所有者权益,也不属于本企业的经济利益,不能作为本企业的收入。"[①]

CIF 条款在实质上是一种授权出口方代替进口方安排运输和保险的条款。销售收入中的运费和保险费部分,应该通过银行将外汇转给相应的公司,在外贸传统会计实践中,要在出口方的账簿上从"销售"账户中冲销这两笔外汇收入。

从原理上看,如下做账较为清晰合理,因为运、保、佣均可预知:

借:应收账款
  贷:主营业务收入——出口
    应付账款——运输公司
         ——保险公司
         ——佣金(明佣)

但如果运保账单后到,以往实践中的分录可示意如下。

假设运费为 USD 500,保险费为 USD 100,CIF 价为 USD 10 600:

(1) 当出口方收到销售收入时:

借:银行存款——外币户 $10 600
  贷:主营业务收入——出口 $10 600

(2) 出口方转移外汇运费及保险费收入给运输公司及保险公司:

借:主营业务收入——出口 $600
  贷:银行存款——外币户 $600

甚至在 FOB 或 CFR 下,进口方也可能请求出口方去安排保险,而由进口方承担费用。这一实质是一样的,所以会计处理也应相同。那时更能看出是代办性质。

佣金如为明佣,要按照不含佣价入销售及"应收账款"账户,所以佣金一般不见于出口方账上,其余细节将在第七章 1-1-2 说明。

[①] 财政部及国家税务总局 2009/3/19 通知,为了便于控制所得税税前抵扣的正常佣金率,不准佣金直接冲销收入。但国外佣金是否同此处理,尚未明确。

复习思考题

1. 海运总流程中有哪些与财会及国际结算有关联?
2. 提单中有哪些内容与财会有关? 非流通运单又有什么不同?
3. 海运运费的构成内容是怎样的?
4. 什么是货物等级表? 它和运费有何关系?
5. 租船在财会方面会引起什么不同于班轮的地方? (B)
6. 大小保单有什么异同?
7. 什么是保险利益? 为什么没有保险利益的人不能作为投保人和受益人? 在 CIF 条款下由出口方投保保险与上述原则有无违背? 常规投保额为货值的 110% 是否违背这一原则? 如果进口方要求投保额为其 130%, 是否可以?
8. 保险单证和国际结算及财务、会计有什么关系?
9. 海运风险有哪些? 如何分类? 与 CIC 有何关联?
10. W/W 是否违背"保险利益"的原则? (B)
11. 试对 CIC 与 ICC 的险别做一对比。(B)
12. 什么是明佣、暗佣? 它们和外汇管理及国际结算有什么关系? 在会计上如何处理?
13. 运、保、佣等费用为何要冲减销售收入? 试从会计准则角度作答。
14. 解释下列专门术语及符号:
    W/T   M/T   W/M   Ad Val   FPA   WA   AR

习 题

习题 4-1

一、**要求**　英国伦敦 GB 百货公司通过我国内地驻我国香港地区的代理机构 CH 公司,向 SH 服装进出口公司要求报出××规格的丝绸衬衫 1 000 打的 CFR 伦敦 RMB 价。

二、**资料**　SH 服装进出口公司将生产任务按收购制委交上海第一丝绸服装厂,并交由上海对外运输公司海运。

(1) 工厂收购价 FOB 上海 RMB 1 000/打。

(2) 海运运费率：

上海至香港段 RMB160/FT

香港转船附加费 RMB50/FT

第二程中国香港—英国费立克斯多港 RMB840/FT

费立克斯多港转船附加费 RMB240/FT

伦敦港港口附加费 RMB 70/FT

以上另计 10%CAF 及 20%BAF。

丝织品为 18 级货，W/M 计价；$40f^3$＝1FT，该批货毛重 5 000 千克。

包装：装入纸箱，总尺码为 10.85FT，每箱 15×20×25（英寸）。

(3) 银行手续费为付款额的 3‰。

(4) 外贸公司报价毛利率为 15%。另按合同价付给 CH 公司代理费 3% 作明佣。

(5) 汇率：£1＝USD 1.5＝HKD 12，USD 1＝HKD 8，USD 1＝RMB 6.3333。

(6) GB 公司完全接受报价及有关条款。正式下定单，要求在 20×7 年 6 月 1 日前交货发运。按 RMB 结算货款。GB 公司自行投保保险。

(7) 3 月 15 日 SH 公司按收购制向丝绸服装厂发交生产任务，并向外运公司托运。

(8) 5 月 15 日生产厂发货，运送码头仓库。

(9) SH 公司于 5 月 25 日取得提单。

(10) SH 公司按报价条款划转销货成本有关账项。

习题 4-2

一、要求　设习题 4-1 中 GB 公司改按 CIF 伦敦条款要货，请代 SH 公司作成分录。

二、资料　SH 公司与平安保险公司洽询后议定费率。

投保种类为 AR 加保战争险、保费率分别为 0.15% 及 0.04%。又客户要求按成交价 130% 投保（提示：与 CIF 价无关，因不在价内）。

其余情况同习题 4-1。

习题 4-3

一、要求　求出金额（要附计算式）后作成有关分录（税略）。

二、资料　德国某中间商在交易会中与广州某出口公司达成一笔出口新型打火机交易,合同总额为 12 万打,每打 6 欧元 CFR 汉堡。另与该中间商订立佣金合同,按 FOB 价 2%另行在收到货款时汇付。200×年 8 月 1 日发交海运,运费购汇预付。打火机属 12 级货,M 计费。共计 50FT×USD 108/FT,另加 BAF20%,CAF25%。8 月 2 日自银行结汇,手续费 3‰。同日购汇支付佣金。8 月 1 日、2 日汇率均为 USD 1=RMB8.2700/80,€1=USD 1.2,€1=RMB9.9320/40。

第五章 税务的会计

在外贸业务中主要涉及四种税:关税、增值税、消费税及2017年刚废止的营业税,在某些情况下还会涉及所得税。其中有两个核心问题:进口关税和增值税退税。为了分散难点,便于教学,本章只先介绍这些税种在外贸业务中的基本概念,某些更复杂的内容将留待第七至十章进一步叙述。

第一节 关 税

1-1 概说

关税是海关对进出境的货物以及物品①征收的一种间接税。这里所谓"境"是指关境,即海关境界或一国关税管辖的领域。关境不一定就是国境。因为各国多设有自由贸易区或保税区、出口加工区等,这些区都设在国境之内关境之外,在两者之间设有铁丝网,在通道口设立海关,例如上海的外高桥保税区,深圳的沙头角保税区。乃至香港、澳门都在国境之内,关境之外,构成一个特别关税区。

关税是一种全世界普遍向进口货物征收的税种,但很少对出口货征收。征收关税的目的有两个:取得财政收入和贸易保护。收入性关税时常运用于本国不生产的产品,而且税率一般较温和,仅仅是为了对政府预算提供财政资源;反之,保护性关税则是设计来保护本国生产者不受外国竞争之苦,而且税率通常都高到足以禁止外国产品进口,或是能使外国生产者处于一种不利于在本国国内市场销售的地步。世上出现过各国互相筑起关税壁垒,以至于造成全世界贸易严重萎缩的局面。

所以,《关贸总协定》和世界贸易组织先后提倡降低成员国间的关税以推行自由贸易原则。关贸总协定几乎每一轮会议都通过决议要降低关税。今天在发达国家间的最惠国待遇税率在5%上下,而发展中国家则在13%上下。今天在欧盟各国之间早已取消了关税,我国也局部实现了零关税。下列各因

---

① 这里的"物品"是指入境旅客随身携带的行李物品,其中某些商品也要征收关税,但这不属于本书研究的范围。

素严重地影响关税的水平：

(1) 最惠国待遇国——成员国间互相对进口货物征收最低关税。很多国家一般都订有两个或多个关税税率水平：一种是最低的税率用于最惠国的货物，另一种则称为"普通或基本"税率，它一般都高于最惠国税率。从 2001 年 11 月起中国加入了世界贸易组织，最惠国地位已经建立，总平均税率也已从远高于发展中国家的水平逐步下降到 10% 以下。最惠国待遇在美国现已改称"正常贸易待遇"。因为目前有近 200 个国家和地区参加世界贸易组织，都享受此待遇，已不能算是特别优待。

(2) 普遍优惠制(代号 GSP，即 Generalized System of Preference)——这是指发达国家在进口不发达国家所生产的产品及半成品时，单方面地给予进口关税优惠待遇。普惠制有三个突出特点：

① 普遍性：一切来自不发达国家的产品及半成品都普遍给予优惠；

② 非歧视性：一切发展中国家和地区毫无例外地可以享受这一优惠待遇；

③ 非对等优惠性：只有工业发达国家对不发达国家提供优惠，而不要求其给予回报。目前有 30 个国家提供 GSP 待遇(对我国有 27 个国家)，例如，欧盟各国、日本、澳大利亚、新西兰、加拿大、美国、波兰、奥地利、芬兰、瑞士等。目前欧盟已开始对我国产品减少乃至停止普惠制待遇。

GSP 税率比最惠国税率还要低，它是世界贸易中最低的关税。

(3) 反倾销税——反倾销税意指用关税税率来保护本国企业不受外国生产者的"倾倒性"销售的影响，所谓倾倒性是指把一国的剩余货物用一个低于成本的价格倾泻到他国市场上来。倾销的理由可推想如下：

① 外国出口企业可能运用倾销来逐出进口国内的竞争者，然后在获得垄断地位后，抬高价格以冲销原来在倾销中的损失。

② 倾销者在本国国内垄断市场上使用高价格，而在取得规模经济的情况下，把剩余产量用低价卸到其他国家。

进口国家采取的对策可以是对这种货物征收额外的反倾销关税。反倾销税的大小是一个有弹性的金额，它基本上等于低价格和其成本的差额。这样，倾销企业就不能获得任何好处。但是，反倾销事实上已被滥用而成为阻挡他国产品进口的一种保护主义措施。我国近年来屡屡受到欧美乃至一些小国的反倾销控诉。

(4) 一国或多国的自由贸易区和自由贸易协定。

许多国家在其国境内建立起一个特殊的区域，在那里并不对国外运进或运出的货物征收关税，如我国香港在英国统治时期就已是一个自由港。此外，欧盟、北美自由贸易协定(美国和加拿大)、东盟及北美自由贸易区(美、加及墨西哥)就是对参加国之间贸易的一切货物都废除关税的一些例子。近年不断有新发展,如我国内地对港、澳地区实施了《建立更紧密经贸联系的安排》(CEPA)。

1-2 中国的关税

1-2-1 关税的立法

在中国有三种主要的有关关税的法律和法规。

a. 海关法——关税的征收由《中华人民共和国海关法》加以管辖。《海关法》规定了一个法律框架,由海关总署在此框架内实施其职能。它授权海关总署在经国务院批准的前提下拟订海关法的实施细则。

b. 进出口关税条例——这是管辖征收货物关税的详细规则。最近的修订本是在2003年11月18日公布而自2004年1月1日起实施的。

c. 海关进出口税则——它由国务院下设的一个专门委员会来制订。它规定各别项目进出口的税率。逐年都有修改。

1-2-2 税则的结构

a. 分类——进出口货物的种类是一个巨大的数字。为谋求高效率和便于统计,中国税则自1992年起采用了世界通行的一分类法,包括22大类和99章。在每一章中货物进一步分类为各个"项"。2019年版的中国税则共包含8 549个征税项目,对每一项目分列各档税率。现将货物征税种类选列几种如下(见图表5-1):

图表5-1

关税税目类别示例

类 别	说 明
1	活动物、动物产品
2	植物产品
3	动植物油、脂及其分解产品;精制的食用油脂……
4	食品、饮料、酒……
5	矿产品
6	化学工业及相关工业的产品
7	塑料及其制品,橡胶及其制品
……	……
19	武器、弹药及其零件……
20	杂项制品
21	艺术品、收藏品及古物
22	特殊交易品及未分类商品

b. 税率——为了参加世界贸易组织,中华人民共和国自1996年以来已进行了几轮降税,自1992年的平均43.2%降到2005年的9.8%,为世界平均水平的1/4。部分品种的税率将例示于图表5-4。

1-2-3 清关

清关手续包括下列四个步骤:

a. 申报——我国在2003年9月18日公布了《海关进出口货物申报管理规定》。纳税义务人或其代理人应向海关征收人员完成申报应纳税商品的手续。例如对一批出口品而言,这一手续包括提交一套单证如下:

① 出口报关单一式三份(图表5-2)。

② 装货单及副本(包括订舱单等见图表4-6)。

③ 商业发票一式两份(参看图表11-4)。

④ 装箱单。

⑤ 出口许可证。

⑥ 合同。

⑦ 提单。

......

现作些解释:

① 谁应负责申报——根据"进出口关税条例",纳税义务交由进口货收货人及出口货发货人承担。从而他们或其代理人有义务分别申报。这种代理人称为海关代理人,在中国则称为报关行。代理人(行)必须经海关当局批准,且具体报关人员必须经过训练并通过海关的专业资格考试。

② 何时应该申报——对进口而言,报关单应在船到后14天内,而出口则在装船前一天提交报关单。

③ 应在何地提交报关单——报关单应在海关当局所在地呈报。在沿海和内陆城市都可建海关当局。

④ 如何申报——申报有电子及纸质两种形式。凡已建有口岸电子执法系统的地方应在网上申报。

b. 查验——海关工作人员可能开箱、抽样并核查货物,以确定是否与报关单所报相符,也借以防止不法行动(诸如贩卖军火、毒品、走私等等)。

c. 征税——法规规定纳税义务人应交税。在查验后海关开出关税交款书,纳税义务人必须在开出交款书15天内将税款交到指定银行。如果逾期不交将每天罚取总税款的0.05%的滞纳金。海关还代征进口增值税及消费税。

第五章 税务的会计

图表 5-2

中华人民共和国海关出口货物报关单

主页　Page.1

预录入编号：×× 　　　海关编号：××

出口口岸	浦江海关(22/03)	备案号		出口日期 03-09-15	申报日期 03-09-12
经营单位	上海ABC股份有限公司( )	运输方式 海	运输工具名称 SKY TREASURE V.086E	提运单号 SHOSF100057	
发货单位	上海ABC股份有限公司( )	贸易方式 一般贸易0110	征免性质 一般征税	结汇方式 信用证	
许可证号		运抵国(地区) 日本(0116)	指运港 大阪(1331)	境内货源地 大海浦东新区(31222)	
批准文号		成交方式 CIF	运费 .000/	保费 .000/	杂费 .000/
合同协议号	SDY 03-10-48	件数 550	包装种类 纸箱	毛重(千克) 12 125	净重(千克) 11 575
集装箱号		随附单据	发票、装箱单		生产厂家

项号	商品编号	商品名称、规格型号	数量及单位	最终目的国(地区)	单价	总价	币制	征免
01	61042300	女式合纤针织套装 A	3 600套	日本(116)	7.80	28 080.00	USD	照单
		B	5 400套	日本(116)	6.50	35 100.00	USD	照单
		C	600套	日本(116)	5.20	3 120.00	USD	照单

CIF　US $87 300　CIF总价　(参看发票NO.03-10-121)

税费征收情况

录入员 录入单位 中纺CA	兹声明以上申报无讹并承担法律责任 申报单位(签章) 上海国际货运有限公司	海关审单批注及放行日期(签章)
报关员 单位地址 邮编	电话 填制日期 03/09/08	审单　审价 征税　统计 查验

· 123 ·

d. 放行——在交税后,海关将在装货单或提单上加盖"放行"印章以示批准离去,然后进、出口方即可分别提货或装货。

海关总署 2014 年开始逐年推广"无纸化"通关。上述申报至放行各步,全在"电子口岸信息系统"上在线操作。海关在网上发布有[2014]♯25 公告及"操作流程指引"。2018 年发布♯48 公告,在 2018 年年末前要全国完成无纸化。

1-3 出口关税的计算

总公式:

$$应交关税 = 完税价格 \times 出口关税税率$$

(1) 出口货物的完税价格:评定关税的基数是进口或出口货物的完税价格。作为关税的国际惯例,完税价格在出口货物按出售货物的 FOB 价格计算;在进口货物则按 CIF 价格计算。如前述,纳税义务人应该提供发票和其他单证以证实这个 FOB 价格。如果无从肯定 CIF 或 FOB 价格,则海关将自行按其认为适当的基础来估定这些价格。这被称为海关估价。

(2) 出口税率:征收进口税等于提高销售价格,这将伤及进口商品的销售,同理,如果征收出口税也会伤及出口货物的销售。长时期内几乎世界上所有国家都采用一个"奖出限入"的贸易政策,这一政策对一国的国际收支平衡表会有良好影响。这导致所有国家都废除了出口关税。中国过去也采取这一态度,有一段时期对出口完全不征关税。可是从 20 世纪 80 年代末起,政府对某些稀有资源改变了主意,开始对 17 组 33 类商品征收出口关税,例如丝和丝织品的税率曾为 100%。1997 年 1 月 1 日起曾废止了其中的几种。

在 2001 年 11 月 23 日,中国加入世贸组织的《议定书》中第一部分第 11 节第 3 段有一规定:"中国应取消适用于出口产品的全面税费,除非本议定书附件 6 中有明确规定或按照关贸总协定 1994 年第 8 条的规定适用。"在该附件 6 中只有 84 条条目要继续征收出口税,包括活鳗鱼苗,某些骨制品和某些金属材料等三大类,但从 2006 年 10 月起,为了控制稀缺物资外流,大大增加了征出口税的品目。至 2009 年年初,已达 373 个品目。

(3) 调整价格基础:出口税率是按 FOB 价格制订的,但 FOB 价格是双方结账的价格,其中已经含税。所以这笔关税已从出口方转嫁给了进口方。为此,在计算应交税款时,这一完税价格基础必须调整如下:

$$完税价格 = \frac{FOB(含税价)}{1 + 出口税率}$$

可用图表 5-3 解释:

图表 5-3

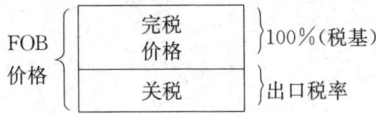

1-4 进口关税的计算

总公式：

$$应缴关税 = 完税价格 \times 进口税率$$

1-4-1 完税价格

1992年修正的《进出口关税条例》规定：进口完税价格是经海关仔细审查并确定的 CIF 货值。CIF 是指购买地通行正常批发价格加上包装费、运费、保险费和在中华人民共和国内进口地点卸货前发生的一切其他费用。某些费用要认为是进口完税价格的一部分，诸如专利权、商标权、版权、软件、支付给卖方的佣金、保险费和其他在卸货前的费用。如果在 CIF 价中已经包含了由买方支付给境外代理商的单独计算的佣金以及由卖方支付给买方的正常回扣，则进口方可以申请在完税价格中扣减掉。为此，在报关时必须附报有关单证以证实所报价格。

在 2004 年再次修正的《进出口关税条例》中，不再指定用 CIF 价而概括为"成交价格"（并加上国外运、保费等）。这可以理解为比 CIF 的涵盖范围更广的 CIP 及 D 组各条款都可作为完税价格的基础，即剔除掉进入进口国国内后发生的费用（国内费用自不能作为进口关税的课税对象）后作为完税价格。因此，可以认为实质未变，只是立法措辞更为灵活而已。

当海关认为企业所申报的价格不符合规定或是成交价格不能确定时，可以另行估定完税价格，即作"海关估价"。

1-4-2 进口关税税率

我国对进口商品基本上实行从价税。税则委员会根据商品对我国的必要性制定出不同的税率见图表 5-4。

图表 5-4

关税税率范围

类 别	最低税率（%）	例 子
1. 必需品	0～15	先进技术设备
2. 需用品	20～40	机械、计算机
3. 非必需品	50～100	纺织品、塑料
4. 限制品	100～180	烟草、酒

例如：小轿车	最惠国税率43.8%	普通税率230%
磁带、录、放像机	90%	130%
西服套装	80%	130%
金银首饰	80%	130%
微型计算机	20%	70%
棉机织物	15.2%～16.4%	90%
尿素	最惠国税率5%	普通税率11%
大豆	3%	8%
石油原油	1.5%	8%
教学用唱片	0	0

从1997年7月1日起对啤酒、原油及某几种商品开始试行从量征收的税率。有的还实行复合税，即同时使用从价和从量计征办法，例如对录像机、数字照相机等。

我国在加入世界贸易组织前，进口税则共设有两栏税率：优惠税率和普通税率，前者适用于与我国订有关税互惠协定的国家或地区的货物。在我国加入WTO后，自2002年1月1日起，我国税则共设有四栏税率：①最惠国税率。②协定税率。③特惠税率。④普通税率。其中②适用于原产于韩国、斯里兰卡和孟加拉三个曼谷协定成员国，③只适用于孟加拉国的货物。另有⑤限额进口范围内的征税率，如有超额，将按前4种税率之一来征收。

1-5 关税的会计

1-5-1 关税的会计流程

外贸流转税的会计处理有价内及价外两种流程，互不相同。关税和消费税、营业税等属于价内税会计类型，就销售看，其流程如图表5-5所示。

图表 5-5

价内税会计流程

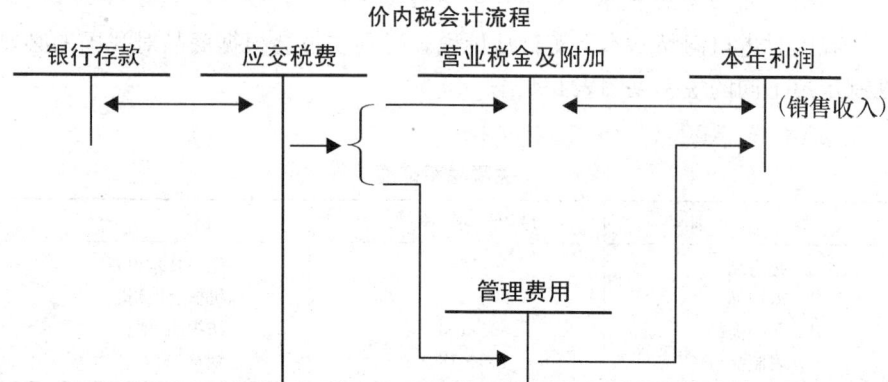

即其税负要由出口价格(收入)来抵偿。

1-5-2　进口关税的分录

(1) 自营进口：外贸企业进口货物在进口环节所缴纳的关税,应属商品的采购成本,凭已交款的海关纳税通知作如下分录：

借：物资采购(或在途物资)
　　贷：应交税费——进口关税

(2) 外贸企业代理进口业务(参看第八章),替委托单位代交进口关税时,作分录：

借：应交税费——进口关税
　　贷：银行存款

同时,向委托单位托收,作分录：

借：应收账款——委托单位
　　贷：应交税费——进口关税

(3) 易货贸易进口业务,计征关税,作分录：

借：其他业务成本——易货贸易销售成本
　　贷：应交税费　　进口关税

缴纳以上进口关税时,作分录：

借：应交税费——进口关税
　　贷：银行存款

1-5-3　出口关税的分录：

(1) 自营出口业务计征出口关税,凭海关纳税通知,作分录：

借：税金及附加——自营出口
　　贷：应交税费——出口关税

(2) 代理出口业务计征出口关税,作分录：

借：应收账款——委托单位
　　贷：应交税费——出口关税

(3) 易货贸易出口计征关税,作分录：

借：其他业务成本——易货贸易销售成本
　　贷：应交税费——出口关税

缴纳以上出口关税时,作分录：

借:应交税费——出口关税
　　贷:银行存款

第二节　增　值　税

流转税是对来自销售货物和提供服务的流转额征收的间接税。间接税是指付税者并不是负税者。它被从纳税人"转嫁"到最终消费者身上。中国引进了一个新的流转税制度,从1994年1月1日起生效。新制度包括增值税、消费税、营业税和资源税,凡从中国取得、生产、贸易和营业收入的一切企业和个人都适用新制度。

增值税的现行规范是2017年第二次修正实施的《增值税暂行条例》。为了循序渐进,这里先讲述一些有关外贸的流转税基本概念。

2-1　进口增值税

进口的商品和购买国内商品一样,也要负担增值税,因为在我国尚未纳过流转税。

对于进口货物,应纳税额应根据组成计税价格计算如下:

$$应交增值税=组成计税价格×适用税率$$

这里:

$$组成计税价格=关税完税价格+关税+消费税(指有此一项时)$$

自2009年1月1日起,购进或自制固定资产发生的进项税额,可从销项税额中抵扣(同时原1998年起进口设备增值税免税政策停止执行)。这被称为"转型",但这与外贸企业的商品进出口没有差别,本书从略。

进口增值税的税率和国内税率相同:一般为17%;少数商品(食物、自来水、煤气、肥料等)为13%。

进口环节的增值税由海关代征,与关税同时缴纳。

为加工而进口的原材料和备件随后要出口的,免征增值税。

增值税的基本概念属于"中级财务会计"学科范围,本书不再复述。但在外贸会计中,将频繁并深入地运用这些概念。希望读者在研习后文前,对进项税额与销项税额的抵扣等,具有较好的理解。

2-2　出口增值税

2-2-1　出口增值税的免税与退税

出口增值税不同于国内销售增值税的突出特点是零税率及其有关处理——那就是部分和全部免税及退税。

一个制造出口商品的企业有三种材料来源。根据中国原先实行的政策，每一种情况都有其不同的税务优惠。

(1) 对用本国材料制成的产品——其优惠是零税率，即退还原来已征收了的所有各道环节增值税，所以没有任何税负。

(2) 对用外国客户的材料制成的产品——其优惠是免征增值税。

(3) 对用自行进口的材料制造的产品——其优惠是免征进出口增值税或是进口减征增值税再加出口退增值税。

现在来解释一些细节。

2-2-2 用国内材料生产的产品出口的增值税

根据《关贸总协定》的规定，增值税退税是一种避免双重征税的措施，所以中国财政部采取了"零税率"的增值税原则。以纺织品为例，如图表5-6所示。(VAT是增值税的国际通用代号)。

(1) 在最后环节(出口)免征销项税额；

(2) 所有以前环节原已缴纳的进项税额全都退还。

所以整体税负为零，专称为"零税率"。

退税的原则是：① 谁出口退给谁；② 征多少退多少。

2-2-3 来料加工产品出口的增值税

(1) 外商来料的所有权并不属于加工方，如果加工后最终是出口的，这就不征进口关税和进口增值税；

(2) 这类加工好的产品的出口只是免税，但不给退税。

2-2-4 自行进口材料加工出口的增值税

中国政府为了鼓励采用进口高质量材料以求更多地出口的办法，规定了完全免征进口材料上的进口关税和增值税(其细节将在第九章讲述)。其有关的海关规定是：

(1) 在保税仓库和保税工厂中对材料进行保税，在海关监管加工材料和成品的前提下暂不征税。

(2) 具有对口的出口合同的加工，可全免进口关税和增值税，但也须进行保税。所谓对口，是指专门为生产出口合同产品而进口材料的加工。

(3) 对备料加工(在没有已承诺的未来出口任务下存储进口材料)采用按一个比例(因有正常废次品产生)先征少量税并最终在出口时经核查后退税的办法。它分为两档：

① 先征5%：对特定的15种材料采用此条，如对皮毛、象牙、宝石、金刚钻等(品目时有变动)。

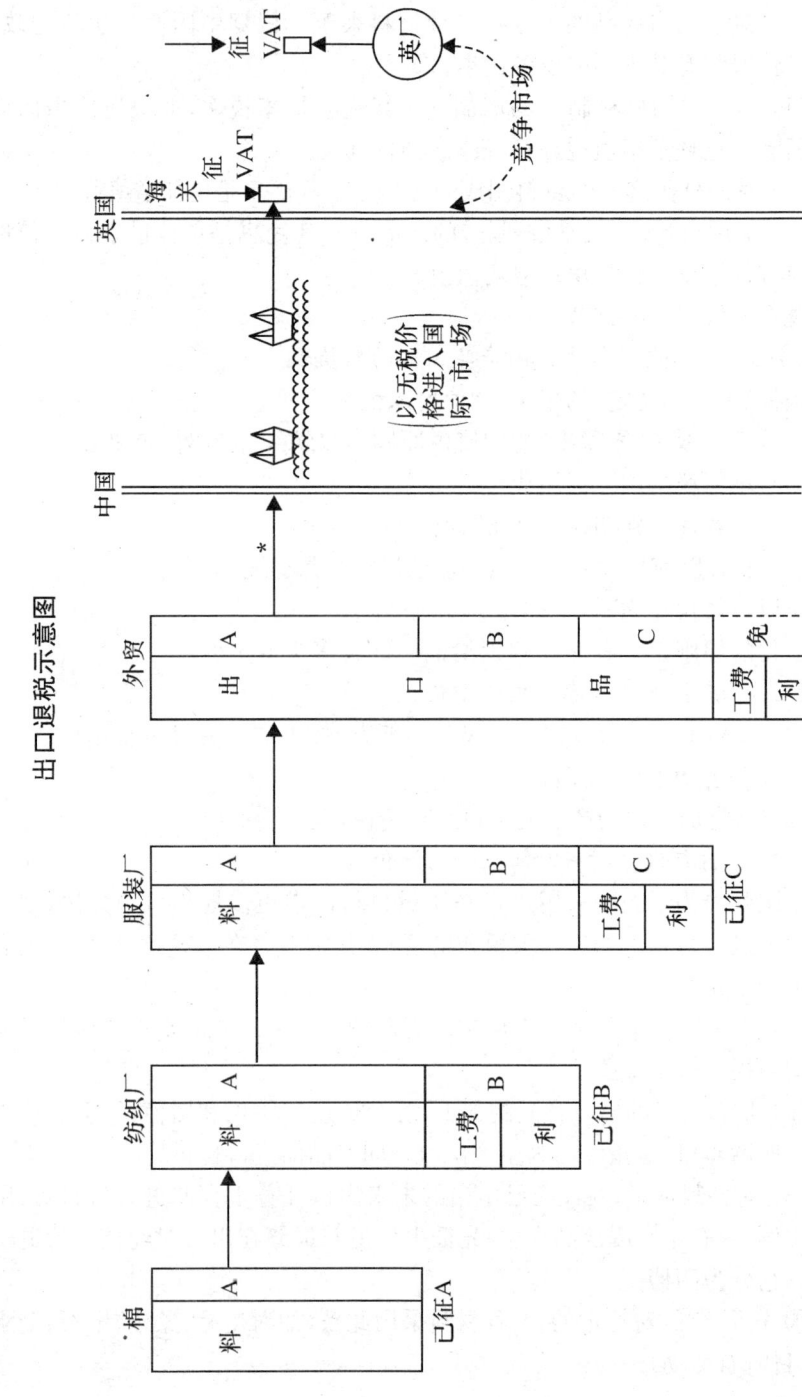

图表5-6 出口退税示意图

(*最终出口时退还以前各道已征进项税额A、B、C 是谓零税率。)

② 先征 15%：对上述 15 种以外的一切材料采用此条。

2-2-5 我国 1995 年 7 月起退税率的调整

零税率是世界上实施增值税制各国的通行做法。但我国由于稽征能力的缺陷，在一度出现大量的出口骗退税事件后，国家税务总局发现没有可能十足退税。从而在 1995 年下半年开始，两度降低了退税率，如图表 5-7。

图表 5-7

1995 年的出口退税率调整

商品类别	原来的征、退税率(%)	1995 年 7 月 1 日起的退税率(%)	1996 年 1 月 1 日起的退税率(%)
农产品和煤	10	3	3
用以生产工业品的农产品	13	10	6
其他产品	17	14	9

其不能退税部分则计作出口的销售成本。这一来，"零税率"原则就不完整了。

从此以后，我国在出口形势大幅波动时，就以退税来限制或鼓励出口。退税成为调节工具之一，退税率频繁地调升和调降。在 1998 年、2004 年、2005 年及 2007 年都调整了退税率和退税品种；在 2008 年下半年共调整了 4 次。接着在 2009 年 2 月、4 月及 6 月又作了 3 次调整。其中最多一次调整了 3 770 项商品的税率，竟达到关税税则品种的一半左右。以致如果想要知道当前的退税率，必须在网上查阅财政部为此建立的数据库（从国税总局 FTP 通讯服务器 100.16.125.25"程序发布"目录下下载）。

虽然每次调整都有正常理由（例如，美国金融危机的发生导致我国出口企业的大幅减产、停产等），但这种实践和原来《关贸总协定》支持各国退税的理由（避免双重征税）不相协调，经常被不实行增值税制的美国责难为实施"出口补贴"，为其实行贸易保护主义政策增添口实。

商务部已明确宣布中国将按照国际惯例逐步恢复出口产品零税率。

2-2-6 退税资金不足与对策

在降低退税率的同时，国库还曾感到退税资金不足的困窘，大量出口企业长时间内不能获得退税。再生产资金濒临枯竭，外贸行业深深陷入困境。

因为按我国财政体制，出口退税属于中央财政预算开支，如一年预算列入×千亿元的退税额度。如果在年内因外贸发展迅速，额度不足应付，则后来各月即不能获得退税款，必须等待次年财政预算解决。当时积欠甚多，有待分期偿付。

为求避免拖延退税的偿付,财政部将退税的做法作了一些改变:一是自 1997 年起部分"坐支";二是 2003 年对欠退税实行贴息。具体做法又分两种:

(1) 对国有外贸企业——维持原来零税率的做法,实行"先征后退"办法。

(2) 对生产型企业(包括外商投资企业)——采用按季(月)"免、抵、退"办法。

a. 先征后退法——外贸企业以及实行外贸企业财务制度的工贸企业收购货物出口时,在收购时已垫付了供货单位累计缴纳的增值税(即外贸企业的进项税额),故要按出口货物的收购价格(进项金额)与退税率计算后退还外贸企业。

b. 免抵退法——生产型企业自营或委托代理出口货物,自 2002 年 1 月 1 日起一律实行此法。

所谓"免、抵、退"是三种组成的综合,一如其名:

(1) 免——出口环节免税如前。

(2) 抵——如果一个企业同时有内外销,应退税款首先从内销应交增值税中偿付,这称为"抵",其实质是把内销税"就地"支付(传统术语称为"坐支")出口退税。这是应收税款和应付税款的冲抵。

(3) 退——如果"抵"还不能偿付应退额,即内销(税)相对小于出口(税),那么差额就申请退税,但要满足下列两条限制:一是出口销售超过总销售的 50%;二是季(月)度最大退税额是"FOB 总价×退税率"——即可退额要按"两者中较低者"(简称"孰低")为准。

否则,差额要延到次一季(月)度再抵。这称为"留抵"。

2-2-7 计算方法

财政部及国家税务总局以往曾作过众多具体计算规定。但是所列算式内含复杂、解题巧捷,但所用名词的措辞却过于相似相近,使初学人员难以捉摸。

造成解题困难的原因有:① 内外销混合生产,以致无法清晰地划分各自的进项税项;② 征多退少,须算出不可退税的金额,还有免税购料,也不能退;③ 进项税额的基础是原材料的购入量。而销项税额则是耗用材料制成成品的销售量,退税要按购入法为基础;④ 遇有购多用少时,不能预先退税;诸如此类。

以下先假定内外销相对应的进项税额能够分清,并用简明的语言和简化的情况(税务规定来料加工及进料加工等免税购料情况留待第七、十章解释)

作稀释。然后用数字作例解。

计算过程共分四个阶段,先列表(图表5-8)并随后分释如下:

图表5-8

免抵退税计算过程

阶段	出发基数	演算	结果	说　明
1	外销分担购料额	×17%等	=原应退税额	指退税率降低前,其中包括现今可退与不可退两部分
2	原应退税额	－退税率降低后不可退额	=现可退税额	
3	现可退税额	－内销应交税额	=净可退税额	如为负值,则按常规上交
4	净可退税额	－当期退税限额	=当期新备抵税额	如为负值,则当期可全退

说明:

第1阶段的出发数据本应是外销部分相应的购入量上的进项税额,但因内、外销的产品是混在一起生产的,且又购、耗不匹配,无从确知外销部分应分担多少进项税,现上引财政部及国家税务总局的相应规定采用"出口货物离岸价×外汇人民币牌价"作为近似值替代①[见上引第(2)式"免抵退税额"的计算基础],乘以17%等相应征税率后,在1995年前原可征多少、退多少;现今则多数退不足,例如退14%,有3%……不可退(国内外免税购入品当然也不应退税,在本章叙述中,今后从略)。

第2阶段求得的结果,在退税资金宽裕时本可全退,现改用"免抵退法",故要进入第三阶段。

第3阶段中,本来内销部分的"销项税额－进项税额=应交税额"余额要上交,现先用第二阶段的外销可退税额抵顶。如抵顶后还有内销税余额(上式中出现负值)应该正常上交;如内销税余额不足以抵顶外销退税,在符合条件时可以申请办理退税手续。

第4阶段即为检查申办条件之一:不超过控制限额(另一个条件为外销比重大于50%)。此限额即是第一阶段中所借用的"出口货物离岸价×外汇人民币牌价"×退税率,即部订式(2)中的"免抵退税额"。如果超过控制限额,则要留待下一期一并计算可退税额,再作抵内销和办退税。即在下期的第二阶段中加入计算。在《申请表》上作为"期初留抵余额",和本期新发生应退税额相

---

① 此式的实质内容是销项税额,但只影响不可退税部分,为数轻微,却可使计算过程大为简捷。

加,先表现为"期末留抵税额"。部订式(3)即可如此理解。

以下举三个数字例作解释,这可对这一计算方法有更进一步的理解。

释例 I

假设:内销￥800+出口￥1 000=总销售￥1 800。销出成品耗用材料大致相当于购入材料￥1 200。退税率为14%。下示符号①~⑦表示计算的先后顺序(见图表5-9)。

图表5-9

免抵退税计算示意图(一)

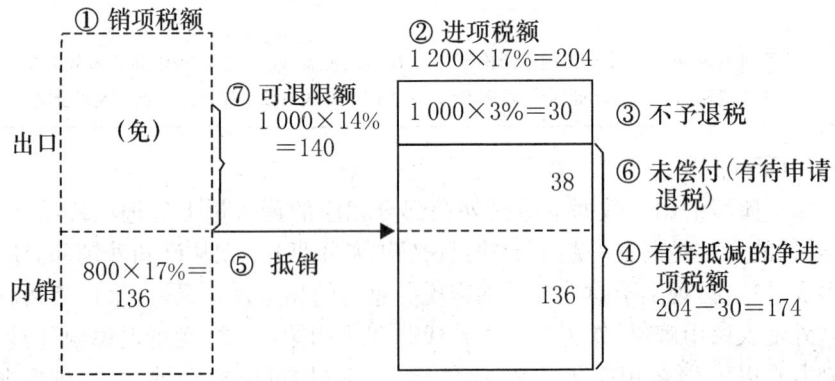

解释:

①、② 无待解释。

③ 降低后的退税率是14%,故不可退部分为17%-14%=3%。这里暂先人为地采用了以"耗用(材料直至制成并销出的产品)"为基础而不是以购买数为基础。

④、⑤、⑥ 无待解释。

⑦ 本季度最高可退限额为140元,这比⑥未偿付金额38元为大,且出口额超过总销售的50%。故38元是本季度可申请退税的金额。

结论:当"出口FOB总价(RMB)×适用的退税率"≥期末未偿付进项税余额时,

应退增值税=期末未偿付进项税余额

释例 II

如果退税率=9%(见图表5-10)。

释例 III

因为进项税是对当期购入金额计征的,在某些特殊情况下,购货上的进项税额,可能会大大超过已耗用、进而制造乃至销售的相应部分上所征的销项税额。

图表 5-10

免抵退税示意图(二)

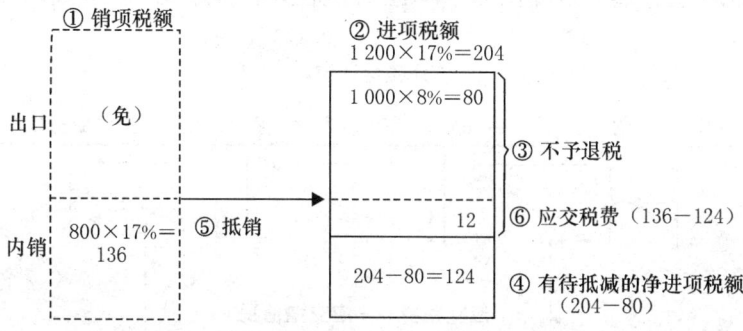

解释：
④ 有待抵销额小于内销的销项税额。差额 12 元,应交税务局。

财政部为了防止预付退税,对当期退税额要加限制,目标是不使收入的减少(包括抵和退两项金额)超过总销售的销项税额(包括内、外销)。所以财政部规定了"孰低"的原则。

图表 5-11

免抵退税示意图(三)

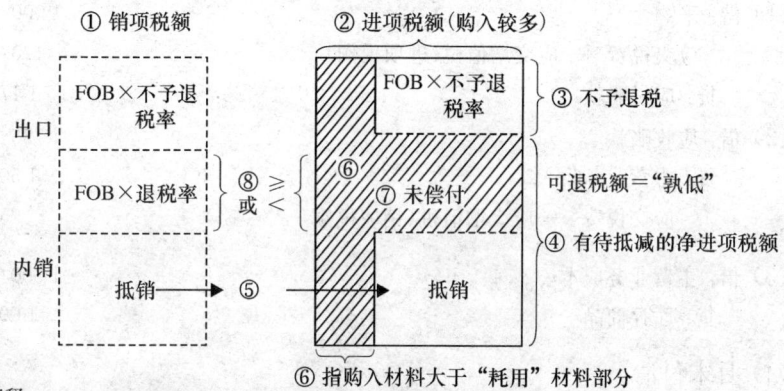

解释：
② 现在已购材料的进项税额远大于耗用(包括图中⑥阴影区域)。
③ 如前例。
④ 全区②－不予退税③＝成为问题的进项税额待抵减部分。
⑥＋⑦＝②－③－⑤内销部分抵销＝未偿付部分(包括购买部分但非耗用部分)。
⑧ 退税限额＝FOB(人民币额)×退税率(这是按耗用基础计算的,可能是"较低"数)。

此外,如果出口销售不超过当期总销售的 50%,企业无权要求立即退税。企业当期进项税额未受偿付的余额(已轧净不予退税的进项税额),就要转到下一期去等待抵销。

2-3 增值税会计的原理

增值税会计属于价外税类型,其会计流程颇有特点,示意如图表5-12。

图表5-12

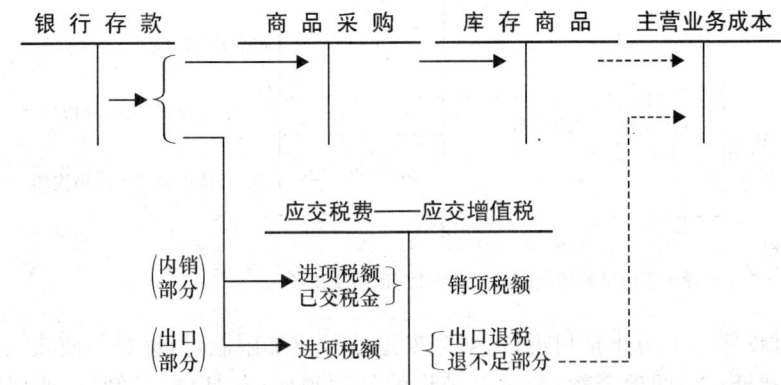

价外税会计流程

增值税记入一个"应交税费——应交增值税"账户。这一子目又分为几个三级明细账户:"进项税额"、"销项税额"、"已交税金"及"出口退税"等。

2-3-1 国内增值税的会计处理(数字是假设的)

(1) 借: 采购　　　　　　　　　　　　　　　　　　1 000
　　　　应交税费——应交增值税(进项税额)　　　　　170
　　　贷: 应付账款　　　　　　　　　　　　　　　　1 170

(2) 借: 应收账款　　　　　　　　　　　　　　　　　1 755
　　　贷: 主营业务收入　　　　　　　　　　　　　　1 500
　　　　　应交税费——应交增值税(销项税额)　　　　 255

(3) 借: 主营业务成本　　　　　　　　　　　　　　　1 000
　　　贷: 库存商品　　　　　　　　　　　　　　　　1 000

(4) 月末付清。

借: 应交税费——应交增值税(已交税金)　　　　　　　85
　贷: 银行存款　　　　　　　　　　　　　　　　　　85

2-3-2 1995年7月前出口的会计处理

相应分录与上假设金额相同。

(1) 同上。

(2) 出口:

图表5-13 退税分录演变图

	内 销	出 口	降低退税率后	"免、抵、退"法下
1. 采购	应交税费——VAT(进) 170 应付账款 1 170	(同左)	(同左)	科目同左， 内外销共计金额为：2 340 {2 000, 340
2.	应收账款 1 755 主营业务收入 1 500 应交税费——VAT(销) 255	应收账款 1 500 主营业务收入——外币客户 1 500 出口(免VAT)	(同左)	应收账款 1 755 应收账款 1 500 主营业务收入——外币客户 1 500 ——内销 1 500 应交税费——VAT(销) 255 (同左，金额为两笔合计)
3.	主营业务成本 1 000 库存商品 1 000	(同左)	(同左)	(同左)
4.	应交税费——VAT(已交) 85 银行存款 85	应收出口退税 170 应交税费——VAT(退) 170	应收出口退税 170 主营业务成本 90 应交税费——VAT(退) 80 ——VAT(进项税转出) 90	5. 应交税费(抵内销) 85 应交税费——VAT 85
5.	应交税费——VAT 255	银行存款 170 应收出口退税 170	5. 银行存款 80 应交税费——VAT(退) 80 主营业务成本 90→80 应交税费——VAT(进) 90 应收出口退税 90	(进) 340 (销) 255 (抵内销) 85 (退) 90 (转出) 80 (已交) (退) (进) 90 应收出口退税

借：应收账款——外币户　　　　　　　　　　　　　　　1 500
　　　　贷：主营业务收入——出口　　　　　　　　　　　　　　1 500
（在零税率制下，免销项税额）

（3）同上。

（4）借：应收出口退税　　　　　　　　　　　　　　　　　170
　　　　贷：应交税费——应交增值税（出口退税）　　　　　　170
（假定全部产品已售出）

2-3-3　1995 年 7 月降低退税率后
（1）、（2）、（3）[同上 2-3-2 中分录，但（3）要追加不可退税的金额]。
（4）借：主营业务成本　　　　　　　　　　　　　　　　　80
　　　　　应收出口退税　　　　　　　　　　　　　　　　　90
　　　　贷：应交税费——应交增值税（进项税额转出）　　　80
　　　　　　　　　　——应交增值税（出口退税）　　　　　90
（5）借：银行存款　　　　　　　　　　　　　　　　　　　90
　　　　贷：应收出口退税　　　　　　　　　　　　　　　　90

2-3-4　在"免、抵、退"法下的原理
（1）、（2）、（3）、（4）　从理论上说，这是以上两种情况的合并。
（5）借：应交税费——应交增值税（出口抵减内销产品应纳税额）　85
　　　　贷：应收出口退税　　　　　　　　　　　　　　　　85

本来要申请退税 90，现已有 85 从内销应交税费中抵销，应申请的退税额只有 5 了。

2-3-5　总结——现将四种情况列成如图表 5-13 的对照表（见上页表格）。
以上"免、抵退"的分录只是原理性解释，在实践中远为复杂，本节暂先求简，留待第七章及《习题集》作较详细的解释。

第三节　消　费　税

3-1　消费税的设立
　　消费税是作为 1994 年税制改革的一个补充而设立的。这是对某几种原来征收高税率产品税的商品外加征收一个金额。因为高税率原来是用来限制奢侈品的需求和指导人民的消费方向的，所以消费税只对 11 种商品征收。《消费税暂行条例》及其《实施细则》不断有修改，要注意其发展。

3-2 一般情况中的消费税

3-2-1 纳税义务人

消费税作为一种流转税,它是一种间接税。它是由最终消费者负担的,但是为了稽征方便,现税制把纳税的义务改到三种中间性企业:生产者、受托(外界)加工者和进口者。他们中的每一种分别有一个不同纳税义务发生时点。

当前在中国境内所有指定的十多种消费品的生产者、委托加工者及进口者都要缴纳消费税。其纳税时点如下:

(1) 对生产者:当生产者出售产品时或转作非生产用途时。

(2) 对受托加工者:当加工货物对委托者交货时。此时为了便于征税,受托人应预扣税款作为纳税代理人。如果已加工货物由委托人用于继续生产应税消费品,他能申请抵减已付的消费税。

(3) 对进口者:在进口人清关时,由海关代财政部收取。

3-2-2 计算

消费税用两种方法来确定:从价法和从量法。(参看图表 5-14 税率表)

图表 5-14

消费税税目税率(税额)表

税　　目	税率(税额)
一、烟	
1. 卷烟	
(1) 甲类卷烟	56%加 0.003 元/支(生产环节)
(2) 乙类卷烟	36%加 0.003 元/支(生产环节)
(3) 商业批发	11%加 0.005 元/支(批发环节)
2. 雪茄烟	25%
3. 烟丝	30%
二、酒及酒精	
1. 白酒	20%加 0.5 元/500 克或 500CC
2. 黄酒	240 元/吨
3. 啤酒	
(1) 甲类啤酒	250 元/吨
(2) 乙类啤酒	220 元/吨
4. 其他酒	10%
5. 酒精	5%
三、化妆品	30%
四、贵重首饰及珠宝玉石	
1. 金银、铂金及钻石饰品	5%
2. 其他贵重首饰和珠宝玉石	10%
五、鞭炮、焰火	15%

(续表)

税　　目	税率（税额）
六、成品油	
1. 汽油	
无铅汽油	1.52元/升
2. 柴油	1.20元/升
七、摩托车	3%、10%
……	
八、小汽车	
1. 乘用车	
(1) 气缸容量在1.0升以下的	1%
……	3%、5%、9%、12%、25%
(7) 气缸容量在4.0升以上的	40%
2. 中轻型商用客车	5%
九、高尔夫球及球具	10%
十、高档手表	20%
十一、游艇	10%
十二、木制一次性筷子	5%
十三、实木地板	5%
十四、铅蓄电池	4%(2016从起实施)
无泵原……太阳能……电池	免征
十五、涂料	4%
施工中挥发性有机物	免征

(注：据2015年初情况摘录，稍有变动)

消费税税率是作为1994年的消费税暂行条例的附件订立的，当时税率范围从5%～48%。总体上有15档，这些都能看出其意图是反映原来工商统一税下的税率。后经多次修订。

计算公式如下：

(1) 从价法——按销售金额：

$$应纳消费税＝销售金额\times消费税税率$$

上项销售金额应不包括增值税。

(2) 从量法：

$$应纳消费税＝应税消费品销售数量\times单位消费税额$$

3-3　外贸中的消费税

3-3-1　进口部分

对进口应税消费品中从价计征部分，其计税基数(计税价值)应是组成计税价格。似原销售税(产品税)，从价要按交易价(销售额)为基础征收，即按含

第五章 税务的会计

税价计算。

$$应纳税额＝组成计税价格 \times 消费税率$$

$$组成计税价格 = \frac{CIF 价 + 关税}{1 - 消费税率}$$

(其从量计征公式可参照 3-2-2)。

3-3-2 出口部分

消费税条例第 11 条规定对出口应税消费品免税。按照 1994 年 2 月 18 日的《出口货物退(免)税办法》有两种情况：

(1) 如果出口人是国有外贸企业，不管是自营还是代理，对出口货物均可申请退税。

$$\frac{从价法下}{应退消费税} = \frac{出口货物}{的工厂金额} \times 税率$$

$$从量法下应退消费税 = 出口数量 \times 单位税额$$

请注意，上述"工厂金额"是指在从价法下的计税价格，即当外贸公司购入货物时工厂按其缴纳消费税的价格，也就是在征收消费税以前的价格，因为外贸公司在购买货物时是包括消费税计价的(参看 3-4)。

(2) 如果是生产企业自营出口，则可免征消费税(不是退税)。

3-4 消费税的会计论题

消费税的性质是价内税，而增值税则是价外税。这意味着所征消费税要计入价格后对买方结账，并构成买方的商品成本。因此消费税的会计不同于增值税。

3-4-1 内销时的分录

在买方账上
(1) 借：采购(或固定资产)
　　贷：应付账款(或银行存款)
(按包括消费税在内的全价)

在卖方账上
(1) 借：应收账款(或银行存款)
　　贷：主营业务收入
借：营业税金及附加
　　贷：应交税费——应交消费税
借：应交税费——应交消费税
　　贷：银行存款

3-4-2 进出口时的分录

进口时由海关代征消费税。虽然仍应计为进口商品的成本，但此时与进口货物本身货价的支付渠道不同、时间不同，不可能同时入账。下列分录的金额应只为消费税额，且不需通过"应交税费"，因为此时应"笔笔清"，没有延迟支付的可能(否则不能通关提货)。

(1) 进口货物。

借：采购（或固定资产）
　　贷：银行存款

(2) 出口货物——有几种情况：
① 外贸企业自营出口——有退税分录；
② 生产企业自营出口——免税，无退税分录；
③ 生产企业委托代理出口——用先征后退方式做分录。
具体分录如下：
① 外贸公司自营出口：

借：应收出口退税
　　贷：主营业务成本

在此前货源单位按内销做账。
② 生产企业自营出口（无消费税分录，因为这是未经过事先销售的直接出口，只存在消费税的免税）。
③ 生产企业委托代理出口：

a. 生产企业在委托当时即应作分录。在《企业会计制度》中应收退税运用"应收补贴款"科目。但因由外贸企业代退后汇总清算，故借记"应收账款"。

借：应收账款——外贸公司
　　贷：应交税费——应交消费税

随后实际缴纳时：

借：应交税费——应交消费税
　　贷：银行存款

在其后收到外贸公司转来代办退税款：

借：银行存款
　　贷：应收账款——外贸公司

b. 外贸公司分录：
当收到退税款时：

借：银行存款
　　贷：应付账款——（××委托公司）

当转交退税款时：

借：应付账款——（××委托公司）
　　贷：银行存款

这里要注意两点：

（1）生产企业出口本应免税，但在代理制下，货交外贸与外贸具体办完出口两者之间有时间差，故有先征后退的要求。

（2）代理制下生产企业分录中没有"借：税金及附加"，也是因属免税范围，生产企业无此税负，只是满足先征后退。

第四节　全面"营改增"

为了降低税负、促进经济发展，国务院决定将营业税改征增值税，简称"营改增"。

为了深入理解"营改增"，我们需要简要地了解一下营业税，因为：

（1）这样才有对比的基础。

（2）"营改增"中，由于不要使税改导致增加税负，而依旧保留着不少营业税的历史性残余。这会引起一些特殊的会计处理。

4-1　营业税简说

营业税已实行几十年，是中国流转税制中的一种。它对一切在中华人民共和国内从事下列活动之一的单位和个人征收：

（1）提供应税服务；

（2）转让无形资产；

（3）销售不动产。

4-1-1　税收计算

营业税的计算是非常单纯的，总的公式如下：

$$应交营业税 = 营业额 \times 税率$$

（1）税率表（如图表5-15所示）。

图表5-15

营业税税目税率表

税　目	征　收　范　围	税率（%）
一、交通运输业	陆路运输、水路运输、航空运输、管道运输	3
二、建筑业	建筑、安装、维修、装潢及其他工程作业	3
三、金融保险业		5.
四、邮电通信业		3
五、文化体育业		3

(续表)

税　目	征　收　范　围	税率(%)
六、娱乐业	歌厅、舞厅、卡拉 OK 歌舞厅、音乐茶座、台球、高尔夫球、保龄球	5～20
七、服务业	代理业、旅店业、饮食业、旅游业、仓储业、租赁业	5
八、转让无形资产	转让土地使用权、专利权、非专利技术	5
九、销售不动产	销售建筑物及其他土地附着物	5

(2) 计税基数——营业额。

上列 9 类营业的营业额是总的对价加上因提供应税服务、转让无形资产和销售不动产而应向买方收取的附属费用。此项附属费用包括手续费、基金(诸如机场建设基金之类)以及其他为某种项目筹集资金而收取的费用,等等。

对于不同的服务有很多细节和例外,这里不能详加讨论。其中某些是按毛收入额征税的(诸如代理人佣金之类),而另一些则可能按净收入征税,例如,银行转贷资金给企业时其利息收入允许减除自外国银行融资的利息费用后征税。对保险费允许减除再保险费后征税。因此必须查看条例的原文。

小微企业暂免征。

4-1-2　会计示例

(1) 对外贸企业代理进出口所得手续费(佣金)收取的税:

　　借:税金及附加
　　　　贷:应交税费——应交营业税

(2) 对不动产销售收入收取的税:

　　借:固定资产清理
　　　　贷:应交税费——应交营业税

(3) 对无形资产销售收入收取的税(参看第十章):

　　借:其他业务支出
　　　　贷:应交税费——应交营业税

(4) 对仓储、广告、租赁或其他服务性业务收入收取的税:

　　借:其他业务支出
　　　　贷:应交税费——应交营业税

4-2　"营改增"

4-2-1　"营改增"的含义

"营改增"的核心要点是将逐道全额征税的价内税,改为逐道抵扣的价外税。出口部分也给予退税。借以降低税负,促进专业分工。

我国 1984 年开始的税制改革的目标,是从传统的销售税(产品税)转变为 1954 年法国新创的增值税模式。经过十年试点,发现无形的服务业所占比重虽不大,但情况纷繁而复杂。为了保证主干,只能暂时搁置枝叶,从而在 1994 年施行对货物和服务分别征收增值税和营业税制度的过渡办法。这在加快改革税制促进社会主义市场经济发展等方面发挥了重要作用。但仍存在着较大的缺点。

如此实行了 30 年上下。至 2012 年才开始"营改增"试点,2016—2017 年全面"营改增"最后定案。以下作一综合介绍。

4-2-2　基础讨论

营业税和增值税相比有 3 个特点:

(1) 课税对象不同——增值税侧重于货物交易和加工等少量劳务,而营业税则侧重于无形商品。

外贸企业有时也会兼营一种或几种业务,如代理进出口业务等,甚至还会保持一个服务性的部门或公司(例如外运等),原来也要纳营业税。

(2) 营业税是价内税;增值税是价外税——营业税促使企业提价,税负随价"转嫁"。前道企业含税价中的税,在后道企业就会税上加税,形成重复纳税,不利于专业分工。增值税则税基只包含增值部分,无此弊病。

(3) 营业税对出口贸易无法实施充分退税措施,不利于争取国际市场。增值税有可能做到零税率。

4-2-3　"营改增"后的一般税务

(1) 纳税当事人及稽征方法——纳税义务人分为"一般纳税人"及"小规模纳税人"两种。两者的划分界限为所有工、商、服务企业的年度应征增值税销售额是否超过规定标准(2018 年 5 月起为 500 万元)。超过的为一般纳税人。

一般纳税人适用一般计税方法计税,公式如下

$$应纳税额 = 当期销项税额 - 当期进项税额$$

如果销售额是按含税价计算的,则要作价税分离。

$$不含税价 = 含税价 \div (1 + 税率)$$

小规模纳税人适用简易计税方法计税(另见 4-4)。

(2) "营改增"税率——总括地说,共分 3 档:销售服务、无形资产及不动产的税率为 10% 及 6%;境内单位和个人跨境销售国务院规定范围内的服务和无形资产,税率为 0。具体列简表(图表 5-16)如下:

图表 5-16

"营改增"后税率简表

税率	适用范围	例外
10%	① 交通运输(包含铁路、水运、航空及管道运输) ② 邮政 ③ 基础电信 ④ 建筑(包括工程、安装、修缮、装饰等) ⑤ 不动产租赁 ⑥ 销售不动产 ⑦ 转让土地使用权	增值电信 6% 有形动产租赁 16%
6%	① 金融(包括贷款、保险、转让外汇、金融衍生品等) ② 生活服务(包括文体、旅游、餐饮、教育、医疗等) ③ 现代服务(包括研发、专业技术服务、信息技术服务、文化创意(包括知识产权、广告等)、物流、鉴证、广播等) ④ 销售无形资产(包括专利技术、商标、著作权、商誉、自然资源使用权等)	
零税率	① 国际运输及航天运输 ② 国务院批准的跨境应税行为(向境外提供研发、设计、广播影视、软件、电路设计、转让技术等)	

4-2-4 "营改增"后的会计处理

(1) 会计规范——"营改增"后,2006 年版《准则》及其《应用指南》就不够用了。财政部在 2016 年 12 月以第 22 号文发布了《增值税会计处理的规定》,以替代 2006 年版《准则》,统一规范了全部增值税的会计。它虽无准则之名,却有强制规范之实。

(2) 账户——第 22 号文中的《规定》梳理汇总了以往实践并预计了今后全面"营改增"后的情况,在"应交增值税"下设立了 10 个二级账户及 10 个三级账户(专栏),涉及面非常庞杂。本书将从外贸企业角度,选列图表 5-17 并随同分录择要解释。

(3) 分录——外贸交易的对象共有货物、劳务和服务 3 类[①]。前两类对象纳增值税的会计已在本章第二节详细讲述过。现在全面"营改增"就是要把第 3 类原纳营业税的会计处理统一到第二节的基本模式中去。现先汇列简表(图表 5-18)再作解释。

[①] 在一般经济书刊中,劳务与服务都是 Service 一字的译文,互相通用,并无区别。但在我国的税务文件中,"劳务"专指修理、修配和加工,纳增值税;"服务"则特指 2012 年以来营改增中的原属营业税课征对象,要加区别。

(图表5-17)

"营改增"后所用会计科目简表

```
          ┌ 应交增值税 ┬ 进项税额
          │           ├ 销项税额抵减
          │           ├ 已交税金
          │           ├ ……
          │           ├ 销项税额
          │           ├ 出口退税
          │           └ ……
应交税费 ─┤
          ├ 未交增值税
          ├ 预交增值税
          ├ ……
          ├ 待认证进项税额
          ├ 待转销项税额
          ├ 增值税留抵税额
          ├ ……
          └ 代扣代交增值税
```

(图表5-18)

"营改增"分录简表

会计分录	适用场合示例
甲、典型分录 (1) 购进服务、无形资产或不动产。 借：××资产、费用类科目(例如在途材料、主营业务成本等) 　　应交税费——应交增值税(进项税额) 　　　　　——应交增值税(待认证进项税额) 　贷：应付账款(票据)、银行存款	各类运输、设计广告、技术改造、专利权等
(2) 销售服务、无形资产或不动产。 借：应收账款(票据)、银行存款 　贷：应交税费——应交增值税(销项税额) 　　　　　　——待转销项税额 　　主营业务收入、其他业务收入	运输收入等
(3) 出口退税(只列一笔示意,其余可参照2-4-2)。 借：应交税费——应交增值税(出口抵减内销…) 　　应收出口退税款 　贷：应交税费——应交增值税(出口退税)	境外工程施工、安装等
乙、特有分录 (1) 代扣代交： a. 借：××成本、无形资产、固定资产、××费用等 　　　应交税费——应交增值税(进项税额) 　　贷：应付账款(票据)、银行存款 　　　　应交税费——代扣代交增值税 b. 借：应交税费——代扣代交增值税 　　贷：银行存款	(注：扣净额)

(续表)

会计分录	适用场合示例
(2) 分年抵扣： a. 借：固定资产——××不动产 　　　应交税费——应交增值税(进项税额) 　　　　　　——待抵扣进项税额 　　　贷：应付账款(票据)、银行存款	（当年）
b. 借：应交税费——应交增值税(进项税额) 　　　贷：应交税费——待抵扣进项税额	（次年）
(3) 零税率出口——无进项税额转出，可退税： a. 借：应收账款、票据、银行存款 　　　贷：主营业务收入 b. （同常规退税分录）	
(4) 免税出口——无应交税费分录，无退税： 借：应收账款、票据、银行存款 　　贷：主营业务收入	
(5) 差额纳税： a. 发生分包开支时(按实付或应付数) 借：主营业务成本 　　贷：应付账款(票据)、银行存款 b. 总承包人取得凭证，发生纳税义务时(按允许抵减额) 借：应交税费——应交增值税(销项税额抵减) 　　贷：主营业务成本	有大比例转包他人合作完成总承包业务时，例如运输、建筑、房产开发等

分录说明：

甲、典型分录的说明

(1)、(2)、(3)是统一到货物交易纳税会计常规，不需解释。

(1) "…待认证进项税额"是新设科目。在取得增值税扣税凭证后应先经税务机关认证(辨别真伪)批复后方可抵扣。海关交税书也要申请稽核。凡当月已认证的，借记"(进项税额)"；当月未认证的，借记"…待认证进项税额"，待后期认证时冲转(进项税额)。

(2) "待转销项税额"也是新设科目。当会计制度确认收入(或利得)的时点早于纳税义务发生时点时，应先贷记待转销项税额。待实际发生纳税义务时再转入"(销项税额)"，反之，将先纳税额借记"应收账款"，贷记"…(销项税额)"；待到会计确认时扣净先纳税额贷记收入。[①]

[①] 纳税义务发生的时点为："(一)发生应税销售行为，为收讫销售款项或者取得索取销售款项凭据的当天；先开具发票的，为开具发票的当天。(二)进口货物，为报关进口的当天"(条例♯19条)。
会计确认收入的时点可参看第七章1-1-1关于新♯14准则的介绍。

乙、特有分录——指因"营改增"新引起的分录的说明

(1) 代扣代交是指从境外企业或个人购入服务,而该境外提供人在我国未设有经营机构,则其应纳"营改增"税款应由我国接受服务人代扣代交,以使外商履行纳税义务。

这里要提醒一点:合同议定价总是含税价。我方受服务人支付的虽然是含税价,但现今和以往纳营业税时不同,要作价税分离,净价入资产或成本费用账户,所含进项税要和本企业销项税作抵扣,形成层层转嫁。这就统一到增值税会计处理中去了。

公式如下:

$$不含税价 = 合同含税价 \div (1 + 税率6\%)$$

代扣代交税在国内单位可以参加抵扣(屡见税务文件)。

(2) 分年抵扣是指自 2016 年 5 月"营改增"全面推开时起,凡取得不动产(或其在建工程)的,其进项税额应分两年从销项税额中抵扣。第一年在取得扣税凭证时抵扣其 60%;其后的第 13 个月内抵扣其余 40%。

不动产在营业税务中是指房屋及建筑物,多数应属会计中的固定资产,但是"营改增"前不动产纳营业税;固定资产纳增值税,观念不一。2016 年的规定恐终究只是一种税务政策的过渡。

(3) 零税率出口服务等可十足退税,故无"进项税额转出",这是特点。

由前页税率表可知,只有国际运输等服务可以适用零税率。货物出口基本上不能十足退税,但"营改增"一开始就对这几项服务规定了十足退税。文件中通常的措词是"以试点办法规定"适用的增值税税率作为退税率,即以相应输出品的国内征税率(即前页税率表中运输等的 10% 和 6%)为退税率。从而征、退税率相等,差额为零,不会产生"不得免征和抵扣税额",也就不会有进项税额转出的分录。这就成为纯真的零税率制;免抵退的计算工作量也大大减轻了。

(4) 免税出口服务项目也无交税分录,但不能退税。免税范围多有变动,现按 2016 年规定摘录如下:

a. 地点在境外的工程建筑和监理、工程和矿产资源的勘察勘探、会议展览、仓储、有形资产、广播影视节目播映、文体、教育、医疗、旅游服务;

b. 邮政、保险;

c. 向境外提供的完全在境外消费的:电信、广告、知识产权、专业技术、物流辅助、鉴证、咨询、商务辅助等服务及无形资产;

d. 金融服务。

（5）差额纳税

我国早年实行营业税制时就发现某些有分包合作特性（即具有较大比重的业务要转托别的企业协助完成）的行业，逐道交纳营业税是不合理的。因为在营业税制下没有抵扣，总承包人的计税基数大大重复。因此在营业税条例中制订了部分行业实行差额征税的政策，例如运输、建筑、旅游等。

所谓差额征税就是总承包人按总承包收入减去分包开支（即分包人分得的营业收入）后的净额作为计税基数，以免税负重复。

到"营改增"后，初期试点中仍然沿袭了差额征税，但一度曾因有了进项税额和销项税额的抵扣，避免了重复税负，故在2013年除融资租赁外基本上全面取消了差额征税，不过和营业税相比较，因为"营改增"影响所得税负，为避免税改影响税负，以致其后差额纳税陆续有所恢复，并在税务单行文件中多次增减实施范围，现已达几十个行业。但因多与外贸企业没有直接关系，本书以下只作一原理性讲解。

为便于理解，假设总承包收入为1 060万元，分包支出为424万元，税率为6%。分录如下：

a. 确认总承包收入时： （单位：万元）

借：应收账款（票据）、银行存款　　　　　　　1 060
　　贷：主营业务收入　　　　　　　　　　　　　1 000
　　　　应交税费——应交增值税（销项税额）　　60

b. 确认分包支出时：

借：主营业务成本　　　　　　　　　　　　　　424
　　贷：应付账款、银行存款　　　　　　　　　　424

此时主要确认付款，并用含税价混统冲小承包收入，且是在报表上间接冲小，而不是从账户上冲小。和正常的成本费用出账方法相一致。

c. 取得扣税凭证且纳税义务发生时，调整精准。可少纳的销项税计算如下：

$$424 \div (1+6\%) \times 6\% = 24$$

借：应交税费——应交增值税（销项税额抵减）　　24
　　贷：主营业务成本　　　　　　　　　　　　　　24

校正分录b中过渡性地虚冲了含税价，抵减了分录a中不该负担的分包

方税负,使总包方净负(60－24＝)36。以往曾规定将 b 和 c 组成复合分录:

借:主营业务成本　　　　　　　　　　　　　　　　　　400
　　应交税费——应交增值税(销项税额抵减)　　　　　　24
　　贷:应付账款等　　　　　　　　　　　　　　　　　　424

为总分包双方划分收入与税负的意图将更明显。

4-3　小规模纳税人的税务及会计

为了降低市场主体税负、推动经济发展,国务院自 2018 年 5 月 1 日起把小规模纳税人的划分界限提高到每年收入 500 万元以下,使 80% 的试点单位得以享受 3% 的低征收率和简易计税办法的政策优惠。

所谓简易是指销售商品只按不含税价收入的 3% 征收率(区别于税率)征税,但不得抵扣也不享受出口退税待遇。上述采购征税要计入所购商品等的成本内。相应的账务处理只使用一个"应交增值税"二级户,可以减省不少。分录如下:

a. 采购业务:

借:有关物资、服务、无形资产、不动产等科目
　　贷:应付账款(票据)、银行存款

按专用发票上价税合计(即应付含税价)记入资产、成本账户。

b. 销售业务:

借:应收账款(票据)、银行存款
　　贷:主营业务收入
　　　　应交税费——应交增值税

按价税分别入账,不使用"销项税额"三级户,但仍可向后道传递,小规模纳税人本身无税负,此点不同于原营业税。

4-4　我国增值税制还在发展中

我国 2017 年版增值税条例的规定与当今世界通行做法还有差别。为求与国际实践相协调,我国的增值税制还在发展中。目前已知:

① 固定资产进项税一次性抵扣已在试点;

② 税率将改为两档;退税率逐步提高以向零税率靠近;2018 年 11 月 1 日起已开始上提。

③ 留抵将不存在。本书第五章 2-2-7 的解释将失去意义。2018 年已将 18 个重点行业(制造业、电厂等)退还未抵扣的上期期末相应留抵额。

第五节 附 加 税

附加税在财政学上是指在某种现存税上按某一比例附加征收的税捐。在我国当前有城市维护建设税及教育费附加等两种,都按企业应纳的增值税、消费税、营业税三种流转税(即商品和服务销售额征收的税种)外加征收某一百分率的附加税。

5-1 城市维护建设税

城市维护建设税,是为了保证城市、乡镇维护和建设资金有稳定来源而征收的一种税。

(1)纳税义务人是负有缴纳增值税、消费税、营业税义务的单位和个人,但不包括外商投资企业和外国企业。

海关对进口商品代征的增值税和消费税,不征收城市维护建设税。

经国家税务总局批准的当期免抵的增值税税额自 2005 年起,应纳入城市维护建设税的计征范围。

(2)城市维护建设税的计算依据是纳税人实际缴纳的增值税、消费税和营业税税额。

(3)城市维护建设税的税率。

纳税人所在地为市区的,税率为 7%;纳税人所在地为县城、镇的,税率为 5%;纳税人所在地不在市区、县城或者镇的,税率为 1%。

$$应纳税额＝实际缴纳的增值税、消费税和营业税税额 \times 税率$$

(4)出口退还增值税和消费税的不退还已征的城市维护建设税,所谓"进口不征,出口不退"。

企业缴纳城市维护建设税通过"应交税费"科目下设的"应交城市维护建设税"子目进行记录。

借:税金及附加(或其他业务成本)
　　贷:应交税费——应交城市维护建设税

5-2 教育费附加

凡缴纳增值税、营业税和消费税的单位和个人,都应当缴纳教育费附加。免抵的增值税额上也要征收教育费附加。

缴纳时,外贸企业应以实际缴纳的增值税、营业税和消费税的税额为计算依据。教育费附加率为 3%。与增值税、营业税和消费税同时缴纳。

凡进口商品所征的增值税,不缴纳教育费附加。

出口产品退还增值税、消费税的,不退还已征的教育费附加。

教育费附加的分录如下:

借:税金及附加
　　贷:应交税费——应交教育费附加

第六节　核定征收所得税

所得税是直接税,它不同于上述关税、增值税、消费税、营业税等间接税,不能随产品销售而"转嫁",所以也不会单独和外贸业务发生直接联系。它是对一国境内的企业和个人的全部所得(即收益)征收的一种税,其会计已在《中级财务会计》学科中讲述,本书不予涉及。

和外贸业务有关的所得税问题有两个:(1) 对小型企业实施的核定征收所得税及(2) 技术进出口业务中的预提所得税。本节先介绍前者;后者将在第十章中叙述。

6-1　核定征收所得税的实施范围

核定征收是相对于查账征收而言的。

企业所得税的稽征,本来是由纳税义务人申报后由税务局查账核定的。但是根据《税收征收管理法》第 35 条,对于未设置账簿或账目混乱,凭证资料残缺不全等企业,可由税务局核定其应纳税额,据以征收所得税。[①]

在有外贸经营资格的个人或极小的企业,也有可能申请采用核定征收的办法。我国某市规定,外贸小企业年出口额小于 1 000 万元的,也可实行核定征收。

6-2　核定征收所得税的计算

根据国家税务总局国税发(2008)30 号文下达的《企业所得税核定征收办法》(试行),应该逐户核定数据,按下列公式计算应纳所得税额:

---

① 核定征收《办法》第三条:纳税人具有下列情形之一的,核定征收企业所得税:
(一) 依照法律、行政法规的规定可以不设置账簿的;
(二) 依照法律、行政法规的规定应当设置但未设置账簿的;
(三) 擅自销毁账簿或者拒不提供纳税资料的;
(四) 虽设置账簿,但账目混乱或者成本资料、收入凭证、费用凭证残缺不全,难以查账的;
(五) 发生纳税义务,未按照规定期限办理纳税申报,经税务机关责令限期申报,逾期仍不申报的;
(六) 申报的计税依据明显偏低,又无正当理由的。

应纳税额＝应税收入额×应税所得率×适用税率

或： 应纳税额＝成本费用÷(1－应税所得率)×应税所得率×适用税率

上式中后两项相乘，可合称征收率。例如某市曾对交通运输业核定应税所得率为10％，当时的所得税率为33％，则征收率为3.3％。

国家税务总局规定的所得率如图表5-19所示。

图表5-19

核定征收企业应税所得率表

行　　业	应税所得率(％)
农、林、牧、渔业	3～10
制造业	5～15
批发和零售贸易业	4～15
交通运输业	7～15
建筑业	8～20
饮食业	8～25
娱乐业	15～30
其他行业	10～30

适用税率当前为25％。年终汇算清缴。

除此之外，原来还要按核定数加征业主的个人所得税，目前已改为按分得红利的20％另征个人所得税。

6-3　核定征收所得税的会计

① 当月月末：

借：所得税费用
　　贷：应交税费——应交所得税

② 次月×日前缴纳时：

借：应交税费——应交所得税
　　贷：银行存款

核定征收到年末还要作全年汇算清缴。

复习思考题

1. 什么是从价征收和从量征收？哪些税种要同时应用这两者？
2. 什么是增值税中的减税、免税、退税和零税率？各在什么情况中适用？

什么是"免、抵、退"？什么是"先征后退"？

3. 增值税出口退税的理由是什么？是否属于 GATT 和 WTO 的反补贴范围？在我国为何其征收率会大于退税率？

4. 关税如何计算？计算中有何特殊点？进出口关税在会计上如何处理？

5. 进口增值税如何计算？计算中有何特殊点？其会计分录是怎样的？

6. 出口时增值税"免、抵、退"的分录是怎样的？

7. 通关时要报送哪些单证？关税的纳税义务人是谁？

8. 什么是组成（合）计税价格？何时要使用？

9. "应交税费——应交增值税"有哪些三级明细科目？

10. 外贸业务中什么业务要缴纳消费税、增值税和直接征收所得税？

11. 解释术语及符号：
VAT　价内税　价税分离　免抵退　期末留抵税额

12. 全面"营改增"对一般纳税人有什么好处？

13. 小规模纳税人和以往纳营业税时相比有何好处？两者对企业的末期损益有何影响？

习　题

习题 5-1

一、**要求**　了解免抵退的基本结构，作出相应计算。

二、**资料**　某市远泽运输企业在 20×8 年 3 月在境内载运货物出境取得收入 600 万元；在境外载运货物入境取得收入 700 万元；在境内载运货物取得收入 1 000 万元。当月发生购置船用装备及油料等共 200 万元。

试计算当期应退税额、免抵退税额及可申请财政部门退税额。

第六章　国际贸易结算的会计

国与国之间,由于商品贸易及非贸易往来而发生的债权债务的了结,称为国际结算(International Settlement)。所谓"非贸易"是指投资、利润汇回、旅游、留学、侨汇、政治文化交流、外交使馆经费等收支的结算。本书只叙述国际贸易的结算。既然货物与货款不能同时交割而产生债权债务,这里面就同时存在着融资行为:或是买方与卖方间的商业信用,或是银行在其中参与资金的短期融通(例如垫付)。外贸业务中的短期融资大多与外贸结算业务结合在一起,本章将先讲述结算的基本内容,关于信用证的特殊问题将在第十一章讲述,至于各类贸易融资则留待第十二章予以叙述。

第一节　外贸中的支付条款

支付条款是指支付的时点和发货时点两者间的关系。在银行业务中已经形成了几种传统的结算(清账)方式可供在不同的情况中使用(见图表6-1)。

图表6-1

结算方式的时点

支 付 时 点	结 算 方 式
款先货后	汇款(Remittance)
同时交割(付款或承兑①以换取提单)	托收(Collection) 信用证(Letter of Credit)
货先款后(赊账)	汇款(Remittance)

进出口贸易中与国外客户间的货款结算,几乎全是非现金结算,都要通过银行进行。随着主动发动人的不同,可分为顺汇与逆汇两种。

顺汇法(Remittance)又称汇付法,是付款人(债务人)主动将款项交给

---

① 从理论上说,承兑还不是最终了结,但承兑的延迟付款期间已经确定无变,故这种先承兑后付款的定型配套方式在习惯上也将其归属于支付方式之内。

第六章 国际贸易结算的会计

银行,委托银行使用某种结算工具支付给收款人(债权人)的一种方式。这时结算工具与资金的流动方向相同,如图表 6-1 中的汇款方式即属顺汇。

逆汇法(Reverse Remittance)是由收款方的债权人主动向付款方的债务人索取款项。这时通常由债权人签发汇票委托银行向国外债务人要求承兑付款,故又称出票法(Honour of Draft)。这时结算工具与资金的流动方向相反。例如,图表 6-1 中的托收与信用证方式都属逆汇。

某些支付办法可能比别的办法有更多风险或更花时间,后者又意味着要损失利息。所以进出口双方都必须评估一下,哪种条款更为安全和在利息方面更有利。双方必须艰苦地谈判,然后将谈妥的结果写入合同。

在以往,上述三种结算方式中汇款的使用频率最低,托收稍多,一般都崇尚信用证,以往其使用比重达 80% 左右。本章即按此顺序作介绍。[①]

第二节 汇 款

2-1 定义

汇款是指由银行直接跨国转移资金。在此方式中汇出行根据汇款人(债务人,即进口方)的请求,以某种方式通过外国联行或代理行(付款行)向收款人即受益人(债权人,即出口方)支付一笔确定的金额。

2-2 种类

汇款分信汇、电汇和票汇三种。另外一种分类法是根据资金的流向分为汇入和汇出汇款两种。

2-3 信汇(M/T,即 Mail Transfer)

(1) 流程图(图表 6-2):信汇是指结算(清账)工具由邮局传送的,或是为求更快速转移资金而采用航空邮件。

进口方嘱其银行将了结出口方发票款所需金额,按约定币种开出支票,减少其账上存款。进口方银行收到资金即用邮件指示出口方银行对出口方作支付。在汇入行将款项付给收款人后就开出一张借项通知单告知汇出行说,已作"借:联行往来——汇出行,贷:库存现金"的分录。

(2) 单证(图表 6-3):汇款申请书和信汇通知的构成要点相同,只是加上了某些资料(如地址等)。

---

① 据 2007 年我国中国银行报道。在我国出口中赊销比重已达 80% 左右。

图表 6-2

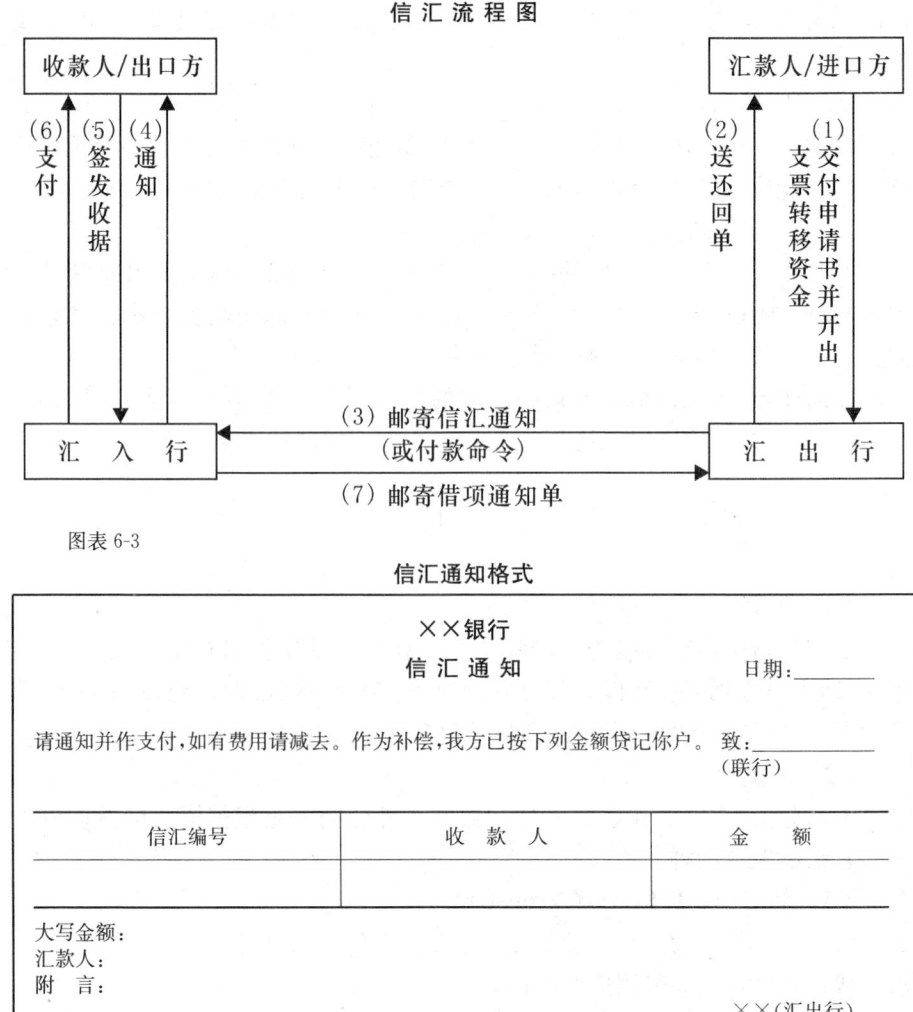

图表 6-3

信汇通知格式

(3) 优缺点:银行费用由汇款人支付,大致范围在 0.1% 左右,这是所有结账方式中最便宜的一种;信汇的主要缺点是较为费时,这意味着出口方要损失利息。

现在由于电子通讯技术的迅猛发展,很多银行对外贸客户已停办信汇,而只将其用于个人需要。

2-4 电汇(T/T,即 Telegraphic Transfer)

(1) 流程图及单证:电汇意味着结算工具是用电报、电传或 SWIFT 传送。

第六章 国际贸易结算的会计

电汇的流程图和信汇相似,只是单证稍有不同,例如,不用航邮而用电报或电传。这里,电子通讯替代了信汇通知书(或付款命令),可是要有密押代替签名作为证实。密押是一个由银行职员秘密编就的一个数字编码。

(2)优缺点:虽然电汇可使收款人能很快收到款,但电汇费用较高,因此只在比较紧急或金额较大时才使用。电报以字数计价,即使电文短也花钱不少。现电传按分钟计价,费用降低,故电汇已用得较多。

(3) SWIFT"银行专用电讯":这里必须指出近年新出现的 SWIFT 的意义。这是"环球银行金融通讯协会"(Society for Worldwide Interbank Financial Telecommunication)的简缩语。该组织于 1973 年 5 月开办专用电传业务,进行银行间的全部外汇、拆放、债务及大部分的资金划拨业务。SWIFT 分为紧急及普通两种:普通 SWIFT 可替代信汇,被称为"国际汇款";紧急 SWIFT 可替代电汇,被称为"特快国际汇款"。由于它效率高、可靠性强,而且收费低于航邮或电传,因此,信汇、电汇、电传汇款将逐渐趋于消失。我国中国银行等已参加该组织。当前它已联通近万个最终用户。它的特点是:安全、高速、低廉和自动化。

在《银行专用电讯用户手册》(共有 10 卷)中对不同的银行业务设计了专门的编码。一张电文可以译成多行数字与文字。例如图表6-4。

图表 6-4

SWIFT 编码例示

编码	电文内容	解释
MT100		客户汇款
日期	021210	
送达	CHAS US 33 REM	大通曼哈顿银行
:20	TT 101234/02	编号
:32A	021210 USD 1 000 000	起息日、币种、金额
:50	CHINA FOOD E/I CORP	汇出客户(中国食品进出口公司)
:57	BANK OF CHINA	开户行(中国银行)
:59	ABC CORP	受益客户(ABC 公司)
:70	REMIT FOR CUSTOMS DUTY	支付细节(汇去关税)
—	AUT/34567	证实"印鉴"(密押核对)

2-5 票汇(D/D,即 Demand Draft)

(1)不同点:票汇是信汇的变型。这是汇出行根据汇款人的申请,由汇出行开出以汇入行为付款人的银行汇票(Bank Draft),交由汇款人自行寄给收款人,由收款人凭汇票自行到汇入行领取款项的一种汇款方式。它的特点是收款人在必要时可把汇票进行背书转让,有流通的便利,而信汇委托书则不能转让流通。一般汇款人多选用这种方式。其与信汇的不同点在于:

① 结算工具是银行汇票。

② 发送结算工具的是汇款人而不是银行,就是说,企业邮寄或购货职员自带汇票,出差后面交给收款人,一如国内做法。

国外客户偶尔有以国外银行的支票或旅行支票、信用卡来支付或结算小额货款和样品款或非贸易支付(如宾馆宿费等)的,也属此大类。

(2) 流程图如图表 6-5。

图表 6-5

票 汇 流 程 图

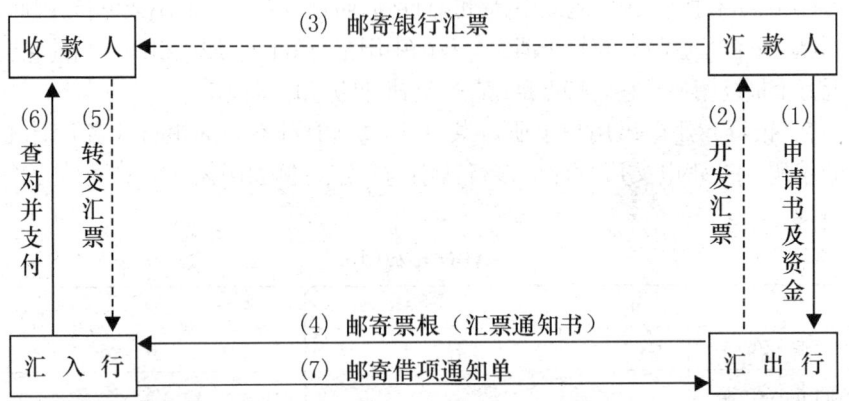

注: 图中点线指汇票走向。

(3) 单证如图表 6-6。

图表 6-6

汇票及通知书格式

```
                ××银行汇票                          编号:_____
           (此汇票自签发日起一年内有效)              金额:_____

   致:_____①
   抬头人:_____(或凭其指示)②
   金额:_____
                                                ××银行签章_____
```

注:① 付款银行;② 收款人。

第六章 国际贸易结算的会计

```
                    ××银行              编号：_____
                    汇票通知书           金额：_____

致：_____
抬头人_____
金额_____
□ 请借记我行账户
□ 我行已贷记你方账户
□                                    ××银行签章_____
```

关于汇票的性质,留待下节托收中一并讲述。

2-6 风险的讨论

(1) 赊账:赊账条款是指出口方发货给进口方并开出发票要求付款,然后进口方立即或在经某一时间后通过汇划付款。

从出口方的立场看,赊账充满着风险,因为它已经对货物完全失去控制。所以,除非进口方的可信任程度极好,否则赊账条款对出口方是不安全的。这种风险可叙述如下：

① 信用风险——进口方可能因失去偿债能力或有意违约而不付货款,甚至一开始就存心欺骗,在中国的外贸实践中已有所见。

② 国家风险——进口方的政府可能引进外汇管制以阻止支付。

③ 运输风险——货物可能在从出口方运去进口方的途中灭失或毁损。

(2) 预付:进口方可能在发货之前在约定的某一阶段上支付。这一条款对出口方最为有利,但不交货的风险则在进口方一边。在这种情况下进口方会银货两空。这只有在卖方市场中才是可行的。为了减低风险,十分普通的做法是进口方同意预付一部分,例如在签约时付20%,其余80%在发货后用别的条款支付或是采用分期付款。

(3) 结论:由于汇款的风险是一个严重缺点,它的使用频率低到了百分之几。通常只用来支付佣金、广告费、杂项费用和货款尾数等。

2-7 汇款的会计处理

1. 汇出汇款的会计处理：

(1) 会计科目——和国内结算相同,使用"其他货币资金"科目。"银行汇票"子目除可用于记录人民币业务外,还可扩大使用于汇去国外的外汇汇票,以及电汇、信汇款的在途资金。一方面表示库存与在途资金的保管责任差别,同时也说明了已指定用途,不能作为供一般支付用的货币资金。

（2）原始凭证——①电汇、信汇、票汇申请书的回单联;②购买外汇的支票存根;③ 结(售)汇水单。

（3）会计分录——填制申请书并交款付费时:

借:其他货币资金——银行汇票或在途资金
　　财务费用——手续费(包括汇费、邮电费)
　贷:银行存款(或外汇存款)

在对我国港、澳地区、新加坡等地汇出时,因习惯上由经办银行开出的汇款凭证中,除信汇委托书外,还要求开出套写的第二、第三联正、副收条,在电汇时,也可要求国外银行开出正收条。因此,当收款人领取汇款后,会有正收条退回汇款人。此时可作转销分录如下:

借:预付(外汇)账款　　(预付部分货款)
　　应付(外汇)账款　　(清欠尾数)
　　主营业务收入　　　(佣金、理赔款等,或用红字记入贷方)
　　营业费用　　　　　(国外广告费、检验费、展览会费、港口费等)
　　......
　贷:其他货币资金——银行汇票或在途资金

在票汇及我国港、澳地区、新加坡以外的地点不开出正收条时,要在根据汇出费用的性质的不同取得原始凭证(如收款单位的收据)时,作出上述转销分录。这点与国内银行汇票之必然有一联回到申请开发单位的用法不同。

2. 汇入汇款的会计处理:

（1）原始凭证——① 电汇、信汇的汇入汇款通知书(付款行开出);② 不论电汇、信汇、票汇,如作结汇,都有买入外汇结汇证明(结汇水单)或③ 如自愿留汇,则有收账通知。

（2）会计分录:

借:银行存款(或外汇存款)
　贷:预收(外汇)账款　　　　　　(预收部分货款)
　　　应收(外汇)账款　　　　　　(清欠尾数)
　　　主营业务收入——代购代销收入　(佣金手续费收入)
　　　　　　　　——运输收入　　　(外贸远洋运费收入)
　　　......

第三节 托　　收

3-1　国际惯例：URC♯522

除了《国际贸易条款(Incoterms)》外,在国际贸易结算方面也存在着一些国际惯例。国际惯例是在国际上的长期实践中被广泛接受的行为规范。它的效力低于国际公约、政府间的条约、协议,也不如一国的国内法律,但却往往为国内法律允许当事人选用为合同的一部分而对双方有拘束力。在世界上某种形式的托收,已经使用了一个长时期。但是各国有其自己的管辖托收的法律,时时产生争执和问题。为了尽量减少进出口双方间的争执,国际商会已订立了《托收统一规则,ICC♯322出版物》(Uniform Rules of Collection,简称为URC)。现行有效版本是1995年的URC♯522。

3-2　定义

3-2-1　托收在贸易结算中的含义

这是由供货方先发货,再委托银行向进口方办理收款手续的办法。因是收款方主动发动,故通常称为逆汇。多数为跟单托收,即附提货单据向对方收款。

托收的性质是一种商业信用。虽然通过银行办理,但此时银行只是出口商的代理人,处于代办收款手续的地位,收到或收不到款,银行均无干系。因此,托收在实质上仍是出口商对进口商的某种程度的赊销融资。

3-2-2　URC♯522中的托收定义

《托收统一规则》从单证处理的角度对托收下定义。这是一个银行立场上的定义。

托收是指银行按照委托人的指示处理财务和商业单证,以求达到如下目的的方法：

（1）取得付款或承兑（例如个人委托收取国外票据款）；

（2）凭付款和（或）承兑交单（贸易货款）；

（3）按其他条款或条件交单（贸易货款）。

财务单证是指汇票、本票、支票或其他用于取得货币的支付的类似工具。

商业单证是指发票、运输单证、物权单证或其他类似单证或不属于财务单证的其他任何单证。(URC♯522第2条)

3-2-3　托收中的汇票

汇票是国际贸易中运用最广泛的一种票据。汇票的法律规范在世界上有两大法系:英美法系和大陆法系,互不统一(这在发生诉讼时是有影响的)。我国在1995年5月10日通过了《中华人民共和国票据法》(以下简称《票据法》),基本上采用大陆法系,但还留有某些计划经济的残余影响,没有完全国际化,现已参加WTO,预计还要加以修订。

出口方托收时要开出汇票。汇票是出票人签发的,委托付款人在见票时或者在指定日期无条件支付确定的金额给收款人或者持票人的票据(《票据法》第19条)。从而汇票通常涉及三方当事人:① 出票人;② 付款人及③ 收款人。在托收的逆汇法中,出口方是债权人,由他启动索取货款的程序,开出汇票要求进口方承兑付款,其直接的收款人则是代办收款的进口地银行。①

各国票据法对汇票的内容都有具体规定,通常分为:
(1) 绝对必要记载事项(为此,票据称为"要式证券"):
① 表明其为"汇票"的字样;
② 一个确定无变的金额;但可连息支付或分期定额支付,指定汇率或按汇票指定的方法确定汇率,算出金额支付;
③ 无条件支付的委托;
④ 出票日;
⑤ 签发人签名;
⑥ 在我国还须有收、付款人,有的国家允许收款人为无记名式。
(2) 相对必要记载事项:
① 出票地,如无记载则以出票人营业地或住所地代替;
② 付款地,如无记载则同上条处理;
③ 到期日或付款日:可以为见票即付,定日付款,出票后或见票后定期付款。

汇票有几个性质必须明确:
① 无因性——汇票不要求持票人说明取得原因,只要是善意(正当)持票人,付款人必须对其付款。因此票据的流通能力极强。
② 融通票据——国外允许单纯融资而开出汇票。《票据法》第10条"……应当具有真实的交易关系和债权债务关系",应该解释为持保留态度,因为在《票据法》之前曾有一项新法规《银行结算办法》,规定票据的取得必须具有合法的商品交易关系。

现引列一张国外使用的独份汇票并加注中译文如下(图表6-7),供参考并

---

① 但有些国家(例如英、美、德、日等)有一种"对己汇票",即出票人即是付款人;还有一种"指己汇票",出票人也即收款人,故未必总有三方。

便于和其后的信用证用汇票相对比:

图表 6-7

国外汇票格式

```
                $(金额)_____         Date(日期)_____         No.  (编号)_____
       
独      At _____ Days after (Acceptance) of this sole Bill of Exchange
份                                (Sight)
汇      (在此独份汇票见票/承兑后_____天)
票      Pay to the order of (Collecting Bank)_____(向代收行指定人支付)
        Amount:(金额)_____
        Value received and charge the same to account of(对价已收到,并借记人)
        To (抬头人)_____  (付款人)
                                                   签名_____(出票人)
```

说明:

(1) 国际贸易中常使用多份正本分别邮寄。此处托收只有一份正本。

(2) "对价已收到"为历史上遗留习惯文句,指货物等。现今已无法律意义,可不加理会。

3-3 托收的类型

托收的类型可列成简表后分释如下:

```
         ┌ (1) 光票托收
托收  ┤                    ┌ ① D/P——付款交单
         └ (2) 跟单托收  ┤
                              └ ② D/A——承兑交单
```

3-3-1 光票托收

光票托收是指不附带商业单证,单凭财务单证所作的托收(URC♯522第2条C)。在绝大多数情况下财务单证仅仅是一张汇票,有时则可能是支票、本票、外国银行开出的存款证、外国银行和邮局开出的存折等等。

光票托收可能基于贸易交易,也可能只以纯粹的金融交易为依据而不涉及商品的移动,从而不附带商业单证。从最广义角度讲,一笔国外托收只是去了结一个外商对本国居民所欠的应收账款。通常用来收取货款、收回代进口方垫付的费用、佣金、样品款或其他贸易附属费用。

3-3-2 跟单托收

跟单托收是指:

(1) 附带商业单证的财务单证的托收;

(2) 不附带财务单证的商业单证的托收。

物权单证是必要的商业单证,诸如海运提单之类。如附带的是物权单证以外的商业单证(例如发票等等),这仍然是光票托收。

两类跟单托收 D/P 和 D/A 的不同在于银行放出单证的条件不同。D/P 要在付款后才能取得提货单而 D/A 则只要对汇票承兑即可换取提货单。此点将在下段程序图中继续讲解。

3-4 流程图(图表6-8)

先列图,再作讲解。

图表6-8

托 收 流 程 图

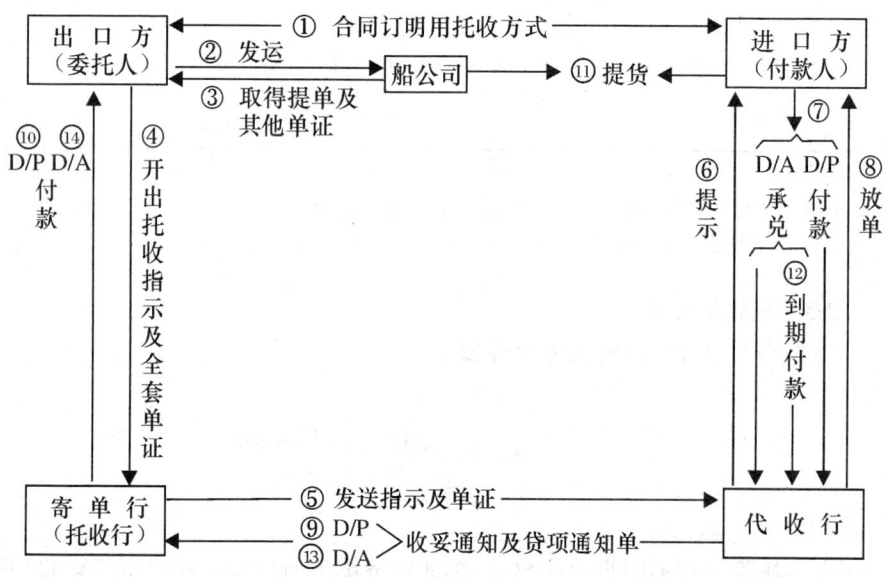

解释

第①、第②、第③步:进出口双方商定采用托收方式结算货款,在签订合同后出口方先发货上船取得提单。托收涉及的各方当事人有:

(1) 本人(委托人)是委托一家银行去处理托收的一方,由其编制托收单证并加一张托收指示(命令)交给其银行。委托人也称为托收人。

(2) 寄单(托收行)行是委托人委以办理托收任务的银行。由其把单证连同托收指示寄向买方银行。

(3) 代收行是除寄单行以外的任何参与处理托收的银行。由其把单证向买方提示并收取现金或得到其承诺在将来付款以换取单证。

有时还存在一个提示行,这是向付款人提示单证的代收银行。

(4) 付款人是银行根据托收指示向其提示单证的人。由其支付现金或先承兑一张汇票然后到到期日再付现金的一方。

第六章 国际贸易结算的会计

第④步：委托人向银行开出托收指示并交出全套单证。

所有托收单证必须附带托收指示。因为银行是作为代理人而行动的，它们只能执行委托(出票)人的指示。

托收指示是委托(出票)人的指示，它事实上是出口方写给寄单(托收)行的一封信。这封信指示银行送出所附单据去托收。为了避免纷扰和误解，银行时常希望用它们预先印就的表式去作成委托人的指示。

托收指示是URC♯522中一个新的概念，在原来URC♯322中称为托收命令。在中国，委托人的托收命令称为托收申请书，寄单行一般在申请书上附加一张封面连同全套单证作为一封"面函"。我国银行惯用的内容与格式有如图表6-9。

第⑤、第⑥步：寄单行添加托收指示后转送单证，由代收行向进口方要求审查后赎单。

第⑦、第⑧步：放单。有两种跟单托收：D/P和D/A。它们之间的不同就在于银行放单的条件不同。根据支付汇票的时间不同，委托人指示代收行或是凭即期汇票的付现而将物权单证放给进口方(即D/P)，或是凭远期汇票的承兑而放单(D/A)。

实践中还有其他放单做法，现作全面说明如下：

(1) D/P——在D/P条款下，代收行只有在进口方对即期汇票十足立即付现的条件下才把物权单证交给它。这在实质上就是传统的"交货付款"(即"银货两讫")交易在国际贸易条件下的运用。所以这对出口方是比较安全的。这是上图中第(7)步中的情况之一。以下接第⑧、第⑨、第⑩、第⑪各步。

(2) D/A——在D/A条款下，代收行一待进口方在所附的远期汇票上签署"承兑"，承诺在其后一个日期(通常为30、60天或90天)付款，就交出物权单证。代收行保存已承兑的汇票，等待至到期日对进口方提示汇票，要求付款。这一条款对出口方提供较少的安全保证(甚至有风险)。这是图中第⑦步的另一种情况。以下接第⑧、第⑪、第⑫、第⑬、第⑭各步。

(3) 远期D/P，或远期汇票付款交单，或承兑汇票付款交单——这是D/P和D/A的混合物。出口方规定只有待已承兑汇票付现才可放给物权单证，这对出口方说来要比D/A安全些。

URC♯522第7条(a)款规定："带有凭付款交出商业单证的指示的托收，不应包含远期付款的汇票。"所以，在URC♯522公布后不应再有远期D/P存在。但在实践中银行还会收到包含远期汇票但却指示付款放单的。这种条款可能是由于必须服从出口国的外汇管制的要求所造成。这是很少运用的，但在URC♯522公布前这却颇为流行，并被当做D/A处理(例如，在拉丁美洲各国中)。

如果只能在远期汇票付现后放单，则国外的代收行就将被迫把货物存储起来，直到收到商业承兑汇票的付款为止，这将是一个颇为累赘的过程。

图表 6-9

ABC银行出口托收委托书(面函)

谨启者：
现送去下列各项托收。

委托人				
付款人				

致：

OC第____号

票据号码	出票日期	到期日	金额

附上单据	货物	保险单	提单	品质证	产地证	海关发票	装箱单	发票
		班次	提单副本					
		邮寄						

寄送方式：航邮 □ 运送：装船 火车 邮包

请按下列有"×"记号的办法办理：
- 如该货物已抵埠而付款人拒绝兑付或签见时请将货物代为存栈，并代保火险，同时通知付款人及我行。
- □ 你处费用均由付款人负担。

请付款/承兑交单。 □

如付款人拒绝兑付或承兑，请以电报/信函通知我行。

收款办法
- □ 如付款人拒绝兑账并付承兑，请以电报/信函通知我行。
- □ 请贷记我账并付承兑，请以电报/信函通知我行。
- □ 请将款项汇交____行贷记我行/我行总管理处账户，并请其以电报/信函通知我行。
- □ 请通知我行承兑后，到期日贷记我行总管理处账户。
- □ 请以航函授权我行通过总管理处备忘记____行____账户。

(4) 另一种变型:到达式汇票。

有时汇票和(或)出口方的指示要求在运送商品的船只到达目的港前,汇票不作提示。因为到达式汇票在理论上不是一张票据,最好还是用一张即期汇票并单独指示代收行延迟到货物实际到达时再作提示。

第⑩、第⑭步:支付——一旦代收行收到进口方的付款,它就发出"贷项通知单"给寄单行,通知它已经贷记"联行往来"账户。这时寄单行就立即结汇或付汇,并贷记出口方的账户作为付款或是发送一张支票给它。

3-5 拒付和拒绝证书的过程

有时付款人会拒绝对汇票兑现。委托人必须事先对代收行给予如何处理的明确指示。可是因为托收是出口方给予进口方的商业信用,银行只是委托人的代理人,它只要按照规定条款放单就算履行了它的职能。银行并不负责进口方的执行合同或负赔偿责任。银行有权在五个方面免责:

(1) 对被指示方的行为免责(URC♯522 第 11 条);
(2) 对收到的单证免责(URC♯522 第 12 条);
(3) 对单证的有效性免责(URC♯522 第 13 条);
(4) 对传递途中发生的延误、丢失和翻译错误免责(URC♯522 第 14 条);
(5) 对不可抗力事项,银行不负责任。

那么,当进口方拒付汇票时,银行应做些什么?可能回答如下:

(1) 迅速通知每一个对此票据负有责任的背书人,以确认拒付的票据及其性质。例如,是拒绝承兑还是拒绝付款。在第 26 条中有关于通知的细节。
(2) 如果委托人有要求,要经由公证人作成正式的拒绝证书。(URC♯522第 24 条)
(3) 如果银行仍保有货物的占有权,要立即对仓库作出行动,到达港口时进行保险,并和委托人进行联系,取得关于处置货物的进一步的指示。

拒绝证书是一张书面申明,由公证人或类似的有资格人员盖章,附入被拒付的票据。拒绝证书必须讲明已作提示的事实,其时间及地点、所要求的性质等等。

3-6 托收的优点

(1) 出口方可以采用 D/P 的交货付款的措施或由 D/A 中的承兑保证来避免货物灭失的风险。

(2) 进口方在 D/P 中获得部分融资而在 D/A 中则获得十足的融资。特别是在一张长期(诸如 180 天之类)汇票下进口方可以利用销货收款去赚取额外的利润。

(3) 结算费用相对较小(只稍大于汇款)。

3-7 出口方在托收中的风险

(1) 对汇票拒绝承兑——由于货价自订立合同到收到汇票的期间剧烈下跌,进口方可能违约不承兑汇票。在绝大多数情况下提起诉讼不是一个满意的出路,因为费用太贵,耗时太久。

(2) 对商业承兑汇票拒绝付款——D/A 比 D/P 更具风险。D/A 条款下进口方有机会在到期日违约不付款,甚或潜逃或依赖于合法破产。

(3) 因外汇限制而缺少外汇——有时候当地的外汇法规要求进出口双方等待一个长时间以获得外汇的汇出,这可能会拖延到几个月甚至几年。

3-8 托收的会计

现用假设的日期列示进出口双方的分录如下：

进口方		出口方
	2009/1/31	① 仓库发出货物时—— 　借：待运和发出商品 　　贷：产成品(或库存出口商品) 　(解除仓库的保管责任)
	2009/2/3	② 发运货物—— 　借：营业费用(市内运费等) 　　贷：银行存款 　借：应收(外汇)账款 　　贷：主营业务收入——出口 　借：主营业务成本 　　贷：待运和发出商品
④ 代收行提示汇票及单证作承兑时 　借：采购——进口商品 　　贷：应付(外汇)票据/账款 　借：应交税费——应交增值税 　　　　　　　　(进项税额) 　　贷：银行存款	2009/2/11	③ 承兑 　在 D/A 方式下,汇票经承兑后,从会计理论上说,票据债权的流通性强于应收账款。因此,在银行通知汇票已由进口方承兑时,可作分录如下： 　借：应收(外汇)票据 　　贷：应收(外汇)账款 　承兑交单项下的远期汇票,在到期前也可商请银行叙做押汇贷款(其分录可按 4-7 L/C 议付类推)。
⑥ D/P 付款赎单日 　借：应付(外汇)账款 　　贷：银行存款 　(并加做分录④)	2009/2/12	⑤ 收款—— 　在 D/P 方式下,要等到托收行、代收行向进口方收到货款,划还出口国才可进存款户。此时方根据结汇水单作分录如下： 　借：银行存款(或外汇存款) 　　　财务费用(银行手续费) 　　贷：应收(外汇)账款
⑧ 远期汇票到期日 　借：应付(外汇)票据 　　贷：银行存款	2009/5/15	⑦ 在 D/A 方式下如不做押汇则收款更晚,要等待远期汇票到期(例如 3 个月、6 个月),由国外代收行汇划回国结汇后,凭结汇水单作分录如下： 　借：银行存款(或外汇存款) 　　　财务费用 　　贷：应收(外汇)票据 　此时与借记应收账款户时已相距几天,乃至几个星期,可能因汇率变动而使银行存款结汇额与原入账的应收账款折合人民币额间发生差异,这一点已在前面述及,可在月末一次总轧汇兑损益,此处不再复述。

第四节　信　用　证

4-1　信用证的作用

在国际贸易中，由于双方相距遥远，一般互相之间不太了解，一旦发生问题将会感到"鞭长莫及"。因此，做一笔交易时双方均有顾虑。从进口商一方来说，最好能货到付款，否则如先付款，怕以后货不运来。而且一笔交易从备货、生产到发运，往往历时数月，如先付款，利息负担与资金筹措均有不利。从出口商一方来说，最好能预收货款再发货，他也担心将货物交给进口商后不能按时收到货款（例如遇到对方倒闭或拖欠）。即使用 D/P，如果进口方不赎单，也只有将货运回，而国际贸易运费往往可达货款的 10%～15% 左右，损失极大。在托收下拒绝承兑，拒绝对承兑汇票付款的风险，不可避免地在某种程度上威胁着营业的安全性。进出口商对远处国外的对手缺少了解，在交易中顾虑重重，所以要做成一笔外贸交易是相当困难的。现在一家银行站出来对出口方说，"只要货物一上船，我们就立即对你付款"，同时又对进口方说，"我们将等到出口方发货上船后才代你付掉货款"，这样双方都获得了安全保障，外贸交易就做成了。而且在资金头寸的负担上也是进、出口方各分担一段，比较公平。

4-2　国际惯例

信用证是在 19 世纪后半期在西欧首创的。经过 100 多年的发展，它已逐渐达到完善的境地，一度成为国际贸易市场中最为频繁使用的结算方式。

在巴黎的国际商会（ICC）起着很大的作用。ICC 下属一个工作委员会在 1936 年拟订了一个《跟单信用证统一惯例》（UCP，即 Uniform Customs and Practice of Documentary Credit），并在 1951、1962、1974、1983、1993 年及 2007 年几经修订以赶上时代实践的变迁。

现行版本是 ICC 2007 年出版物♯600。它为全世界一百几十个国家和地区的银行（也包括中国的银行）所公认。在某些国家的贸易诉讼中甚至法官也引用 UCP 作为法律判决的依据。

4-3　定义与特性

信用证（L/C，即 Letter of Credit）是银行授予信用的一张书面证件。跟单信用证是指银行依照客户（开证申请人）的要求和指示，在符合信用证条款的条件下凭其规定单证支付一笔确定金额的安排。

虽然这个叙述很完整，但是对初接触的人说来过于复杂。作为最简单的方式可以这样说,信用证是一个银行对出口方作有条件支付的一个承诺。或是说得更详细一点,这是银行的一个书面承诺,表明它为买方承担一个向卖方支付信用证所规定的金额的责任,其条件是卖方能符合信用证中所定的一切条款。

为求更好地理解,现来解释信用证的三个特性:

(1) 信用证所反映的是出口方和银行间的关系(一个合同)再分成三点展开如下:

① 它与汇款及托收不同,它是一种银行信用。这是银行给予"开证申请人"即进口方的信用。

② 它和交易合同相互独立(UCP 600 第 4 条)。实质上,信用证是开证行和出口方之间的合同关系,一旦开出信用证,开证行即负有对出口方作第一顺位付款的有条件的义务。即使是开证申请人(即进口方)陷于破产,银行也必须对出口方付款。

③ 银行对信用证负第一性的保证付款责任。所谓"第一性",即"第一顺位"(Primary),就是银行要早于开证申请人负最先付款的责任。它不同于一般意义的担保。担保是指主债务人不履行义务时,由从债务人代为履行。而信用证的付款保证,则是银行承诺首先付款,并不以进口方表示不履行义务为条件。

(2) 所谓"条件"是指要完成对货物、日期、价格等在信用证中指出的要求。银行必须服从开证申请人的指示。

(3) 凭单付款原则(UCP 第 5 条),即:银行只认单证,不管货物。例如究竟货物是否装上船是根据提交提单来判断的,所以这被称为"跟单信用证",银行对此提单不负担任何责任。

4-4 流程图(图表 6-10)

以下是即期信用证的操作流程,其中有很多有关信用证的银行"行话",将随着过程的叙述而作解释。

第一步:销售合同约定采用信用证来了结货款。这不仅仅是方式的选择,还要双方协议有关了结的详细条款。例如:何时发货、即期还是远期付款等等在信用证上要列入的一切付款"条件"的细节。财会人员必须了解这一全过程。对某一环节的疏忽,往往会造成银行拒付的后果,从而影响企业资金周转。

第二步:进口方申请它的往来银行开证。我们首先解释三个关系方,然后讨论申请的几个要点。

第六章 国际贸易结算的会计

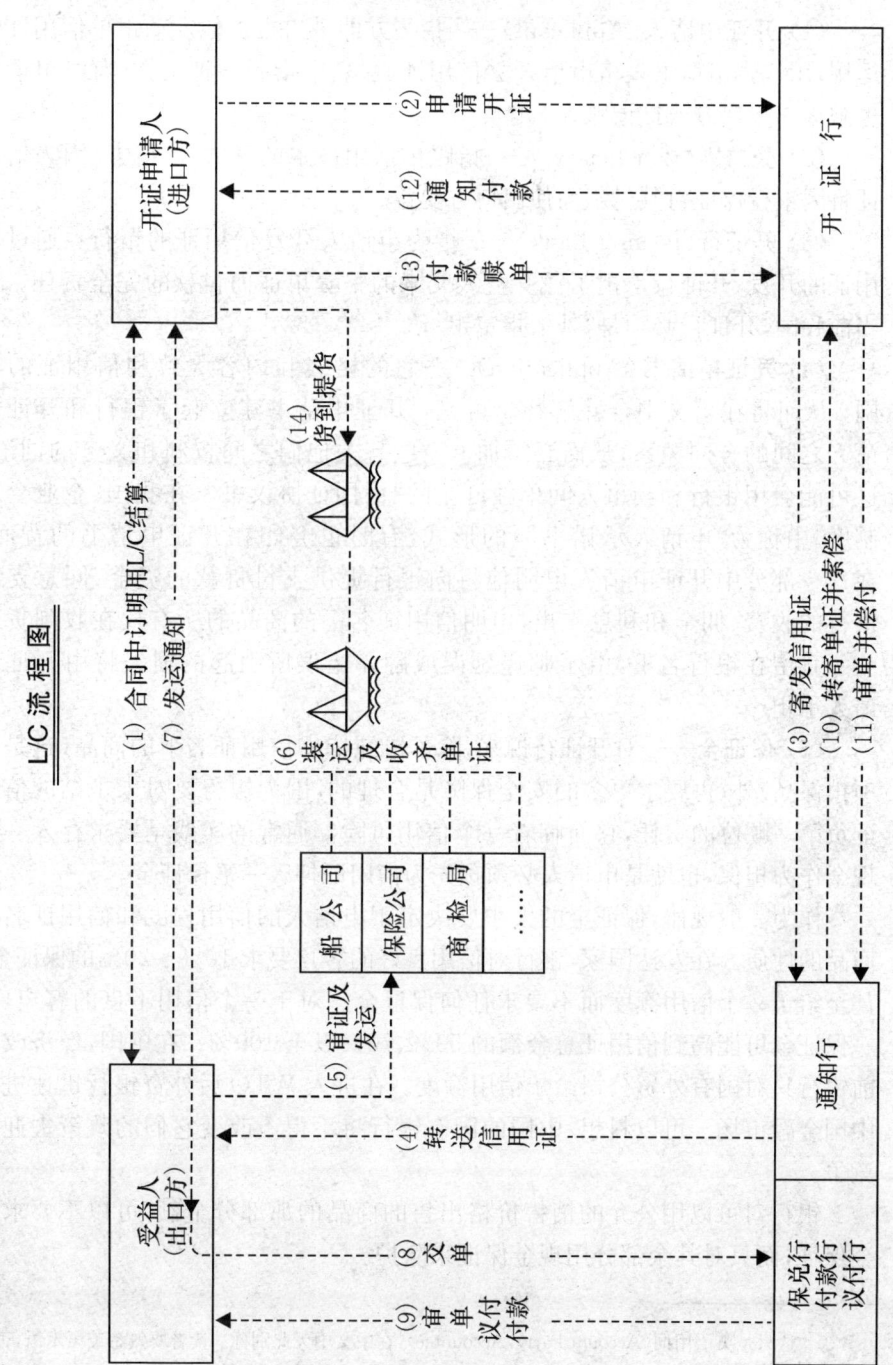

图表 6-10　L/C 流程图

(1) **开证申请人**(Applicant)——指买方即进口方。他发动跟单信用证的运用,用一张申请书表格申请开立信用证,在表中指明各种条款(有时申请人也被称作账户方或被记账人①)。

　　(2) **受益人**(Beneficiary)——指跟单信用证中的卖方/出口方,因为信用证将因银行保证对其付款而使出口方受益。

　　(3) **开证行**(Issuing Bank)——指为申请人开发信用证的银行。通过信用证的开发,开证行承担了凭受益人交来的整套单证而付款的完全责任。在当前我国,开证行必须是"外汇指定银行"。

　　(4) **开证申请书**(Application)——它的格式和内容大致和信用证的相同,从而将在下文中合并解释。可是,开证申请书建立起了银行和开证申请人之间的合同关系,从而必须加上一些有关他们之间权利和义务的词语。这可能会用银行和当事人间单独订立的"信用证协议书"(在我国《企业会计制度》中称为"申请人承诺书")的形式,有时也会印在开证申请书的背面。在这一部分中开证申请人申明他将向银行提供支付货款的资金,同意支付银行的收费、佣金和利息支出,申明信用证名下的商品的所有权在收到货款前一直留在银行名下,由于邮递延误或翻译错误所引起的损失将由开证申请人承担……

　　(5) **保证金**——对开证行说来,除了单纯依靠信用证名下的商品(这是一项担保品)外,再要求更多的安全保障是合理的,因为银行要对未了结的信用证负第一顺位的责任,它面临着一个信用风险。通常的实践是要求存入一笔现金作为担保,也就是申请人必须预先为信用证押入一笔保证金。

　　作为一般规律,保证金的大小要决定于申请人的信用程度和信用证名下商品的性质。在发达国家,银行对信用良好的客户要求 10%～20%的保证金,甚至给予一个信用额度而不要求任何保证金。对于一个信用不良的客户,这一保证金可能高到信用证总金额的 50%、70%以至 100%。在中国,经济改革前银行只对国有外贸公司给予信用额度。在进入 WTO 后外资银行迅速进入中国金融市场。可以料想,中国的国有银行将不得不改变它们的政策去迎接竞争。

　　银行对可以用公允的销售价格出售的商品的那部分金额,可以不要求现金保证,而只对其余部分用现金保证来防护。

---

　　① 这只是英语用词(Account Party, Accountee),在中文中无此别称。读者要熟悉英语术语,否则实践中易感晦涩。

第六章 国际贸易结算的会计

作为一个理论上的结论,开证行的依靠依次是:

① 主要在于开证申请人的总的财务实力和声誉;

② 转让给他们的物权单证(海运提单);

③ 担保现金。

中国现行外汇管理制度不允许购汇作保证金。

(6) 开证行将对开证申请人收取大约0.15%的开证费用。

第三步:开证行对受益人转送信用证——传统的转送方式有如下几种:

(1) 信开——通常用航空邮寄以争取快速收款。

(2) 电开——当有急需时用,因收费高得多,又分三种:

① 全电——将信用证内容逐字用电报发出。

② 简电——作为一个预先通知,随后邮寄证实书。

③ 电传、传真、银行专用电讯(SWIFT)——信用证在当前更多地在银行间运用不同的电子通讯设备来传送。

当采用电报或其他电子通讯时必须附有证实手段——密押(Test Key),这是银行对每份信用证编成的全数字密码,用以代替手写签署。

我们曾在本章2-4电汇中提到过"银行专用电讯"。有10卷"编码手册"供各种银行业务使用,其中M/T700和M/T701是为开发信用证设计的。现在摘列一张信用证使用的某些开证编码如下:

M/T 700 跟单信用证开证编码例示

五个组成数据块:

(1) 基本报头;

(2) 应用报头;

(3) 用户报头;

(4) 电文正文;

(5) 报尾。

必要(M)或任选(O)项目	标 记	范围名称	内容字数或任意字数
M	27	总顺序号	1个数字/1个数字
M	40A	信用证类别	24个字母

(以下从简只选列部分标记及名称)

20	跟单信用证编号	51A	开证申请人的银行
23	预通知参照号	50	开证申请人
31C	开证日期	59	受益人
31D	到期日及地点	32B	币别、代号、金额

39A	信用证金额容许溢短百分率	44C	最迟装运日
39B	信用证最大金额	44D	运输期间
39C	包括的附加金额	45A	货物或服务的叙述
41a	由××银行以××方式使用	46A	要求单证
42	汇票期限	47A	附加条件
42a	汇票付款人	71B	收费
42M	混合付款的细节	48	交单期
42P	递延付款的细节	49	保兑指示
43P	分批装运	53a	偿付银行
43T	转船	78	对付款/承兑/议付银行的指示
44A	装货/发运/交付掌管地点	57a	收电银行以外的通知银行
44B	运至××目的地	72	发报与收报(银行)情况

UCP600 规定,运用一种电子信息来传送信用证和邮寄有同等效力。第 11 条 a 款说,"(1)当开证行用任何"印鉴"证实签署(如密押)的电讯传递方式指示通知行,通知信用证或信用证的修改,该电讯将被视同有效信用证或有效修改书,并且不需要再发出邮寄证实书,即使寄来,银行也可不予理会"。除非电讯声明"详情后告(或类似词语)"。

第四步:通知——虽说信用证可以直接或通过另一家银行传送,但近年的实践总是通过一家当地银行——通知行送去的。

通知行——是在出口方当地的一家联行,它被授权告知受益人,已开出一个信用证供他运用,一般是直接转交原件,并加附一张信用证通知书如图表 6-11。

UCP 600 第 9 条规定了通知行的义务,即它的通知"不承担任何(付款)责任",但"应审核认可它所通知信用证签署(密押)的明显的真实性"。不过在银行实践中,银行将审查凡能在信用证表面上能发现的其他要点的真实性,并尽其所能作出提醒或通知,或是帮助受益人注意某些带有不确定性的疑问点,诸如对于信用证金额的大小和开证行的财务地位是否相称,提单直接寄给开证申请人是否合适等(例如图表 6-15 中的三个汉字方框中的提示)。

通知行收取信用证金额约 0.1% 左右的通知费作为它的服务报酬。

直接对受益人寄送信用证是德国、澳大利亚等一些国家的实践。可是,这样受益人就不能享受到通知行的"合理谨慎"的服务。在中国直接传送是不被接受的。

图表 6-11

信用证通知书格式

××BANK SHANGHAI BRANCH(通知行名)

ADDRESS: 50 HUQIU ROAD
CABLE: CHUNGKUO
TELEX: 33062 BOCSH E CN
SWIFT: BKCHCNBJ300
FAX: 63232071

信用证通知书
Notification of Documentary Credit

YEAR-MONTH-DATE

To: 致:S HAI ABC CO LTD *** 上海联合大厦……	WHEN CORRESPONDING PLEASE QUOTE OUR REF. NO	918013 Aug,10,2009
Issuing Bank 开证行 D. W. Bank LTD. 日本大阪……	Transmitted to us through 转递行	
L/C No. 信用证号 104.11.3673109	Dated 开证日期 20090809	Amount 金额 USD 87 300.00

Dear Sirs, 敬启者
We have pleasure in advising you that we have received from the a/m bank a(n)
兹通知贵司,我行收自上述银行
( )telex issuing   电传开立   ( )uneffective   未生效
( )pre-advising of   预先通知   ( )mail confirmation of 证实书
(×)original   正本   ( )duplicate   副本
letter of credit, contents of which are as per attached sheet(s).
This advice and the attached sheet(s) must accompany the relative documents when presented for negotiation.
信用证一份,现随附通知。贵司交单议付时,请将本通知书及信用证一并提示。
(×)Please note that this advice does not constitute our confirmation of the above L/C nor
    does it convey any engagement or obligation on our part.
    本通知书不构成我行对此信用证之保兑及其他任何责任。
( ) Please note that we have added our confirmation to the above L/C, negotiation is restricted to ourselves only.
    上述信用证已由我行加具保兑,并限向我行交单议付。

Remarks: 备注

保兑行——当通知行在它的通知中提到了开证行的信用程度有不确定性,或是受益人对开证行能否有效地执行付款缺乏信心,再不就是惧怕开证申请人所在国家有经济、政治或法律风险,那么,受益人可以要求开证申请人另外申请一家熟悉的银行(通常是受益人当地的银行或通知行)对原证加上保兑,这样的一家银行被称为保兑行。"保兑"一词并不意味着保证,它是担负第一顺位付款义务的承诺。它的义务和开证行是相同的。其余内容将在本章4-5-2中进一步展开。

第五步:受益人审证和发运——出口方将信用证和合同仔细查对。如果存在不能接受的不符点,他必须立即要求开证申请人和开证行接触,联系修正以防开证行今后拒付。信用证的修改必须采取和开证同样的过程,并开出一张"修改通知书"作为原证的附件。例示如图表 6-12。

图表 6-12

信用证修改通知书格式

××××银行　　修　改　通　知　书	地址：<u>纽约市＃42街123</u> 修改日期：<u>2009/3/12</u> 原证编号：<u>123456</u> 原证日期：<u>2008/12/27</u>

受益人：ABC进出口公司
通知行：XYZ银行

本修改通知书应认为是上述信用证的附件并须黏附一起

谨启者：
上述信用证应修改如下：
"最后装期及交单期分别延至2009/5/12及2009/5/31。"
原证其余各项条款保持不变。
请通知行将此修改告知受益人。

开证行授权签署人×××

如用 SWIFT MT707 发出修改,其部分内容如下:
SWIFT(表头略)

Date of Issue　　　31c	:	081227
Date of Amendment 30	:	090312
Number of Amendment 26E	:	01
Beneficiary　　　　59	:	ABC EXIM CORP …
New Date of Expiry 31E	:	090531
Narrative　　　　　79	:	LATEST SHIPPING DATE CHANGED TO MAY 12, 2009 ALL OTHER TERMS AND CONDITIONS OF THE CREDIT REMAIN UNCHANGED

…

发货过程已在第二至第五章讨论过。

第六步:汇集全套单证——除了取得提单、保险单和信用证中规定的其他商业单证外,出口方还要开出一张汇票(参看图表11-2格式)作为财务单证,并且要仔细检查信用证和单证之间的协调性以及各种单证相互间的协调性。

UCP 600第18~28条对单证有一个详尽的规定。其中某几条已在前几章中解释过,我们还将再一次在后面第十一章审单一节中加以讨论。

第七步:将发货一事通知进口方。

为了帮助进口方投保海运险并准备收货,出口方应该发一电报,将发货的日期、轮船的船况、货物的数量等通知进口方。

第八步:将全套单证向付款行或议付行交单。

出口方在汇集全套单证后,应立即向付款行或保兑行交单,以求尽快获取资金。

付款行——这是开证行的一个联行,它经常是位于出口方国内并作为代理人履行着付款义务。付款行可能是开证行的一个分行。可是就 UCP600 的这些条文而言,处在不同国家内的分行要当做另一家银行对待(第 3 条)。

议付行——这是自愿"购买"出口方在一张跟单信用证项下的汇票的那个银行,也就是在带有(或不带)追索权条件下付款,然后向开证行索偿。所以实质上议付行是对受益人发放一笔贷款的银行。

当议付行由开证行指定时,它就是"限制"议付行;如果开证行不限定议付行,则信用证项下的汇票能被任何银行自由地接受议付。

议付将在下一段中讨论。

第九步:银行审单并付款

在银行对信用证和汇票付款前,付款行或议付行必须首先确定信用证所规定的条款是否都已符合——这就是审单。审单将在第十一章中讨论。审单最长可以持续 5 个银行营业日(第 14 条)。如果没有发现不符点,银行应该立即付款,否则,它将拒付而退还单证。在这种情况下,信用证就失效了。如果受益人不能在信用证有效时限以内消除这些不符点,受益人就只得另行启动一个托收结算等手段,此外别无补救办法(也将在第十一章中详加讨论)。

原来由于中国的外汇管理,受益人收到的信用证款项是人民币,出口所得外汇必须由指定的中国外汇银行收购。这称为"结汇",在结汇时银行开出"结汇水单"。这是一项重要的原始凭证,要作外汇管理局的外汇核销用(参看第七章第五节),也据以作总账分录。附例如图表 6-13。自 2007 年 8 月起,已允许受益人自由选择保留外汇或是结汇。如果选择保留外汇,银行将开给"进账收据"(或称"收款通知")。进账收据实际上和结汇水单共用同一格式。本书以下只按结汇情况作讲述。

不仅如此,还应注意,要了结一张信用证共有四种形式:

(1) 即期付款 ⎫
(2) 延期付款 ⎬ 由付款行或保兑行了结。

(3) 议付——从议付行获取资金。

(4) 承兑后付款——向一个指定银行或直接和开证行延期了结。

每一种方式都有很多细节,我们将在 4-5 格式和要素中依次解释。

第十、第十一步:转送单证和索偿

在上述付款、议付后,银行将全套单证转送到开证行索偿,即要求偿还代付款项。

开证行将首先审单,如果没有不符点,则将款项立即偿还付款行。可是如果存在不符点,开证行将拒绝偿付并退还信用证和单证。

图表 6-13

×× Bank FX Clearing Memo
结汇水单(或进账收据)　　　　　　　1999.10.09

Payee
(收款人名称)：SHANGHAI ABC CO. LTD.

Payee's a/c No.　　　　　　　　　　　　　　　　　　　　　Voucher No.
(收款人账号)：8090010065307　1516(00706201705001)　(申报单号)：

FX amount(外汇金额)	Rate(结汇牌价)	Recording amount(入账金额)
USD 87 095.87	826.56/100	CNY719 899.62

Description / 摘要：

Reference No. (业务编号)：39A077770	Invoice No. (发票号)：199,10,121	VAL-DATE (起息日)：1999/10/9
Deduction (国外扣费)：	Verification (核销单号)：315384223	Paying charge (偿付费)：40.00
Commission (手续费)：	Postal (邮电费)：0.00	Discrepancy fee (不符费)：0.00

```
        LESS-COMM.（手续费）        USD 0.00
        LESS-OTHE.（其他）              0.00
        OUR COMMISSIONS AND CHARGES
        PRE-ADV（预通知费）             0.00
        ADV/CONF（通知/保兑费）        24.00
        AMENDMT（修改费）               0.00
        NEG/PYT（议付/付款费）         109.13
        POSTAGE（邮费）                31.00
        CAB/TEL（电讯费）               0.00
        OTHER（其他）                   0.00
        TOTAL（合计）              USD 164.13
```

第十二、第十三、第十四步：开证行通知开证申请人，单证已经到达。开证申请人应该立即再作审单，并支付信用证款项，换取提单，称为"赎单"。如果发现任何不符点，也同样可拒付。

当船只到达时，申请人就凭提单提货。信用证结算的全过程到此结束。

4-5　格式和要素

4-5-1　信用证的格式——信用证有三种格式

(1) ICC 制订的标准格式——自从 ICC 在 20 世纪 70 年代制定了第一个标准格式后，已几经修订，例如出版物♯516。它用一张带有含义清晰的多个标题的空白表式，来替代许多传统的含义暧昧的词句。虽然近年已渐改用后

第六章　国际贸易结算的会计

图表 6-14

Irrevocable Documentary Credit
不可撤销跟单信用证

Name of Issuing Bank(开证行) D.W. 银行 日本，大阪……	Irrevocable Documentary Credit(不可撤销跟单信用证)	Number
Place and Date of Issues(开证地点及日期)　日本，1999年8月9日	Expiry Date and Place for Presentation of Documents(交单限期及地点)	
Applicant(开证申请人) K.B. 公司 日本，大阪……	Expiry Date：1999 年 9 月 25 日 Place for Presentation：中国	
Advising Bank(通知行)　　　　　　Reference No. 中国银行 上海虎丘路 50 号	Beneficiary(受益人) ABC 公司 上海联合大厦…… Amounts(金额) US＄87 300.00　捌万柒仟叁佰元整	
Partial shipments(分批运输)☒ allowed(可)　□ not allowed(不可) Transshipment(转运) ☒ allowed(可) □ not allowed(不可) □ Insurance covered by buyers(买方已投保保险) Shipment as defined in UCP 500 Article 46(货运) From：(启运地)中国港口 For transportation to：(目的地)日本大阪 Not later than：(最迟装期)99年9月15日	Credit available with Nominated Bank：(运用本证的指定银行) □ by payment at sight：(即期付款) □ by deferred payment at：(延期付款) □ by acceptance of drafts at：(承兑汇票) ☒ by negotiation (议付) Against the documents detailed herein：(凭如下细节的单证) ☒ and Beneficiary's draft(s) drawn on：(受益人汇票付款人) D.W. 银行　日本，大阪……	

Documents required：(要求单证)
Commercial Invoice, one original and 3 copies（三份正本商业发票）
2/3 Multimodal Transport Document issued to the order of
marked freight prepaid, (2/3 清洁提单，空白抬头，运费已付的联运运单)
Insurance Certificate covering the All Risk CIC and the War
and Strike Clauses for 110% of the invoice value endorsed to applicant.（保险证明，按发票金额110%投保 CIC 一切险、战争险及罢工险）
Certificate of Origin evidencing goods to be of ×××Origin（产地证）
Packing List（装箱单）
Covering：Commodities as per pro-forma invoice number ×××（内装物）
dated July 17, 1993- CIF INCOTERMS 2000：
　睡衣 12 600 套

	型　号	套　数	CIF 大阪美元价	美元总金额
	4266	3 600	7.80	28 080.00
	4766	5 400	6.50	35 100.00
	⋮	⋮	⋮	⋮
	总　计	12 600		87 300.00

唛头：钻石形……CIF 大阪
附加条款：
1. 一份正本提单、发票、装箱磅码单及受益人证明书应在发运后以航空挂号邮件径寄开证申请人。
2. 溢短装各容许 5%。
3. 在日本以外的一切银行费用……由受益人负担。
4. 本信用证无保兑。
5. Documents to be presented within ☐10 days after the date of shipment but within the validity of the Credit.（装后交单期）

We hereby issue the irrevocable Documentary Credit your favour. It is subject to the Uniform Customs and Practice for Documentary Credits (1993 Revision, International chamber of Commerce, Paris, France. Publication No. 500) and engages us in accordance with the terms thereof. The number and the date of the Credit and the name of our bank must be quoted on all drafts required. If the Credit is available by negotiation, each presentation must be noted on the reverse side of this advice by the bank where the Credit is available. （服从 ICC 500 的声明）

This document consists of ☐1 signed page(s)　　　　　　　　　　　　　　　　　　××Bank
　　　×××

述(2)电讯格式,但我们在此仍把它作为主要讲解对象,因其有醒目而又易懂的优点。

(2)"银行专用电讯"(SWIFT)格式——这是最为现代化的格式,在"银行专用电讯"的成员银行中使用。目前我国的国外来证与国内实践也多用此式。

(3)常规的信件格式——这是信用证创始以来的传统格式,现在还作为主要格式用于美国和加拿大等国。其中充满着历史上形成的种种英文术语有待我们去适应,有一定难度。

现对每种格式各举一例于后:

格式 a　ICC 标准格式(见图表 6-14)。

格式 b　"银行专用电讯"格式(见图表 6-15),除一部分标题译文已见第 180 页外,其内容与上附格式 a 所示相同,请自行对照。

格式 c　传统文本——常规信件(图表 6-16)。

图表 6-15

SWIFT 式信用证例示

```
99AUG09 16:11:44
MT S700           ISSUE OF A DOCUMENTARY CREDIT        PAGE 00001
                                                       FUNC SWP98
                                                       UMR 032
MSGACK DWS765I AUTH OK, KEY B0980920C4080F1A, BKCHCNBJ DIWAJP * * RECORD
BASIC HEADER        F  01 BKCHCNBJA300 9329 438014
APPLICATION HEADER  0 700 1710 990809 DIWAJPJSA×××3615 074916
                    990809 161
USER HEADER         SERVICE CODE           103:
                    BANK PRIORITY          113:
                    MSG USER REF           108:
                    INFO FROM CI           115:
SEQUENCE OF TOTAL   *27  : 1/1
FORM OF DOC CREDIT  *40 A: IRREVOCABLE TRANSFERABLE
DOC. CREDIT NUMBER  *20  : 104-11-3673109
DATE OF ISSUE        31 C: 990809
EXPIRY              *31 D: DATE 990925 PLACE CHINA
APPLICANT           *50  : K×××-B××× CO.. LTD
                     16  : DOJIMA: HAMA 1-CHOME, KITA-KU OSAKA JAPAN
BENEFICIARY         *59  : SHANGHAI ABC CO. LTD.
                           RM 519 UNITED BUILDING
                           2668 ZHONG SHAN RD(N), SHANGHAI,
                           CHINA
AMOUNT              *32 B: CURRENCY USD AMOUNT 87 300.00
```

第六章　国际贸易结算的会计

POS./NEG.TOL(%)	39A :	5/5
AVAILABLE WITH/BY	*41 D :	ANY BANK BY NEGOTIATION
DRAFTS AT …	42C :	AT SIGHT
		FOR 100 PERCENT OF INVOICE VALUE
DRAWEE	42 D :	THE D×××BANK LTD
		OSAKA IBOD
		2-1, BINGOMACHI, 2-CHOME
		CHUO-KU, OSAKA, JAPAN
PARTIAL SHIPMENTS	43 P :	PROHIBITED
TRANSSHIPMENT	43 T :	PROHIBITED
LOADING IN CHARGE	44 A :	CHINESE PORT
FOR TRANSPORT TO	44 B :	OSAKA
LATEST DATE OF SHIP	44 C	990915
DESCRIPT OF GOODS	45 A	

PAJAMAS 12 600 SETS
KL-718　　　　　　S. S.

STYLE NO	TOTAL SETS	CIF AT (USD)	TOTAL AMOUNT (USD)	LATEST SHIPPING TIME
4266	3 600	7.80	28 080.00	SEP,15,1999
4766	5 400	6.50	35 100.00	SEP,15,1999
…				
TOTAL	12 600		87 300.00	

PACKING:
PLEASE FOLLOW SEPIA'S INSTRUCTION

CIF OSAKA

99AUG09　16:12:03

MT S700　　　**ISSUE OF A DOCUMENTARY CREDIT**　　　PAGE 00002
　　　　　　　　　　　　　　　　　　　　　　　　　　　　FUNC SWP98
　　　　　　　　　　　　　　　　　　　　　　　　　　　　UMR 032

DOCUMENTS REQUIRED 46 A
　　+1) SIGNED COMMERCIAL INVOICE IN 3 COPIES.
　　+2) 2/3 SET OF CLEAN ON BOARD OCEAN BILLS OF LADING MADE OUT THE ORDER OF APPLICANT AND MARKED 'FREIGHT PREPAID' AND 'NOTIFY APPLICANT'.
　　+3) MARINE INSURANCE POLICY OR CERTIFICATE IN TWO ORIGINALS ENDORSED IN BLANK, FOR 110 PCT OF INVOICE VALUE, STIPULATING THAT CLAIMS ARE PAYABLE IN DRAFT CURRENCY AND INDICATING A CLAIMS SETTLING AGENT IN JAPAN. INSURANCE MUST INCLUDE: OCEAN MARINE CARGO CLAUSES (ALL RISKS), OCEAN MARINE CARGO STRIKES RIOTS AND CIVIL COMMOTIONS CLAUSES AND OCEAN MARINE CARGO WAR RISKS CLAUSES OF THE PEOPLE'S INSURANCE

COMPANY OF CHINA.

+4) PACKING/WEIGHT LIST AND ASSORTMENT LIST IN TRIPLICATE.

+5) INSPECTION CERTIFICATE SIGNED BY MR. CHEN ZI-BO OF SHANGHAI GRAND OCEAN FASHION CO., LTD. [如办不到,请修改]

ADDITIONAL COND.　　47 A:

+1) T. T. REIMBURSEMENT IS NOT ACCEPTABLE.

+2) A DISCREPANCY FEE OF USD30.00 OR EQUIVALENT SHALL BE DEDUCT FROM THE PROCEEDS IF DOCUMENTS ARE PRESENTED WITH DISCREPANCY/IES.

+3) ONE ORIGINAL B/L AND ONE COPY EACH OF INVOICE AND PACKING/WEIGHT LIST MUST BE SENT TO THE ACCOUNTEE IMMEDIATELY AFTER SHIPMENT AND BENEFICIARY'S CERTIFICATE TO THIS EFFECT IS REQUIRED. [正本提单自寄有风险]

+4) THIRD PARTY'S DOCUMENTS ARE ACCEPTABLE.

+5) 5 PCT MORE OR LESS IN QUANTITY IS ALLOWED.

+6) THIS CREDIT IS TRANSFERABLE AT ADVISING BANK.

+7) CASE MARK:

Y. H (IN DIAMOND)

OSAKA

S/NO.

C/NO.

MADE IN CHINA

[如不同意 请修改]

DETAILS OF CHARGES　＃71 B: ALL BANKING CHARGES OUTSIDE JAPAN INCLUDING REIMBURSEMENT COMMISSION OF REIMBURSEMENT BANK ARE FOR ACCOUNT OF BENEFICIARY.

PRESENTATION PERIOD　＃48: DOCUMENTS TO BE PRESENTED WITHIN 10 DAYS AFTER THE DATE OF ISSUANCE OF TRANSPORT DOCUMENT BUT WITHIN THE CREDIT VALIDITY.

CONFIRMATION　　＊49: WITHOUT

REIMBURSING BANK　　53 D: THE CHASE MANHATTAN BANK NEW YORK

INSTRUCTIONS　　78:

ALL DOCUMENTS MUST BE FORWARDED TO US IN ONE REGISTERED AIRMAIL. IN REIMBURSEMENT, NEGOTIATING BANK IS AUTHORIZED TO DRAW A CLEAN REIMBURSEMENT DRAFT OR LETTER EVIDENCING THE CLAIM ON THE CHASE MANHATTAN BANK NEW YORK.

(REIMBURSEMENT L/C DEPT.) 4 METRO TECH CENTER, 8TH FLOOR BROOKLYN, NEW YORK, NY 11245, U. S. A.

"ADVISE THROUGH"　57 D: BANK OF CHINA, SHANGHAI BRANCH NO. 50, HU QIU ROAD, SHANGHAI.

第六章　国际贸易结算的会计

图表 6-16

信件式信用证例示

D. W. 银行

日期：<u>2009 年 8 月 5 日</u>

受益人：ABC 出口公司（地址：……）　　　不可撤销信用证

敬启者：　　　　　　　　　　　　　　　编号：<u>104-11-3673109</u>

兹授权贵公司开出由 D. W. 银行付款，记入 K. B. 公司（地址：……）账户的汇票，最高金额累计可达 USD87 300（捌万柒仟叁佰美元正）。贵公司可按发票金额 100％开出即期汇票，并附下列单证：

(1) 已签名商业发票一式三份；

(2) 装箱单一式三份；

(3) 保险单或证明书，包括按发票金额 110％计算的一切险、战争险及罢工险，并规定在日本索赔；

(4) 2/3① 清洁已上船海运提单，证实：下列商品已装上××船，从中国港口运至日本大阪，空白抬头，空白背书。不可分批装运及转船。

计开：睡衣 12 600 套

型号	数量（套）	CIF 大阪价	总　　价
A	3 600	(USD)7.80	28 080.00
B	5 400	6.50	35 100.00
C	600	5.20	3 120.00
⋮	⋮	⋮	⋮
共计	12 600		87 300.00

一份正本提单、发票及装箱单应在发运后以航空挂号邮件径寄开证申请人。

在日本以外的一切银行费用均由受益人负担。

货物发运后 10 天内必须向银行交单。

海运提单日期必须不迟于 2009 年 9 月 15 日。

汇票和单证必须不迟于 2009 年 9 月 25 日作议付，地点在中国。

本信用证遵守《跟单信用证统一惯例》2007 年版，ICC♯600 出版物。

我方同意对符合本信用证所开条款下开出的汇票出票人、背书人和善意持票人在符合要求的交单下对收款人及时兑付。

×××（签名）谨具

4-5-2　要素

在一张信用证中有很多项目标题含有繁复的意义，值得作一彻底的解释。

(1) 不可撤销性与保兑：

① 不可撤销性：信用证的主要关心的问题之一是对受益人付款的可靠

---

① 证列"提单 2/3"是指全套共 3 份正本，其中 2 份在交单时交给银行，另 1 份正本如何处理，另由"附加（特殊）条款说明"。

性。以往一张信用证可以是可撤销的也可以是不可撤销的。自 UCP600 起，凡是信用证都应理解为不可撤销的（第 3、第 7、第 10 条）。

② 保兑：保兑是指开证行以外的一个银行在已开出的信用证上添加其名称，以示承担和开证行同样的义务。一张经过保兑的信用证对受益人提供着更大的保护，因为他可以依靠两个银行的付款承诺，而且还都是第一顺位无追索权的付款。甚至在开证行不能或不想对信用证认账时，无论有任何理由，保兑行还必须支付信用证项下的汇票。但是，如果开证行是一个第一流的银行，那就没有必要让另一家银行对信用证加保兑，除非由于外汇管制的原因，受益人希望有一个当地的银行来保兑。

保兑可有三种表示的方式：

a. 在信用证通知书上——大多数情况下一个通知行会来对信用证加保兑，它可能加上一句声明"由于开证行的要求，我行在此对此证按 UCP600 第 8 条的规定加上保兑"。这时在信用证的表面没有明显的表示。

b. 加附一张保兑通知书或保兑信用证——有时在受益人国内一家第三行（通知行以外的）对信用证加保兑，这时会有一张单独的保兑通知书或保兑信用证。

c. 在原证上加盖一"已保兑"的印章和签署。

银行对保兑要收费高达每年 1.5%，通常对开证行收取，并最终会转嫁到开证申请人身上。中国的银行收费为每季 2‰。

在英国正常的信用证上都冠以"保兑的不可撤销信用证"的题头，可是这只意味着开证行保证兑付，并不意味着保兑行的保兑。

沉默保兑——UCP 历来认为，一个保兑应该"经开证行授权或应其请求"而作出。有时受益人希望获得"保兑行"的安全保障，也愿意支付保兑费，但是开证行和开证申请人却不愿接受这个请求，那时就会运用沉默保兑。

这是一个"局外"银行自愿在开证行不知情的情况下承担保兑义务。沉默保兑行把汇票款付给受益人不持有追索权，而且未经授权的沉默保兑行当然对开证行也不持有追索权。

当然沉默保兑行的收费较高。

（2）三个有效日期：在信用证中有三个有效日期，如果超过这些日期，信用证就将自动作废。

① 到期日及地点——"信用证必须规定提示单据的有效期"也即付款、承兑的交单请求付款的到期日，还要规定"信用证适用银行的所在地"，即"提示单据的地点"（UCP600 第 6 条 d 款）。

a. 到期日是指交单的最后限期。受益人应把全套单证在到期日或到期日以前提交银行,否则这一信用证将自动失效。银行将拒付。

b. 到期地:

i) 最好的情况是在出口方国内某一地点。中国的习惯做法不接受有国外到期地点的信用证,因为邮程将使日期具有不确定性。

ii) 对一张直达信用证,到期地必须在开证行的办公室。

iii) 对一张自由议付的信用证,到期地可以是"任何银行"的所在地(在出口方国内)。

后两种情况将在下一段中讲解。

② 最后装货日:最后装货日是不可超过的装货限期。这由提单的开出日期来判断。如果提单日期迟于这一限期,信用证也要失效。(UCP 600 第20 条)

③ 装后交单期:出口方应不拖延交单。有时货已发运,但为了某种理由,例如运输距离短,货物比单证到得早,进口方不能提货而不得不付罚款。如果货物是易腐烂品,损失将更严重。

从而 UCP600 规定,开证申请人应在信用证中规定一个装货上船后交单的最大限度,例如 10 天或更多。最大限度是历日 21 天(UCP600 第 14 条c 款)。

(3) 四种了结方法:UCP600 第 7 条说,一切信用证都必须清楚地表明该证适用于即期付款、延期付款、承兑或议付。其中前三种是兑付,末一种是垫付或暂付,每一种都有复杂的内容:

① 即期付款信用证:即期付款是指在汇票上有"见票即付"字样,而且银行将在单证和汇票提交当时立即付款(经审单合格后)。这是最常用的形式。受益人能迅速获得资金。

即期付款又有两种运用背景:

即期付款信用证 { 由付款行支付——这是最常见的情况,开证行在出口国中指定一个联行来执行信用证项下即期汇票的付款。

由开证行支付——这是极为稀少的情况,它对受益人不方便,这种信用证称为"直达信用证"。

a. 通常情况——即期信用证由付款行或保兑行支付。

付款行总是一个和开证行保持账户关系(在我国称为账户行)的在出口国中的分行或联行,互相代理收付并经常进行了结。

即期付款信用证的特点是:

• 无追索权——付款行在审单后所作支付是最终付款。

• 足额支付——不扣利息,只扣银行手续费。

从受益人角度看,这种方式最为有利。在中国的外贸业务中来自美国、日本和欧洲国家的进口方常开发即期付款信用证。

即期付款信用证的措辞是:在相关各栏中

"本信用证可运用于指定银行:×××银行。

☒ 采用即期付款方式。①

☒ 受益人汇票付款人为×××(开证行或保兑行)"。

b. 直达信用证:直达信用证又称不可议付信用证,这是指一张具有以下两个特点直接运用的信用证:

i) 只能由指定的受益人来运用——开证行对其他行的"议付"没有正式义务,也就是说,对另一个购买和持有这种信用证项下的汇票的银行没有正式义务;

ii) 它只能在开证行的办公场所(柜台上)内支付。

在早期中国银行曾把它称为"单到开证行验单付款"。

其措辞是"我行同意受益人将所开汇票……在本办公场所在到期日或到期日前交单"。

② 延期付款信用证:延期付款信用证是远期信用证中的一种,它规定在稍后一段时间的预定日期付款。它和远期汇票信用证很为相似,只是不附汇票,而只在信用证的表面指定付款日期。它的措辞是:

"本证可运用于×××银行:

☒ 采用延期付款方式,在交单后××天,凭以下详细列示的各单证付款:

(或在发运后××天,或提单日后××天。)

[或在(某一固定未来日期),如2003年5月1日。]"

这一种信用证盛行于欧洲国家中以求节约开支。因为那里的印花税率较高。但也有缺点,因为它不附汇票,不能贴现。

③ 远期汇票信用证或承兑信用证:这是带远期汇票的一种远期信用证,从而它要按照普通汇票的用法来运作:即由指定银行对汇票承兑,然后在到期日付款。其措辞是:

"☒ 采用承兑见票后××天汇票的方式,凭以下详细列示的各单证承兑:

☒ 受益人汇票的付款人为×××银行。"

更多的细节将在第十一章第三节(B级材料)中解释。

④ 议付信用证:议付信用证是受益人可凭以从开证行以外的一个银行商借一笔垫款,而以物权单证作质押的一种信用证。它在我国香港、澳门和许多亚洲国家被称为押汇。与即期付款信用证相比较,它有两个不同点:一是它由议付行

---

① 框内"×"是国外通用的选择记号。

第六章 国际贸易结算的会计

扣除利息后支付;二是这一支付大多有追索权,所以实质上是一笔短期贷款。

a. 有时候在出口方所在地没有开证行的分行或联行,受益人将只得把信用证邮寄到开证行要求付款。这对受益人很不利,他必须等待来回双邮程才收到钱,这样信用证的一个优点就失去了。

作为一种补救,开证行允许受益人向任何一家或指定的银行去商议"收购"这张汇票及(或)单证。银行可以自主决定是否购买出口方在信用证项下的汇票,这家银行就称为议付行。在中国的银行实践中使用一个"买入汇票"(B/P)的代号,但是 ICC#371 出版物已主张不再使用这一名称。议付应该由受益人负担费用,这样开证申请人就将获取延迟付款的好处(比较一下由付款行在交单审单后立即付款的情况即可知)。

某些国家,如亚洲和拉丁美洲的商人有意识地利用这类信用证来少付一笔相当于邮程(大约 10~20 天)的利息的金额。

b. 受益人为了及早取得资金,不得不接受扣去利息后的金额。然后议付行将汇票和单证发到开证行去,以索偿信用证所规定的全金额。在偿付前开证行要审单。如果有不符点,它将拒付并退单。

c. 议付行所付款项,在有追索权的情况下,实质上是一笔由汇票和提单担保的短期贷款(垫款),并不像即期付款信用证那样是最终付款,所以,当开证行拒绝索偿时,议付行将向受益人追索。如果追索无效,议付行可以处置提单以收回贷款。

d. 在中国,从 20 世纪 50 年代起,中国银行有一种传统的"议付"统一实践,它改变了典型的议付做法。它被称为"收妥结汇",有人称之为"从国外收到款项后贷记受益人账户"。这一做法的细节是:当中国银行收到受益人交来的单证后,首先转送给开证行,然后等待开证行审单、付款。一俟中国银行从国外收到资金,就结汇成人民币按信用证金额全额贷记受益人账户。这种做法从受益人立场看,实质上是把信用证转化成了托收,不能在完成发运后立即收到款。这又意味着信用证的一个优点丧失了。对受益人说来清账的费用虽是按信用证收取的,但其好处却部分地和托收一样,只是安全性稍好。

中国银行对来自港、澳地区的信用证的议付,作了另一种改变:延迟 7 天足额支付,而不管中国银行已否收到资金,这称为定期结汇。

所有这些做法都不是 UCP 所要求的典型议付。在加入 WTO 后,中国所有银行早晚将按国际银行实践办事。

这样,作为结论,对出口方说来议付信用证和即期付款信用证相比显见不利,因为扣息和有追索权。

议付信用证可能是自由议付或限制议付的,其措词的不同在于前者在"运用的指定银行"标题后填列"Any Bank"即"任何银行",而后者填"××(指名)银行"。

⑤ 结算的另一侧面——开证行和开证申请人之间的关系:对所有四种了结方式,开证行都将根据付款交单原则放单给开证申请人。这就是说,开证申请人必须付款赎取提单和其他单证。除非他对汇票及信用证付款,他将不能获得这些单证。为此会导致信托收据的使用,这将在第十二章中进行解释。

4-6 信用证的评价和局限性

信用证结算方式由于手续繁复,银行所收费用也随之而增加,对双方也增大了结算的成本。从开证→通知→保兑→改证→付款(议付或承兑)的过程中,银行对每一环节都要收取费用。例如,开证费就要按信用证金额计收手续费 1‰~1.5‰、通知费(或转递费)1‰、议付费 1‰~1.5‰、保兑费 2‰、付款费 1.5‰、承兑费 2‰、修改费、邮费或电报费等按笔计收。有的信用证规定开证申请人(进口方)国外的一切银行费用都要由受益人负担,那时一方的负担就更大了。

银行对信用证收费不少,但还是不能完全解决国际贸易货款结算的安全性问题。

因为银行采用认单不认货的原则,而且船公司没有责任在装箱时进行验货,所以尽管货运单据是真实而且符合要求的,也不能保证单货相符,有的外商就专门钻这类空子进行诈骗(如到货开箱时发现里面全是砖头石块),我国已多次发现这类事例。至于伪造船公司运货提单的情况,在国际上也屡有发现。因此,虽然现行《统一惯例》的规定已越来越细致、严格,但还是不能迷信 L/C 结算方式已臻完善。

在中国实践中银行有"四不管"的问题:

(a) 银行不管合同;

(b) 银行不负责商品的数量与质量;

(c) 银行无义务判断单证的真实性;

(d) 银行不管出口方是否履行合同。

在 UCP600 中有更详细的免责事项。第 34 条规定了"单证有效性的免责事项",例如,……准确性、真实性……货物的叙述……对发货人、承运人……的诚信等等。第 35 条规定了"信息传递上的免责事项",例如,……信函或单证的迟延和遗失……电讯传递的迟延和残缺,翻译的误解等等。第 36 条则是"不可抗力"事项的规定,诸如天灾、战争、罢工或业主停工等等。第 37 条还规定了对被指示方行为(例如所发指示未被执行等)的免责。

我们可以看到,信用证防御欺骗的能力是有限的,有人放弃了信用证而求助于出口信用保险(第十二章内有释),甚至对熟悉的老客户采用托收结算方式以节省开支。有人则改用保理(见第十二章)的办法转移风险。

4-7 会计处理(日期是假设的)

信用证方式下的分录可列示如次。

<u>进　口　方</u>　　　　　　　　　　　　<u>出　口　方</u>

2009/×/1

(1) 存入保证金申请开证:
　　借:其他货币资金——信用证保证金存款
　　　　贷:银行存款——外币户(或人民币户)
　　借:财务费用——手续费
　　　　贷:银行存款

2009/×/8

(无分录)

(2) 仓库发出货物
　　借:待运和发出商品
　　　　贷:产成品(或库存出口商品)

2009/×/9

(3) 发运货物
　　借:经营(营业)费用
　　　　贷:银行存款
　　借:应收外汇账款
　　　　贷:主营业务收入——出口
　　借:主营业务成本
　　　　贷:待运和发出商品
(4) 借:银行存款
　　　　财务费用——手续费
　　　　贷:银行借款——议付信用证(指议付时)
　　　　(或)应收外汇账款(指即远期付款时)

2009/×/20

(5) 借:应收出口退税
　　　　贷:应交税费——应交增值税(退税)

(6) 借:采购——进口商品
　　贷:其他货币资金——
　　　　信用证保证金存款　}(即期付款信用证)
　　　　银行存款
　　(或) 应付票据——银行承兑汇票
　　　　　　　　　　(远期信用证)
　　　　应付外汇账款(延期付款信用证)
　　　　银行借款(进口押汇)
　　借:应交税费——应交增值税(进项税额)
　　　　贷:银行存款

2009/×/24

(7) 借:银行借款——议付信用证
　　　　贷:应收外汇账款

解释 （所有分录混用各种现行规定会计科目）

(1) 中国现行外汇管理制度允许外贸企业将部分出口外汇收入存入外汇指定银行。在这种情况下贷记账户就会是"银行存款"（外币户）。

(2) "待运和发出商品"账户是用来和库存存货相区别的，因为在外贸中从仓库发出到装上船有时会经历一个长时间。

(3) 当提单、发票和其他单证交到银行时，先付的运费和应收收入都要入账；与此同时"待运和发出商品"也要转化为"销售成本"。在外贸中通行实践要把销售收入和成本同时入账以免后一分录漏账。

(4) 如果信用证是议付的，那时贷方账户应该是一项或有负债。中国外贸的传统实践用"应收账款"而不问其是即期付款信用证还是议付信用证。这不是一个健全的会计实践，只适用于"收妥结汇"。

财务费用是指银行对信用证的收费，它的原始凭证是结汇水单。

(5) 外贸企业申请退增值税。

(6) 进口货物的单证由开证行来提示，并已由进口方赎单。在减除信用证存款后，汇票值不足款要用银行存款支付。如果信用证是远期信用证，这笔负债是银行承兑汇票，这应记入"应付票据"账户；如果是延期付款信用证，那么负债就是应付账款。有时进口方也许缺钱赎单，那就形成一笔银行贷款（参看第十二章进口押汇）。

(7) 经过十多天后如果银行不来追索，这可推断信用证已由开证行偿还。或有负债就由这笔分录消除。

复习思考题

1. 国际贸易结算方式是哪两种关系的结合定型？试就风险大小及出口方收款先后对各种方式排序。

2. 汇款方式适用于什么场合？其优缺点如何？

3. 托收方式适用于什么场合？其优缺点如何？

4. 信用证方式适用于什么场合？其优缺点如何？

5. 在信用证方式中，涉及哪几方当事人？可能涉及哪几种银行？

6. 议付信用证与付款信用证有什么区别？什么是议付（押汇）中的追索权？

7. 结算中的汇票起什么作用？它和提单的作用有何不同？向银行交单时是否必须两者都齐备？

第六章　国际贸易结算的会计

8. 习惯上结算单证要做成多份正本？这会否造成重复付款或重复提货或产生纠纷？"一份提单直寄进口方"条款有何缺点？

9. 什么是信用证的开证保证金？有什么作用？如何确定保证金的多少？为什么说银行开证主要的依靠不是保证金？

10. 信用证有哪几种格式？你认为其中所列的要素是否都是必要的？为什么？

11. 什么是信用证的"第一性"付款责任？什么是银行的"四不管"？两者之间是否相互矛盾？

12. 什么是信用证的局限性？

13. 解释专门术语及符号：
SWIFT　L/C　D/P　D/A　M/T　T/T　D/D

习　题

习题 6-1

一、**要求**　根据资料作成有关分录。

二、**资料**　20×5 年 9 月 7 日，山西五金矿产进出口公司商定向英国 B 炼钢厂出口一批焦炭及白云石共计值£120 000，9/17 发运后委托中国银行省分行按 D/A30 天收款，银行收费£125。省中行委托中国银行伦敦分行代收。9/27 承兑，10/27 到期。11/2 伦敦分行寄来贷项通知单已收妥£119 750，因 B 炼钢厂拒付国外银行代收费用£250，故在代收款内扣除。山西省分行按净收入结汇。

假定汇率均为£1＝CNY10。

习题 6-2

一、**资料**

1. 20×5 年 5 月 1 日合同副本：上海 A 工业自营出口厂与瑞士 B 公司订立出口手帕 10 万打的合同，单元 CHF 5/打，CIF 汉堡。瑞士 B 公司在汉堡驻有分公司，代办接货转运及货款结算事宜。

2. 5 月 10 日，B 公司开来德国汉堡市银行即期付款信用证（HB12345 号），由德累斯登银行上海分行通知 A 厂，并任付款行。装运限期 6/10，有效期 6/20。通知手续费 1‰，汇率为 CHF 1＝RMB 5。

3. 6月1日，本厂仓库出库单：库存成本每打￥20。

4. 6月2日，人民保险公司保险单：保险费 CHF 5 500，又商品检验局检验费3‰人民币收据。购汇水单上汇率同前。

5. 6月5日，市内运费单据￥4 000。又报关单副本一联。

6. 6月7日，海运提单副本，海运运费单据 USD20 000。购汇水单上汇率为 1∶8。

7. 6月9日，本厂业务科发票：内容同合同，号码 CN23456，汇率同前。

8. 6月10日，财务科作成汇票并连同全套商业单证向德累斯登银行上海分行交单，要求付款。当天结汇，另在收入外汇中扣除手续费 1.5‰及单据邮递费、电报费 CHF30。结汇水单上汇率为 1∶5.01，并另向该行购汇委托汇付德方中间商 CHF 佣金2%，汇款手续费1‰，购汇水单上汇率5.035。

9. 7月20日，收到汉堡 B 公司索赔函，因每箱内少装，共短量500打，要求按原 CIF 价赔偿，附 SGS 公证行商检证书。当即向德累斯登银行购汇付 CHF2 500，并付汇款手续费1‰，购汇水单上的汇率为5.030。

二、要求

作成 A 厂与银行直接有关的分录。

第二部分

进出口各系统的会计

第七章　出口业务会计

以上各章已经讲清了7个单项业务要素的会计，以下第七、八、九、十各章开始就外贸出口、进口、加工及服务四大部门各自贯穿完整地叙述其会计，并作某些深入。

第一节　自营出口销售的会计

自营出口销售，是指企业自己经营的出口销售业务。所谓自营，有两个要件：① 自负盈亏；② 自办业务。它的销售收入归出口企业所有，出口商品进价和出口业务有关的国内外一切费用，以及佣金、索赔、理赔、罚款等均由出口企业自己负担，经营的盈亏也归属出口企业纳入其总损益额内。

按照上述原则，凡出口企业以贸易方式对境外自营出口和转口销售的商品、进口原材料经加工复制后出口的商品和出售出国展品、样品、小卖品，以及批准供应境内销售(外轮和远洋国轮、贸易中心等)收取以外汇(或部分跨境贸易的人民币)计价支付的商品等所有经营业务，都属于自营出口销售。

自营出口销售的会计，不仅要求全面反映自营出口销售过程的经营成果，还要求具体反映不同商品的销售收入、成本、盈亏的详细情况。

1-1　自营出口销售收入的会计处理

为了记录出口商品的销售收入，企业应按企业会计制度的规定设置"主营业务收入"科目。其分录全程可列成流程图(图表7-1)如下。

(图表.7-1)

销售分录流程

这一流程和国内销售完全一样,但在具体细节上却有不少值得深入探讨的问题。例如什么时候确认销售的成立,按什么金额入账等等,在外贸都有特点,现逐一展开如下。

1-1-1 销售成立(入账)时点的判断

关于何时确认销售的成立,是会计学上的重点论题之一。

当前我国同时适用两个确认收入的准则:

(1) 2006年版《准则第14号——收入》。

(2) 2017年♯14准则修订本。

后者自2018年1月1日起两年内先后施行于各类上市公司;前者在两年内延用于其他企业,两年后改行修订本。

本书先从2006年版着手讨论一些基础概念,然后简单介绍2017年修订本中有关外贸企业的部分。

甲、2006年版确认收入的标准

2006年财政部公布的《企业会计准则第14号——收入》中,制定了下列5条缺一不可的标准:

(1) 企业已将商品所有权上的主要风险和报酬转移给购货方。

(2) 企业既没有保留通常与所有权相联系的继续管理权,也没有对已售出的商品实施有效控制。

(3) 收入能够可靠地计量。

(4) 相关的经济利益很可能流入企业。

(5) 相关的已发生或将发生的成本能够可靠地计量。

这些标准在一般《中级财务会计》教材中都已有了说明,本书以下将专就外贸背景作一些探讨。销货收入的确认,应该和存货减少的确认是同一划界点,这就是所有权的转移点。在外贸环境中所有权转移是如何界定的呢?

a. 风险划界点:《国际贸易条款》(Incoterms 2000及2010)。

风险的含义在业务上原是指货物的灭失和损坏,在会计上则还扩大到市价的跌落等方面。上述《准则》第一条标准中的风险已否转移,可以依据国际商会(ICC)制定出的《国际贸易条款》(见第二章)来判定。

在国际贸易的十余种定型条款中,每一种都标志着特定的交货点。在E组、F组和D组中都是在交货点前由出口方负担工作责任、费用开支和损失的风险,交货点后则属进口方负担。只在C组中费用要另按约定划分负担方。所以从业务背景看,交货点可以是入账时点的标志。至于货款的支付时间则与购销成立入账无关,预付预收货款不能认为购销成立而入账;反之,如货已交接而款尚未付,则供货方已取得收款的权利,双方成立债权债务关系,这时可用应收应付账款科目记录入账,因而销售的成立,从业务上看,只有交货一个标准。

b. 报酬划界点:所有权凭证的交接。

上述风险的转移并不等于"报酬"总随之转移。单是风险转移或单是报酬转移,都不能符合确认收入的第一条标准,必须要两者均已转移(《准则讲解》)。所谓"报酬"是从"国际会计准则#18 收入"中英文 Reward 一字翻译过来的,它的真实含义应该是所有权的经济利益,或得益(在美国准则中的措辞就是 Benefit)。这一得益从法律角度讲,所有权应该包括占有、使用、收益和处置四项得益内容,"表现为商品价值的增加以及商品的使用所形成的经济利益"(《准则讲解》)。所有权的转移可以仅以凭证的交付为准。这种凭证一般采取提货单(简称提单)的形式。在外贸实践中,提单的交付都通过银行代替买方收受,称之为"交单"(见第六章)。

从法律观点看,在购销业务方面,货物的所有权已否转移不一定是实物的交接。例如,在购销成交后货物仍可暂时寄存在供货方的仓库内;又如已交上船,但提单未交付时也不能认为所有权已转移。至于跨国寄销、委托代销就更不符合了。在近代商品经济高度发达的情况下,货物所有权的转移,有两种形式:实物交货(Physical Delivery)和象征性交货(Symbolic Delivery),后者以向买方交付货运单据[①]作为履行交货义务。而且从凭货付款(Cash on Delivery)转变为凭单付款(Cash on Document)。还有在商品交易中可以拿提货单作为交易标的物,交付提货单等于交付货物。这就是货物的单证化(物权凭证)。在近年新发展的"无纸贸易"中,则连单证也被电子信息替代了。

本书认为卖方向银行交单,由于法律地位的不同,还要仔细辨认其分界点:

(1) 信用证中的即期及延期付款方式——卖方向付款行交单即为所有权转移,因为买方委托开证行按信用证条款交接,开证行则转委付款行交接,故付款行在此是买方代理人。

(2) 远期承兑信用证方式——卖方向承兑行交单或开证行承兑时为所有

[①] 正如第四章第一节所述,事实上,海、陆、空三种运输单据中,只有海运提单是物权凭证,即所有权的凭证。陆、空运单只是运输交接凭证,不是提货凭证。这从国外银行不接受陆、空运单叙做押汇这一点上即可看出。但在我国实践中,往往不严格对待这一法律性质的差别,在市场经济中易于滋生纠纷。据此,在采用非物权凭证的运输单证时,货物发运即构成所有权转手。又如"开票暂存"在开发票时就要作为销售成立。

权转移点。与上条同理。

(3) 议付信用证方式——卖方向议付行交单从理论上说,只是向议付行借入短期贷款,不构成代理买方的交接,应该以议付行向开证行索偿完毕,没有拒付为分界点。但是根据上述《准则》第四标准看,开证行拒付的概率很小,故也可在交单至议付行时确认销售。①

(4) D/P、D/A 方式——卖方向本国托收行交单,在理论上也不构成托收行代理买方交接,应该以赎单(或付款或承兑)为分界点。但是拒绝付款或承兑的概率也很小,据《准则》第四标准看,也可在向托收行开出"托收指示"并交付单据时确认销售。

应该指出,《国际贸易条款》和交单两者在多数情况下基本上是一致的,例如从 EXW 直到 CIP 的八个条款。但是 D 组的五个条款的实物交货点,将迟于向银行交单日,此时仍以交单日确认销售为宜(符合前述"很可能流入"的标准)。而风险归属仍按 D 组条款为准。

c. 会计实践中的分界点:开出外销发票。

会计记录必须要有合法的书面凭证为依据,因此必须要有确定的入账原始凭证。提单虽是物权凭证,但要作业务单证向外使用,不能成为会计的原始凭证而存入会计档案。会计上销售的标志是发票(或称发货单,Invoice)。虽然它是自制凭证,但却是供货单位的正式发货通知单(例如外贸结算中所用货币种类就要以发票上的币种为依据),它可以和运输单证及结算收款单证相脱离而独立证实销售。向银行"交单"指的是全套商业单据,应该包括发票、运输单据,有时还有保险单据。因此交单的"单"中是包括发票在内的。即使不通过银行交单收款,如采用汇款方式预付或延期付款的情况下,发票仍是必需的商业单证。至于汇票则是财务单证,在信用证的某些使用方法下是可以不要求附送汇票的,故不是"交单"的必备内容。应该说发票加出运单据是销售业务会计的主凭证。不论是发货制、提货制或送货制,会计入账都必须有发票作为原始凭证。

乙、2017 年修订本简释

2014 年世上两大会计准则的制定权威——国际会计准则理事会(IASB)

---

① 第四条标准中的"很可能"流入企业,在我国《准则》中界定为"指发生的概率超过 50%",即"当确定价款收回的可能性大于不能收回的可能性时,即认为价款能够收回"。但在某些适用国际会计准则的场合,建议注意 IAS#18 的原文措辞为"Probable",此词应理解为"极有可能",甚至为"十有八九",即概率要求较高。在 FAS5"或然事项"的理解中,美国惯用标准在"Probable"时为 75%～85%,在"Remote"(渺茫,不太可能)时为 20%以下。

和美国会计准则理事会(FASB)——联合制订了一个全球统一适用的国际财务报告准则(IFRS)♯15《与客户之间的合同产生的收入》。我国财政部也随之修订了2006年版的♯14准则《收入》，并规定先后适用于各类企业如下：

(1) 在国内、外同时上市并采用IFRS或我国准则编表的境外上市公司——自2018年1月1日起用。

(2) 其他在境内的上市公司——自2020年1月1日起用。

(3) 执行《准则》的非上市公司——自2021年1月1日起用。修订的核心内容是确认收入的界限：

"企业在履行了合同中的履约义务，即在客户取得相关商品控制权时确认收入。"

控制权是指"能够主导该商品使用并获得几乎全部的经济利益"。

在这里控制权是一个广泛包容多行业、多情景的概念，有待细化。

控制权的第一道细化是移交的时间：

(1) 在一段时间内转移控制权——履约过程历时长；可分段多次转移，例如建设工程。

(2) 在某一时点转移——不属于上述"时段"者均属此。可以再细分下列5个判断标志：

a. 主体享有现时收款权利；

b. 法定所有权已转给客户；

c. 实物转移(客户占有)；

d. 主要风险和报酬转移；

e. 客户接受(验收)该商品。

可见这是不同完整程度的所有权的转移，适应多行业、多情景，有一即可，不同于旧版要求5条齐全。

这里要强调，一业一特点。商品外贸和国内营业不同。

商品外贸有贸易及金融的国际惯例。一旦发生纠纷，司法上必然以国际惯例(甚至国际公约)优先于会计准则。

如本节甲段所述，每笔外贸业务都在事先经双方谈判选定某一贸易条款(Incoterm)，风险点、交货点等细节规定非常详尽；还要事先商定货款通过银行作跨国支付的方式，汇票和提单(物权凭证)如何交割。对于上述5条判断控制权的标准的辨别应该毫无问题。

新修订的准则虽然内容庞杂，但多系多行业、多情景下的概括条款，是"中级财务会计"学科的研讨范围，本书从略。

1-1-2　销售入账的金额基准

按照国际惯例,进口业务的统计以到岸价 CIF 为基准,出口则以 FOB 为准。与此相对应,前《商品流通企业会计制度》规定,在出口业务,为了使销售收入的记账口径一致,不论出口成交是哪一种价格条款,都以离岸价(FOB)为准(实质上,这是以出口销售的净收入为基础)。凡合同规定以到岸价格(CIF)成交的,先按到岸价作为出口销售收入入账,然后将商品离岸以后我方负担的以外汇支付的国外运费、保险费和佣金(连同以外汇支付的银行手续费)冲减出口销售收入。在 FOB 条件下,进口方负责租船订舱和投保运输险,因此,运费和保险费和出口方无关。在 CIF 和 CFR 条款下,出口方虽要负责联系运输和保险工作,但是必须看到,CIF 及 CFR 中的运费、保险费,实质上是出口方为代进口方办理海运托运及保险手续而收取的一笔"暂收款",是运输公司和保险公司的收入而不是出口产品企业的销售收入。因销售账户的入账基准都要统一采用 FOB 价。具体处理如下:

(1)国外运费。应据国内承运机构的费用原始凭证经审核无误后,办理国内外汇转账结算予以支付,财会部门根据银行国内外汇转账结算凭证、银行付款通知及费用原始凭证进行账务处理。以往外贸系统中所特有的实践是:

　　贷:主营业务收入——自营出口(红字)
　　贷:银行存款　　　　　　(蓝字)

已如前述,其目的是在销售账户中用红字冲销代收的运保费,使销售账户的发生额正确。

在西方会计实践中,不采用红字冲账法,而采用借贷冲账法,上项分录将作成:

　　借:主营业务收入——自营出口
　　　贷:银行存款

但在需用本期销售的净额数字时,不能单凭"销售"账户贷方,必须注意借方有无冲减数,避免遗漏致错。如果作为暂收款(通过"其他应付款"科目)处理,似也较红蓝字冲账更为合理。以下保险费及佣金也同此理。

(2)保险费。凡按包括保险费在内的价格条款成交的,根据合同规定应投保的险别向保险公司投保,财会部门根据银行付款凭证及费用原始凭证,作分录如下:

借：主营业务收入——自营出口
　　贷：银行存款

（3）佣金。已如第四章所述，佣金有三种支付方式，从而账务处理也不相同，如下简表（图表7-2）：在出口方面还可能为了鼓励中间商尽多介绍业务成交，而采用佣金率按全年累计成交额递增的形式。

图表7-2

佣金分录类型

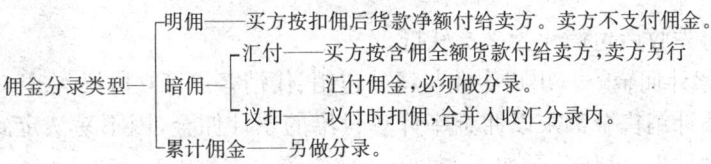

a. 明佣——虽然此时出口企业只根据扣除佣金后的销售净额收取货款，可以轧净入账，但原外贸系统主张为求全面反映，仍可将佣金以红字冲减销售收入。假设数字作分录如下：

借：应收账款——应收外汇账款　　　　　（扣除佣金后的货款净额）9 800
　　贷：主营业务收入——自营出口　　　　　（货款总额）10 000
　　　　　　　　　　——自营出口　　　　　（明佣金额，红字）(200)

b. 暗佣——出口企业根据销售收入总额收取货款后再另行申请汇付佣金。为了防止漏付、重复支付佣金，应同时作成两笔分录（在接轨后不禁止多借多贷，故也可作成复合分录）：

① 借：应收账款——应收外汇账款　　　　　　　　　　10 000
　　贷：主营业务收入——自营出口　　　　　　　　　　10 000
② 借：主营业务收入——自营出口　　　　　　　　　　200
　　贷：应付账款——出口佣金　　　　　　　　　　　　200

这一应付佣金在其后有两种支付方式：如采用汇付方式，即在收到出口货款后汇付佣金（我国外汇管理要求先收后付）时：

③ 先收货款：
借：银行存款　　　　　　　　　　　　　　　　　　　10 000
　　贷：应收账款　　　　　　　　　　　　　　　　　　10 000

④ 再付佣金：

借：应付账款——出口佣金　　　　　　　　　　　　　　　　200
　　贷：银行存款　　　　　　　　　　　　　　　　　　　　　　200

如为议扣，即在议付收汇时只收取扣佣后净额，则上述③、④两笔，可改作分录如下：

借：银行存款　　　　　　　　　　　　　　　　　　　　　9 800
　　应付账款——出口佣金　　　　　　　　　　　　　　　　200
　　贷：应收账款　　　　　　　　　　　　　　　　　　　　10 000

即将先收后付简化为坐支轧抵。

c. 累计佣金——出口企业与境外包销、代销客户订立协议，在一定时期内按照其累计销售金额乘以佣金率计算付给的累计佣金，因不易认定到具体出口商品品种上，可作分录如下：

借：营业费用
　　贷：银行存款

(4) 预提国外运费、保险费和佣金。为了正确计算出口成本和盈亏额，对当月应在本期负担而尚未支付的国外运费、保险费和佣金，应分别进行预提，冲减本期的销售收入，分录如下：

借：主营业务收入——自营出口
　　贷：应付账款

至次期实际支付时：

借：应付账款
　　贷：银行存款

1-2　自营出口销售成本的会计处理

出口商品的销售成本，在工业自营出口自当为本厂的生产成本。在外贸收购制下则由商品进价成本构成。出口商品的进价成本，包括国内购进商品的原始进价和国内购进商品上所发生的进货运杂费等从属成本(如金额较小，基于重要性原则，可以不计入商品进价，全部作为"营业费用"，列为当期损益)。出口商品销售结转进价的方法通常有先进先出法、后进先出法、全月加权平均法、移动平均法和个别计价法等五种(外贸企业一般采用个别计价法)。根据一贯性的会计原则，在一个会计年度内一种商品只能采用一种结转成本的方法。

出口商品结转销售成本的时间，应在商品销售实现的同时进行，这是外贸企业会计实践中的特点之一。目前一般采用"一笔一清"(即销售一笔结转一笔成本)的配对结转成本的实践。这样不仅保证结转成本及时,同时也防止了重转、错转、漏转成本现象的产生。结转的分录如下:

借:主营业务成本——自营出口
　　贷:库存(出口)商品

但是出口商品的出运过程包含着好几个环节,无论是外贸收购出口制、代理制或工业自营出口制下,外销商品都要经过如下出运过程(如图表7-3):在市场经济下,外贸公司一般采用以销定产,由供货单位将出口商品直送集装箱货站以减少中间环节。

图表 7-3

外销商品出运过程

工厂仓库 → 外贸仓库 → 外运公司 → (集装箱货站) → 海运→码头(港区仓库)→船
　　　　　　　　　　　　　　　　　　铁路货站
　　　　　　　　　　　　　　　　　　空运货站

可见,从商品出库到取得运单、交单、入销售账,相隔时日颇多。为使"库存出口商品"总账账户能控制在库商品的明细账,原外贸会计制度设有"待运和发出商品"科目进行记录。"待运和发出商品"账户:"① 记载企业所有运往港口、车站、码头等候装船、装车的出口、内销……商品,以及商品从仓库发出未向银行交单结汇的出口商品和尚未开单结算的内销……商品。② 财会部门对待运和发出商品应经常与储运业务部门核对,对两个月以上的长期待运商品,应查明原因,对……退关甩货(装不上船部分)在车站、码头的,应由储运部门管理和运回。对已发出的商品又确定暂不销售须退库的,应由业务部门填制商品退库单,及时办理入库。"(《企业会计制度》的"会计科目表"附注2说明,"可增设有关会计科目")上述结转销售成本的分录将变动如下:

凭出库单作分录如下:

借:待运和发出商品
　　贷:库存(出口)商品

交单时凭发票副本同时作分录如下:

借:主营业务成本——自营出口
　　贷:待运和发出商品
借:应收账款
　　贷:主营业务收入——自营出口

1-3 结算及应收款项的会计处理

出口货款的结算,包括结汇人民币划账,在第三章外汇会计及第六章结算方式中已全面叙述了包括即、远期信用证、D/P、D/A、预收货款的结算等不同情况的会计处理,此处不再复述。

在结算中产生的应收票据的贴现与应收账款的坏账,已在一般《财务会计》课程中讲述,应收账款的保理将在第十二章中讲述,此处均从略。在此只提醒如下一点新发展,即《企业会计制度》规定,计提坏账准备的方法由企业自行决定,企业可以自行决定计提坏账准备的范围,提取方法、账龄的划分和提取比例。

1-4 出口销货退回

出口后如发生退货,可能有:合约作废、另换新货、就地委托代销、就地废弃等处理方案;此外,还可能附带有回程运保费、退补货关税等的处理。分述于后:

(1) 合约作废。根据对方送来装运提单、退货通知单及我方入库单分别冲销原两项分录:

借:主营业务收入——自营出口
　　贷:应收账款——(进口户)
借:库存商品
　　贷:主营业务成本——自营出口

(2) 另换新货。先如上冲回原分录,待补货发运时再按常规出口做账,注明属调换。

(3) 就地委托代销。先冲销上述第一笔分录,再作:

借:委托代销商品
　　贷:主营业务成本

(4) 就地废弃。有时因商品价值抵不上运费,或因易变质,只得就地废弃。在冲销上述第一笔分录外,将货物成本及有关费用先转入"待处理财产损溢",经审批后转为营业外支出。

(5) 回程运费。如责任在我方,应由我方负担,也经"待处理财产损溢"转为营业外支出。

(6) 退补货关税。我国《进出口关税条例》第27条规定"因故退还的我国出口货物……提供原出口单证,经海关审查核实,可以免征进口关税。但是,已征收的出口关税,不予退还"。据此,补货出口应有税负。

1-5 出口索赔、理赔

如属进口方责任(例如毁约),我方提出索赔,作分录如下:

借:应收账款——出口索赔专户
　　贷:营业外收入

如属我方责任,进口方来索赔,我方理赔时,先作分录如下:

借:待处理财产损溢
　　贷:应付账款——出口理赔专户

然后查清责任归属,分别转销为营业外支出(企业本身责任)及应收账款——供货客户或运输部门等。

1-6 自营出口会计分录举例

某出口企业对美国某客户出口服装一批,收到业务部门送来的向银行交单的出口发票副本,发票金额为 USD20 000(CIF),佣金5%。业务部门同时送来该批商品的出库单,金额为人民币100 000元。

1. 商品托运出口。

财会部门凭出库单作分录:

① 借:待运和发出商品　　　　　　　　　　　　　　　　　　　100 000
　　贷:库存商品——服装　　　　　　　　　　　　　　　　　　　100 000

收到有关部门送来的外销发票,与上述出库单内容逐一核对无误后作分录,当日基准汇率6.1270元。

② 借:应收账款——应收国外账款
　　　　　　——××客户(USD 19 000)　　　　　　　　　　　116 413
　　主营业务收入——扣除明佣(USD 1 000)　　　　　　　　　　 6 127①
　　贷:主营业务收入——自营出口　　　　　　　　　　　　　　122 540
③ 借:主营业务成本——自营出口　　　　　　　　　　　　　　　100 000
　　贷:待运和发出商品　　　　　　　　　　　　　　　　　　　100 000

收到银行转来外运公司定额费用结算单,支付人民币运杂费800元,确认

---

① 明佣本可扣净做账,但以往外贸系统采用按毛额贷记出口收入,另行冲减明佣的做法。这样可在账上反映明佣,亦是一说。

但财政部与国家税务总局为求控制所得税税前扣除而计算正常佣金率,在 2009/3/19 发出通知,不准佣金直接冲销收入。外贸明佣扣净是国际惯例,是否同此处理,尚待明确。

无误,通过银行转账支付。

④ 借:营业费用——运杂费　　　　　　　　　　　　　800
　　贷:银行存款　　　　　　　　　　　　　　　　　　　　800

2. 支付运保费。

收到外运公司托收海运运费单据 USD 1 000,经业务部门确认承付,购汇付讫,外汇牌价 6.8507 元(卖出价)。

⑤ 借:主营业务收入——自营出口　　　　　　　　　6 150.70
　　贷:银行存款　　　　　　　　　　　　　　　　　　6 150.70

收到保险公司结算单据支付保险费 USD 400 购汇付讫,外汇牌价 6.1507 元(卖出价)。

⑥ 借:主营业务收入——自营出口　　　　　　　　　2 460.28
　　贷:银行存款　　　　　　　　　　　　　　　　　　2 460.28

3. 收汇。

收到银行通知,上述应收账款收妥(扣佣),根据银行结汇水单按当天银行买入价 6.8233 元折合人民币记账。

⑦ 借:银行存款　　　　　　　　　　　　　　　　　116 342.70
　　贷:应收账款——应收国外账款——××客户　(USD 19 000)116 342.70

汇兑损益人民币 70.30 元,按制度规定于月终一次调整计算入账,平时不逐笔计算汇兑损益。

4. 退关及出口销货退回。

(1) 如上述商品出仓后,因故不能出口,财会部门凭退关入库单作分录。

⑧ 借:库存商品——服装　　　　　　　　　　　　　100 000
　　贷:待运和发出商品　　　　　　　　　　　　　　100 000

(2) 如上述商品国外退货,在收到装运提单、退货通知单时作分录,冲销原收入。

⑨ 借:主营业务收入——自营出口　　　　　　　　　122 540
　　贷:主营业务收入——自营出口——佣金　　　　　　6 127
　　　　应收账款——应收国外账款——××客户(USD 19 000)　116 413

冲回原结转成本。

⑩ 借：在途商品——国外退货　　　　　　　　　　　　100 000
　　贷：主营业务成本——自营出口　　　　　　　　　　　　100 000

退货商品入库。

⑪ 借：库存商品——服装　　　　　　　　　　　　　　100 000
　　贷：在途商品——国外退货　　　　　　　　　　　　　　100 000

⑫ 对原支付的国内外费用转入待处理财产损溢。

　借：待处理财产损溢　　　　　　　　　　　　　　　9 410.98
　　贷：营业费用——运杂费　　　　　　　　　　　　　　800.00
　　　　主营业务收入——自营出口——运费　　　　　　6 150.70
　　　　　　　　　　　　　　　　　　　——保险费　　2 460.28

⑬ 支付商品退回的运费 USD 1 000，卖出价为 6.1507 元。

　借：待处理财产损溢　　　　　　　　　　　　　　　6 150.70
　　贷：银行存款　　　　　　　　　　　　　　　　　　6 150.70

⑭ 支付商品退回后的国内费用计 900 元。

　借：待处理财产损溢　　　　　　　　　　　　　　　　　900
　　贷：银行存款　　　　　　　　　　　　　　　　　　　　900

⑮ 待决损失，报经主管税务机关批准后作分录。

　借：营业外支出——非常损失　　　　　　　　　　　16 461.68
　　贷：待处理财产损溢　　　　　　　　　　　　　　　　16 461.68

(3) 如上述商品就地委托代销，按双方签订的委托协议。

⑯ 先作上述第⑨笔分录。

⑰ 借：委托代销商品　　　　　　　　　　　　　　　100 000
　　贷：主营业务成本——自营出口　　　　　　　　　　　100 000

⑱ 原支付的国内外费用按上述第⑫笔分录处理。

⑲ 国外代销商品的收入为 13 500 美元，国外客户扣除 5%佣金计 675 美元，支付国外运保费、保管费 500 美元，余额 12 325 美元汇入公司账户。美元买入价 6.1218 元。

```
    借：银行存款                                      75 451.18
        主营业务收入——出口佣金                        4 132.22
                  ——托售商品国外费用                 3 060.90
    贷：主营业务收入                                   82 644.80
```

结转成本。

⑳ 借：主营业务成本——自营出口   100 000
   贷：委托代销商品   100 000

㉑ 结转待处理财产损溢科目。

```
    借：营业费用——运杂费                              800.00
        主营业务收入——自营出口——运费                6 150.70
                             ——保险费                2 460.28
    贷：待处理财产损溢                                 9 410.98
```

5. 对外理赔。

(1) 国外客户提出索赔 USD 500，确系我方责任，经国外客户提供必要证明，我方理赔时作分录。汇率 6.1270。

```
㉒ 借：待处理财产损溢                                 3 063.50
   贷：应付账款——应付国外账款——出口理赔(USD 500)    3 063.50
```

㉓ 报经主管税务机关批准后。

```
   借：营业外支出——出口理赔                          3 063.50
   贷：待处理财产损溢                                 3 063.50
```

㉔ 上述责任如系供货单位责任，由供货单位理赔，经谈判商定金额作分录。

```
   借：其他应收款                                     3 063.50
   贷：待处理财产损溢                                 3 063.50
```

(2) 如国外客户提出索赔，系我方少发货，与客户协商后，按原价减少销售收入。上述例子，如少发 50 套服装，每套售价 20 美元，汇率 6.1270，成本价每套 100 元作分录。

```
㉕ 借：主营业务收入——自营出口                        6 127
   贷：应收账款——应收国外账款——某客户(USD 800)     6 127
```

同时按原价调整销售成本。

㉖ 借：待处理财产损溢　　　　　　　　　　　　　　　　　5 000
　　贷：主营业务成本——自营出口　　　　　　　　　　　　　5 000

（3）以上少发货如系供货单位造成，经供货方确认。

㉗ 借：应收账款——某服装厂　　　　　　　　　　　　　　5 000
　　贷：待处理财产损溢　　　　　　　　　　　　　　　　　　5 000

（4）以上少发货如系本公司仓库责任，且商品确在仓库，根据红字出库单。

㉘ 借：库存商品　　　　　　　　　　　　　　　　　　　　5 000
　　贷：待处理财产损溢　　　　　　　　　　　　　　　　　　5 000

（5）确系短缺，按规定权限报批后。

㉙ 借：营业外支出　　　　　　　　　　　　　　　　　　　5 000
　　贷：待处理财产损溢　　　　　　　　　　　　　　　　　　5 000

（6）以上商品系海运途中丢失，予以理赔，同时向保险公司索赔。

㉚ 借：其他应收款——保险公司赔款　　　　　　　　　　　5 000
　　贷：待处理财产损溢　　　　　　　　　　　　　　　　　　5 000

6. 对外索赔。

国外进口商不履行合同毁约，企业根据合同规定对外提出索赔，经双方确认后作分录。

㉛ 借：应收账款——应收国外账款——出口索赔（USD 300）　1 838.10
　　贷：营业外收入　　　　　　　　　　　　　　　　　　　1 838.10

第二节　代理出口销售的会计

代理出口销售是外贸企业的中介服务业务，而不是主体购销行为。它是指经营进出口业务的企业接受其他单位的委托，代办对外销售及交单结汇或同时代办发运、制单等工作[①]。

2-1　代理的法律含义

代理在一般民法上的意义是指代理人在代理权限内以被代理人的名义进

[①] 以往对只代委托方办理对外成交而不负责办理制单结汇，或是只代委托方办理出运、加工、整理、改装等部分工作的业务，在国有专业外贸部门习惯上只称为代办业务，而不称为代理出口业务。但从会计定性角度看，两者都属服务活动，可以同样处理。以往曾有人主张，代理按购销处理，代办则用"其他业务收入"科目记账。现财政部已明确代理人"代购代销收入"科目，不按主体买卖处理，则代理与代办两者已无大差。

行民事法律行为,并直接由被代理人对此行为承担民事责任(我国《民法通则》第 63 条)。

代理在国际贸易中是指代理人按照委托人的授权,在代理权限内代表委托人本人实施某种法律行为。一般多指跨国的商事代理,即在外国销售时委托当地企业代理。但有的国家也有国内机构代理国外销售的,如日本的某些商社。通常是委托人向代理人支付佣金,承担经营风险,而代理人则代表委托人推销货物与买方洽谈交易,由委托人自行签订合同或由代理人以委托人的名义代委托人签订合同,有独家代理、一般代理与总代理之分。

各国有关代理的规定并不一致,在具体订定代理协议时必须弄清有关权利义务细节的规定。1983 年 2 月 15 日由 49 个国家通过了《国际货物销售代理公约》,但只涉及委托人或代理人与买方的外部关系而并未对委托人与代理人之间的内部关系作出规定。

2-2 代理出口销售的主要财务内容

a. 代理的财务原则。

受托的出口企业办理代理出口业务的财务原则是:不垫付商品资金,不负担基本费用,在业务经营中发生的一切费用、佣金、理赔责任等均由委托单位承担;出口退税全部归属委托单位,经营盈亏由委托单位负责。从而在会计上按中介地位出发,对进出口双方分别用应收、应付账款入账,表现了代收代付的性质。

b. 代理费。

受托的出口企业,按照出口发票的金额及规定的手续费率,向委托方收取一定比例(如 1.5%、3%、5%…)的手续费,作为办理代理出口业务的管理费用开支和收益。代理费、手续费或介绍人酬金在国外统称为 Commission,在我国也可概括称佣金。

c. 代理出口协议。

为了划分双方责任,明确权利义务,出口企业办理代理出口业务前,应与委托方事先签订代理出口协议,明确规定代理出口的商品、有关费用的负担、代理手续费率、外汇划拨、索赔处理、账务核对,以及双方其他有关责任。

d. 出口外汇收入的归属。

自 1996 年 8 月 1 日起,根据国家外汇管理局所发布的《出口收汇结汇核销管理暂行办法》第 11 条规定,除外商投资企业委托代理出口的情况下应凭委托代理协议办理原币划转外,境内机构的出口收汇不得原币划转,应当在收款行结汇后将人民币划转委托出口单位。①

e. 国内费用。

营业费用应由委托方负责,管理费用应从向委托方收取的代理费中进行补偿。营业费用既可由受托方垫付后向委托方收取,也可由委托方先预付一笔金额待后清算。现例示划款结算单(图表7-4)如下:

图表7-4

××公司代理出口划款结算单

委托客户	××××			
合 约 号	×××	出口发票号	×××	价格条款 ×××
商品名称	×××		商品数量	35 件
销售金额	原币 USD18 900	@6.1265	人民币	115 790.83
扣除费用	出口运费原币 出口保险费原币 出口佣金原币 USD189 外贸代理手续费 3% 市内运输、劳务,刷唛费 1.71元/件 商品检验费 ×××	@ @ @6.1265		1 157.91 3 873.73 59.85 60.00
实际划拨净额				111 039.36

制单 ×××　　　日期 20××年×月×日

f. 代理出口商品的退税。

由受托方去其主管退税的税务机关开立"代理出口货物证明",由委托方持此证明,报关单,核销单等有关资料向所在地主管退税的税务机关办理退(免)税。

但这种退税规定,不时有变动,应查清当时当地的规定后进行操作。

2-3　代理出口销售的会计处理

代理不同于自营,因此它们的会计处理也自然有差别。这里有一个明确的理论界限:只有能增加企业权益的收入才可确认为企业的收入,在代理单位

---

① 在这方面有异地结汇及当地结汇两种结汇方法:
(1)异地结汇即委托单位结汇。受托方在向银行交单时办妥必要手续,由银行在收到外汇时扣除国外运费、保险费、佣金及代理手续费后,将外汇余款原币划拨委托方,去委托地银行结汇。以往一般多用此方法。
(2)当地结汇即受托单位结汇。由受托出口企业办理结汇收账,扣除各种代垫费用后,将人民币余款划拨委托方。新规定要统一采用此法。但这方面的规定时有变动。

中货款只是代收,不同于代理费或佣金。只有后者才会增加代理企业的权益。这也属于本书第四章中所引述的准则"收入"规范的范围。现再引列措词较为详细的国际会计准则♯18"收入的确认"第4条对收入所下的定义:"……企业在正常业务过程中……流入的经济利益的毛额……"又第8条规定"……在代理关系中经济利益的毛流入额包括了代委托人收取的金额,它不造成企业权益的增加"。这两条同样适用于代理出口销售。

1993年接轨后的《商品流通企业会计制度》新设了"代购代销收入"科目,并明白指出"……企业代理进出口业务取得的手续费收入,也在本科目核算",即只将代理费记入该科目,而不将销售收入全额记入。

其后的《企业会计制度》中不再专设"代购代销收入"科目。出口企业收取的代理手续费贷记"主营业务收入"或"其他业务收入","营改增"后所负增值税进入抵扣,货款的结算通过往来科目。

分录

现假设一数字例,据此说明有关分录如下:

【例】 某外贸企业为某企业代理出口一批商品,CIF价100 000美元,销往美国某客户。汇出暗佣2%,代理手续费3%,出口企业并代委托单位垫付国内费用人民币18 000元,国外运、保费15 000美元。根据上述"划款结算单"作分录如下:

(1) 交单结汇。当日基准价6.1270元。

  借:应收账款——美国某客户(USD100 000×6.1270)   612 700
   贷:应付账款——出口佣金(USD2 000×6.1270)   12 254
     ——委托单位   600 446

(2) 代垫国内费用。

  借:应付账款——委托单位   18 000
   贷:银行存款   18 000

(3) 代垫国外运、保费。当日卖出价6.1434元。

  借:应付账款——委托单位(USD 15 000×6.1434)   92 151
   贷:银行存款   92 151

(4) 银行结汇。当日买入价6.1118元。

  借:银行存款   611 180
   贷:应收账款——美国某客户(USD 100 000×6.1118)   611 180

第七章 出口业务会计

(5) 支付出口佣金。当日卖出价 6.1392 元。

  借：应付账款——出口佣金（USD 2 000×6.1392）   12 278.40
   贷：银行存款   12 278.40

(6) 结转汇兑损益。

  借：应付账款——委托单位   1 544.40
   贷：应收账款——美国某客户（612 700－611 100）   1 520.00
    应付账款——出口佣金（12 278.40－12 254）   24.40

(7) 出口企业与委托单位结算。当日基准价 6.8252 元。

  借：应付账款——委托单位   488 750.60
   贷：主营（或其他）业务收入——代理出口手续费
    （USD 3 000×6.1252）   18 375.60
    银行存款   470 375.00

(8) 收取手续费、增值税及附加。

  借：应付账款——委托单位   1 010.65
   贷：应交税费——应交增值税（销项税额）   918.78
    ——应交城市维护建设税   64.31
    ——应交教育费附加   27.56

第三节 代理买断制出口

代理制曾有一个变型——代理买断制。

20 世纪末，随着我国参加 WTO 的日期的日益临近，国家垄断外贸的条件日益消逝。在有的地区国有专业外贸公司的经营方式也从收购制演变出一些与代理制相结合的中间性实践，被称为代理买断制。它在最近几年快速增长，已成为国有、民营、外商投资外贸公司从事外贸出口的重要形式之一。加入 WTO 后所有企业在三年内将普遍有权经营外贸的前景下，更须加速适应不限制外贸资格的大环境。代理买断制只是跨出了一小步。随着退税制度的改变，全国专业外贸公司的工作模式还会有发展。

代理买断制模式与上述两种模式的主要不同点在于：

(1) 很多委托方自己拥有外方客户渠道，不依靠专业外贸公司。只是为了业务方便或在经济上合算而委托代理。

(2) 委托方在"真代理"、"间接代理"中要自办退税，在财政不能及时退税的情况下资金压力沉重。在代理买断制下，专业外贸公司代办退税并愿意在外方客户货款到达后垫付退税资金。大大消除了资金困难。

代理买断制有两种主要形式：即两方参与和三方参与。分述如下：

a. 两方参与的代理买断制——参与的两方是：

① 委托方——一个生产型企业(不问有无进出口经营资格)；

② 受托方——专业外贸企业(包括国有、民营和外商投资的有进出口经营权的公司)。

委托方自己拥有外方客户渠道，为了利用专业外贸公司的优势(包括业务、资金和外贸经营资格等方面的优势)将已经谈妥外销价格口头成交的一笔出口业务，委托专业外贸公司代办从签约……租船订舱……直至通关、结汇、退税等一系列业务并给予受托方以某一报酬额。

但是在形式上沿袭收购制的方式，由双方另行谈判一个折扣率("买断"价)据以签订商品的购销合同，专业外贸公司赚取外销价和"买断"价之间的差额作为代理费，也就是实质上的佣金①。因此，外贸专业公司是"旱涝保收"的，最终盈亏落在签约定价的委托方身上，这实质上是代理制而在形式上却是"买断"的，故在实践中被称为"代理买断"制。

在目前实践中，上述体现"买断"价的折扣率，采取了"买断汇率"(又称商定汇率、协议汇率)的转化形式。因为出口企业的收入共有内、外两笔：① "外"是指收自外商的外汇货价×结算汇率(银行结汇的买入价)，② "内"是指收自财政的退税收入。把这两者结合在一起，就可把"外汇货价×汇率＋增值税退税"合成一个综合汇率。例如就出口每一美元为基准来说，就是某日买入价，设为 6.8233，又设退税相当于 1.3260，则每一美元外销的人民币总收入为 8.1493 元，这即是一个综合汇率。假定谈判后议定买断汇率为 7.8 元，这就隐含着佣金率为 4.29%，即[(8.1493－7.8)÷8.1493]。与以往的定率代理费(例如 3%左右)相比，不同点有二：① 现在是逐笔议定的弹性代理费；② 以往的计算基数是外销收入，现在则包括了退税收入，这相当于专业外贸公司分享了一部分退税收入。这两点都表明了代理买断制的实质是代理制，即最终盈亏的承担者是委托方。但是受托人为了能以办理退税，必须取得出口人的地位，作成法律形式上的买断，这就要由委托方按外销合同的出口外币金额乘以买断汇率，作为价税合计额，分析净价[例如"价税合计÷(1＋17%)"]，开具增值税专用发票，交税后取得相应的专用缴款书，把两者一并交付给受托方，同时签订一份"购销合同"。这样一种税务实践，增加了法律关系的暧昧性。

b. 三方参与的代理买断制——参与的三方是：

① 委托方——一个非生产型企业(包括贸易型企业，也不问有无进出口经营资格)；

② 货源(生产)企业——为委托方所联系的供货企业，多无进出口经营资格；

③ 受托方——同上国有、民营、外资三类专业外贸企业。

委托方同样拥有客户渠道，由其选定货源生产企业后，同样为了利用专业外贸的优势而委托受托方代办自签约起的出口业务。现在由委托方与受托方签订代理出口协议，再由

---

① 代理费和佣金在国际上都称为"Commission"，是对中间代理人(Agent)服务报酬的统称，因此，代理制也称为佣金制。在我国也有把"介绍成交"的报酬专称为佣金的。

受托方与供货单位签订商品购销合同。在购销合同前先要由委托方与供货企业谈定"开票汇率"（这一汇率要低于买断汇率，其差额就形成委托方的佣金），按"外销发票价×开票汇率"收购。此时生产企业也要将增值税专用发票及专用缴款书交付给受托方。三方之间的利益关系如图表7-5所示。

图表7-5

三方参与下的利益关系图

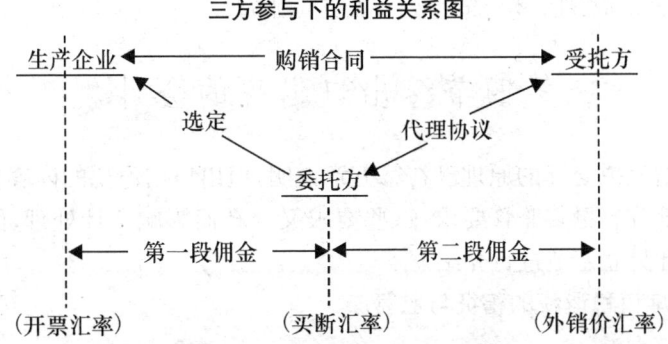

可见代理买断制只改变了佣金计算的方式，受托方总能"旱涝保收"，最终盈亏由生产企业承担，这说明其实质是代理制，又在形式上是"买断"，但其后两环节都只是收取佣金而不负担出口买卖的盈亏，即由委托方代理谈判外销价并口头成交，由受托方代理从签约开始的全程业务。实践中当受托方对外商不能收到货款时，并不对生产企业绝对保证付款，因此，从财务上看，这一"购销"合同只是形式，事实上受托方也不承担买断风险。一旦出现诉讼，还有待法院作最终裁决[①]。

由此可见，代理买断制的特点可归纳为如下六点：

(1) 国外客户渠道为委托方所有，供货单位由委托方指定。

(2) 外销价和货物收购价由委托方确定，受托方按此办理"收购"业务，并对外签约。

(3) 受托方不负担基本费用，不承担出口销售盈亏，收到国外货款后对工厂支付货款，不垫付货款资金，但要垫付退税资金，一切费用由委托方承担。

(4) 受托、委托双方事先签订代理出口协议，明确规定经营商品、商品交接、费用负担、买断汇率、货款的结算时间、索赔处理以及双方其他有关权责等。

(5) 受托方办理出口退税，退税资金归受托方垫付。

(6) 受托方赚取的收入是：① 银行外汇结汇额、退税款与 ② 买断外汇折合额两者之间的差额，也就是代理出口手续费。

可以看出，代理买断出口销售制在形式上是外贸收购（买断）制，但实质上是外贸代理出口的一种变型。只是在代理出口下，销售退税由委托方办理，退税资金归委托方所有。

[①] 从法律角度看，出口人是生产企业，"委托方"是中介企业即第一代理人，受托方是第二代理人。

而代理买断出口下,销售退税由受托方办理,退税款归受托方所有,需承担退不到税的风险,还要承担退税资金不能及时足额到位的利息,故代理买断出口收取的手续费应高于代理出口的手续费。

在出口退税资金严重滞后的情况下,如工厂资金短缺,又无专业外贸人员自办业务,一般就采用代理买断出口了。但这终究只是某一历史条件下的一个变型。随着改革开放的前进必将失去其重要性。本版起本书不再展开其细节。

第四节 出口退税的会计

出口增值税会计的原理已在第五章说明,但出口增值税的内容复杂,特别在其退税部分有更多监管要求,这些要求又会转而影响会计处理,因此,将这一部分在此另立专节进行介绍。

4-1 增值税退税的稽征与监管

4-1-1 程序

为了和骗取退税作斗争,多年来税务当局研究了种种核实退税的稽征措施。当前增值税出口退税的稽征监管总过程是:

退税认定 → 退税申报 → 初审 → 受理 → 复审 → 批复

简释如下:

1. 认定——凡符合2001年《对外贸易法》登记备案要求而取得出口经营资格的出口商,应到所在地主管退税的税务机关办理出口货物退(免)税认定手续。未取得该项资格的生产企业应委托上项出口商办理。

2. 申报——出口企业应设置专职或兼职办理出口退税的人员。在货物报关出口并在财务上作销售核算后,应在报关日(以报关单上注明的出口日期为准)起90天后的第一个申报截止期内,收齐退税所需的有关凭证,将有关数据录入"出口退税电子申报系统",生成电子申报数据,并打印出"出口货物退(免)税申报表",向主管退税机关申报办理退(免)税手续。

出口商如因不可抗力等特殊原因而无法在上述规定期限内取得有关出口退(免)税单证或申报退(免)税,可以以书面申述合理理由,提出延期申报,经税务机关核准后,另行核定期限。

如逾期申报,税务机关不再受理该笔出口货物的退(免)税。

3. 初审、受理及复审——出口商申报退税的,税务机关经初步审核,凡报送的资料、电子申报数据及纸质凭证齐全的,将受理该笔申报。如申报资料或纸质凭证不全的,税务机关将不予受理,并要当即向出口商提出改正、补充资料、凭证的要求。

税务机关受理后,应在规定时间内使用国家税务总局的电子化管理系统及出口退税率文库进行审核。先进行人工审核,然后进行计算机审核(如与海关、外汇局等联网核对)。如有不符合规定的,应通知出口商进行调整或重新申报;对在计算机审核中发现的疑点应进一步核查或向有关部门发函核实(例如对货源、供货单位纳税等)。

4. 批复、退库——退(免)税应经市、自治州以上税务机关根据审核结果进行审批。在审批后税务机关应办理退库或调库手续。

在上述程序中,企业要特别注意申报时间界限:

例如,专用发票认证——开票后360天内。

自2009年10月起,税务局为了优化退税服务,在退税审核系统中增加对企业提醒信息的功能,包括:申报时间、所属期间、申报额、审核通过时间、退库时间、退库税额、接近申报期限的出口情况……提醒信息将以短信、电话或电子邮件的形式,提供给出口企业。

4-1-2　出口退税实施企业分类管理

从2015年3月1日起,税务总局为贯彻落实国务院加快出口退税进度促进外贸稳定增长的要求,对出口退税企业实施分类管理。根据纳税遵从度高低、信誉好坏程度划分为一至四类。对一类企业由于信誉较好,申报退税时仅需提供申报资料和电子数据,不需提供原始凭证,如申报信息无误,税务机关在1~2个工作日内就应完成审批,开具退还书,退税时间将大幅缩短。对二类企业与现行办法相同。对三类企业的退税则要先审核,且较一类企业相对严格。对信誉较差的四类企业不仅要求提供原始凭证、收汇凭证,还必须使用增值税专用发票稽核,纸质资料要逐笔进行人工审核、抽取进项发票发函调查……①

4-1-3　出口退税必须提供的凭证

自1994年起,为了和骗取出口退税的行为作斗争,曾对退税的核实作出种种严格的凭证规定,甚至派人外调或函调。历年规定变动频繁。近年国家税务总局建立的通过计算机软硬件进行征纳税日常操作的"金税工程"已日趋完善,自2003年9月起已全部实行网上申报,相应地简省了某些凭证要求。当前共要求呈送如下三种凭证作申报:

---

① 注:四类企业的划分标准等细节可从网上查阅国家税务总局公告2015年第2号。

(1) 购进出口货物的增值税专用发票(税额抵扣联)和普通发票。

(2) 盖有海关放行章的出口货物报关单(2015年5月起,可改供电子信息)。

(3) 外销发票。

如果申报出口退税计量单位与海关计量单位不一致时,需要同时附送货物装箱单。

如为代理出口,还须附委托协议。

2015年5月起可免提供纸质报关单。

4-1-4 退税单证的备案管理

为了规范出口经营秩序,防范骗取出口退税违法活动,国家税务总局决定对出口退(免)税有关单证实行备案管理制度。

(1) 备案时间——出口企业最迟应在申报退(免)税后15天内,将规定单证在企业财务部门备案,即按申报顺序编制《单证目录》,注明存放部门(可不统一编号归档),备税务机关核查。保存期5年。不得交给业务员或其他人员个人保存。

(2) 备案单证范围——备案单证应是原件,包括:

① 外贸企业购货合同及生产企业收购非自产货物的购货合同;

② 出口货物明细单;

③ 出口货物装货单;

④ 出口货物运输单据[包括海、陆、空运提(运)单、货物承运收据及邮政收据等承运人出具的货物收据]①。

(3) 处罚——凡税务局对备案单证核对有疑问的,可暂停退税。

企业如有提供虚假备案单证,不如实反映情况,或不能提供单证的,应及时追回已退税款;未办理退税的,不再办理,并视同内销征税。

4-2 出口退税税务及会计的两种形式

我国自全面实行增值税制以来,出口退税一直采用"先征后退"及"免、抵、退"两种形式,但中途曾屡屡改变细节,最终确定为只有专业外贸公司采用先征后退办法,至于生产企业的自营出口及委托代理出口,都一律要采用"免抵退"办法。因此其会计处理也明显不同。

4-2-1 专业外贸公司采用的先征后退的会计

这里所谓"先征"只是指外贸公司在收购出口货源时,已垫付了进项税额;

---

① 由于第一、第二份正本已交进口方,这里应该理解为第三正本或副本作备案,不可能留下原件。

因出口环节免征增值税,无从抵扣,故退回垫付,此即"后退"。

(1) 收购货源时。

根据所购出口货物取得的增值税专用发票上的税额作分录如下:

 借:采购(在途物资)
   应交税费——应交增值税(进项税额)
  贷:应付账款

(2) 不可退税部分。

按出口货物实际税负分类确定退税率后,按增值税额与规定的退税率计算的增值税额的差额(例如17%~13%部分),作调增当期出口销售商品进价成本处理。作分录如下:

 借:主营业务成本——自营出口销售成本
  贷:应交税费——应交增值税(进项税额转出)

(3) 企业申报退税时,作分录(如13%部分):

 借:应收出口退税
  贷:应交税费——应交增值税(出口退税)

(4) 收到出口退税款时:

 借:银行存款
  贷:应收出口退税

出口货物办理退税后,如发生退货、退关,企业必须向所在地主管出口退税的税务机关办理申报手续,补交已退(免)的税款,作相反的会计分录。

应收出口退税,已如前述,是对出口货物国内已征的间接税(增值税和消费税)退还给企业,以避免在进入进口国时再征增值税的重复税负。这是符合WTO的规定,而且是世界各国通行的,并不是国家额外地给予出口企业的财政补贴[①]。

2006年《企业会计准则第16号——政府补贴》的《应用指南》,已明白指出"增值税出口退税不属于政府补贴";在其"会计科目和主要账务处理"的"2221

[①] 出口退税只有在实行增值税制的条件下才有可能。当前世界各国几乎都已改行增值税,只有美国还在实行逐道全额征销售税(与我国1994年前实行的产品税相似)的办法。为此,美国一直以其国内法凌驾于国际法之上,诋毁我国的出口退税为"补贴"。我国的会计制度原来并不称之为补贴,2001年《制度》作此归并,似乎会授人以口实。

应交税费"科目中说明：出口产品按规定退税的,借记"其他应收款"科目,贷记本科目(应交增值税——出口退税)。

至于《小企业会计制度》则借用"应收账款"科目,可以理解为简缩科目总数,但就披露角度看,不如"其他应收款"为确切。

本书以下仍用"应收出口退税"概括,各类企业当可各自按规范执行。

4-2-2　生产企业出口退税"免、抵、退"法会计的税务规定

在了解了第五章免抵退法的脉络后,还须对财税当局的文件规定和申报表式有所了解,特别是诸多术语,使用了软件专业人员的语言,对初次涉税的财会人员会稍见艰涩,必须确切掌握其含义,方能顺利申报退税。不仅如此,如果不理解表式,还会做不了会计分录,因为：一是不知道如何从表中找数字；二是共有4种计算结果,要选择各自的一套分录。

以下细加解释。虽然免抵退法在2002年后多有发展,但报表的基本计算格式仍沿用了财税(2002)第7号文的格局。算式如下：

基本计算式

(1) 当期应纳税额＝当期内销货物的销项税额－(当期进项税额－当期不得免征和抵扣税额)

(2) 不得免征和抵扣税额＝出口货物离岸价×外汇人民币牌价×(出口货物征税率－出口货物退税率)－不得免征和抵扣税额抵减额

(3) 不得免征和抵扣税额抵减额＝免税购进原材料价格×(出口货物征税率－出口货物退税率)

(4) 免抵退税额＝出口货物离岸价×外汇人民币牌价×出口货物退税率－免抵退税额抵减额

(5) 免抵退税额抵减额＝免税购进原材料价格×出口货物退税率

(6) 当期应退税额和免抵税额的计算

(6-1) 如当期期末留抵税额≤当期免抵退税额,则

当期应退税额＝当期期末留抵税额

当期免抵税额＝当期免抵退税额－当期应退税额

(6-2) 如当期期末留抵税额＞当期免抵退税额,则

当期应退税额＝当期免抵退税额

当期免抵税额＝0

期末留抵税额根据《增值税纳税申报表》中"期末留抵税额"确定。

第七章 出口业务会计

结构:

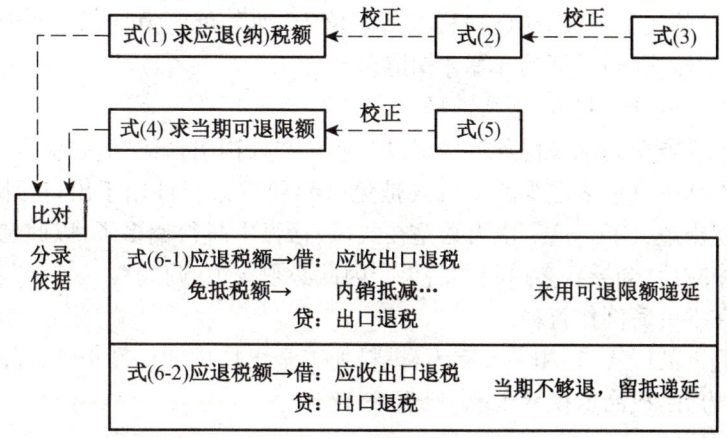

解释:

在生产企业的免抵退法中,7式可分为3组:(1) 第一检测组;(2) 第二检测组;(3) 最终目标组。

甲、第一检测组的说明

第一组由式(1)(2)(3)组成,此组的目标是判别本期究竟应该退税还是交税。

其中式(1)的括弧内有两个成分:

$$应退(纳)税额 = 内销销项税额 - \left(\underbrace{加工出口品上相应进项税额}_{第一成分} - \underbrace{不得免税和抵扣税额}_{第二成分} \right)$$

在内销情况下,增值税的基本抵扣公式是:销项税额－进项税额＝应纳税额

此式中抵扣后的答数多是正值。因为通常末道内销环节的工费、利润属于材料以外的附加增值,应该征税,从而共同组成销项税额,这就是应纳税额的来源。在免抵退法下,正是用内销货物这笔应纳税额去和出口环节的进项税额相抵顶的。

因此,式(1)同时完成了两个任务:一是抵扣;二是抵顶:
a. 内销的销项税额先抵扣和内销相对应的那部分进项税额; ⎫ 合成一步
b. 抵扣后的内销应纳税额再去和与出口对应的进项税额相抵顶。⎭ 完成

此时式(1)抵后的结果可能为正值,亦可能为负值:为正时说明抵顶有余,应正常上交国库,其后与免抵退再无关系;如结果为负,就要申请退税。所以式(1)标题的实质是"应纳(退)税额";正值为"纳",负值为"退"。至于能退多少,要继续作式(4)以下的计算才知道。

第二个成分的起因,更须细释。

国家税务总局统一税务软件是以企业全部外销出口额"满打满算"地出发的。如果其中有征多退少的项目或是免(保)税进口料件用于出口,那未抵扣的负值就嫌虚大了。这一虚大数是在式(1)括弧中减得偏多了,以此和内销销项税额相减后,会导致多退税的后果。因此必须校正(调减)。

现在举一简例作解释。

【例】 某厂式(1)相关数字为:进料加工全出口进项税额 100 万元。免税进料 10 万元,成品退税率 13%,征税率 17%。

$$90 \times 4\% < \begin{matrix} 100 \times 4\% \text{[式(2)]} \\ -10 \times 4\% \text{[式(3)]} \end{matrix}\quad\text{实际情况}\quad\text{税务软件上公式}$$

为何要绕圈子先"满收满付",再校正?这是软件设计统一口径的需要,不必深究,但要适应。

剔除项目——在进项税额中不是所有与出口相对应的部分都能退税,有两个因素要剔除,列为式(2)"不得免征和抵扣税额"。在现行统一软件中涉及两方面:

a. 征多退少——限制出口的政策性因素所导致的征 17% 退 13%……中的 4% 之类,就是不予足额退税部分,有的货品还只征不退。都要通过"进项税额转出"计入成本。

b. 免税购料——例如进料加工复出口的料件,或国内免税购料。既然免税,就不发生进项税额,为求简化讲解,本章中假定完全未发生此类情况。(留至第九章进料加工内作完整解释)

乙、第二检测组的说明

乍一看来,式(1)的负值答数全部都可退税,但是在购进扣税法下如果遇有一个企业兼有内外销,共同购料、混合生产,并不能保证因多购材料而在未来各期制成的成品都用于出口。这样,不仅如第五章 2-2-3 所述,对后期成品出口量会造成本期预垫退税的现象,而且在后期成品用于内销的部分也在本期给退了税,如果大面积出现这种情况会有扰乱财政预算的风险,故要有措施使退税和出口量相挂钩才好。这就要把购进扣税法转换为实销扣税法。现规定逐期用"FOB 的折合值×退税率"作为当期退税的标准——最高限额(更好的称谓是退税定额,如下段所讲,不管直接退或间接抵退,都是退),并命名为"免抵退税额"。

但是为了保证零税率对鼓励出口的积极作用,必须保证该退的全退。凡实际出口一件产品,应该退还其相应的进项税额:不管是直接申请国库"现款"退税,或是抵顶内销应纳税额(相当于"转账"支付退税)。务求既保证"未出(口)不退",又保证"有出(口)必有退(或抵)"。

由于按免抵退税额用申请现款退税和抵顶的转账退税两种方式退税后,生产型出口企业已基本无税负,这等同于财政部成为零税率制中的"最终收购人",由它来代替生产企业承担全部进项税,再交由生产企业以无税价格出口。

免抵退税额在会计上是"出口退税"三级明细科目(专栏)的实质依据(限额)。

本章讲解式(4)时,仍假定完全未发生进料加工复出口品(留待第九章讲解)。

丙、最终目标组的说明

如果单是第一组检测,设其答数是正值。那倒是可以据此做上交销项税额的分录。

但是如果答数是负值(代表要退税),就做不了分录,要进行第二个检测。

财政部对出口退税的原则是"不出(口)不退(税);有出必退""本期不够退的,到后期一并退"。这就要把式(1)或式(4)相比较一下,看看能否通得过。

式(1)求得的负值是应(待)退税数,而式(4)则是当期可退税数。

为实现上述式(4)的控制目的,要继续作式(6)的操作,求得应退税额。

不仅如此,由于财政分税制的要求,还要同时算出"免抵税额"。增值税在我国属于中央、地方共享税,如按 75%、25% 比例划分。而出口退税却全部是中央预算支出。实行免抵退税办法后,出口退税抵顶内销应纳税额还须定期在中央和地方财政间作调库清算。虽然这和出口企业并无直接关系,但要在报表上提供资料。

式(1)负值与税务文件式(6)中命名的"期末留抵税额",根据申报表的填写说明推断,其实质内容应该就是式(1)的负值答数①。本书为便于初涉税的财会读者理解,直接从负值出发讲解。

　　a. 如这一负值≤免抵退税额,可以按其绝对值在当期申请退税;

　　b. 如这一负值＞免抵退税额,其在限额以内部分全部可当期申退,不必动用内销应纳税额,故免抵税额为"0"。其超过限额部分在当期不可申退,它的物质载体是超购的材料,会在后期内成为内销品或出口品,故要递延至后期参与式(1)一起计算正负值,再作处理,在本期称为"期末留抵税额",至后期称为"上期留抵税额",与下期新发生数一并处理。

　　其实上述式(1)答数为正值时,也存在分税制调库的要求,也要计算免抵税额。在式(1)的计算中内销应纳税额已经把出口相对应的进项税额全部抵顶完,所以共享增值税也应和中央专负的出口退税进行调库结算。因为此时应退税额为"0",故免抵退税额的金额都是免抵税额。(参看后述 4-2-3 分录部分)

　　小结:现假设一些简单数字例,来解释式(1)、(4)、(6)式的作用。(单位:万元)

　　[假设1]　内销销项税额 10,内外销共同进项税额 12;免抵退税额 9,则:

　　[式(1)]应纳税额＝10－12＝－2,绝对值为 2;

　　[式(6-1)]2＜9,故可申请中央财政退税(应退税额)＝2;

　　[式(6-2)]未获退还的出口品相应进项税额＝9－2＝7。

　　以上 2 部分共同达到了退税总限额的要求。

　　其余共同进项税 12－2－7＝3;

　　余下销项税额 10－7＝3;

　　这两项为抵扣内销相应进项税额在"应交税费"多栏式明细账上相抵扣,自行平衡。

　　[假设2]　共同进项税额 22;余同上例,改用简图示意如下:

---

① 如按会计人员用语习惯中"①期初余额＋②本期发生额－③本期减少额＝④期末余额"来看,"期末留抵税额"应指第④项,而不是①＋②项的合计数。在♯7软件中要仔细辨别。

本书虽然引列了税务总局财税[2002]第 7 号文原文而列示式(6)计算的起点是期末留抵税额,但是原文未给出定义。据"增值税纳税申报表"所列组成看,它是式(6-2)的计算终点,并非起点。这就使人无从着手了。

在 1994 年初涉免抵退法至 2002 年前的税务文件中,一直有与式(6)同等内容的应退税额计算式,其计算出发点是"未抵扣完的进项税额",而这一税额的来源就相当于第 7 号文的式(1)的答式。本书就按此作原理性解释。

又 7 号文要求期末留抵税额要按"增值税纳税申报表"取值,这是间接要求免抵退税申报表与"应交税费——应交增值税"账户三者之间严格一致;不一致时要求作"前期损益"调整。因为牵涉细节太多,本书从略。

所有这些都在税务软件中自动处理了。财会人员只能按照税务部门"免抵退税审批通知单"中的应退税额和免抵税额入账,无从细究。

第七章 出口业务会计

$$1 \longleftrightarrow 22 \begin{cases} 10 & 抵扣共同进项税额 \\ (-)12 \longleftrightarrow 总限额 9 \begin{cases} 9 & 全额抵顶＝免抵税额 \\ 3 & 递延至后期处理 \end{cases} \end{cases}$$

[假设3] 内销销项税额10;共同进项税额9;免抵退税额5。

$$10 \longleftrightarrow 9 \begin{cases} 4 & 抵扣内销进项税额 \\ 5 & 按总限额抵顶出口退税(应退税额＝0) \\ (+)1 & 上交 \end{cases}$$

D. 免抵退税申报汇总表填写示意

我国税务总局早就开发了"口岸电子执法系统-出口退税子系统"。上列7个计算式的操作,在实践中是由企业按月向税务系统在线申报原始信息,由该子系统自动生成申报汇总表的。列示该表大意如图表7-6所示。

图表7-6

免抵退税申报汇总表(简化示意)

项 目	栏次及构成内容
免抵退出口货物劳务销售额(美元)	1【即式(2)中所据FOB原值】
免抵退出口货物劳务销售额	4【按月初汇率折合,月内不变】
不予退(免)税出口货物销售额	19【国家规定不予退(免)税的出口货物人民币销售额等。根据出口货物电子信息及企业申报情况统计填报。】
出口销售额乘征退税率之差	20【即式(2)中FOB折合总值×(征税率－退税率)】
……	
免抵退税不得免征和抵扣税额抵减额	24【即式(3)】
免抵退税不得免征和抵扣税额	25【即式(2)中的减项】
……	
免抵退税计税金额乘退税率	27【即式(4)第一项,计算免抵退税额的基础】
……	
免抵退税额抵减额	31【式(4)中的减项】
免抵退税额	32【式(4)结果】
……	
……	
计算退税的期末留抵税额	35【即式(1)的负值答数】
当期应退税额	36【即式(6)】
当期免抵税额	37【即式(6)】

4-2-3 免抵退法的会计处理

2006年会计准则《应用指南》对于免抵退法的分录丝毫没有涉及,财会人员必须自行判断。一般认为和现税务办法(2002版)相匹配,免抵退法下可能有4种类型的会计处理,如下图表7-7:

图表7-7

四型会计处理

类型	式(1)答数	和式(4)限额相比较	资金处理	主干会计后果
①	正	不作比较	① 免抵退税额全额转账 ② 正值余额常规上交国库	借:抵减内销…… 贷:出口退税 借:已交税金 贷:银行存款①
②	负	负值<限额	① 申请退税 ② 申请后下余限额转账	借:应收出口退税 贷:出口退税 借:抵减内销……
③	负	负值=限额	申请退税;申请后无余	借:应收出口退税 贷:出口退税
④	负	负值>限额	按免抵退税额申请退税 其余留抵	借:应收出口退税 贷:出口退税 留抵税额月末转"未交增值税"子目②

【例】 现运用简单数字例,演示其主要流程。

设有一棉纺厂,购入原棉纺纱(无免税购料)。4种情况的假设资料如图表7-8所示。

图表7-8

假设进销税额资料　　　　　(金额单位:万元)

类型	内销销项税额 (纱吨数×单价 2.5×17%=)	净进项税额 (棉吨数×1.5×17%- 不得免抵0.30=)	应纳税额	免抵退税额 (出口纱吨数×单价 3×15%=)
①	20　…　=8.5	30　…　=7.35	1.15	5　…　=2.25
②	20　…　=8.5	40　…　=9.9	-1.40	5　…　=2.25
③	20　…　=8.5	43.333　…　=10.75	-2.25	5　…　=2.25
④	20　…　=8.5	50　…　=12.45	-3.95	5　…　=2.25

为了简化举例,这里只假定购料量有变,如果内外销量、单价、退税率另作假定,结果自有不同。但划分4种情况的原理总是一样的。

类型1:式①答数为正值。(相抵有余,无须申退,尚待上交)

---

① 如在当月内未上交,则月末时先作"借:应交税费……(转出未交增值税),贷:应交税费——未交增值税"。见后段说明。
② 第④型虽与①情况相反,属未抵扣进项税额,余额在借方,但现规定合并用一个"未交增值税"科目。

分录1-①　　借：主营业务成本　　　　　　　　　　　　　0.30
　　　　　　　贷：应交税费——应交增值税（进项税额转出）　0.30
　　　　　　　外销纱不得免税抵扣额转作成本：5×3×(17%－15%)

　　1-②　　借：应交税费——应交增值税（出口抵减内销产品应纳税额）
　　　　　　　　　　　　　　　　　　　　　　　　　　　　　2.25
　　　　　　　贷：应交税费——应交增值税（出口退税）　　　2.25
　　　　　　　外销纱相对应进项税全部按免抵退税额抵顶内销税，作为就地支付退税

　　1-③　　借：应交税费——应交增值税（转出未交增值税）　1.15
　　　　　　　贷：应交税费——未交增值税　　　　　　　　　1.15
　　　　　　　月末未交内销抵扣和抵顶后的应纳税额的余额：
　　　　　　　8.5－净共同进项税（7.65－不得免抵0.3）

　　1-④　　借：应交税费——未交增值税　　　　　　　　　1.15
　　　　　　　贷：银行存款　　　　　　　　　　　　　　　　1.15
　　　　　　　次月交库

说明：上列会计处理的依据，已在4-2-2中详细讲述过了。其原始凭证就是免抵退税申报汇总表及税务局"免抵退审批通知单"。

类型2： 式(1)答数为负值。且未抵扣税额＜免抵退税额。（未抵扣额全退，倒轧额抵顶）

分录2-①　　（剔税同上1-①）

　　2-②　　借：应收出口退税款1.40　　（金额等于当期应退税额）
　　　　　　　　应交税费——应交增值税（出口抵减内销产品应纳税额）
　　　　　　　　　　　　　　　0.85　　（金额等于免抵税额）
　　　　　　　贷：应交税费——应交增值税（出口退税）
　　　　　　　　　　　　　　　2.25　　（金额等于免抵退税额）
出口按规定限额分别申请退税和抵顶内销税

　　2-③　　借：银行存款　　　　　　　　　　　　　　　1.40
　　　　　　　贷：应收出口退税款　　　　　　　　　　　　1.40
次月退税到账

类型3： 式①答数为负值，且未抵扣税额＝免抵退税额。（未抵扣全退，无余额）

分录　　[同上，但②中无"应交税费——应交增值税（出口抵减…）"]

类型4： 式①答数为负值，且未抵扣税额＞免抵退税额。（未抵扣额尽限额

退,不足数递延后期处理)

  分录 4-① (剔税同上 1-①)

    4-② 借：应收出口退税款   2.25
         贷：应交税费——应交增值税(出口退税) 2.25

未抵扣总额 3.95 可尽免抵退税额的限额申请退税

    4-③ 借：应交税金——未交增值税   1.70
         贷：应交税金——应交增值税(转出多交增值税)① 1.70

未抵足留抵额(3.95－2.25)延至后期一并处理

    4-④ 借：银行存款   2.25
         贷：应收出口退税款   2.25

次月退税到账

  又假定次月仅购棉 10 吨,其余条件不变,则：

    4-⑤ 借：应交税金——应交增值税(转出多交增值税) 1.70
         贷：应交税金——未交增值税   1.70

冲销上月期末留抵税额,转入本月合并处理

    4-⑥ (同上分录 1-②)
    4-⑦ 借：应交税费——应交增值税(转出未交增值税) 4.75
         贷：应交税费——未交增值税   4.75

月末未交内销抵扣和抵顶后的应纳税额的余额：

    本月应纳税额 $=8.5-(10\times1.5\times17\%-0.30)-$ 上月末留抵税额 1.70
         $=8.5-2.05-1.70=4.75$

  说明：可见上月底是财政少退,而本月底已转为企业欠缴了。这就是超购后各月有可能销多购少的自然平衡作用。

  4-3 应交增值税余额的月末转户

  "应交增值税"子目的期末借方余额反映多交或尚未抵扣的增值税,期末贷方余额反映企业尚未缴纳的增值税。

  但这样处理后,一方面,当企业在以前月份有欠交增值税的情况下,可能会把税法规定本应由以后月份抵扣的增值税去抵扣了以前月份欠交的增值税,这是不合理的。另一方面,从不同的企业来看,一些企业某一月份可能是

---

① 注①参看次页 2-6。这里把已交进项税未获抵扣,视同多交,借项是合用一个"未交"账户,以便抵减。

欠交增值税,而另一些企业可能是尚未抵扣增值税,当汇总若干个企业的"应交增值税明细表"时,就不能直观地反映某一期间企业是欠交增值税还是尚未抵扣增值税。此外,应交增值税子目的借方余额也不能直观地看出是尚未抵扣的进项税额还是多交的增值税额。鉴于以上原因,为了分别反映增值税一般纳税企业欠交增值税款和待抵扣增值税的情况,确保企业及时足额上交增值税,1995年7月财政部对增值税的会计处理作了如下补充:

企业应在"应交税费"科目下设置"未交增值税"子目,核算企业月终时转入的应交未交增值税额,或多交的增值税额。并相应地在"应交增值税"子目下增设"转出未交增值税"和"转出多交增值税"专栏。每当月终,企业应将当月发生的应交未交增值税额自"应交增值税"子目转入"未交增值税"子目。

借:应交税费——应交增值税(转出未交增值税)
　　贷:应交税费——未交增值税

如当月有多交的增值税,则作分录如下:

借:应交税费——未交增值税
　　贷:应交税费——应交增值税(转出多交增值税)

当月上交本月增值税时:

借:应交税费——应交增值税(已交税金)
　　贷:银行存款

当月上交上月应交未交的增值税时:

借:应交税费——未交增值税
　　贷:银行存款

这样,应交增值税子目的期末借方余额就反映尚未抵扣的增值税了。同时还修改了应交增值税明细表的格式见图表7-9。

图表7-9

应交增值税明细表

会工(或会商等)01表附表1

编制单位:　　　　　　　　　　　年　　　月　　　　　　　　　　单位:元

项　目	行次	本月数	本年累计数
一、应交增值税:			
1. 年初未抵扣数(用"—"号反映)	1	×	

(续表)

项　　　　目	行次	本月数	本年累计数
2. 销项税额	2		
出口退税	3		
进项税额转出	4		
转出多交增值税	5		
	6		
	7		
3. 进项税额	8		
已交税金	9		
减免税款	10		
出口抵减内销产品应纳税额	11		
转出未交增值税	12		
	13		
	14		
4. 期末未抵扣数(用"-"号填列)	15	×	
二、未交增值税:			
1. 年初未交数(多交数以"-"号填列)	16	×	
2. 本期转入数(多交数以"-"号填列)	17		
3. 本期已交数	18		
4. 期末未交数(多交数以"-"号填列)	19	×	

4-4　不可退税部分视同内销的特殊问题

从 2006 年 7 月 1 日起,出口产品不退税部分应视同内销计提销项税额或征收增值税。国税发[2006]第 102 号文的相关规定如下:

1. 需视同内销计提销项税额或征收增值税的范围:

(1) 法令法规明确规定不退增值税的(例如电解铝、铁合金等)。

(2) 未在规定期限内申报退税的,或虽已申报,但未在限期内向税务机关补齐有关凭证的。

(3) 未在规定期限内申报开具《代理出口货物证明》的。

(4) 生产企业出口的外购货物,但规定视同自产产品的除外,例如 2000 年规定的采用本公司商标的外购产品、配套产品、同集团产品、回收加工产品等四类外购货物。(参看 4-5)

2. 一般贸易方式出口的上述货物(进料加工另见第十章)的销项税额按含税价格的方式分析算出:

$$\frac{销项}{税额} = \frac{出口货物}{离岸价} \times \frac{外汇人民}{币牌价} \times \frac{法定税率}{1+法定税率}$$

3. 原来已计入成本部分,可转为进项税额。

(1) 生产企业已按免抵退法计算不得免抵并已转入成本科目的,可以转回进项税额三级科目。

(2) 外贸企业已将征税率与退税率之差转入成本的,可将此差额及原已转入应收出口退税的金额,一并转入进项税额三级科目。

4. 允许进项税额抵扣的要求:

(1) 增值税专用发票必须由防伪税控系统开出并经过认证。

(2) 必须在申报退(免)税截止期30天内凭《进项发票明细表》向税务机关申请开具《外贸企业出口视同内销征税货物进项税额抵扣证明》,并凭《证明》在下一个征收期内申报抵扣,超过期限的,不予抵扣。

(3) 抵扣的进项税额必须小于或等于《证明》所列税额。

【例】 某外贸公司于20×8年5月25日购入汽车配件一批,出口到某国,购入时计税价格为¥200 000,增值税为¥34 000。5月28日,报关出口,外销价为FOB上海USD 36 000。当日中间汇率为6.1295。5月30日,办好发票认证手续。当地税务机关以每月10日为该公司的退税申报日。9月10日,因退税单证不齐,公司无法申报退税。9月15日,该公司向主管退税机关申请开具《外贸企业出口视同内销征税货物进项税额抵扣证明》。9月30日,税务机关审核后开具《证明》交给企业。汽车配件的退税率为11%。

作成分录如下:

(1) 5月25日,购入汽车配件。

借:商品采购 200 000
　　应交税费——应交增值税(进项税额)——外销 34 000
　贷:银行存款 234 000

(2) 5月25日,配件入库。

借:库存商品——出口商品——汽车配件 200 000
　贷:商品采购 200 000

(3) 5月28日,报关出口。

借:应收外汇账款——××客户 220 662
　贷:主营业务收入——自营出口(USD 36 000×6.1295) 220 662

(4) 5月28日,结转成本。

  借:主营业务成本——自营出口   200 000
    贷:库存商品——出口商品——汽车配件   200 000

(5) 5月28日,计算出口退税。

  借:其他应收款——应收出口退税——应交增值税   22 000
    贷:应交税费——应交增值税(出口退税)(234 000÷117%×11%) 22 000

(6) 5月28日,不予退税部分转入成本。

  借:主营业务成本——自营出口   12 000
    贷:应交税费——应交增值税(进项税额转出)   12 000

(7) 9月15日,因截止期内单证不齐,未申报退税,视同内销,冲减5月份已入账自营出口收入。

  借:主营业务收入——自营出口   220 662
    贷:主营业务收入——视同内销   220 662
     应交税费——应交增值税(销项税额)——视同内销 [220 662÷(1+17%)×17%] 32 062.00

(8) 9月15日,冲减原转成本数。

  借:主营业务成本   12 000
    贷:应交税费——应交增值税(进项税额转出)   12 000

(9) 9月15日,冲减原拟申报退税款。

  借:其他应收款——应收出口退税——应交增值税   22 000
    贷:应交税费——应交增值税(出口退税)   22 000

(10) 9月15日,凭税务机关所开《证明》,将外销进项税额转为视同内销进项税额。

  借:应交税费——应交增值税(进项税额)——视同内销   34 000
    贷:应交税费——应交增值税(进项税额)——外销   34 000

(11) 9月30日,计算应交增值税。

借：应交税费——应交增值税(转出多交增值税)　　　　1 928.00
　　贷：应交税费——未交增值税　　　　　　　　　　　　1 928.00

(12) 10月×日，进行增值税纳税申报后，上交增值税。

借：应交税费——未交增值税　　　　　　　　　　　　1 928.00
　　贷：银行存款　　　　　　　　　　　　　　　　　　1 928.00

4-5　外购视同自产商品实行"免抵退"法

生产企业出口购自他厂但未经本企业加工的商品，能否获得退税待遇？以往在国有专业外贸公司垄断外贸经营权时，这显然是不可能的，但是在外贸实践中经常会有生产机械的企业要代国外客户配套供应相应规格的电动机、电子测试仪表等，诸如此类。国家税务总局自 2000 年年末生产企业 4 类视同自产产品的出口退税。其后直到 2004 年 7 月，国家税务总局为了使出口退税适应外贸经营权放开后的需要，鼓励生产型出口企业利用国际销售网络扩大出口，才谨慎地开始了在列名企业范围内的外购产品出口退税试点工作，以积累起为了鼓励出口，开始实施对生产企业收购非自产产品出口退税的政策。

最早只包括 4 类视同自产产品：

(1) 外购的与本企业所生产的产品名称、性能相同，且使用本企业注册商标或外商提供给本企业使用的商标，同时还要是出口给进口本企业自产产品的外商，三个条件齐备。

(2) 外购的与本企业所生产的产品配套出口的产品；其出口给进口本企业自产产品的外商的用于维修本企业自产产品的工具、零配件。

(3) 收购经主管有出口退税的税务机关认可的集团公司(或总厂)成员企业(或分厂)的产品；但此集团公司必须是经县级以上政府主管部门批准控股，集团及成员企业均实行生产企业财务会计制度的。

(4) 委托加工收回的产品，但只限出口给进口本企业自产产品的外商的。其后已大加细化[①]。最早只限指定的少数企业试点，其后已扩大到全部生产企业。

---

① 细节繁杂，有需要时可从网上查阅税务总局 2012 年♯39 文的附件 4 及 5，及 2012 年♯65 公告的附件了。

第五节　出口收汇核销制

出口收汇核销是指对境内企业的出口货款(包括服务贸易收入等)的外汇资金,是否及时汇入境内的一种跟踪监督措施。

在我国缺汇时期,实行"宽进严出"的外汇政策,时有不法商人以各种手段逃汇。从1991年起,我国开始实行出口收汇核销制,以防止"出口少收汇"。做法是对每笔出口业务都要到外汇局申领一张专用核销单,使其随同其他货运及结算单证一起运转,在收汇后向外汇局申报核销。

其后曾有过种种改进,如随着海关、外贸、外汇、银行、税务等单位的电子执法系统的建成,进行了局部"无纸化";又如对出口企业分类区别对待,对一部分出口收汇荣誉企业及国际收支申报率高(如达到95%以上)的企业实施事后的总量核销,其余企业则仍实行逐笔逐批核销,诸如此类。

出口收汇核销制对防止外汇逃漏,起了重大的作用,但也花费了很大的人力、物力与财力。

自从2001年年末我国加入WTO以后,依靠连续多年的外贸及引进外资的双顺差,使得我国的外汇储备从2百多亿美元猛增到2006年的8千多亿美元,占据世界第一位。随后又在2011年3月末超过了3万亿美元。一段时间来进入汇多为患的处境。外汇管理措施不断反方向发展(例如,2008年前后停止了强制结汇制,到2011年开始试行了出口收汇存放境外自行收支的办法)。

再加上随之而来的国外资金对人民币长时间升值的预期,我国的外汇管理进一步转向筑堤防堵"热钱",目标转变为防止"出口多收汇"(热钱变相潜入我国),出口收汇核销的紧迫性越见淡化。外汇管理局自2011年末起先后在全国取消了核销措施,进行了货物贸易外汇管理制度的改革。(参看第三章6-1-4)。

复习思考题

1. 出口销售应在何时确认其成立?试从业务角度、法律角度和会计角度说明如何判断出口销售成立的时点。如何辨认"风险和报酬"的转移点?

2. 出口销售不问何种贸易条款都要以FOB为统一入账口径的要求应如何理解?在CIF成交的情况下,对会计有何要求?在会计"接轨"后有无必要采用"红蓝字冲账法"?

3. 代理出口与自营出口的根本区别何在?试对比两者在分录、财务及税负上的不同。

4. 什么是代理买断制?如何剖析其实质,它究竟是代理制还是买断(收购)制？产生这种混合形式的客观条件是什么？

5. 出口退税的目的何在？出口退税的原则是什么？退税的会计科目应如何选用？

6. 出口可以退税的商品和企业有什么范围的限制？退税要进行什么手续？

7. 在代理出口时退税手续由谁办理？最终退给谁？

8. 降低退税率及不能及时退税对外贸企业的业务开展和资金周转率可能有什么影响？

9. 什么是免抵退税额，什么是免抵税额？要不要转账？

10. 税总统一软件的 7 个算式是如何保证不出不退，有出必退的要求的？

11. 上述软件中式 6-1,6-2 内的本期期末留抵税额，具体是指什么数字？

习　题

习题 7-1

一、要求　按下列凭证作成自营出口全面会计分录(运费进项抵扣暂从略)。

二、资料

① 20×5 年 5 月 1 日合同副本：上海 A 工业自营出口厂与瑞士 B 公司订立出口手帕 10 万打的合同，单价 CHF 5/打 CIF 汉堡。B 公司在汉堡驻有分公司代办接货转运及货款结算事宜。

② 5 月 2 日增值税专用发票：原料 120,S 烧毛纱 RMB 100 万，税率 17%；5 月 9 日增值税专用发票：染纱加工费 RMB 10 万，税率为 17%。

③ 5 月 10 日 B 公司开来德国汉堡市银行即期付款信用证(HB12345 号)，由德累斯登银行上海分行通知 A 厂，并任付款行。装运限期 6/10,有效期 6/20。通知手续费 1‰,汇率为 CHF 1＝RMB 5。

④ 5 月 24 日入库单：成品手帕 11 万打，生产成本 RMB 220 万。

⑤ 6 月 1 日本厂仓库出库单：库存成本每打 RMB 20。

⑥ 6 月 2 日人民保险公司保险单：保险费 CHF 15 500。又商品检验局检验费 3‰人民币收据。购汇水单上汇率同前。

⑦ 6 月 5 日市内运费单据 RMB 4 000。又报关单副本一联。

⑧ 6 月 7 日海运提单副本，海运运费单据 USD 20 000。购汇水单上汇率为 1∶8。

⑨ 6月9日本厂业务科发票：内容同合同，号码CN23456，汇率同前。

⑩ 6月10日财务科作成汇票并连同全套商业单证向德累斯登银行上海分行交单，要求付款。当天结汇，另在收入外汇中扣除手续费1.5‰及单据邮递费、电报费共CHF 30。结汇水单上汇率为1∶5.01，并另向该行购汇委托汇付德方中间商CHF佣金2%，汇款手续费1‰，购汇水单上汇率5.035。

⑪ 6月15日出口退税申报表；退税率13%。

⑫ 7月20日收到汉堡B公司索赔函，因每箱内少装，共短量500打，要求按原CIF价赔偿，附SGS公证行商检证书。当即向德累斯登银行购汇汇付CHF 2 500，并付汇款手续费1‰。购汇水单上的汇率为5.030。

习题 7-2

一、要求 根据下列代理出口有关资料，作成外贸公司结算清单及有关会计分录。

二、资料

1. 某省A毛纺织厂委托某市纺织品进出口公司出口货号No.1234花呢1 000米，每米USD 16 CIP巴黎B百货公司，代理手续费3%，当天汇率8.2。A厂将该批呢绒运交外贸仓库，仓库开出盖有"代理业务"戳记的"代管物资"入库单，送达公司。

2. 公司业务科代办托运手续后，开出"代理业务"出库单。代付国内运杂费用人民币800元，商检费人民币500元。

3. 货物装船后备齐全套单证，按信用证规定向银行办理交单，当天汇率8.18（采用直接记入"主营业务收入——代理费收入"的方式）。

4. 按当地结汇方式由外贸公司向银行议付后结汇。议付息6%，扣息期12天，议付手续费1.5‰，单据寄送邮费USD 20，当日汇率8.22。银行开出结汇水单。当即列示汇总损益。

5. 外贸公司先后代付国外公司运杂费USD 800、国外保险公司保险费USD 300、国外佣金USD 800、汇出汇款手续费1‰，汇率均为8.25。

6. 编制代理货款结算清单，划拨结余人民币款。

第八章 进口业务会计

进口是外贸企业的基本业务之一。引进设备和原材料自用或自营销售，进料加工和来料加工，均有重要作用。本章将就进口业务会计的特点等问题，作一叙述。下一章将讲述进料加工及来料加工会计的特点。

第一节 自营进口的会计

1-1 体制背景

我国以往实行的是计划经济下的垄断外贸体制，进口业务相应有其特殊性。

以往在很长的时期内，进口贸易主要由外贸专业公司集中统一经营，一般企业没有外贸经营权。特别是加上外汇管理的严格性，更助长了这种垄断经营的局面。

在1994年外汇管理体制的改革中，取消了经常项目正常对外支付用汇的计划审批；同年的外贸体制改革放宽了对一部分生产企业、商业物资企业、科研单位等的外贸经营权。1997年开始准许设立外商投资及民营的专业外贸公司，给予外贸经营权。如前述，至2001年12月11日，我国加入WTO的《议定书》规定了三年内要对国内所有企业开放外贸经营权。2004年新的《对外贸易法》公布，自7月1日起全面放开了外贸权。从此计划垄断外贸制终于完全丧失了存在的条件。

1-2 进口业务程序及其与会计的关系

进口业务方面的经济活动，是进口业务会计的工作对象。为了能对进口过程中的事项，在会计上进行及时正确的记录、分类、汇总、列报，会计人员必须先对进口业务的具体过程获得一定程度的了解，并据此背景来组织原始凭证的来源、设计会计科目与子目的分类及账簿的格式，研究如何对账项定性与定量等等。在本书第一章已对具体的进口业务程序列成示意图，并在第三至第六章划块作了有关解释，希读者自行就图表2-2作一回顾。本章就进口业务的顺序将各个环节贯穿起来，说明其相关的会计业务，既扼要呼应钩稽，又稍有丰富发展。

在上述各步骤中，和财会直接相关的有资金及开证，审单、购汇赎单，纳税，入库，索赔等六个环节。在专业外贸公司的自营进口则其后还有国内销售及结算环节。

1-3 自营进口业务的会计

自营进口业务会计的全流程可列示如下：

图表 8-1

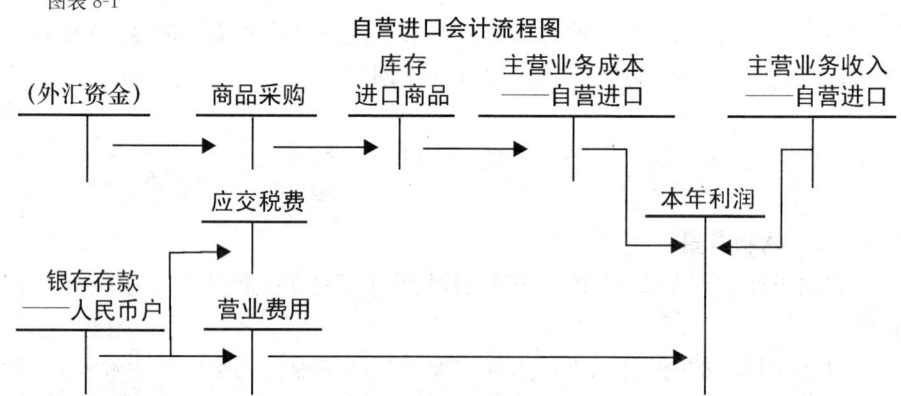

自营进口会计流程图

1-3-1 资金来源

自营进口所需的外汇资金，主要有以下三种来源：

第一，现汇存款户。

第二，购汇。

第三，有境外投资、贷款、发行境外债券单位的存款户——主要用于设备进口，往往有"三贷"，转贷款和补偿贸易一类资金，这将在第十二章说明。

1-3-2 开具信用证，备妥信用证存款

进口货物通过进口交易的协商，在签订进口合同时，要选定货款的支付方式是托收还是信用证。现就第六章所述信用证支付的手续呼应如下：

根据信用证申请书及进口合同的金额，填写支取凭条（外汇存款支票，如图表8-2），向银行办理从外汇结算往来户转入信用证存款专户，或用人民币作信用证保证金。

如信用证存款专户以前已开立，也可用外汇划款凭证（委托付款）一式五联（图表 8-3），向银行办理划转，《外汇划款凭证（委托付款）》包括"回单联"、"支款凭证"、"收款凭证"、"收款通知"及"附件联"共五联。凭其中第三联由结算往来户转入信用证存款专户。

第八章　进口业务会计

图表 8-2

（付出）
- □活期外汇存款
- □外汇专户活期存款
- □其他金融机构往来

支 取 凭 条
DRAWING SLIP

中 国 银 行 台 照
To BANK OF CHINA

账　号
Account No. ....

日期
Date ....

请付
Pay ....

小写金额
In Figures ....

签　章
Signature ....

主管　　　会计　　　出纳　　　复核　　　记账　　　核对印鉴

图表 8-3

中国银行××分行
外汇划款凭证（委托付款）
年　月　日

①

付款单位	全称		收款单位	全称	
	账号			账号	
	开户银行			开户银行	
借方金额	亿千百十万千百十元角分	牌价 @	贷方金额	亿千百十万千百十元角分	回单联
转账原因		（付款单位银行盖章）复核　　记录			

　　按国外银行惯例，如果平时与银行往来紧密，企业信誉好，有的银行直接给予授权开证额度，不收开证保证金，有的则允许企业与开证银行签订协议，由开户银行为企业担保，出具不可撤销担保函，也可不预存信用证存款，只要在货到时，准备款项直接支付。开证时要使用"其他货币资金——信用证存款"账户，借方记录根据支取凭条或外汇划款凭证自银行结算往来户转入，作分录如下：

　　借：其他货币资金——信用证存款
　　　　贷：银行存款（外币户或人民币户）

该账户的贷方记录要待收到境外供货单位正本提单等全套单证,经后述审单程序后作出,待次段一并叙述。

1-3-3 审单及赎单

在进口方开出信用证,对方出口商接证后,即着手备货或投产,完成后装运发货,并向其承办银行交单。

进口企业收到开证行转来的全套单证后,仍要根据"单证一致、单单一致"的要求逐项仔细审单,全套单证通常有二三套正本。其中至少有一套单证要交由业务部门审查是否接受。如不接受,必须于三五天内将原单证全部退回银行,对外拒付,因为银行的最大合理审单期只有 5 天。如果接受,则业务部门要填写"审单明细表"送财务部门复查后通知银行付款。业务部门至少保存一套单证,还有一套要交运输部门等待报关提货。审单要求将在第十一章细述。财务部门还要审查运、保、佣等开支。

关于进口审单,在我国计划经济时期,根据前外贸部和中国银行总行联合制定的对资本主义国家贸易结算办法的规定,要以外贸公司为主,以免银行审后企业再审的重复工作。因此,国外银行寄来索偿通知书及全套单证时,只在核对单证种类,份数及金额后,开出"进口托收/信用证单据通知书"(或称单据转送清单)一式多联(图表8-4),附上全套单证送外贸公司代审。审单如获通过,公司即将上述"单据通知书"第二联"付款确认书"盖章退回银行,同时办理付款,银行随即对国外偿付。如果发现不符点决定拒付,则要退回原通知书及全套单据,以便银行对国外退单拒付。应该说这种实践是计划经济的产物,它的依据是外贸公司和中国银行都是国有的,这不是国际通行做法。但在转型后还在沿袭这种实践。在市场经济下银行与企业都是独立法人,各有自己的经济责任,当然必须各自审单。2006 年起外资银行全面进入我国经营各类业务后,更不待言。

审单获通过后,对即期信用证即要购汇支付或从自留外汇存款户中支付,对迟期付款的信用证或见汇票后××天付款的远期信用证则在到期日付款,这称为赎单。付款后方可正式运用所取得的单据。

国际上银行实践多只收取部分开证保证金,因此,信用证存款户的资金多数不足以付清货款,常要作购汇补足差额。

现将目前我国国有银行所用购汇申请书的格式例示如图表8-5。申请书应作为"贷:银行存款——人民币户"的原始凭证附入,但所购外汇由银行直接对外支付,在企业账上并无表现。

第八章 进口业务会计

图表 8-4

× × 银 行

进口 托　收 单据通知书　①
　　信用证

公司　　　银行通知编号　　　　　　　　通知日期：　年　月　日

议付行/托收行	支 付 方 式	到 期 日	金　　额
			总　　计

① 　　　　　　　　兹送上下列单据，请查收

Inv.	P/WList	B/L	AWB/Mem.	Ins. Pol/Cert	Cable	Benf. Cert.	Cert.	Cert. Qly/Qty

（　）信用证项下，从单据通知的次日算起，请你公司在三个工作日内务必答复我行是否付款（如拒付，须有确凿单证不符，并经我行复审，同时退回全套单据）。我行在五个工作日内未获答复，则认为单据已被接受，将主动扣你公司账对外付汇。

（　）托收项下，从单据通知的次日算起，请你公司在三个工作日内务必审单并答复我行是否付款。如拒付，须提出确凿不符点供我行复审，同时退回全套单据。

（　）上列信用证单据有下列不符点：

××银行

图表 8-5

购买外汇申请书

××银行：

　　我公司为执行第＿＿＿＿号合同项下对外支付，需向贵行购汇。现按外汇局有关规定向贵行提供下述内容及所附文件，请审核并按实际付汇日牌价办理售汇。所需人民币资金从我公司＿＿＿＿号账户中支付。

1. 购汇金额：
2. 用　　途：□进口商品　　□从属费用　　□索退赔款　　□其他
3. 支付方式：□信用证　　　□托收　　　　□汇款　　　　（□货到付款　□预付货款）
4. 商品名称：
5. 数量：
6. 合同号：
7. 发票号：　　　　　　金额：
8. □一般进口商品，无须批文。
　　□控制进口商品，批文随附如下：
　　　　□进口证明　　　□许可证　　　□登记证明　　　□其他批文
　　　　批文号码：　　　　　　　　批文有效期：

(续表)

9. 附件：□批文　　　□合同/协议　　□发票　　　□正本运单
　　　　　□报关单　　　□运费单/收据　□保险费收据
　　　　　□佣金单　　　□关税证明　　□仓单　　　□其他

申请单位_____（盖章）
年　月　日

银行审核意见_____银行业务编号
上述内容与随附文件/凭证描述相符，拟按申请书要求办理售汇。
经办人：　　　　　　复核人：　　　　　　核准人：
售汇日期：　　　　　　　　　　　　　　　经办人：
（加盖售汇专用章）

1-3-4　进口确认及计量的特点

进口的确认和国内采购相同，以所有权的转移为准。从法律上说，出口方对银行交单已构成交货，所有权已经转移。从会计上说，则要等待开证银行向进口方交单，才可获悉。

此时要设立"商品采购"（或"在途物资"账户，下同）账户，并根据发票等全套单证，先后作成分录如下：

① 借：应交税费——应交增值税（进项税额）
　　贷：银行存款
② 借：商品采购
　　贷：其他货币资金——信用证存款（指即期信用证付款）
　　（或）应付票据（指远期信用证经银行承兑）（或）银行存款（补付）

"商品采购"账户是用以汇集进口商品的全部成本的过渡性账户，等待① 成本及附属费用齐全；② 商品到货，入库单送出后，转入"库存商品"账户（但实践中有"单到结算"与"货到结算"两种，也有直接转入"商品销售成本"账户的情况，见后文）。而其借方余额代表在途商品。

由此可见，"商品采购"首先是反映采购商品的成本计算账户，为此，应按商品品种分别开立平列式（入账及销账在同一横行）的进口商品采购明细分类账。

计量的标准

进口商品按实付货价及从属费用为准，即采用历史成本原则。

但在我国，进口商品的成本范围是否包括到达口岸以后的运杂费用，有两种会计规范。分析如下：

（1）通常在《财务会计》学科中认为存货（包括商品在内）的计价原则是："购价（发票价格）+附属成本（运杂费等）"。认为从理论上说，凡是达到企业可使用状态前的一切开支（购、运、存、管）都应计作存货的资产价值，然后随同其领用、消耗而转为已耗的成本。但也从"重要性"原则出发，将一部分间接费用计为期间费用直接计入本年利润。在我国工业企业历来将市内运杂费简化列为管理费用。在国外，附属成本分为入库前后的两个部分，通常也只把购运支出计入资产价值；至于商品进入企业后的存储、保管、处理（如检验、分割、挑选整理）等开支，除物资、施工等行业这类支出比重较大，要计入相应存货的价值以外，一般都作为当期的管理费用，计入本年损益。2006年的我国《准则》也从之。

（2）国际关税实践惯例（和海关统计口径相一致）进口商品的国外进价要以 CIF 的范围为准（如前述，出口以 FOB 为准）。如对外成交合同以 FOB 为准的，则应另加入商品离开对方口岸后，应由我方负担的运杂费、保险费、佣金等费用，作为商品的进价。

从而在我国，从1993年会计"接轨"时起，对商品流通企业，特别是外贸企业，在进口商品的附属成本的处理上另有一个与一般行业不同的特点，即……商品到达我国口岸目的港后发生的费用计入经营费用……这样做的结果，就会使外贸进口商品与国内商品采购不同——外贸进口按到岸价格（CIF）划界，将附属成本以口岸为界分为两段：一段进资产价值，一段作期间费用。

其中外贸进口附属成本以 CIF 划界的处理，似不无可议论之处。虽然海关业务统计采用进口按 CIF、出口按 FOB 为准是国际贸易中的划一口径，但是会计中的资产计价与利润计算、纳税义务都有关联，不是单纯的业务统计问题，必须服从公认会计原则。两者使用场合不同，似乎不必强求一致。特别是我国幅员辽阔，目的港与中西部地区企业所在地相距遥远，国内运杂费有可能为数不小，从会计的"重要性"原则看，似也宜区别对待。目的港与目的地的差别在国际商会的《贸易条款》中反映为 CIF、CFR 与 CIP 及 CPT 两组条款的差别。特别是在今日集装箱运输发展较快，在"门到门"等新型运输方式之下必然包括国内段运费，要严格执行 CIF 划界标准将是困难的，又何况还有陆、空运方式，如何"换算"为 CIF，更是难题。（参看第五章1-4-1进口关税计税基础的改变规定）①

---

① 从会计原理看，成本应该和风险及收益的划界相匹配。因此，编者认为凡 CIF 以远的价格条款，划界应相应延后。

1-3-5 报关、纳税、接货及拨交

在付款赎单后,经过一段货物运程时间即可到货。到货后应即向海关申请报验(现行实践进口货物报关期限为装载该货物的运输工具申报进口后14天内),经海关查验,并按规定办理纳税手续后,才可放行。

报关可由进口企业自行办理或委托外贸货运代理公司或专业的报关公司办理。报关时作电子申报或填具《进口货物报关单》,随附发票、提单或检验证书(凡需进口许可证的商品,须递交进口许可证)等向海关申报进口,经海关查验认可后,纳税放行。在卸货时,港务局要进行卸货核对。如发现货物残损,应将货物存放于海关指定仓库。由保险公司会同商检局等有关单位检验,明确残损程度和原因,并由商检局出证,以便向责任方索赔。如用货单位地处卸货港口,即由外运公司就地办理拨交,并由进口企业向用货单位进行结算。如用货单位不在卸货港口,可委托外运公司代为安排将货物转运内地,并拨交给用货单位。一切费用均由外运公司与进口企业结算,再由进口企业与用货单位结算。

进口税费包括:① 关税;② 海关代征的增值税及消费税;③ 少量规费。前两项已在第五章讲述,此处简述规费。

为便于有关企业办理海关手续,有关企业单位可以要求海关派员到监管区域(港口、车站、国际航空站等)以外办理海关手续。除申请人应提供往返交通工具和住宿并支付其费用外,要按规定缴纳规费。

会计分录:

借:商品采购　　　　　　　　　　(关税、消费税)
　　应交税费——应交增值税(进项税额)(增值税部分)
　　经营或营业费用　　　　　　　　(规费)
　贷:应交税费——应交进口关税　　(关税)
　　　　　　——应交消费税　　　　(消费税)
　　　银行存款

由于1994年1月1日起实行的税制改革中,规定增值税为价外税,商品销售额中不再包含增值税,因此,上述分录中"借:商品采购"中不包括增值税,而要按照海关提供的完税凭证上注明的增值税额借记"应交税费",待今后在销售这项商品时自"销项税额"中抵扣。消费税则规定应计入该项消费品的成本。规费不属于税金,可以记入营业费用中检验及手续费子目。

1-3-6 检验入库及索赔

海关"结关"放行及企业收货不等于已"接受"认可商品,还需有合理时间检验认可数量、品质、及时性等等。特别是列入我国在进出口商品检验局 1982 年 3 月 3 日颁布(1995 年修订)的"现行实施检验进出口商品种类表"中的商品,属于法定检验范围,必须在规定的限期内,由商检机关检验。未经检验的,不准销售,不准使用。为了避免对外索赔失去时效,凡属于法定检验范围的,合同中订明由卸货港检验机关出证的,货到检验后付款的,索赔期限较短的,货物卸离海轮时已发现残损或有异状或提货不着等情况,均须在卸货港口向商检机关报检、出证。

检验合格即可入库。检验须付检验费,大致在 3‰ 上下,随品种而有不同,由报验人负担。有的检验(如检疫)在报关前即要进行。

在进口业务中,有时会由于买方或卖方不履行合同或不完全履行合同,使另一方遭受损失,而向违约方索赔;有时会由于在装运过程中,货物的品质、数量、包装受到损害,而向有关责任方提出索赔。索赔包括卖方向买方索赔,买方向卖方索赔,向承运人索赔,向保险公司索赔。

进口商品索赔方面应注意的问题有以下几点:

(1)索赔证据。其中以商品检验证书最为重要;此外有装箱单、运输单据副本,以及港务局理货员签证的理货报告、承运人签认的短缺或残损证明等。

(2)索赔金额。根据国际惯例,买方向卖方索赔的金额应与因卖方违约所造成的实际损失相等。向承运人和保险公司索赔的金额,须根据规定方法计算。

(3)索赔期限。以合同规定为基准。逾期索赔,责任方有权不受理。如合同中没有规定索赔期限,而到货检验中又不易发现货物的缺陷的,则买方行使索赔权的最长期限,是自实际收到货物起不超过两年。此外,如《海牙规则》、我国《涉外经济合同法》及保险公司还有种种具体业务规定。

会计分录:

支付检验费时:

借:营业费用——检验及手续费
　　贷:银行存款

入库时:

借：库存进口商品
  贷：商品采购——进口

对外索赔时：

借：应收（外汇）账款
  贷：商品采购——进口

如工业等单位自营进口所需设备，则不通过"商品采购——进口"科目，而根据是否需要安装，选用借方科目。2009年起，其增值税可以和购入物资商品同样抵扣。其分录如下：

借：固定资产　（不需安装的设备）
  工程物资　（需要安装的设备）
  应交税费——应交增值税（进项税额）
  贷：银行存款等

库存进口商品应按品种开立明细账户。在申报抵扣进项税时要加填抵扣明细表。

1-3-7　自营进口商品销售

自营进口商品销售是指外贸企业进口的商品物资，按国内协商作价，销售给要货单位，其盈亏由外贸企业自己负担的销售。此时在会计上要采用"主营业务收入——自营进口销售"及"主营业务成本——自营进口销售"两个账户。这两个账户都要设置按商品分户的明细账。

自营进口商品销售的入账时间，在我国外贸系统的企业中，传统习惯上以开出进口销售结算清单办理货款结算的时间为准。① 进口商品销售结算共有货到结算、单到结算及出库结算等三种方式，由外贸企业和国内用户商定采用何种方式。

1. 货到结算——如企业与国内用户签订合同规定货到结算的，在货船到达我国港口取得外运公司的船舶到港通知单，并向订货单位开出结算凭证时，作为销售收入实现的时间；

2. 单到结算——如合同规定对国内单位实行单到结算的，则不问商品是否到港，只要收到国外单据对外付款，确认符合合同规定，便可在凭国内账单向订货单位开出进口结算凭证时，作为销售收入实现；

---

① 此点与国际会计准则中收入实现的原则精神不全一致，这里以货款的收付为界，带有前苏联会计实践的痕迹，在1993年7月"接轨"后仍沿用下来。可参阅第七章出口销售入账时间的讨论。

3. 出库结算——指外贸企业进口商品到货后先入库存,待后有用户来购时,凭出库单向用户开出结算凭证及增值税专用发票后,方作为销售实现。

上述结算凭证可列示如下(图表 8-6):

图表 8-6

×外贸公司进口商品结算单

付款单位:　　　　　　　　船名:　　　　　　　　　___字___号
对外合同号:　　　　　　　计量单位:　　　　　　　提单号:
到货口岸:　　　　　　　　装船日期:　　　　　　　国内合同号:

品名及规格	数　量	单　价	金　　额	备　　注
货款合计 加:国内运费 实际结算金额				
人民币(大写)金额				

复核:　　　　　　　制单:　　　　　　　制单日期:

　　进口商品到达我国口岸以后的费用,例如港务费、过港费、卸船费等,由外运公司按不同标准收取(称为到货定额费用);从口岸到外贸仓库的运杂费,由外贸企业计入营业费用。但外贸企业代用户垫付的从口岸或外贸仓库运往用户指定地点的商品运费,则应由用户负担,不应计入营业费用。

　　上述三种结算方式有两种不同的会计处理。按理说,最好将销售收入与销售成本配对同时转账,这样可便于防止漏转、错转、重转等错误(通常还要求记在同一张记账凭证上,及记入同一页的平列式账页上,以便审核)。这在货到结算及出库结算方式上是可以做到的。但在单到结算方式中,由于一面进行进口商品采购记录,同时又立即要做销售分录,那时进口商品采购成本还来不及把全部成本都汇集完毕,从而不能在记录销售的同时结转成本。又货到结算与单到结算都可从商品采购账户直转销售成本,以资简化。分录如下:

　　借:应收账款
　　　贷:主营业务收入——自营进口销售
　　借:主营业务成本——自营进口销售
　　　贷:商品采购——进口商品　　(指货到结算及单到结算时)
　　　(或)库存进口商品　　　　　(指出库结算时)

　　上述转销售成本的单价,在货到结算及单到结算中多属客户订购,大多能具体辨认原进价,可以逐批认定后转销。在大宗商品先进库后销售时,各次进口单价有可能不同,那时可按先进先出及平均法等处理。

再如在年终决算时,凡已作销售的进口商品,属于国外以 FOB 价格成交并有应付未付国外运保费及佣金的,应先进行预估入账,贷记"其他应付款"及借记"自营进口销售成本"账户(次年实际支付数和年末预估数的差额再分别调整有关科目)。这样方符合收入与成本同口径配比的会计原则,本年利润不致虚增。如有尚未作销售的进口商品,一般可在"商品采购"账户中等待实际费用单据的到达,不必进行预估。

1-3-8 分录举例

现将自营进口商品及销售的全过程分录举两例如下:

【例 1】 外贸公司 A 进口甲商品 10 件,国外进价(FOB)单价 1 000 美元,总值 10 000 美元。

美元存款户期初账面汇率为 6.1350。

(1) 1 月 4 日,从外汇存款户按 50% 划出信用证保证金,请求开证,按原账面汇率 6.1350 元划出外汇,①作分录如下:

  1/4 借:其他货币资金——信用证存款   30 675.00
     贷:银行存款——美元户   30 675.00

(2) 1 月 15 日,从美元户为甲商品支付国外运费 500 美元,当日汇率 6.1348 元,作分录如下:

  1/15 借:商品采购——进口商品   3 067.40
      贷:银行存款——美元户   3 067.40

(3) 1 月 15 日,从美元户为甲商品支付保险费 250 美元,当日汇率 6.1348 元,作分录如下:

  1/15 借:商品采购——进口商品   1 533.70
      贷:银行存款——美元户   1 533.70

(4) 1 月 20 日,收到银行转来境外供货单位全套单证,银行审单无异议,随即对外付款,1 月 25 日企业审单通过,通知银行 50% 冲销原保证金,其余办妥购汇手续赎单,当日基准价 6.1400 元,卖出价为 6.1423 元。作分录如下(汇兑损益待月末总轧):

---

① 现规定外汇存款转户,按原汇率转移,不出现汇兑损益,参看前第 69 页。原汇率可按先进先出法或平均法确定。现假设期初余额足够支付。

第八章 进口业务会计

1/25 借：商品采购——进口商品 61 411.50
  贷：其他货币资金——信用证存款 30 700.00
    银行存款——人民币户 30 711.50

（5）1月23日，境外供货单位为甲商品付来佣金200美元，当日买入价6.1173元，作分录如下：

1/23 借：银行存款——人民币户 1 223.46
  贷：商品采购——进口商品 1 223.46

（6）1月30日，货到报关，为甲商品支付进口关税及增值税，假定进口关税税率为40%，增值税税率为17%，当天汇率6.1284元，作分录如下：

  借：商品采购——进口商品 25 861.85
    应交税费——应交增值税（进项税额） 15 387.80
    贷：银行存款 41 249.65

  关税计算：$(10\,000+500+250-200)\times 6.1284\times 40\% = 25\,861.85$（元）
  增值税计算：$[(10\,000+500+250-200)\times 6.1284+25\,861.85]\times 17\% = 15\,387.80$（元）

（7）2月4日，验收入库，作分录如下：

2/4 借：库存进口商品 90 650.99
  贷：商品采购——进口商品 90 650.99

  $3\,067.40+1\,533.70+25\,861.85+61\,411.50-1\,223.46=90\,650.99$（元）

（8）2月10日，将进口甲商品按国内同类商品协商定价，每件12 500元，含税价人民币14 625元，售给国内某公司5件，作分录如下：

2/10 借：应收账款——某公司 73 125.00
  贷：主营业务收入——自营进口销售收入 62 500.00
    应交税费——应交增值税（销项税额） 10 625.00

（9）同时结转自营进口销售成本，作分录如下：

2/10 借：主营业务成本——自营进口销售成本 45 325.50
  贷：库存进口商品（90 650.99÷10×5） 45 325.50

（10）客户提货使用时，发现有一件甲商品的内在质量存在严重问题，不能使用，据报后立即报商检局检验出证，2月15日决定先向国内客户理赔：

2/15 借：主营业务收入——自营进口销售　　　　　12 500.00
　　　　贷：应收账款——某公司　　　　　　　　　　　12 500.00

同时冲减原销售成本，并凭商检证明对外索赔(包括运、保、佣一起计算)：

2/15 借：应收(外汇)账款——进口索赔款　　　　　9 065.10
　　　　贷：主营业务成本——自营进口销售(45 325.50÷5)　9 065.10

2月25日，收到协议索赔款1 580美元，当日结汇，买入价为6.1353元：

　　借：银行存款——人民币户　　　　　　　　　　9 693.77
　　　　贷：应收(外汇)账款——进口索赔款　　　　　9 693.77

如对内已理赔，但对外已超过索赔期，无从索赔，损失转为营业外支出。则上述2/15第二笔分录改为：

　　借：营业外支出　　　　　　　　　　　　　　　9 065.10
　　　　贷：主营业务成本——自营进口销售　　　　　9 065.10

(已缴增值税另按规定手续申请退回，此处从略。)

(11) 年终(平时表结账不结，下同)，自营进口销售收入结转本年利润，结合全年数字作分录如下：

　　借：主营业务收入——自营进口销售　　　　　×××××
　　　　贷：本年利润　　　　　　　　　　　　　　×××××

(12) 年终，自营进口销售成本结转本年利润，作分录如下：

　　借：本年利润　　　　　　　　　　　　　　　×××××
　　　　贷：主营业务成本——自营进口销售　　　　×××××

【例2】 2017年5月5日上海A公司与日本B公司签订进口合同，购生产设备一套，价格为CIF上海200万美元。付款方式如下：

1. 卖方在合同签订后30天之内通过国际著名银行出具的以买方为受益人金额为合同总价20%的不可撤销的银行履约保函①，买方收到保函后支付40万美元。

2. 买方在货物装船前30天开出以卖方为受益人金额为合同总额80%的不可撤销的信用证。

---

① 参看本书第十二章3-2第一段简释。在银行账上属或有负债。

3. 设备在买方预验收合格并装船后收到银行转来的卖方全套单据支付 140 万美元。

4. 设备安装调试终验收合格后买方收到卖方银行的全套单据,其中有一份银行开具的金额为合同总额 10% 的银行质保保函①,付 20 万美元。

5. 保修期从终验收合格后 2 年。

全过程分录如下:

1. 2017 年 5 月 30 日 A 公司收到 B 公司银行开立的履约保函,从外汇账户电汇 40 万美元,期初汇率 6.3510:

  借:预付账款——日本 B 公司(USD40 万)   2 540 400
   贷:银行存款——美元户(USD40 万)   2 540 400

2. 7 月 5 日 A 公司向中国银行申请开立金额为 160 万美元的进口信用证,通过美元存款账户按开证金额 30% 划出开证保证金。月初汇率 6.3500:

 (1) 借:其他货币资金——信用证保证金(USD48 万) 3 048 000
   贷:银行存款——美元户   3 048 000

 (2) 7 月 10 日支付银行开证费

  借:工程物资   47 169.81
   应交税费——应交增值税(进项税额)   2 830.19
   贷:银行存款   50 000

3. 9 月 5 日 A 公司收到银行转来的 B 公司全套进口单据,经审核无误后承付,美元月初汇率 6.3520,企业根据银行相关回单和外商发票作会计处理:

 B 公司设备款 = USD2 000 000 × 6.3520 = 12 704 000(元)

 (1) 借:工程物资——生产设备(USD200 万)   12 704 000
   贷:应付外汇账款——日本 B 公司(USD200 万) 12 704 000

 (2) 同时结转预付账款

  借:应付外汇账款——B 公司(USD40 万)   2 540 800
   贷:预付账款——B 公司(USD40 万)   2 540 800

 (3) 9 月 10 日对外兑付

  借:应付外汇账款——B 公司(USD140 万)   8 892 800
   贷:其他货币资金——开证保证金(USD42 万) 2 667 840
    银行存款——美元户(USD98 万)   6 224 960

---

① 参看本书第十二章 3-2 第一段简释。在银行账上属或有负债。

(4) 支付银行议付费

  借：工程物资   8 490.57

    应交税费——应交增值税（进项税额）   509.43

   贷：银行存款   9 000

(5) 结转其他货币资金，预付账款汇兑损益，每月末总轧

  借：预付账款——日本B公司设备款   800

    其他货币资金——信用证保证金   960

   贷：汇兑收益   1 760

4. 9月15日货物到港，A公司委托货代公司向海关申请报验，经海关查验认可，交纳关税、增值税等。关税税率15%，增值税税率17%、海关滞纳金2 000元。

计提关税：

关税完税价＝USD2 000 000×6.3520＝12 704 000(元)

应交关税＝12 704 000×15%＝1 905 600(元)

应交增值税＝(12 704 000＋1 905 600)×17%＝2 483 632(元)

(6) 计算关税

  借：工程物资——生产设备   1 905 600

   贷：应交税费——应交关税   1 905 600

(7) 收到海关进口完税凭证时

  借：应交税费——应交关税   1 905 600

    应交税费——应交增值税（进项税额）   2 483 632

   贷：银行存款   4 359 232

(8) 收到海关滞纳金收据

  借：营业外支出   20 000

   贷：预付账款——货代公司   20 000

(9) 取得货代公司港杂费发票计85 000

  借：工程物资——生产设备   80 188.68

    应交税费——应交增值税（进项税额）   4 811.32

   贷：预付账款——货代公司   85 000

(10) 收到商检局开具的商检费收据38 000

  借：工程物资——生产设备   38 000

   贷：预付账款——货代公司   38 000

(11) 结清货代公司款项：

  借：预付账款——货代公司　　　　　　　　　　143 000
   贷：银行存款　　　　　　　　　　　　　　　　143 000

5. 10月15日B公司派员到A公司进行设备安装和调试。11月25日设备安装调试完毕，验收合格，投入生产：

  借：固定资产——生产设备　　　　　　　　　14 783 449.06
   贷：工程物资——生产设备　　　　　　　　　14 783 449.06

6. 12月12日A公司收到银行转来B公司全套单据，其中包括一份B公司银行开具的不可撤销的合同总额10%的银行质保保函，有效期从终验收合格之日起24个月。经审核无误随即对外付20万美元。月初汇率6.3580；

 (1) 借：应付外汇账款——B公司(USD20万)　　　1 271 600
   贷：银行存款——美元户(USD14万)　　　　　890 120
    其他货币资金——开证保证金(USD6万)　　381 480

同时结转应付外汇账款和其他货币资金

  借：汇总损失　　　　　　　　　　　　　　　　　840
    其他货币资金——开证保证金　　　　　　　　360
   贷：应付外汇账款——B公司　　　　　　　　　1 200

 (2) 支付银行手续费

  借：财务费用　　　　　　　　　　　　　　　　1 226.42
    应交税费——应交增值税（进项税额）　　　　73.58
   贷：银行存款　　　　　　　　　　　　　　　　1 300

7. 2018年6月10日机器设备有一部件损坏，B公司空运该部件到上海港，货价USD6 000。6月12日A公司委托货代公司报关、纳税，关税税率20%。月初汇率6.3650。

预提关税、增值税：

应交关税＝USD6 000×6.3650×20%＝7 638(元)

应交增值税＝(USD6 000×6.3650＋7 638)×17%＝7 790.76(元)

 (1) 借：应收外汇账款——B公司保修款(USD2 424)　15 428.76
   贷：应交税费——应交关税　　　　　　　　　　7 638
    应交税费——应交增值税（进项税额）　　　7 790.76

收到海关完税凭证：

(2) 借：应交税费——应交关税　　　　　　　　　　　　7 638.00
　　　应交税费——应交增值税（进项税额）　　　　　7 790.76
　　贷：银行存款　　　　　　　　　　　　　　　　　15 428.76

(3) 6月25日收到B公司的保修款：

　　借：银行存款——美元户（USD2 424）　　　　　　15 428.76
　　贷：应收外汇账款——B公司（USD2 424）　　　　 15 428.76

8. 假如9月10日对外付款，A公司对该笔信用证付款进行了融资押汇，期限3个月，金额98万美元。

(1) 根据银行借款单据：

　　借：银行存款——押汇账户（USD98万）　　　　　6 198 500
　　贷：短期借款——外币借款（USD98万）　　　　　6 198 500

(2) 对外付款：

　　借：应付外汇账款——B公司（USD98万）　　　　 6 198 500
　　贷：银行存款——押汇账户（USD98万）　　　　　6 198 500

(3) 押汇3个月后到期，A公司购汇支付银行，现汇卖价6.3700：

　　借：短期借款——外币借款（USD98万）　　　　　6 242 600
　　贷：银行存款　　　　　　　　　　　　　　　　　6 240 600

同时：

　　借：汇兑损失　　　　　　　　　　　　　　　　　44 100
　　贷：短期借款——外币借款　　　　　　　　　　　44 100

(3) 支付利息：

　　借：工程物资——生产设备　　　　　　　　　　　89 622.64
　　　　应交税费——应交增值税（进项税额）　　　　5 377.36
　　贷：银行存款　　　　　　　　　　　　　　　　　95 000

第二节　代理进口的会计

2-1　会计

代理进口不同于自营进口的最大特征是外贸企业处于中介服务地位，与委托单位没有购销关系。它是外贸企业接受没有进出口经营能力的企业的委托,订立代理合同,用委托单位的资金进口商品,原价转给委托单位,只收取代理手续费,外方付来的佣金、索赔款全部退给委托单位,不负担盈亏。虽然在国内外都有以外贸单位自己的名义对外订货的,但实质都是代理关系。在1993年会计接轨前的会计制度中,曾经偏重业务角度,将代理视同自购自销一般,采用了"代理进口销售"科目轧计代理费收入,但实质仍是劳务收入,并非购销利润。接轨后,《商品流通企业会计制度》中"代购代销收入"科目说明明文规定:"企业代理进出口业务取得的手续费收入,也在本科目核算。"1994年税制改革后规定,代理业应缴营业税,而购销关系的商业要缴增值税,更可明显看出两者的不同。

代理进口应由委托单位预先支付人民币资金。待代理全过程完成后开列"代理进口物资结算单"找补了结,其格式(图表8-7)可举例演示如下:

图表8-7

××进出口公司代理进口物资结算单

××××年×月×日　　　　　　　　编号:

品　　名:××　　进口合同号:××　　数量:××kg
进口国别:××　　到达口岸:××　　单价:USD××
折合汇率:×.××××　船　　名:××　　总价:USD××

结　算　项　目	金　　额	备　　注
货值(FOB)		
运费		
保险费		
进口关税×%		
增值税 17%		
银行手续费×‰		
佣金 CIF C×%		
垫付利息		
代理费		
共　　计		

外贸代理手续费一般按 CIF 价的 1.5%～3% 向订货单位收取。

2-2　税务

外贸企业代理进口商品的进口关税、增值税,不属外贸企业负担而是代委托单位垫付税金,应作为往来款项向委托单位收回。特别是其中的增值税,日后在委托单位自行销售商品时,还要抵扣销项税额,必须将增值税专用发票开成委托单位名称(参看 2-4)。外贸单位收取的代理费,也应缴纳增值税。

2-3 分录举例
现将代理进口销售的全过程分录举两例如下:

【例 1】

(1) 收到委托单位甲工厂预付代理款,作分录如下:

　借:银行存款
　　贷:应收账款——甲工厂

(2) 接到进口单证向外支付代理进口 A 商品价款,作分录如下:

　借:应收账款——甲工厂
　　贷:银行存款

(3) 支付代理进口 A 商品的运保费,作分录如下:

　借:应收账款——甲工厂
　　贷:银行存款

(4) 支付代理进口 A 商品的关税,作分录如下:

　借:应交税费——进口关税
　　贷:银行存款
　借:应收账款——甲工厂
　　贷:应交税费——进口关税

(5) 支付代理进口 A 商品的增值税,作分录如下(另见 2-4 的详细叙述):

　借:应交税费——应交增值税
　　贷:银行存款
　借:应收账款——甲工厂
　　贷:应交税费——应交增值税

(6) 支付代理进口 A 商品的银行手续费,作分录如下:

　借:应收账款——甲工厂
　　贷:银行存款

(7) 向甲工厂结算代理费,作分录如下:

　借:应收账款——甲工厂
　　贷:主营(或其他)业务收入——代理进口收入
　　　应交税费——应交增值税(销项税额)

(8) 假设预付不足支用,收到甲工厂的结算款,作分录如下:

借:银行存款
　　贷:应收账款——甲工厂

(9) 年终结转:

借:主营(或其他)业务收入——代理进口收入
　　贷:本年利润
借:本年利润
　　贷:(主营业成本或其他业务支出——代理进口支出)

【例2】 某进口公司受国内 A 公司委托,代理进口甲商品,采用 D/P 结算方式,国外货款为 FOB150 000 美元,支付境外运费 20 000 美元,保险费 1 500 美元,代理进口手续费 1.5%,收委托方预付货款 1 000 000 元,由进口公司代购汇,银行现汇卖出价 6.35。该商品进口关税税率为 10%,增值税税率为 17%。

国外货款=USD 150 000×6.35=952 500(元)
国外运费=USD 20 000×6.35=127 000(元)
国外保险费=USD 1 500×6.35=9 525(元)
假定计算关税和增值税的汇率为 6.36。
应交关税=150 000×6.36×10%=95 400(元)
应交增值税=(150 000×6.36+95 400)×17%=178 398(元)

1. 收到委托单位预付款:

借:银行存款　　　　　　　　　　　　　　　　　1 000 000
　　贷:预收账款——进口保证金——A公司　　　　　1 000 000

2. 收到银行进口单据,审核后付款赎单,同时向 A 公司办理货款结算:

借:预收账款——进口保证金——A公司　　　　　952 500
　　贷:银行存款　　　　　　　　　　　　　　　952 500

3. 应付境外运费和保险费:

借:应收账款——A公司　　　　　　　　　　　　89 025
　　预收账款——A公司　　　　　　　　　　　　47 500
　　贷:应付账款——外运公司(USD2万)　　　　　127 000
　　　　应付账款——保险公司(USD0.15万)　　　　9 525

4. 收到海关出具的"双抬头"完税凭证,原件交 A 公司垫付关税:

(1) 借：应交税费——应交进口关税　　　　　　　　　　　　95 400
　　　贷：银行存款　　　　　　　　　　　　　　　　　　　95 400

同时：

　　借：应收账款——A公司　　　　　　　　　　　　　　　95 400
　　　贷：应交税费——应交进口关税　　　　　　　　　　　95 400

(2) 垫付增值税：

　　借：应收账款——A公司　　　　　　　　　　　　　　　179 398
　　　贷：银行存款　　　　　　　　　　　　　　　　　　　178 398

(3) 收到垫付税款：

　　借：银行存款　　　　　　　　　　　　　　　　　　　　273 798
　　　贷：应收账款 A公司　　　　　　　　　　　　　　　　273 798

5. 确认代理手续费并开出增值税发票给A公司：

代理手续费＝(国外货款＋运费＋保险费)×1.5％＝(952 500＋127 000＋9 525)×1.5％＝16 335.38(元)

　　借：应收账款——A公司　　　　　　　　　　　　　　　16 335.38
　　　贷：主营(其他)业务收入——代理进口手续费　　　　　15 410.74
　　　　　应交税费——应交增值税(销项税额)　　　　　　　924.64

6. 结清往来款：

(1) 支付运费：

　　借：应付账款——外运公司(USD2万)　　　　　　　　　127 000
　　　贷：银行存款　　　　　　　　　　　　　　　　　　　127 000

(2) 支付保险费：

　　借：应付账款——保险公司　　　　　　　　　　　　　　9 525
　　　贷：银行存款　　　　　　　　　　　　　　　　　　　9 525

运费和保险费产生汇兑差异，借或贷：财务费用——汇兑差异。

(3) 结清与A公司的往来款项：

　　借：银行存款　　　　　　　　　　　　　　　　　　　　105 360.38
　　　贷：应收账款——A公司　　　　　　　　　　　　　　　105 360.38

2-4　征收增值税问题

代理进口本属代理业，应征收营业税。但根据财政部及国家税务总局

1994年财税字第026号《关于增值税、营业税若干政策规定的通知》:"代购货物行为凡同时具备以下条件者不征收增值税;不同时具备以下条件的,无论会计制度规定如何核算,均征收增值税。① 受托方不垫付资金;② 销货方将发票开具给委托方,并由受托方将该发票转交给委托方;③ 受托方按销售方实际收到的销售额和增值税额(如系代理进口货物则为海关代征的增值税额)与委托方结算货款,并另外收取手续费"。

为此,当外贸企业不能完全做到上述三条条件时,就要征收增值税,此时有关增值税的分录将如下:

① 商品报关进口,已收到国外账单,向委托方开出代理进口商品结算单,并开具增值税专用发票时:

借:应收账款
  贷:应付外汇账款
    应交税费——进口关税
        ——应交增值税(销项税额)
    主营(或其他)业务收入——代理进口收入
    应付账款(应付银行财务费等)

② 向海关缴纳进口关税及应交增值税:

借:应交税费——进口关税
       ——应交增值税(进项税额)
  贷:银行存款

③ 按规定向税务局缴纳应交增值税时:

借:应交税费——应交增值税(已交税金)
  贷:银行存款

第三节 进口付汇的监管

在计划经济及改革开放初期,外汇是国家集中管制的,多使用于重点建设项目,外贸进口商品都要经国家计划批给额度,然后去银行以官价购买。官定汇率当初每美元只合人民币1.5元,远离购买力平价(PPP)原理。这就隐藏着某种非法牟利的机会,例如,一些不法商人与国外商人串通,申报假进口骗取额度购汇后电汇出境,等等。

从而我国自 1994 年起实施了进口付汇核销制,一种和出口收汇核销制相似的监管过程①。

这种逐笔追踪的监管,在当时确曾取得过一定的效果。但是进口付汇核销制毕竟是我国严重缺汇时期防止骗汇的一种措施,而今时过境迁,早已以外汇储备过高为患,而且售出的也不是什么"廉价"外汇,进口付汇核销制在客观上已无必要。

在第三章 6-1-4 所述 2012 年的货物贸易外汇管理制度改革中,为求贸易便利化,基本上已彻底取消了进口付汇核销制:

作为原则规定,国家对贸易项下国际支付不予限制②。

具体配合分类管理,A 类企业进口付汇单证简化,可凭进口报关单、合同或发票等任何一种能够证明交易真实性的单证在银行直接办理付汇。B 类企业贸易外汇收支由银行实施电子数据核查,C 类企业贸易外汇收支须经外汇局逐笔登记后办理。

凡有进口货物金额与付汇金额差距过大(例如两者比例小于 80% 大于 120% 且金额大于等值 100 万美元)及转口、承包工程、退汇事项中有类似不确保如实用汇等情况者或存在逃、套、骗汇等严重违反外汇管理规定的行为,受到外汇局立案调查者,将被列为 B 类进口单位。

如在外汇局进行现场核查时拒不如实提供相关资料或拒不配合者,或存在逃、套、骗汇情事受到外汇局处罚或被司法机关立案调查者,将被列为 C 类进口单位。

凡未被列为 B 类或 C 类单位者,则为 A 类进口单位。

复习思考题

1. 进口业务的入账时点有何重要性?如何理解进口应统一以 CIF 为口径?
2. 区分进口与国内采购商品两种情况下运杂费等附属成本的处理原则的不同。
3. 在自营进口商品的销售中,什么叫做货到结算、单到结算和出库结算?

---

① 原核销全流程:
外汇银行代企业申领进口付汇核销单备用→银行传送进口单证→企业购汇赎单并填写核销单→报外汇局→货到报关→随附核销单及报关单向外汇局核销。

② 参看外汇局汇发【2012】#38 文附件 1 及【2012】#1 公告。

第八章 进口业务会计

在会计处理上引起什么不同?

4. 代理进口与自营进口有何不同?在会计分录上有何特点?

习 题

习题 8-1

一、**要求** 根据某地外贸公司下列进口业务,作成会计分录。

二、**资料** 自日本海运自营进口钢材一批,共 200 吨,合同规定价格为 FOB 大阪,每吨 25 000 日元,该项钢材按国内作价每吨 RMB 4 000 销售。外汇牌价为每 100 日元合人民币 8 元,在此期内给终未变。业务情况如下:

1. 1 月 5 日,按面额 50% 比例以人民币保证金开出信用证。

2. 2 月 5 日,收到银行送来进口单证及付款通知书。即日购汇支付货款。

3. 2 月 5 日,外运公司凭单来收上述货物国外运费计 175 000 日元,审核后照付。

4. 2 月 10 日,中保财产保险公司凭单来收取上述货物保险费 15 572 日元。

5. 2 月 15 日,收到外商汇来上述钢材的佣金 3%,当日交银行结汇。

6. 2 月 15 日,收到外运公司该项进口钢材所载船舶到港通知,当即向国内购货单位开出销售发票,委托银行收款。

7. 2 月 16 日,以银行存款支付关税 66 152.69 元,增值税 73 691.46 元。

8. 2 月 16 日,结转销售成本。

9. 2 月 20 日,收到银行转来上述国内全部货款。

10. 2 月 26 日,国内购货单位验收时,发现钢材质量与合同不符,并提交商检局化验报告,要求索赔 15%,即日发信与外商交涉。

11. 3 月 4 日,接外商来电,同意按发票金额赔偿 10%,公司与用货单位协商后接受国外意见,当日发电承诺。

12. 3 月 10 日,收到外商汇来理赔款,交银行结汇。

13. 3 月 12 日,将理赔款汇付国内用货单位。

(上列商品价含税,增值税税率为 17%)。

习题 8-2

一、**要求** 根据某外贸公司下列进口业务,作成会计分录。

二、资料 某公司代理进口散装商品一批,合同规定价格为CFR上海,计货款US＄50 000元。业务情况如下:

1. 3月1日,收到委托单位汇来代办进口业务款项人民币600 000元。开证用款可占用公司限额,不必交存保证金。

2. 3月8日,收到银行交来进口单证及付款通知单,银行发现国外客商数量有短装,应按信用证规定扣除价款0.5%,经审核无误,当即对外支付货款(1美元汇率为人民币8.25元)。

3. 3月13日,中保财产保险公司凭账单来收取上述商品的保险费,系按发票金额110%,费率为3.2‰,经核无误,当即支付(1美元汇率为人民币8.25元)。

4. 3月14日,根据银行财务手续费用清单,结付按发票金额2‰计收的银行费用(汇率不变)。

5. 3月15日,根据海关开列缴税通知单支付关税60 000元,同时付讫增值税(税率17%)。

6. 3月15日,收到外商汇来佣金3%,当即交银行结汇(1美元汇率为人民币8.25元)。

7. 3月15日,向委托单位结算代理费8 650元。开出增值税专用发票,税率6%。

8. 3月16日,向委托银行结清代办款项。

第九章 加工贸易会计

本章所称加工贸易专指国内企业自境外取得原材料,对其加工为成品后出口的业务。此处所谓取得原材料分来料和进料两种情况;所谓加工,可包括自身加工、同一关区其他企业转移加工和不同关区的深加工。有时还有委托国外加工的出料加工。

第一节 加工贸易和保税

1-1 什么是加工贸易

中国的出口中有一半左右是采取加工贸易形式的。从20世纪80年代起传统的形式被称作"三来一补"。"三来"是指:① 来料加工;② 来件(组件与散件)装配;③ 来样定制。"补"是指补偿贸易。不仅如此,中国的国内工厂也用自己的外汇资金进口高质量的材料加工后将成品复出口,这被称为进料加工。所有这一切总称为加工贸易。

中国政府鼓励一切加工贸易,特别是在税收方面进行优惠。对加工贸易免征关税,至于进口增值税和消费税则或是免(对来料加工)或是退和缓(对进料加工),只要以这些材料加工成的产品最终能出口即可。

从而,海关必须采取某种措施来监管这些材料和所产产品,以保证税收不致流失。这种措施就是保税,具体形式可有如下四个层次:

(1) 保税仓库;
(2) 保税工厂;
(3) 保税集团;
(4) 保税区。

1-2 什么是保税

"保税"的意义是在征税或免税条件未确定前,对纳税人,即加工人,给予保留(延迟确定)缴纳关税的特权,同时海关要对货物进行监管。从而货物就不能自由买卖,或用作抵押,或在破产时被出售后抵债。如果材料转卖给其他国内工厂,或是进多出少,以及产生边角余料,则这些工厂就有纳税义务。

a. 保税仓库。

保税仓库是经海关批准的,用以存储保税货物的专设仓库,不问是来料或进料以及复出口的产品或转口的货物。存储于保税仓库中的保税货物可暂时不交关税,最长的存储期通常是一年,但是在特殊情况下经过海关批准可以延长。

b. 保税工厂。

保税工厂是在海关监管下,用保税进口料件以加工生产复出口货物的专门工厂或车间。进口原材料、备件和组件,在保税工厂中用以生产出口货物是免征进口关税的(严格说应是全额保税)。出口货物的生产必须在一个讲明的限期内完成。如果不能如期完成加工或是生产的货物不能出口,从而卖给了国内市场,那就要恢复征税。

保税工厂应该保持独立的账册为材料和产品记账。工厂对每一批来料或进料都应向海关申领一本专用的"加工手册"作为这些账册的原始凭证(目前已电子化)。海关人员将不定期地审查这些记录并作实地盘点。从1996年起海关总署又推出了海关派员驻厂监管的形式,称为"驻员保税工厂"。驻员保税工厂一般是从事进料加工复出口的特大型企业、从事特种行业(如飞机、船舶)加工的大型企业和经批准从事国家鼓励投资项目的大型出口型外商投资企业。

c. 保税集团。

1993年1月,海关总署公布了《进料加工保税集团管理办法》,以支持大、中型企业发展国家鼓励出口产品的深加工业务。

进料加工保税集团是指经海关批准,由一个有进出口经营权的企业牵头,由同行业若干个加工企业联合对进口料件进行多层次、多工序连续加工,直至最终产品出口的企业联合体。集团的组织形式可以是紧密型或半紧密型,也可以是松散型的,但其成员企业应在同一城市内。对料件和半成品在不同企业、不同工序结转加工时,均实行滚动保税监管,例如制作长毛绒玩具,从进口腈纶原料、纺纱、染色、织布、制作长毛绒面料,到裁剪、缝制、生产长毛绒玩具出口,海关应严格按照所进口的原材料,各道加工工序,核定每一工序单耗定额和加工成品,按照结转层次,分段核销。

设立保税集团必须具备保税工厂和保税仓库的管理条件,因此其进出口通关手续比保税工厂和保税仓库更便利,具有一次报关,双重功能(指加工和储存均可以)、全额保税(指对备料加工也可全额保税,后文3-2-2有说明)的优点,即一次报关后,在集团内部的深层次加工结转,不再须层层报关。

d. 保税区(包括自由港)。

保税仓库和保税工厂是在"国内"场所对海关申请设立的;而一个保税区却是在国境和关境之间建立起来的。在全世界有几百甚至几千个保税区或自由贸易区(自由港)。关境是在国境以内由海关当局控制关税的一片领域,并且是国外进口货物进入保税区或自由贸易区就授权免征关税的一个领域。转口用的货物或临时性加工并从保税区复出口的货物不征关税,但要置于海关的监管之下。世上最早的自由港是1547年由意大利建立的。现在已扩展到中国香港、新加坡、拉丁美洲、非洲、中东等地。

中国从1979年起国务院建立了四个经济特区(缩写为SEZ),从此以后保税区或自由贸易区已在近年获得很大发展。虽然可能有很多不同的名称,例如20世纪80年代起的经济特区、沿海开放城市、沿海开放经济区、经济和技术发展区等等以及近年新设的众多出口加工区,但它们都提供许多类似的关税优惠。就进口关税和其他对进口货物征收的税种而言,好像是已处在中国的领土以外一般。在这方面它们提供着和全世界各国的同等保税区或自由贸易区相似的好处。

在1997年海关总署颁布了《海关监管保税区办法》,其中订出了保税区应该如何运作和在其中许可进行的活动的种类。在2003年9月国务院修改的《海关对出口加工区监管的暂行办法》也有大致相似的内容。

1-3 监管手续费

海关对进口减税、免税和保税的货物要征收监管手续费。

保税货物的监管手续费的计算式是:基数×费率。

上述基数是指保税货物进口关税的完税价格;其费率则分别情况适用从"0"直至1.5%的五个档次:例如外商投资企业的保税货物及保税储存不足90天未经加工即复运出口的货物,其费率为"0";而最高费率1.5%则用于保税储存作免税品销售的货物。

1-4 加工贸易业务操作总流程

现将加工贸易业务操作的全过程列成如图表9-1所示的示意图。有关重点环节将在本章以后各节展开解释。

图表 9-1

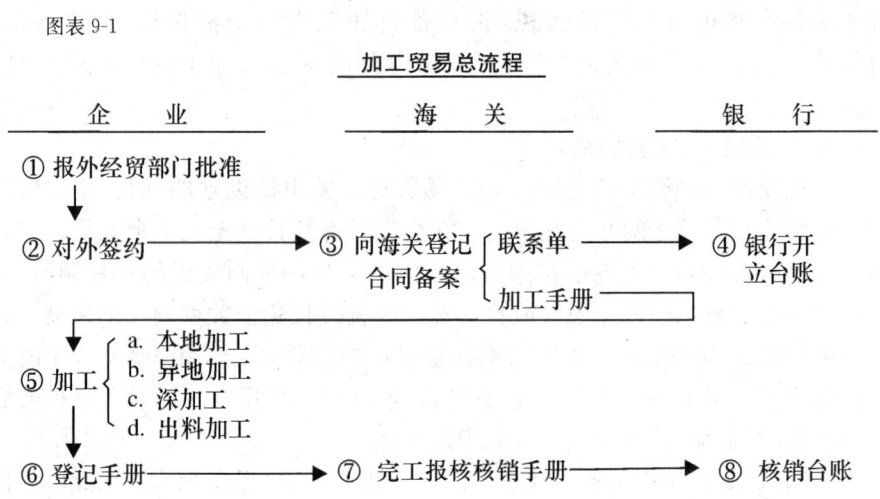

第二节 来料加工的税务及会计

2-1 来料加工的税务特点

2-1-1 特点

所谓来料加工,是指由外商提供材料,由我方加工或装配成产品后交回原外商,我方收取加工工缴费的业务。

来料加工项下,进口料、件、设备以及加工返销出口商品,海关准予免领进出口货物许可证,并对下列进口货物免征进口、出口的关税和进口环节增值税验放。

1. 外商提供全部或部分用于加工返销出口的原材料、辅料、零部件、元器件、配套件和包装物料。

2. 进口属于加工装配项目所必需的机器设备、品质检验仪器、安全和防治污染设备、装卸设备。

3. 为加强加工企业现代化生产管理,由外商提供直接用于生产出口产品所必需的微型计算机、闭路电视监测系统、传真机、复印机等管理设备。

4. 进口合理数量的用于安装、加固设备的材料。

5. 进口直接用于企业加工生产出口成品而在生产过程中消耗掉的燃料油,加工成品出口时海关免征出口关税。

2-1-2 办理来料加工合同登记备案手续的要求

有关经营单位应在对外签订的来料加工合同自批准之日起,一个月内持下列有关单证向主管海关办理合同备案登记手续：

1. 加工单位或外贸（工贸）公司的营业执照；

2. 税务机关签发的税务登记证；

3. 审批部门的批准文件或合同备案证明书。如需对外经济贸易部（现商业部）批准立项的项目，还应提供对外经济贸易部批准立项的文件；

4. 对外签订的正式合同的副本；

5. 海关认为必要的其他单证，如保函等。

海关批准后，向经营单位核发《对外加工装配进出口货物登记手册》，并凭此验放有关进出口货物。

2-1-3 来料加工货物办理进出口报关手续

在来料加工项下，料、件进口和加工成品出口时，有关经营单位或其代理人，应持凭《登记手册》，并填写《来料加工进出口货物专用报关单》一式四份，交验货物的运单、发票、装箱单等，如实向海关申报。经海关核查后，予以免税放行。

出口企业以"来料加工"贸易方式，免增值税进口原材料、零部件的具体手续如下：

1. 先由外贸出口企业填具《来料加工贸易免税证明》（图表9-2），汇同海关核签的《来料加工进口货物报关单》和《来料加工登记手册》，向主管出口退税的税务机关办理免税证明。

图表 9-2

来料加工贸易免税证明

编号：_____

_____税务局：

_____公司销售给_____下表所列料、件属于来料加工复出口贸易。对用上述料、件加工销售的货物请免征增值税、消费税。

来料名称	单位	数量	单价	金额	发票号码	加工出口货物名称	单位	数量	备 注

主管出口退税　　　　　　　外贸企业
税务机关　　　　　　　　　财务负责人　　　　　　填表人

说明：(1) 此证明由外贸企业填写一式四联；(2) 第一联由外贸企业交购料企业；(3) 第二联交主管出口退税的税务机关；(4) 第三联外贸企业留存；(5) 第四联交主管征税的税务机关。

2. 将已签章同意的《来料加工贸易免税证明》的第一联交加工购料企业。

持此证明向主管征税的税务机关,可申报办理免征加工或委托加工货物的增值税、消费税。

3. 货物出口后,出口企业凭《来料加工出口货物报关单》和海关已核销的《来料加工登记手册》,以及收汇凭证,向主管出口退税的税务机关办理核销手续。逾期未办理核销的,主管出口退税的税务机关,将会同海关和主管征税的税务机关及时予以补税和处罚。

2-2 来料加工的会计处理

2-2-1 来料加工的各种变型

来料加工在业务上有多种实践,从而会产生各种变型。

首先,来料加工因材料所有权属于外方,外贸企业只单向收取加工费,但在结算上也可对外各作各价,即双作价,采取对开信用证等结算方式(参看第十一章)。从而产生了单作价(只对加工费作价)和双作价(来料和加工费各自作价)的两种形式。先列表(图表9-3)对照两者性质上的异同。

图表9-3

单作价和双作价的异同

性　质	单　作　价	双　作　价
财务及会计上	来料不结算,作表外处理。	转化为形式上的"购销",要双向结算来料金额及加工品的货款。从而账上记为购料和销售。①
原理及税务上	对来料无所有权;进口免税。	来料的所有权并未转移、税务上仍按出口免税处理。

其次,外贸企业对来料加工业务,根据其盈亏责任的不同而有如下两种经营方式:

第一,代理形式——由外贸企业组织安排,对外与工厂共同签约,但由工厂直接承担生产、交货与盈亏责任,通过外贸企业办理出口结汇,收取外汇手续费。

第二,自营形式——由外贸企业单独对外签约,然后对内组织工厂生产,外贸企业承担盈亏责任(包括交货违约赔偿责任等等),工厂只收取工缴费。

第三,在外贸企业自营形式下,对国内工厂还可有单作价与双作价两种

---

① 和第十一章的对开信用证相联系,这一"双向"结算实际上是双方最终轧计净额后由委托方一方支付。

方式。

以上三者组合起来就使来料加工的会计处理产生出 5 个变型如图表 9-4 所示。

图表 9-4
来料加工会计类型

		对外单作价	对外双作价	
前期	代 理	A	C	
	自 营	B	对内单作价	D
			对内双作价	E

2-2-2 来料加工的典型分录

从外贸企业的立场看，典型情况下的分录可概括如下：

① 来料　　　　　　　　　　　　　　　　　（根据盖有"来料加工"
② 发交加工 }作表外备忘记录　　　　　　　　印记的入库单及出库单）

③ 完工交还

借：库存商品——来料加工（只指加工费）　（根据加工品入库单
　　贷：应付账款——加工厂　　　　　　　　加工厂工费结算单）

④ 发运

借：待运和发出商品（只指加工费）
　　　　　　　　　　　　　　　　　　　　（根据加工品出库单）
　　贷：库存商品

⑤ 交单

借：应收账款——×外商
　　　　　　　　　　　　　　　　　　　　（根据发票、汇票及
　　贷：主营业务收入——来料加工　　　　　运输单证等）

　　　　　（只指加工收入）

借：主营业务成本——来料加工（只指加工费）
　　贷：待运和发出商品

但因变型多，先列示 5 型的分录原理的要点，然后再逐笔讲述分录，如图表 9-5 所示。

图表 9-5
来料加工分录原理总表

单作价分录要点:		
时　点	A型：代　理	B型：外贸自营
1. 收到来料 2. 外发加工 3. 完工送回 4. 发运	｝表外备忘记录	①表外备忘记录 ②入库（加工费） ③发运
5. 交单	①代收代付 ②收代理费并交营业税	④销售收入及成本入账

双作价分录要点			
		外贸自营	
时　点	C型：代理	D型：对内单作价	E型：对内双作价
1. 收到来料 2. 外发加工 3. 完工送回 4. 发运	｝视同购料，实物转账 （连料价） （连料价）	｝视同购料，实物转账 （用"委托加工"） （加工工费） （连料价）	｝（作材料销售） （连料价） （连料价）
5. 交单	①视同自营，收入与成本同步入账 ②抄单结算加收代理费付营业税	①视同自营，收入与成本同步入账	

现以数字例解释 5 种情况下的分录。此五例采自往年实际案例，此处全按当时实际汇率演示。

【例一】 香港 W 纱厂向上海市纺织品进出口公司洽谈一笔把涤纶短纤维加工为缝纫线的来料加工业务。市进出口公司以代理方式将业务转交给宝山纺织厂，与外方约定以单作价方式结算。W 厂提供：

（1）涤纶短纤维：21.2 吨。

（2）包装辅料：20 400 套。

宝山厂应于一个月内交付加工成品 20 吨，加工单价 USD 1 100 FOB 上海，总值 USD 22 000。

汇率为 6.8270。代理费率为 3%。

此例属 A 型，有两个特点：一是材料对外单作价，全按"表外"处理；二是代理，外贸企业不是主体，原则上按代理方式在出口阶段入账。

作成分录：

① 收入来料：凭盖有"来料加工"戳记的入库单借记表外科目"外商来

第九章 加工贸易会计

料",只记数量:原料 21.2 吨;辅料 20 400 套。

② 发厂加工:凭"来料加工"出库单在表外作:

借:拨出来料 ⎫
贷:外商来料 ⎭ 只记数量

③ 加工毕交货:按消耗定额验收,据"来料加工"入库单在表外作:

借:代管物资——加工成品 ⎫
贷:拨出来料 ⎭ 只记数量

④ 出口发运:凭出库单作:

(表外)贷:代管物资——加工成品(只记数量)

⑤ 交单:正式入账,但因非主体,代理收付,故一面记应收,一面记应付。

借:应收账款——加工工缴费　　　　　　　　　150 194.00
　贷:应付账款——加工厂　　　　　　　　　　145 688.18
　　　主营业务收入(代理手续费)①　　　　　　 4 505.82
借:营业税金及附加(或其他业务支出)　　　　　　 225.29
　贷:应交税费——应交营业税(等)　　　　　　　 225.29

【例二】 进出口公司将上例业务改作自营,交宝山纺织厂代加工,约定加工费为每吨成品¥6 596。

此例属 B 型:在材料不作价方面与 A 型相同,但因是自营,故出口分录有不同。

①、②、③、④ 实物部分同 A,另加:

⑤ 交货:

借:库存(出口)商品——加工品(只按工缴费部分)　131 920
　贷:应付账款——加工厂(20 吨×¥6 596)　　　　131 920

来料加工免增值税,故无计税的分录。

⑥ 发运:

借:待运和发出商品　　　　　　　　　　　　　131 920
　贷:库存(出口)商品——加工品　　　　　　　　131 920

---

① 国有外贸系统,传统上认为代理制不是主流;又加工业务与商品进出口有别,不是外贸主流,故使用"其他业务收入"、"其他销售收入"等科目,但当前代理制是发展方向,加工出口已占总出口一半以上,似都不宜再有主次之分。故本书今后将改用"主营业务"归类。

⑦ 交单：

借：应收账款——外商　　　　　　　　　　　　　　　　150 194
　　贷：主营业务收入——加工补偿　　　　　　　　　　　　150 194

借：主营业务成本——加工补偿　　　　　　　　　　　　131 920
　　贷：待运和发出商品　　　　　　　　　　　　　　　　131 920

【例三】 设［例一］中外方要求双作价，于加工完毕时轧净支付（即在支付加工品全价时扣除原发出来料价款）共作价：

原料　　　　单价 USD 1 250/吨　　　总值 USD 26 500

包装料　　　　　　0.08/套　　　　　　　　1 632

进出口公司对内按代理方式单作价结算。其余条件不变。

此例属 C 型：特点：因是双作价，要正式入账，已转化成购销；又因是代理，虽入账，仍要通过应收、应付账款。

① 收料：（当日汇率 6.8183）

借：原材料——作价来料　　　　　　　　　　　　　　191 812.42
　　贷：应付账款——外商［(26 500＋1 632)×6.8183］　　191 812.42

来料虽作价，但不需付汇，只在今后加工完毕出口时冲账。

② 发厂：

借：应收账款——加工厂　　　　　　　　　　　　　　191 812.42
　　贷：原材料——作价来料　　　　　　　　　　　　　191 812.42

③ 交货：（当日汇率 6.8297）

借：库存出口商品——作价加工品　　　　　　　　　　342 065.82
　　贷：应收账款——加工厂（料作价部分）　　　　　　191 812.42
　　　　　　　　——加工厂（工缴费部分）　　　　　　150 253.40

④、⑤相当于 B 型⑥、⑦，但为连料全价的应收、应付账款（按代理记账）。

④ 发运：

借：待运和发出商品　　　　　　　　　　　　　　　　342 065.82
　　贷：库存出口商品　　　　　　　　　　　　　　　　342 065.82

⑤ 交单：

借：应收账款——外商	342 065.82
贷：应付账款——加工厂	342 065.82
借：应付账款——加工厂	342 065.82
贷：待运和发出商品	342 065.82

说明：(1) C 型先视同自营做账，最后方按代理做账的原因，在于一开始在双作价下把实物资产进了账，这就不得不一直做到实物资产销出，才能告一段落。

(2) 最后在交单时照代理的应收应付账款做账，故不用"主营业务收入"和"成本"科目。但巧妙的是此时收入与成本相等不产生差额。真正的"应收"是轧净来料作价后的加工费收入(342 065.82－191 812.42＝150 253.40 元)。

【例四】 设[例三]中进出口公司对内按自营方式单作价处理(因为对内加工费未必与对外约定加工费相同)。本例中昆山纺织厂愿以每吨 USD 1 000 进行加工。

此例属 D 型：特点：主体在外贸企业，对内单作价，成为委托加工类型：
① 收料同 C。(当日汇率 6.8183)

借：原材料——作价来料	191 812.42
贷：应付账款——外商	191 812.42

② 发厂：

借：委托加工物资	191 812.42
贷：原材料——作价来料	191 812.42

③ 交货：(当日汇率 6.8297)

借：库存出口商品——作价加工品	328 406.42
贷：委托加工物资(料价部分)	191 812.42
应付账款——加工厂(工缴费部分)	136 594.00

④、⑤同 B 型，⑥、⑦，也为全价。因收入仍为 342 065.82 元，外贸公司多得毛利 13 659.40 元。

【例五】 设上例改按自营双作价方式结算，即对内把来料作为材料销售，加工厂按购料加工返销给进出口公司。本例假设料不加价(也可加价，出现利润)。

此例属 E 型特点：外贸企业为主体，对内双作价，转化成购销关系入账。
① 收料同 D。

借：原材料——作价加工	191 812.42
贷：应付账款——外商	191 812.42

② 发厂：

借：应收账款——加工厂　　　　　　　　　　　　191 812.42
　　贷：主营业务收入——作价加工　　　　　　　　　　191 812.42

借：主营业务成本——作价加工　　　　　　　　　191 812.42
　　贷：原材料——作价加工　　　　　　　　　　　　　191 812.42

③ 交货：

借：库存出口商品（料、工缴全额）　　　　　　　328 406.42
　　贷：应付账款——加工厂　　　　　　　　　　　　　328 406.42

④、⑤ 同 B 型，⑥、⑦，也为全价。

E 型内外作价如不相等，则最终要将分录②中差额并入分录⑤中"主营业务收入（或成本）"账户，或径转"本年利润"账户。

第三节　进料加工的税务及会计

3-1　进料加工释义

所谓进料加工，是指我国企业用外汇进口原料、材料、辅料、元器件、零部件、配套件和包装物料，加工为成品或半成品再外销出口的业务。

进料加工和来料加工的不同点在于：进料加工由企业用自身的外汇进口原料，自行安排加工后出口，自负盈亏，其进口对象与出口对象无直接关系；而来料加工则由外方供料，且供料人就是成品的承受人，所有权与盈亏均属外方，我方只收取加工工缴费。但两者的共同点，则是都受我国政府鼓励，享受相似的政策优惠，例如我国国务院和《进出口关税条例》都有免税等规定。

3-2　进料加工的税务特点

3-2-1　免税、保税和征税的区分

1. 专为加工出口成品而进口的料、件，海关按实际加工复出口的数量，免征关税和缓交增值税，在复出口退税时抵扣。

2. 对签有对口合同及以保税工厂监管方式进口用于加工出口产品，而在生产过程中完全消耗掉数量合理的消耗材料，如触媒剂、催化剂、洗涤剂等化学物品等，进口时予以全额保税。

3. 对用于加工成品必不可少的,但在加工过程中并没有完全消耗掉的仍有使用价值的物品和生产过程中产生的副次品和边角料,海关根据其使用价值,分别估价征税或酌情减免税。

4. 由于改进生产工艺和改善经营管理而节余的料、件或增产的成品转为内销时,海关审核情况属实,其价值在进口料、件总值 2% 以内,并且总值在人民币 5 000 元以下的可予免税。

3-2-2 对进料加工料、件的保税与海关监管

1. 保税工厂和备料保税仓库。如经营单位所属企业专门加工出口产品的工厂、车间或经营单位本身,拥有专门储存进口料、件和加工成品的仓库,建有健全的专用账册,专人管理制度,并具备海关严密监管的条件的,海关可以批准其建立保税工厂或备料保税仓库。其料、件进口时先予保税,加工后对实际出口部分所耗进口料、件予以免税。不出口部分予以征税。

2. 对口合同——对签有料、件进口和加工成品出口的对口合同(包括不同客户的对口联号合同)的进料加工,经主管海关批准,可对其进口料、件予以全额保税,加工后,对实际出口部分所耗进口料、件予以免税。

3. 定额保税——对不具备上述 1、2 项条件的备料加工项下进口的料、件,海关可根据《进料加工进口料、件免税比例表》的规定减征。如实际不能出口部分多于或少于已征比例,经海关审核无误后,分别予以补税或退税。《进料加工进口料、件免税比例表》的大意如下:

第一类,15 种进口料、件按 95% 保税,5% 作为不能出口部分照章征税,例如:毛皮、生皮、象牙、玉石珍珠、钻石及毛坯、装配机电产品的零部件、毛条毛纱、64 吋以上宽幅棉布及涤棉布、服装用面料、里料及已制成型的包装用品(品目时有变动)。

第二类,其他料、件均按 85% 保税,15% 作为不能出口部分照章征税。

4. 全额征税、出口退税。对有违反海关规定行为的经营单位和加工生产企业,海关认为必要时,对其进口料、件在进口时先予征税,待其加工复出口时,按其实际所耗的进口料、件数量予以退税,即先征后退。

3-2-3 办理进料加工合同登记备案手续的要求

1. 向海关交验下列单证,申请领取《进料加工登记手册》(已在网上电子化)。

(1) 经贸主管部门签发的《进料加工批准书》;

(2) 对外签订的正式合同副本或订货卡片,如属对口合同的,还应同时交验出口合同;

(3) 加工合同备案申请表；

(4) 进口料件备案申请表；

(5) 加工出口成品备案申请表；

(6) 单耗备案申请表；

(7) 合同备案内部流转表；

(8) 海关认为必要的其他凭证。

2. 海关审核后，确定对进口料、件的不同监管方式，如实施全额保税或按比例征免税等，并核发《登记手册》。

3. 经营单位持凭《登记手册》办理有关进料加工的进出口和最终核销等手续。

3-2-4 进料加工的期限

进料加工项下，进口的料、件应自进口之日起一年内加工为成品返销出口。如有特殊情况，需要延长期限的，应向主管海关申请展期。

3-2-5 进料加工货物要内销时，应经审批、许可

进料加工项下，进口的料、件和加工成品，均不得在境内销售。如因故必须转为内销的，应经经贸主管部门批准，并经海关许可。上述转为内销的货物，无论以人民币或外汇结算，经营单位和加工生产企业，应及时向海关缴纳原进口料、件的关税和增值税。属于国家限制进口的，或属于实行进口许可证管理的商品，应按国家有关规定向海关交验进口审批件或进口许可证后，方准内销。

3-2-6 办理核销手续

每年度一次，经营单位应持凭《登记手册》和经海关签章的进出口专用报关单，以及《进口料、件使用表》、《核销申请表》等有关单证，向海关办理核销手续。经海关审核无误后，准予核销结案。

3-3 进料加工的会计处理

进料加工本身原是正常的进出口活动的组合，在会计上无特点可言。但是一来因税务有优惠，二来因进出口双方不是同一客户，主要依靠外贸企业组织安排，也就是以外贸企业自营的形式为主，这才引起了一些特殊的会计业务。

每一笔进料加工的会计处理都包含3个环节：①进口料件、②拨交加工和③出口退税。但会计处理的内容随着征税方法而变，征税方法又随经营主体和贸易方式而变。现先粗略地列一大纲为图表9-6，然后展开解释。

图表 9-6

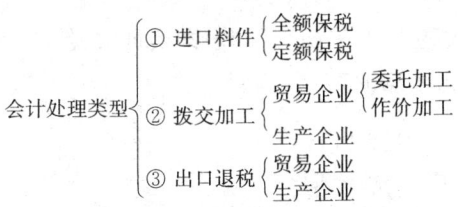

进料加工会计处理类型

3-3-1 进料的会计处理

如前 2-2-2 所述,进口企业的税负可以归纳如下:

a. 有对口合同——全额保税,当前暂无关税和增值税的支出,如最终所耗料件的制成品全部出口,则税负全免。

b. 一般备料生产——定额保税,当前先实征 5% 或 15%,余缓征,最终清算。

以上两种情况都可按进口的常规做账,举例如下:

【例一】 设从某外商进口原料 30 000 千克,作价 30 万美元,外贸企业将其对某生产企业安排加工,按消耗定额计算应交成品 1 万件,按每件人民币 322 元收购。外贸企业与此同时已与另一国的客商谈妥按 FOB60 美元 1 件的价格成交 1 万件,属于订有对口合同的情况,故进口关税、增值税全免。

进口时,凭全套进口单证作分录如下:(当日汇率 6.1345)

① 借:商品采购——进料加工(6.1345×300 000)　　1 840 350
　　贷:应付账款——国外×客户　　　　　　　　　　1 840 350

凭入库单:

② 借:原材料——进料加工　　　　　　　　　　　　1 840 350
　　贷:商品采购——进料加工　　　　　　　　　　　1 840 350

【例二】 设上例无对口合同,为一般备料加工,只能保税 85%。关税税率为 20%,增值税税率为 17%。

① 同[例一]。

又凭海关交税单作分录如下:

② 借:应交税费——进口关税　　　　　　　　　　　55 210.50
　　　　　　　　——应交增值税(进项税额)　　　　 48 336.79
　　贷:银行存款　　　　　　　　　　　　　　　　　103 547.29

关税计算：300 000×6.1345×20‰×15％＝55 210.50(元)

增值税计算：300 000×6.1345×(1＋3％)×17‰×15％＝48 336.79(元)

上式中3％＝关税20‰×(1－85％)即实征关税。

将进口关税转为采购成本：

③ 借：商品采购——进料加工　　　　　　　　　　55 210.50
　　　贷：应交税费——进口关税　　　　　　　　　　　55 210.50

据入库单作分录如下：

④ 借：原材料——进料加工　　　　　　　　　　　1 895 560.50
　　　贷：商品采购——进料加工(1 840 350.00＋55 210.50)　1 895 560.50

3-3-2　外贸企业拨料委托加工的会计

外贸企业自身没有生产能力，必须外发生产企业加工。在传统习惯上，有委托加工和作价加工两种贸易方式。

所谓委托加工，专指贸易企业保持进口料件的所有权，单纯将实物拨交生产企业加工。承接单位以表外科目记账，税局对拨料也不征税。贸易企业作为主体统一始终。会计上采用"委托加工物资"科目做账。加工完毕后，对受托厂付加工费，按消耗定额收回成品。税局对受托厂要征加工销项税，贸易企业带税收购，其后自行出口，按规定申报退税，自负盈亏。

【例三】　接[例二]后，料件拨厂委托加工，又设不含税加工工缴为46万元。

①～④ 同[例二]。

⑤ 借：委托加工物资　　　　　　　　　　　　　1 895 560.50
　　　贷：原材料——进料加工　　　　　　　　　　　1 895 560.50

完工交货，据入库单及增值税专用发票：

⑥ 借：委托加工物资(工缴费)　　　　　　　　　　460 000.00
　　　　应交税费——应交增值税(进项税额)　　　　　78 200.00
　　　贷：应付账款——加工厂　　　　　　　　　　　538 200.00

⑦ 借：库存出口商品　　　　　　　　　　　　　　2 355 560.50
　　　贷：委托加工物资(1 895 560.50＋460 000.00)　2 355 560.50

3-3-3　贸易企业进料作价加工的会计

作价加工是一个传统概念。在外贸专营期间，国有外贸体系占有垄断地位,在进料后可能加价(或按原价)拨交生产企业加工。那时贸易企业原来不转移所有权的拨料,就转化为实质性的买卖关系,即:进口料件作价销售给生产企业;加工成品则由贸易企业另行作价收购回来再自行出口,这样就形成了来回双程作价(实践中称为双作价,或称各作各价,相应地,上述委托加工就称为单作价)的购销关系。

不仅是购销关系,还有税负差别。进口料件转为销售必须经海关批准,并且按当前的税务政策要现实用资金纳税入库[①]。

进料作价销售在会计上可采用"主营业务收入"(成本)账户(以往有人主张用"其他业务收入"(支出),这是因为生产企业销售材料不属于正常业务,这样选用科目是合理的。但是进料加工在贸易企业是主要业务,还是用"主营业务收入"为宜)。

现例示分录如下:

【例四】 续[例一]后,原料内销作价为236万元,凭出库单及加工厂回单作分录如下(此利润最终或冲减加工成品成本,或迳入"本年利润"):

③ 借:应收账款——××工厂　　　　　　　　　　　　2 761 200
　　　贷:主营业务收入——作价加工　　　　　　　　　2 360 000
　　　　　应交税费——应交增值税(销项税额)　　　　401 200

内销原料纳税分录在全月抵扣后做,还要补交关税,此处略。

④ 借:主营业务成本——作价加工　　　　　　　　　　1 840 350
　　　贷:原材料——进料加工　　　　　　　　　　　　1 840 350

加工完成,收购入库,凭入库单及工厂增值税专用发票作分录如下:

⑤ 借:商品采购——进料加工成品　　　　　　　　　　3 220 000
　　　应交税费——应交增值税(进项税额)　　　　　　547 400
　　　贷:应付账款(或银行存款等)　　　　　　　　　3 767 400

⑥ 借:库存出口商品　　　　　　　　　　　　　　　　3 220 000
　　　贷:商品采购——进料加工成品　　　　　　　　　3 220 000

3-3-4　生产企业自营进料加工的会计

自2001年我国参加WTO,并随即颁布了新《对外贸易法》起,生产企业甚

---

① 在2012年上半年以前的政策是:进料上的销项税只在纳税报表上计算后加注,暂"不计征入库",等待日后加工完成出口时和应退税额相抵扣。那时只有"账面"操作,没有实际资金的支付。

至个人普遍获得了对外贸易资格,从此生产企业自主对外进料加工日渐发展,目前已成为主流。

这方面进料部分的会计与上述相似;而加工部分的会计则和《中级财务会计》及《成本会计》中所述的相似。例如:

借:生产成本——基本生产——进料加工手册 NO.××加工成本
    贷:原材料——进料加工 NO.××手册材料
        应付工资
        制造费用

不须赘述。

近来作为原来外贸部门的历史优势,产生了一种"双委托"的加工形式,即生产企业委托贸易企业代理进口料件,同时代理出口加工成品。在会计上和前述代理进、出口的会计大同小异,不另讨论。

3-4 贸易企业进料加工出口退税的会计

贸易企业的出口退税统一实行免退法;而生产企业则实施免抵退法,后者繁复得多,将另设 3-5 作介绍。本段专述贸易企业出口退税的会计。

3-4-1 贸易企业委托加工出口退税的会计

贸易企业委托加工出口退税的计算原则如下:

应退税额=计税依据×退税率=委托加工费增值税发票金额 ×加工完成品的退税率

如再进一步展开细节,对计税依据要了解如下 3 个内容:

① 不包括进料加工保税料件(当初未交税,现在不退税)。

② 贸易企业提供非保税原材料经由生产企业受托加工的,应该作价销售,受托企业将原材料成本并入加工费(不含进项税)。

③ 受托加工企业所耗人工和费用。

上述②是 2012 年新规定的特点,它统一了进料加工和国内一般贸易的委托加工的处理原则。

3-4-2 贸易企业进料作价加工出口退税的会计

2012 年新规定对贸易企业作价加工的出口退税,在税务体系上作了较重大的改变:它把作价加工基本上归并进了委托加工的一般模式之内。

目前加工贸易由海关监管,海关总署规定保税进口料件不允许企业作价销售,只能采取委托加工收回出口的方式。为了统一管理,现规定作价销售保税进口料件按内销征税,比照一般贸易委托加工的方式计算退税。

这就是说,经海关批准作为内销供给生产加工厂的进口保税料件不再视为进料加工(2012年新规中已无独立的"作价加工"项目)。

所谓"比照一般贸易委托加工公式"是指加工厂将原材料成本(不含进项税)并入加工费开具发票,作为计税依据内容之一,然后乘以加工完成品的退税率,计算退税金额。

有关税务和会计处理和第七章所述相似。

现将新修订的作价加工中贸、产两方3环节的增值税及会计关系列成示意图如下。(图表9-7)

图表9-7

新规作价加工下贸产双方增值税及会计关系示意图

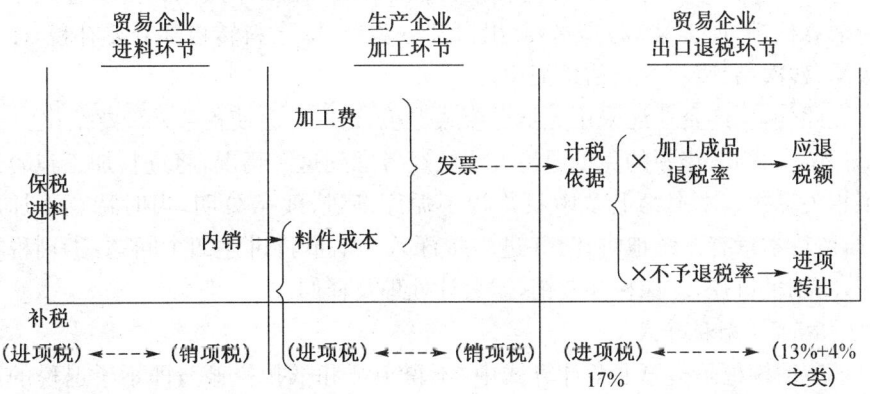

【例五】 接[例一]进料及[例四]加工的资料后作出口退税的例示分录。已设收购价每件322元,按定额收购1万件扣除,内销进料总价236万元,可推算出净加工费总价为86万元。

又假设该产品退税率为13%:

出口交单时:(当日汇率6.1304元)

① 借:应收账款——外商B　　　　　　　　　　　　　　3 678 240
　　贷:主营业务收入——进料加工(USD60×6.1304×10 000套)　3 678 240

② 借:主营业务成本——进料加工　　　　　　　　　　　3 220 000
　　贷:库存出口商品　　　　　　　　　　　　　　　　　3 220 000

有关申报退税等分录:

③ 借:主营业务成本——进料加工　　　　　　　　　　　128 800
　　贷:应交税费——应交增值税(进项税额转出)　　　　128 800

金额计算:退税依据(料236万+加工费86万)×不予退税率4%。

④ 借：应收出口退税　　　　　　　　　　　　　418 600
　　　贷：应交税费——应交增值税（出口退税）　　418 600

金额计算：322 万元×13％。

3-5　生产企业进料加工税务与会计的特点

3-5-1　税务背景

这包括两个方面：

① 关税、消费税——免征或减征进料的税，后者要进入"组成计税价格"。即价内税计为货价。

② 增值税——进口料件时保税（缓征），成品出口时剔后退税，整批结束时清算核销，所谓清算，是指：a. 出口部分免税，b. 余料转售部分要补税，c. 等级品、残次品、废料等要估价征税。

此外，生产企业还采用免抵退模式退税，这些都会使税务处理复杂化。

所幸 2002 年版的免抵退税办法已经考虑到这一情况，将进料加工包容进了相关算式。本书第七章中只是为了循序渐进、线条分明，当时特意不加展开，留待本章有系统地讲述，并进一步深入。本节将讲述四个问题：①剔税算式，②剔税口径，③保税和核销，④会计处理及释例。

3-5-2　剔税算式

所谓剔税是指第七章计算式中"不得免征和抵扣税额"，即不予退税的进项税额转出和免税进料因素两项。

试先回忆第七章 4-2-2 中式②、③及式⑤：

式②：$\text{不得免征和抵扣税额} = \text{出口货物离岸价} \times \text{外汇人民币牌价} \times (\text{出口货物征税率} - \text{出口货物退税率}) - \text{不得免征和抵扣税额抵减额}$

式③：$\text{不得免征和抵扣税额抵减额} = \text{免税购进原材料价格} \times (\text{出口货物征税率} - \text{出口货物退税率})$

式⑤：$\text{免抵退税额抵减额} = \text{免税购进原材料价格} \times \text{出口货物退税率}$

又税务总局 2012 年♯39 文说明：免税购进原材料包括从国内购进免税原材料和进料加工保税进口料件，其中进料加工保税进口料件的价格为组成计税价格。

$\text{进料加工保税进口料件的组成计税价格} = \text{货物到岸价} + \text{海关实征关税和消费税}$

可见进料加工会影响两个抵减额的计算。(参阅第 7 章中式②、③、⑤的解释。)这里要注意,式②和式④两式中的被减数都应该是出口货物的 FOB 值,而且上述两个抵减额却都是免(保)税料件的 CIF 价加实征关、消税值,不仅基数不同,而且价格条款也不同。

3-5-3 剔税口径

上述保税进口料件不得免税和抵扣额的取值曾经有两种范围:购进法和实耗法。前者以材料购进量为准;后者以出口成品的用料量为准。

(1)"购进法"——当期进料加工保税进口料件的组成计税价格为当期实际购进的进料加工进口料件的组成计税价格。自 2013 年♯12 公告起已停用此法。

(2)"实耗法"——当期进料加工保税进口料件的组成计税价格为当期进料加工出口货物耗用的进口料件组成计税价格。其计算公式为:

$$\text{当期进料加工保税进口料件的组成计税价格} = \text{当期进料加工出口货物离岸价} \times \text{外汇人民币折合率} \times \text{计划分配率}$$

$$\text{计划分配率} = \text{计划进口总值} \div \text{计划出口总值} \times 100\%$$

此两式的用意是按每元出口产品的耗用材料值推算已出口成品所耗用的免税材料总值。如果按会计用语习惯,分配率的实际意义是材料耗用率(金额比)。

由于进料加工每批都要开立手册(已多改为电子化手册),并自 2014 年起,从逐批在结束时申请核销改为每年作一次性核销,因此计划分配率也已改为按上年实际核销数计算,并以之作为当年度进料加工分配率。这在事实上是已核销的全部手册的加权平均实际分配率,如果没有上年实际数时,用最近年实际数,只有在前期实际分配率与当前实际情况有较大出入时,才使用预计数。①

由于进料加工每份手册要专料专用,不可移用。因此,表面看来似乎购进法和实耗法并无差别。但是进料未必都能在当月完工复出口,那时实耗法就更符合"不出口不退税"的控制要求。这相当于一般贸易中从购进法转为实销

---

① 从事进料加工业务的生产企业,因上年度无海关已核销手(账)册不能确定本年度进料加工业务计划分配率的,应使用最近一次确定的"上年度已核销手(账)册综合实际分配率"作为本年度的计划分配率。

生产企业在办理年度进料加工业务核销后,如认为《生产企业进料加工业务免抵退税核销表》中的"上年度已核销手(账)册综合实际分配率"与企业当年度实际情况差别较大的,可在向主管税务机关提供当年度预计的进料加工计划分配率及书面合理理由后,将预计的进料加工计划分配率作为该年度的计划分配率。(见国家税务总局公告 2013 年第 65 号)

(出口)法退税的处理。

3-5-4 保税和核销

a. 含义——进料加工都要经过保税阶段。但早年税务文件列示的都是措词为"免税"进料加工复出口中两个抵减额的计算式。都未明白涉及"保税"。

2012♯39 文才把免税进料的相应规定的措词改为："保税"进口料件的价格为组成计税价格。

这里要弄清楚"免税"和"保税"两词的不同含义。免税是指无税负；保税只是指因最终去向未确定,在海关监管下暂缓征税,待将来情况肯定后再免税或补征税。例如前述备料加工没有对口合同,则最终未必能全部加工为成品出口,那时保税就不一定等于免税。进料加工在开始和中途都是保税,待到出口时才有免税。

从而进料加工都要在结束时(现为每年度)进行清算,由海关核销手册。那时要另行计算实际分配率,据以调整原来按计划分配率所作的计算。

b. 手册核销后的调整——生产企业在《进料加工登记手册》业务结束时,应进行如下几项工作：

① 计算实际分配率——自 2014 年起,企业应在本年度 4 月 20 日前,向主管税务机关报送《生产企业进料加工业务免抵退税核销申报表》(附件 4)及电子数据,申请办理上年度海关已核销的进料加工手册项下的进料加工业务核销手续。税务机关审核后,计算确定"实际分配率"：

$$实际分配率 = \left(\frac{实际进口}{总值} - \frac{剩余边角}{余料金额} - \frac{结转至其他手册}{料件金额} - \frac{其他减少进口}{料件金额}\right) \bigg/ \left(\frac{直接出口}{总值} + \frac{结转至其他手册}{成品金额} + \frac{剩余残次}{成品金额} + \frac{其他减少出口}{成品金额}\right) \times 100\%$$

② 根据本年度实际分配率重算年内各批免抵退计算中有关剔税等项目——对原来分批(月)申报增值税免抵退税中的"组成计税价格"及两个"抵减额",按本年度总的实际分配率改算,具体有：

A. 年度核销手册时应申报的免税进口料件组成计税价格＝进料加工直接出口总值×实际分配率

B. 年度核销手册应补列的免税进口料件组成计税价格＝a 项免税进口料件组成计税价格－已分月申报的免税进口料件组成计税价格

C. 年度核销手册应补列的进口料件不予抵扣税额抵减＝核销手册应补列的免税进口料件组成计税价格×(征税率－退税率)

D. 年度核销手册应补列的进料加工免抵退税抵减额＝核销手册应补列

的免税进口料件组成计税价格×退税率

③ 重编"免抵退税申报汇总表"、"免抵退税核销申报表"等税务报表——次月,生产企业应根据改算结果,向主管征税的税务机关填报申报表。

④ 根据新的税务报表调整会计记录。(待下文展开)

3-5-5　会计处理及释例

进料加工复出口的会计处理和一般贸易的会计处理基本相同,其特点只在于年度核销后的调整分录。现在假设一个数字例进行解释。

【例】　某服装厂兼营内外销产品。2014 年 9 月份以进料加工复出口方式进口一批高级面料,计价 150 000 美元折合人民币 900 000 元。订有多份对口合同,可全额保税,分两个月各半完工出口。计划分配率(上年度实际分配率)为 0.8。两月内销销售额各 10 万元。征税率 17%,复出口产品规定退税率 13%。国内采购内外销共用材料及内销专用材料:9 月份 15 万元;10 月份 13 万元。

解题:

先将式①、②、③连写如下式(用简略名词),然后对照填入数值(单位:万元):

应纳税额 = 内销销项税 − 净进项税

　　　　 = 内销销项税 − (毛进项税 − 不得免抵)

　　　　 = 内销销项税 − [毛进项税 − (全出口 FOB − 免税料价)×征退税率差]

9 月份:

应纳税额 = 10×17% − [15×17% − (60 − 60×0.8)×4%]

　　　　 = 1.7 − [2.55 − 0.48]

　　　　 = 1.7 − 2.07 = −0.37

再计算式④、⑤。

免抵退税额 = 全出口 FOB×退税率 − 免税料价×退税率

　　　　　 = 60×13% − 60×0.8×13% = 1.56

本期应退税额 = 0.37(<1.56)

免抵税额 = 1.56 − 0.37 = 1.19

分录:

① 借:主营业务成本　　　　　　　　　　　　　　　　　　4 800

　　　贷:应交税费——应交增值税(进项税额转出)　　　　　　　　4 800

② 借:应收出口退税款　　　　　　　　　　　　　　　　　3 700

　　　应交税费——应交增值税(出口抵减内销产品应纳税额)　　11 900

　　　贷:应交税费——应交增值税(出口退税)　　　　　　　　　15 600

10月份:(除国内购料为13万元外,其余全与上月相同)

$$应纳税额 = 10 \times 17\% - [13 \times 17\% - (60 \times 4\% - 60 \times 0.8 \times 4\%)]$$
$$= 1.7 - [2.21 - 0.48] = 1.7 - 1.73 = -0.03$$

应退税额 = 0.03

免抵税额 = 1.56 - 0.03 = 1.53

分录:

③ 借:主营业务成本 　　　　　　　　　　　　　　　　　　　　4 800
　　　贷:应交税费——应交增值税(进项税额转出) 　　　　　　　　4 800

④ 借:应收出口退税款 　　　　　　　　　　　　　　　　　　　　300
　　　应交税费——应交增值税(出口抵减内销产品应纳税额) 　　15 300
　　　贷:应交税费——应交增值税(出口退税) 　　　　　　　　　15 600

年度终了:(本年实际分配率0.75,为简化叙述,假定年内无其他出口)

剔税调整: $(60+60) \times 4\% - (60+60) \times 0.75 \times 4\% - (120 \times 4\% - 120 \times 0.8 \times 4\%)$
$$= 4.8 - 3.6 - (4.8 - 3.84) = 1.2 - 0.96 = 0.24$$

即按本年度实际分配率应剔税12 000元,年内按计划分配率已转账9 600元,故还应补剔2 400元:

⑤ 借:主营业务成本 　　　　　　　　　　　　　　　　　　　　2 400
　　　贷:应交税费——应交增值税(进项税额转出) 　　　　　　　　2 400

退税调整:免抵退税额 $= 120 \times 13\% - 120 \times 0.75 \times 13\% = 15.6 - 11.7 = 3.9$

年内已转账 $15\,600 \times 2 = 31\,200$ 元,应调增 $39\,000 - 31\,200 = 7\,800$ 元

$$应纳税额 = 1.7 \times 2 - [(15+13) \times 17\% - (120 \times 4\% - 120 \times 0.75 \times 4\%)]$$
$$= 3.4 - [4.76 - 1.2] = 3.4 - 3.56 = -0.16$$

年内已转账 $3\,700 + 300 = 4\,000$ 元,多转2 400元应冲回

免抵税额 = 3.9 - 0.16 = 3.74

年内已转账 $11\,900 + 15\,300 = 27\,200$,应补转 $37\,400 - 27\,200 = 10\,200$

⑥ 借:应交税费——应交增值税(出口抵减内销产品应纳税额) 　10 200
　　　贷:应收出口退税款 　　　　　　　　　　　　　　　　　　　2 400
　　　　　应交税费——应交增值税(出口退税) 　　　　　　　　　　7 800

第九章 加工贸易会计

复习思考题

1. 什么是加工贸易？包括哪些形式？为什么要鼓励加工贸易？如何鼓励？

2. 进料加工与来料加工有何区别？试从料款、工缴款、外销三方面把两者的会计记录进行对比。

3. 进料加工的进口关税优惠有哪三种情况？各自的适用条件是什么？

4. 来料加工有些什么相应的优惠？

5. 什么叫做保税？有哪些具体形式？在会计上有何要求？

6. 进料加工的退税如何操作？如何计算退税额？

7. 什么是保税中的"对口合同"、"备料加工"？在税务上有什么不同？有余料时什么情况下先征5%？什么情况下先征15%？

8. 在加工贸易的结算中什么是"各作各价"？这算是"来料加工"还是"进料加工"？

9. 为何在2012年的新规定中见不到关于作价加工？

10. 进料加工出口退税(3-5-2)条件下的做法，与第五章4-2-2的7式3组的叙述是否相同？

习 题

习题9-1

一、要求 按下列资料作成外贸公司进料加工中作价加工形式的有关分录。

二、资料

1. 进料部分——20×5年6月1日，厦门市外贸公司自日本H公司进口化纤服装面料10 000米，单价J￥1 000 CIF厦门，与A服装厂签约加工成男西服3 000套。当即由华夏银行开出信用证。此时尚无对口的出口合同，属备料加工性质，但因化纤面料属于15种保税95%的范围，故可只交税5%。

6月7日，华夏银行提示日商来单。经审单无误，6月8日购汇付款赎单，当日银行汇率的卖出价为 J￥100＝RMB 8.04。

6月15日,货到厦门港,报关交税后直接由 A 厂派车提回。关税税率为20%,增值税按组成计税价格17%计。当日汇率中间价为 J￥ 100＝RMB 8.02。

2. 作价加工部分——对 A 公司采用双作价方式,按新规要作正常售料后委托加工:面料按每米 RMB 100 计,辅料由 A 厂自备,成品按每套无税价 RMB 500 收购。

9月15日,A 厂加工完成,货交到外贸仓库,取得入库单,加开销货增值税专用发票,税率17%,当日由外贸公司从银行划付完毕。

9月30日补交售料保税少交款。

提示

在关税减征为5%时,增值税随之减征为 17%×5%。

习题 9-2

一、要求　根据下列资料,为外贸公司作成会计分录。

二、资料

1. 200×年5月2日,A 服装厂直接承担来料加工合同责任,通过 B 外贸公司代理进出口,外商 C 来料采取双作价及来料用 D/A60 天,产品用 D/P 的方式结算。

5月3日,外商提供服装面料30万米。按合约规定,每米价格为 USD 4,当日银行中间价1美元＝8.30元,至6月底止汇率无变动。

2. 5月4日,外商 C 提供的全部服装面料发交 A 厂加工生产服装,按合约耗用原料定额,规定应生产服装 75 000 套。

3. 6月20日,A 厂交来 75 000 套服装,按合约规定每套服装耗用原料 USD 16、加工工缴费为 USD 4,合计 USD 20。

4. 6月21日,外贸公司将该批服装交外运公司办理出口托运。同时代 A 厂支付国外运费 USD 8 500,保险费 USD 1 500。银行卖出价 USD 1＝RMB 8.32。

5. 6月23日,全套出口单据交银行委托作 D/P 收款并轧付原料的 D/A 汇票款。

6. 7月3日,外贸公司收到外商 C 工缴费来款(即由同一银行 D/P 与 D/A 轧净额)的结汇水单,银行买入价 USD 1＝RMB 8.28(手续费全月总算)。

7. 7月15日,向 A 厂收取按工缴费 2% 的代理手续费。

8. 7月16日,外贸公司与 A 厂结清账款。

第九章 加工贸易会计

习题 9-3

一、要求 运用下列资料作♯7软件免抵退7式的计算后作成相关分录。

二、资料 生产企业 A 出口货物的征税率为 17％，退税率为 13％，20×8 年 7 月有关数据如下：

（1）上期期末留抵税额 6 万元；

（2）购入内外销共用原材料的增值税专用发票上净价 200 万元已通过认证的进项税额为 34 万元；

（3）本月出口货物销售额 FOB 价折合人民币 200 万元；内销货物销售净价 100 万元，收款 117 万元；

（4）当月进料加工免税进口料件的组成计税价格为 50 万元。

第十章 技术进出口业务的会计

世界各国把国际贸易分为货物贸易及无形贸易(即服务贸易)两类。在我国无形贸易开展较晚。改革开放后,技术引进逐步发展起来,其后其他现代服务贸易也开始产生(例如物流,国际金融等)。

本章先重点介绍传统的技术贸易的基本概念,其后再呼应第五章扼要地说明一下"营改增"后服务贸易的税务及会计特点。

第一节 技术进出口的业务

1-1 定义

技术进出口是指从我国境外向我国境内,或者从我国境内向我国境外通过贸易、投资或者经济技术合作的方式转移技术的行为,包括专利权转让、专利申请权转让、专利实施许可、非专利技术(或称技术诀窍,技术秘密等)转让,技术服务和其他方式的技术转移。技术贸易的对象是技术这种无形资产。国际产权组织认为技术是制造一种产品或提供一项服务的系统知识。

过去外贸会计教材很少介绍技术进出口业务,因为它在外贸总量中所占比重不大。现今世界高新技术的发展迅速,我国不仅鼓励先进适用技术的引进,也鼓励成熟的产业化技术的出口。技术进出口额快速增长,已成为我国对外贸易的重要组成部分。

1-2 我国的技术进出口管理

1-2-1 我国技术进出口的管理方式

我国技术进出口管理条例规定,我国对技术进出口实行三种管理方式:

(1)禁止类:

我国《对外贸易法》规定下列商品和技术禁止进口或出口。① 危害国家安全或者社会公共利益的;② 为保护人民的生命或者健康所必需的;③ 破坏生态环境的;④ 根据我国缔结或者参加的国际条约、协定的规定,需要禁止进口或出口的。

第十章 技术进出口业务的会计

(2) 限制类:

属于限制进出口的技术,实行许可证管理。属于下列情形之一的商品和技术,国家可以限制进口或者出口。① 为维护国家安全或者社会公共利益,需要限制进出口的。② 国内供应短缺或者为有效保护可能用竭的国内资源,需要限制出口的。③ 输往国家或地区的市场容量有限的。④ 为建立或者加快建立国内特定产业而须限制出口的。⑤ 对任何形式的农、牧、渔业产品有必要限制进口的。

(3) 自由进出口类:

对于自由进出口的技术,实行合同登记管理。

1-2-2 许可证制

许可证制度是指进出口方为维护外贸秩序和经济发展,规定进出口商品、技术必须事先领取许可证,未经许可一律不准进出口。进口许可证分为两种:① 自动进口许可证,指只要申请人申请,进口方一般就予以批准的许可证。② 非自动许可证,指申请人提出申请后,必须主管当局个别审批后才能获得的许可证。

出口许可证也分为两种:一种是国内要求使用的即主动许可证;另一种是国外需要的即被动许可证。国际贸易中的贸易自由化,透明度,非歧视,公平竞争等基本原则也同样适用于技术贸易。规范技术进出口的国际公约有《联合国国际技术转让行动守则草案》。

1-3 进出口技术的申请步骤

1-3-1 进口技术的申请步骤

(1) 限制类技术进口:

进口经营者向外经贸主管部门提出技术进口申请,附有关文件,如该项目需经有关部门批准的还须提交有关部门的批准文件。

技术进口申请经批准后,主管部门发给《技术进口许可证意向书》,进口经营者须待取得此意向书后,方可对外签订技术进口合同。

进口经营者签订技术进口合同后,向外经贸主管部门提交进口合同副本及有关文件,申请技术进口许可证。

技术进口经许可后由外经贸主管部门颁发《技术进口许可证》。

(2) 自由进口类:

进口经营者凭技术进口合同登记申请书,技术进口合同副本,签约双方法律地位的证明文件,主管部门对技术进口合同进行登记,颁发《技术进口许可证》。

在外商投资企业中,如外方以技术作为投资,该技术的进口要按外商投资企业设立审批的程序进行审查或者办理登记。

1-3-2　出口技术的申请步骤

（1）限制类技术出口：

技术出口经营者向外贸主管部门提出申请书并附有关文件。

技术出口经批准后，由主管部门发给《技术出口许可意向书》，申请人取得《技术出口许可意向书》后，方可对外进行实质性谈判，签订技术出口合同。对未取得《技术出口许可意向书》的限制类出口的技术项目，任何单位和个人均不得对外进行实质性谈判，不得做出有关技术出口的具有法律效力的承诺。

签订技术合同后，提交《技术出口许可意向书》，技术出口合同副本，技术资料出口清单，签约双方法律地位的证明文件，向主管部门申请技术出口许可证。

技术出口经许可后，由外经贸主管部门颁发《技术出口许可证》。

（2）自由出口类的技术：

提交技术出口合同登记申请书，技术出口合同副本，签约双方法律地位的证明文件向主管部门办理登记。

主管部门对技术出口合同进行登记，颁发《技术出口合同登记证》。

技术进出口经营者取得以上技术进出口许可证时，均应登录中国国际电子商务网的"中华人民共和国技术进出口合同管理系统"按程序录入合同内容。

第二节　技术进出口的税务

技术贸易共涉及：①作为销售无形资产和应税服务而征收的增值税。②各国通例单独开征的所得税，这是一个特点。

2-1　技术进口的税务

2-1-1　所得税

a. 征税依据——我国所得税的课税对象共有 9 种收入。除了销售货物和提供劳务这两种最常见的收入外，还有转让财产收入、特许权使用费收入、股息、红利、利息等收入。技术进口包括国外专利权、非专利技术、商标权、版权等的购入，或是在许可证条件下的付费租入使用等等，因此国外单位会产生应纳税所得额。

但是问题是国外单位应否向我国纳税。根据"国际税收"学科的概括，世界上对跨国的所得税征税权有两种处理原则：属地管辖与属人管辖。所谓"属地管辖"，是以国家主权所能达到的地域范围为标准，按所得来源地或财产所

第十章 技术进出口业务的会计

在地行使税收管辖权。所谓"属人管辖",是以居民或公民为范围,行使税收管辖权,不问所得来自国内或国外。多数国家兼用两种标准。我国所得税法第三条对居民企业(总机构在国内)采用属人原则,其来自国内国外的全部所得均应缴纳所得税;对非居民企业在中国境内设立机构、场所的也采用属人原则;但"非居民企业在中国境内未设立机构、场所的,或虽设立机构、场所,但取得的所得与其所设机构、场所没有实际联系的,应当就其来源于中国境内的所得缴纳企业所得税。"最后者就属于属地管辖原则了。技术进口的供应商属于非居民企业(总部机构在国外)但所得来源于我国国内,应该在我国缴纳这部分所得税。

b. 源泉征收"预提所得税"——上述非居民企业取得来源于中国境内的所得应缴纳的所得税,实行源泉扣缴,以支付人为扣缴义务人。税款由扣缴义务人在每次支付或者到期应支付时,从支付或者到期应支付的款项中扣缴。这就是通常所说的预提所得税(Withholding Tax)。预提所得税是国际上通行的征收方法。

预提所得税的课税对象,在国际上最通行的是:股息、红利、利息和特许权使用费收入等。其中与外贸相关的则是最后一项。所谓特许权使用费是指对人提供商标权、专利权、非专利技术、著作权等,特许他人使用的代价。例如国外某家用电器厂按每台产品××元收取的品牌使用费或专利技术使用费等。国家税务总局国税发(2009)第3号文对此发布了详细的管理暂行办法,规定企业与非居民企业首次签订业务合同的,企业应当自合同签订之日起30日内向其主管税务机关申报办理扣缴税款登记。每次签订业务合同时,还要在30日内报送《扣缴企业所得税合同备案登记表》、合同复印件及相关资料。

企业代扣后应于7日内将款项缴入国库。

代扣款的计算公式如下:

$$扣缴应纳税额 = 应纳税所得额 \times 实际征收率$$

在特许权使用费等所得,以收入全额为应纳税所得额。

凡合同中约定由扣缴义务人(中方)负担应纳税款的,应将国外企业取得的不含税所得换算为含税所得后计算征税。

上项税率在《企业所得税法》第四条规定为20%。所称"实际征收率"是指在《实施条例》或他国与我国所订双边税收协定中可能有更低的规定则要从其规定。例如在双边税收协定中我国都订为10%(在2000年时国家税务总局也曾现定"减按10％征收")①。

但是技术进口的范围比特许权使用为广,例如设计、咨询、承包工程、安装、培训及种种技术服务都可能由外方非居民企业提供。由此而发生的劳务收入依法都要缴纳所得税,也都要由我国支付企业代扣代缴而成为预提所得税。

这一类劳务收入和上一类特许权使用费收入有一个显著的不同点:会随带发生相当数额的直接关联成本或费用,因此不应按收入全额课税。如果获取收入的非居民在我国设有机构,正常应该设立账簿,据实申报后纳税。但既为进口,非居民在我国无机构,难于查账纳税,税务部门认为可按核定征收所得税方式(本书第五章第五节)处理,即由税务局对此类情况先核定利润率,以"收入×利润率＝应纳税所得额",再按25％或高新技术优惠税率10％等扣税。

c. 对外支付前的税务备案——国家外汇管理局与国家税务总局在2013年♯40《关于服务贸易等项目对外支付税务备案有关问题的公告》中规定,境

---

① 引列某些案例如下:

某些国家预提所得税率表(％)

国家和地区	股　利	利　息	特许权使用费
澳大利亚	0	12	18～24
巴哈马斯	0	0	0
巴巴多斯	15	12	15
加拿大	10～15	15	10
中国	10	10	10
法国	5	0	0～5
德国	5～25	0～25	0
中国香港	0	0	0
意大利	5～15	12～15	5～10
日本	10～15	10	10
马来西亚	0	0	15
俄罗斯	0	0	0
新加坡	0	30	30
西班牙	10	10	10
瑞典	15	0	0
瑞士	5～15	5	0
泰国	10	15	15
英国	0	0	0

第十章　技术进出口业务的会计

内机构和个人向境外单笔支付等值 5 万美元以上的服务贸易、收益等外汇资金时,应向主管国税机关备案,才可对外付汇。

2-1-2　重复征税问题

预提所得税会引起重复征税问题。在国际税收实践中为了避免双重征税,已采取了一些措施。现具体解释如下:

a. 产生重复征税的原因——如前述,世界上各国对税收的管辖权,历来有属地主义与属人主义两种主张。

目前各国大都同时实行两种原则,即第一,对本国居民在国内、外的收入,第二,对非本国居民在本国取得的收入,均要征税。因此,就造成了双重征税的情况。

b. 避免双重征税的方法——通常有免税法与抵免法两种实践,有时还要加上"饶让"的措施。

(1) 免税法。有的国家为了鼓励资本输出,单方面放弃对本国居民在国外那部分所得的征税权,让来源地国单独按属地原则征税,这样就将使本国(居住国)减少一部分税款收入,因此采用此法的国家不多。

(2) 抵免法(Taxation Credit)。如果上述来源地国家不愿单方面放弃征税权将如何解决?

在 1979 年,联合国订出了《发达国家与发展中国家避免双重征税的协定范本》,确定了"所得来源地国家有优先征税权,但不独占",居住国也有征税权的原则。其具体做法是:当一国企业取得的国外收入已在当地缴纳税款,此收入在其本国仍要纳税,但国外已纳税款可以在本国汇总后的应纳税款中抵减。例如:我国某企业向德国某公司进口某项技术,价值 100 万欧元,已按我国税法被预提了相当于 10 万欧元的预提所得税。德国公司这笔技术转让收入当然要在其为本国汇总合并纳税,设需缴纳 20 万欧元的所得税,原在中国已缴纳的相当 10 万欧元可予抵免,在德国只需补交 10 万欧元税款。

国际之间避免双重征税协定还有另一种税收措施。

(3) 饶让法(Sparing)。税收饶让又称饶让抵免,是指政府对本国纳税人在国外享受的所得税减免税款,在本国纳税时视同在国外实际缴纳税款而给予抵免扣除待遇的一种税收优惠。例如:我国外商投资企业所得税税率为 33%,在应纳税所得额中,外方应承担 20 万元,应缴税款 6.6 万元,但我国的优惠税率为 20%,实际缴纳 4 万元。外方回国纳税时,仍可按 6.6 万元抵免,可多得 2.6 万元。饶让必须在两国政府签订的避免双重征税协定中订有饶让条款才可实施。

必须注意的是,并非所有国家和地区都是同意饶让的。我国与英国、马来西亚、丹麦、新加坡、加拿大、芬兰等国所签订的避免双重征税协定中含有对方同意饶让条款。中国香港地区的对外投资人回去以后不需交税,减免实益全在投资人手中。法国、德国、比利时、挪威、瑞典、日本亦然,但美国则对任何国家均无"饶让"条款。截至2015年5月我国已签订了101个协议。

我国与有关国家间避免双重征税和税收饶让等有关国际税务知识,在技术进口洽谈时必须事先了解,至关重要。在技术进口洽谈中,如技术出口方的居住地国与我国有避免双重征税协议的,则我国的减免税优惠将全为技术让与方所得。否则我方所让全为对方政府所得,技术让与方企业毫无实益。

2-1-3 增值税

我国"营改增"前实行营业税,其征税对象是境内的① 应税劳务,② 转让无形资产或③ 销售不动产。所谓境内,是指"……所转让的无形资产(不含土地使用权)的接受单位或者个人在境内"。从而即使引进的设计工作在国外完成,也要在境内纳税。

进口技术包括自国外购入专利权、非专利技术、商标权、版权等,属于转让无形资产的范围,应该征收营业税。在"营改增"后应该改征增值税。

但是在历史上由于政府鼓励利用国外技术,曾经有一段时间免征营业税[①]。

b. 这里要注意,国际上的"避免双重征税",一般只适用于所得税和一般性财产税(指遗产税等)这两种易于引起两国管辖权交叉的直接税。对于流转税(如关税、增值税、营业税)等在理论上都属于间接税,最终税负都转嫁到消费者身上,即总转化为商品的价格的一部分。不适用抵免等办法。

对于营业税,有的技术让与方往往不愿承担,或要求双方分担。正如上述,间接税已计入价格。按理说征税是一国主权的表现,贸易方无权拒绝。但在外贸具体业务中还要看谁是强势或弱势方而定。弱势方往往被迫接受,否则或是提高价格(变相纳税)或是谈判破裂(事实上在我方承担的情况下,总是以按提高成交价入账为合理合法)。为此,在签订技术进口合同时,要将"有关税收约定"作为单独一条款写入合同,以明确进出口方各自承担的税负。

[①] 例如1994年起对外商开征,2004年以文件通知免征。因此,在工作中要多与主管税务机关联系查询。本书以下按征收讲述。

2-2 技术出口的税务

2-2-1 预提所得税

我国的技术出口在进口方所在国,按其本国税法规定也要征收预提所得税。我国企业所得税法规定,纳税人来源于中国境外的所得,已在境外缴纳的所得税税款,准予在汇总纳税时,从其应纳税额中扣除。税额扣除有全额扣除和限额扣除两种,我国税法执行限额扣除。扣除额不得超过其境外所得依照中国税法规定计算的应纳税款。所谓已在境外缴纳的所得税税款,是指纳税人来源于中国境外的所得,在境外已经实际缴纳的所得税税款,不包括减负或纳税后又得到补偿以及由他人代为承担的税款。

境外所得税税款扣除限额计算公式如下:

$$\text{境外所得税税款扣除限额} = \text{境内境外所得按我国税法计算的应纳税总额} \times \left(\frac{\text{来源于某国的所得额}}{\text{境内境外所得总额}}\right)$$

境外所得税税款扣除限额分国家(或地区),不分项计算。各国的税负不同,纳税人来源于境外所得并在境外已经实际缴纳的税款,低于按上述公式计算得出的扣除额,可从应纳税额中按实扣除;反之,超过部分不得在本年度的应纳税额中扣除,也不得列为费用支出,但可以用以后年度税额扣除的余额补扣,补扣期限不超过 5 年。

【例】 某企业 200× 年应纳税所得额为 1 500 万元,其中 100 万元为该企业技术出口到 A 国所得,我国企业所得税税率为 25%,A 国的税率为 20%,在 A 国已实际缴纳 20 万元预提所得税,该企业在国内应缴所得税中可扣:

$$\text{A 国的扣除限额} = 1\,500 \times 25\% \times (100 \div 1\,500) = 25(\text{万元})$$

可见,此算术结果和 100 万元 × 25% 相等。

在 A 国缴纳的所得税为 20 万元,低于限额 25 万元,可全额扣除。在上例中,如 A 国所得税税率为 30%,该企业在 A 国缴纳的所得税额为 30 万元,高于扣除限额 25 万元,其超过扣除限额部分的 5 万元,在本年度不能扣除,用以后年度税额扣除的余额续扣。

2-2-2 增值税

按我国税法规定,对从事技术出口业务取得的收入实行增值税的零税率。

第三节 技术进口的会计

在新《企业会计准则》发布前,我国的无形资产会计已有相当丰富的实践,

现概括介绍如下:

技术进出口业务一般均通过"无形资产"会计科目进行记录,并按无形资产的类别设置明细账,包括专利权、非专利技术、商标权、著作权、土地使用权、商誉等。技术进出口业务中涉及的多是专利权及非专利技术。

3-1 技术进口的会计

3-1-1 原始凭证

企业取得《技术进口合同许可证》或《技术合同进口登记证》后,应办理税务、外汇、银行、海关等登记手续。技术进口企业凭上述许可证或登记证及技术合同副本向其主管税务机关办理预提所得税的纳税申报,按对外支付金额的10%缴纳预提所得税(以下为简化计,按全额征收举例)在"营改增"后还要按6%缴纳增值税,凭已缴纳税款凭证向其主管税务部门取得完税凭证。该完税凭证交技术出口方作为其在本国抵免所得税的凭证。

3-1-2 会计分录

1. 价款一次总算一次付清的情况:

(1) 为保证税收,引进企业须先代为缴纳税款,取得税单。

① 借:应交税费——代扣代交增值税
　　　　　——应交预提所得税
　贷:银行存款

(2) 企业凭《技术进口合同》副本、《技术进口合同许可证(或登记证)》和已纳税税单,国际收支非贸易(含资本)对外付款申报单,办理对外付款手续。如企业外汇不足,可向银行申请购汇支付。设在取得税单后当月获税局认证,作分录如下:

① 借:无形资产——某专利权(按合同金额÷1.06剔税后)
　贷:应付账款——应付国外账款——进口某项技术
　　　应交税费——应交增值税(进项税额)

② 结转代扣税费:

　借:应付账款——应付国外账款——进口某项技术
　贷:应交税费——代扣代交增值税
　　　　　　——应交预提所得税

③ 汇付扣税后的净额:

借：应付账款——应付国外账款——进口某项技术
　　贷：银行存款——外币户或人民币户

【例】 我国甲企业以 100 万美元从 A 国企业购入一项专利权,对方负担预提所得税及增值税,美元中间价为 6.128,卖出价为 6.130,该企业自有美元,无需购汇。

(1) 代交预提所得税及增值税：

借：应交税费——代扣代交增值税(100 万美元×6.128÷1.06×6%)
　　　　　　　　　　　　　　　　　　　　　　　　　　346 867.92
　　　　　　——应交预提所得税(100 万美元×6.128×10%)　612 800.00
　　贷：银行存款　　　　　　　　　　　　　　　　　　959 667.92

(2) 按合同金额剔税后计入无形资产成本：

借：无形资产　　　　　　　　　　　　　　　　　　　5 781 132.08
　　应交税费——应交增值税(待认证进项税额)　　　　　346 867.92
　　贷：应付账款——应付国外账款——专利权　　　　　6 128 000.00

(3) 同时结转代扣税费：

借：应付账款——应付国外账款——专利权　　　　　　959 667.92
　　贷：应交税费——代扣代交增值税　　　　　　　　　346 867.92
　　　　　　　　——应交预提所得税　　　　　　　　　612 800.00

(4) 支付扣税后的净价款：

借：应付账款——应付国外账款——专利权
　　　(100 万美元×6.128－346 867.92－612 800)　　　5 168 332.08
　　贷：银行存款　　　　　　　　　　　　　　　　　　5 168 332.08

(5) 次月增值税完税凭证通过认证：

借：应交税费——应交增值税(进项税额)　　　　　　　346 867.92
　　贷：应交税费——应交增值税(待认证进项税额)　　　346 867.72

2. 价款一次总算,分次付清：

《企业会计制度》对分期支付无形资产价款未列示会计分录,因无形资产在实质上是固定资产中无实物形态的那一部分,故可参照"在建工程"会计科目中分期支付建筑工程款的记录原理,另设"未完引进技术项目"子目来做记录。

【例】 上例中,如 100 万美元分三次付清。第一、第二次各付 35 万美元,第三次付 30 万美元,合同规定该项专利权可使用 5 年。

(1) 第一次付款:

① 代交增值税和预提所得税。

借:应交税费——代扣代交增值税(35 万美元×6.128÷1.06×6%)
                 121 403.77
   ——应交预提所得税(35 万美元×6.128×10%) 214 480.00
 贷:银行存款   335 803.77

② 合同规定的第一次应付价款剔税后记入"未完引进技术项目"科目。

借:在建工程——未完引进技术项目(35 万美元×6.128÷1.06)
                 2 023 396.23
  应交税费——应交增值税(进项税额)   121 403.77
 贷:应付账款——应付国外账款——应付专利权 2 144 800

③ 结转代扣税费。

借:应付账款——应付国外账款——应付专利权 335 803.77
 贷:应交税费——代扣代交增值税   121 403.77
    ——应交预提所得税   214 400

④ 支付进口技术款。

借:应付账款——应付国外账款——应付专利权 1 808 996.23
 贷:银行存款(2 144 800-335 803.77) 1 808 996.23

(2) 第二次付款:

分录同第一次付款。

(3) 第三次付款:

① 缴纳税费。

借:应交税费——代扣代交增值税(30 万美元×6.128÷1.06×6%)
                 104 060.38
   ——应交预提所得税(30 万美元×6.128×10%) 183 840.00
 贷:银行存款   287 900.38

② 合同规定的第三次应付技术进口款剔税后记入"未完引进技术项目"

子目。

　　借：在建工程——未完引进技术项目——专利权　　　　1 734 339.62
　　　　应交税费——应交增值税（进项税额）　　　　　　　104 060.38
　　　贷：应付账款——应付国外账款——应付专利权　　　　1 838 400.00

③ 结转代扣税金。

　　借：应付账款——应付国外账款——应付专利权　　　　287 900.30
　　　贷：应交税费——代扣代交增值税　　　　　　　　　　104 060.30
　　　　　　　　——应交预提所得税　　　　　　　　　　　183 840.00

④ 支付进口技术款。

　　借：应付账款——应付国外账款——应付专利权　　　　1 550 499.62
　　　贷：银行存款(30 万美元×6.128－287 900.30)　　　　1 550 499.62

(4) 结转未完引进技术项目的资产价值：

　　借：无形资产——专利权　　　　　　　　　　　　　　5 781 132.08
　　　贷：在建工程——未完引进技术项目　　　　　　　　　5 781 132.08

(5) 结转"引进技术项目"的当月按 5 年摊销无形资产：

　　借：管理费用——无形资产摊销　　　　　　　　　　　96 352.20
　　　贷：无形资产　　　　　　　　　　　　　　　　　　96 352.20

我国的会计规范一贯将自用的无形资产的摊销额计入管理费用，对外出租的无形资产摊销额计入其他业务收入。但实际上却会被企业在生产其他资产时所吸收。如某汽车制造厂，请 A 国企业设计汽车内外造型，价值 100 万美元。汽车制造厂将 100 万美元记入"无形资产"科目，如该项无形资产每月摊销时计入管理费用，有其不合理性。在生产过程中使用的该项无形资产摊销费应包括在汽车成本中，每月将无形资产摊销额直接记入"生产成本"科目比较合理。国际会计准则允许摊销费构成其他资产成本的一部分。

3. 技术进口附带设备和工具的会计：

企业在引进国外专利权或非专利技术时，有时必须附带引进设备、仪器、器材、模具、工具等，此时可按下列方式作会计处理。

(1) 专利权或非专利技术等的无形资产如可单独辨认，其价格与其相关设备和工具等在合同中分别列明的，则无形资产单独计价入账。属于固定资产的要区别是否要经安装工程而先记入在建工程。不属固定资产范围的则按物资采购入账。

(2) 专利权或非专利技术的无形资产虽可单独辨认,但其价格与其相关设备和工具等在合同中未经分别列明,则无形资产与其相关设备按公允价值比例分摊实际总成本。

(3) 引进的技术价值较小,可不单独处理而将其价值计入相关设备的成本内。

【例】 甲企业从国外引进某项技术,其中专利使用费30万美元,对方愿意全额负担增值税,又连同进口一批不属固定资产范围的专用模具等,计值10万美元。两项均从自有美元账户中支付,不购汇。专利使用权属无形资产,不征关税,但模具等应交关税,其货价按美元中间价折合后纳税。美元中间价设为6.13元,又设应纳关税为5万元,增值税税率17%。按组成计税价(61.3万元+5万元)应交112 710元。分别专利使用权及模具做账如下:

(1) 引进的专利费按技术进口作分录:

① 代缴纳增值税及预提所得税。

借:应交税费——代扣代交增值税(30万美元×6.13÷1.06×6%)
                  104 094.34
   ——应交预提所得税(30万美元×10%×6.13) 183 900.00
 贷:银行存款——人民币户   287 994.34

② 按合同金额剔税后记入无形资产成本。

借:无形资产——引进专利   1 734 905.66
  应交税费——应交增值税(进项税额) 104 094.34
 贷:应付账款——应付国外账款——×公司 1 839 000.00

③ 结转代扣税金。

借:应付账款——应付国外账款——×公司 287 994.34
 贷:应交税费——代扣代交增值税   104 094.34
     ——应交预提所得税   183 900.00

④ 支付专利费。

借:应付账款——应付国外账款——×公司 1 551 005.66
 贷:银行存款——美元户(1 839 000-287 994.34) 1 551 005.66

(2) 进口模具不属于固定资产,可按自营进口物资处理:

① 借：物资采购——进口模具　　　　　　　　　　　　50 000
　　贷：应交税费——应交进口关税　　　　　　　　　　　50 000

② 支付关税、增值税。

　　借：应交税费——应交进口关税　　　　　　　　　　50 000
　　　　　　　　——应交增值税(待认证进项税额)[(61.3+5)万元×17%]
　　　　　　　　　　　　　　　　　　　　　　　　　112 710
　　贷：银行存款——人民币户　　　　　　　　　　　　162 710

③ 支付模具费。

　　借：物资采购——进口模具　　　　　　　　　　　　613 000
　　贷：银行存款——美元户　　　　　　　　　　　　　613 000

④ 借：周转材料——低值易耗品　　　　　　　　　　　　663 000
　　贷：物资采购　　　　　　　　　　　　　　　　　　663 000

⑤ 海关增值税完税凭证次月认征后
　　借：应交税费——应交增值税(进项税额)　　　　　　112 710
　　贷：应交税费——应交增值税(待认证增值进项税额)　　112 710

4. 国内外共同发生劳务时的收入划分。

非居民企业为我国境内客户提供劳务取得的收入，如其服务全部发生在中国境内，即应全额在中国境内申报缴纳企业所得税；如其提供的服务同时发生在中国境内境外的，应以劳务发生地为原则划分其境内外收入，并就其在中国境内取得的劳务收入申报缴纳企业所得税。其境内外的收入可根据工作量、工作时间、成本费用等因素合理划分，并由税务机关核定非居民企业的利润率计算应纳税所得额。

【例】　A国企业为我国甲企业设计某一产品。设计费100万美元，合同约定设计费分两次支付，第一次付40万美元，第二次付60万美元。经审计核实对该项设计A国团队共花费180天其中在甲企业调研搜集资料15天，中途返A国工作90天，最后至甲企业完成设计衔接75天。税务机关核定该项目的利润率为20%，预提所得税税率为20%。第一次付款时暂缓缴税，第二次付款时一并缴纳。设美元中间价为6.1280，此期内无波动。会计处理如下：

(1) 第一次付款：

① 借：在建工程——未完引进××型产品设计
　　　　　（40万美元×6.1280÷1.06）　　　　　　2 312 452.83
　　应交税费——应交增值税（进项税额）　　　　　138 747.17
　　贷：应付账款——应付国外账款——×公司　　　2 451 200.00

② 设计项目尚未完工，无法确认其劳务发生在境内外的比例，暂缓缴税，但要设定负债，暂按价税的3％计提预提所得税。在对外支付部分设计费时先扣除预提所得税及增值税。

③ 借：应付账款——应付国外账款——×公司　　　212 283.17
　　贷：应交税费——代扣代交增值税
　　　　　（40万美元×6.1280÷1.06×6％）　　　　138 747.17
　　　　应交税费——应交预提所得税
　　　　　（40万美元×6.1280×3％）　　　　　　　73 536.00

④ 支付价款：

借：应付账款——应付国外账款——×公司　　　　2 255 104.00
　　　（40万美元×6.1280－136 560－81 936）
　贷：银行存款——美元户　　　　　　　　　　　　2 255 104.00

（2）第二次付款：

① 借：在建工程——未完引进××型产品设计　　　3 468 679.25
　　　　　（60万美元×6.1280÷1.06）
　　应交税费——应交增值税（进项税额）　　　　　208 120.75
　　　　　（60万美元×6.1280÷1.06×6％）
　　贷：应付账款——应付国外账款——×公司　　　3 676 800.00

② 计提增值税及预提所得税：

借：应付账款——应付国外账款——×公司　　　　257 145.75
　贷：应交税费——代扣代交增值税　　　　　　　　208 120.75
　　　应交税费——应交预提所得税　　　　　　　　49 024.00
　　　（100万美元×6.1280×90/180×20％×20％－73 536）

③ 代交增值税及预提所得税：

借：应交税费——代扣代交增值税　　　　　　　　346 067.92
　　　　　——应交预提所得税　　　　　　　　　　122 560.00
　贷：银行存款　　　　　　　　　　　　　　　　　469 427.92

④ 汇付扣税后的净额：

借：应付账款——应付国外账款——×公司　　　　　3 443 936
　贷：银行存款——美元户　　　　　　　　　　　　3 443 936

(3) 结转未完引进××型产品设计的资产价值：

借：无形资产——引进××型产品设计　　　　　5 781 132.08
　　应交税费——应交增值税(进项税额)　　　　　346 867.92
　贷：在建工程——未完引进××型产品设计　　　　6 128 000

5. 外方以技术作为投资的会计：

按《企业会计制度》规定，投入的无形资产按投资各方确认的价值作为实际成本。

对技术作价，可以对该技术将来可能获得的净收益作一估价，估价的金额作为技术出资的作价。

借：无形资产
　贷：实收资本(或股本)

技术进口属无形贸易，进口时无需报关。

6. 以产品补偿引进国外技术价款的会计：

这是指由技术出口国提供专利和非专利技术的所有权或使用权，而由我国企业利用该技术生产的产品来偿还该技术的使用费。此类业务属于补偿贸易(参看第十二章 2-4)，引进技术不需立即付汇，它也是带有融资性质的贸易。

国外企业向我国提供技术的所有权或使用权，以产品取得补偿，对国外企业来说也是从我国取得的一种所得，按我国税法规定需交营业税和预提所得税。一般情况下，税款由支付人在每次支付的款项(即偿债实物的销售款)中扣缴，在补偿贸易中，外方何时缴纳税款，我国税法未作规定。按理应在产品托运出口时扣缴税款。需扣缴的税款在合同中要有明确规定。

【例】 A国企业向我国甲企业提供技术专利一种，尚余使用年限为 4 年，总作价为 100 万美元，以利用该技术生产的产品分四次偿还，美元中间价为 6.128，为简化举例，假设其间汇率无变动，又假设每次补偿供货的成本均为人民币 130 万元。设预提所得税税率为 10%，增值税税率为 6%。

(1) 引进技术按合同价值记账：

① 借：无形资产——专利权　　　　　　　　　　　　　5 781 132.08
　　　应交税费——应交增值税（进项税额）　　　　　　346 867.92
　　贷：长期应付款——应付国外专利权
　　　　　（USD 100 万元）　　　　　　　　　　　　6 128 000

(2) 第一次向国外交货偿还专利技术：

② 借：长期应付款——应付国外专利权　　　　　　　　1 450 950
　　贷：主营业务收入　　　　　　　　　　　　　　　1 450 950

结转成本

③ 借：主营业务成本　　　　　　　　　　　　　　　　1 300 000
　　贷：库存商品　　　　　　　　　　　　　　　　　1 300 000

同时代 A 国企业扣缴增值税和预提所得税。

④ 借：长期应付款——应付国外专利权　　　　　　　　239 916.98
　　贷：应交税费——代扣代交增值税（25 万美元×6.1280÷1.06×6％）
　　　　　　　　　　　　　　　　　　　　　　　　　86 716.98
　　　　　　——应交预提所得税　　　　　　　　　　153 200

⑤ 借：应交税费——代扣代交增值税　　　　　　　　　86 716.98
　　　　　　——应交预提所得税　　　　　　　　　　153 200
　　贷：银行存款　　　　　　　　　　　　　　　　　239 916.98

(3) 每月无形资产摊销：

⑥ 借：管理费用——无形资产摊销（5 781 132.08÷48）　120 440.25
　　贷：无形资产——专利权使用权　　　　　　　　　120 440.25

(4) 第二、第三、第四次向国外交货偿还技术使用费分录同上。

说明：

(1) 由于代扣代缴税款，其资金操作的结果必然是不能 100％用产品返销来补偿。此例中分录④必然由甲企业代扣代缴，如果分录②中产品按全额的 1/4 返销，则四次操作后形成货款与代缴税款有部分重复，总和将超过合同全额。从而实物返销量大体上只能按扣除代交税后的净额推算。例如增值税 6％，预提所得税 10％，相当于合同全额的 15％，则实物返销额只能是 85％，故不是 100％ 的补偿贸易。从而此例中分录②的金额只例示为 1 450 950 元，而不是 (6 828 000÷4) 的 1 707 000 元，亦即 1 707 000 元－代交税 256 050 元。

第十章　技术进出口业务的会计

(2) 在第十二章补偿贸易(第383页)的叙述中强调了只能用相当于利润(最多加上折旧)那部分销售收入去偿还设备价值,以保持再生产所需资金,因此补偿期是被决定的;分母越小,商数越大。在本例中补偿期4年是既定的,因此每次补偿的金额是被决定的,故对资金要作相应安排,与第十二章的叙述有别。

第四节　技术出口的会计

我国过去很少有像样的技术输出,当时实行的营业税制对之实行免税,也没有什么特殊的会计影响。

近年来我国企业已有为技术进口国设计软件,开发新产品,培训技术人员,设计产品,建筑设计等技术服务。2011年"营改增"开始对技术出口实施零税率和免税政策。但免税不需要特殊的会计处理,只有纯真的零税率制才是技术出口乃至全面的应税服务输出的会计特点。这已在第五章的4-2-3中叙述过了。

本节只是选择少数较复合或深入的情景作些补充。

一、零税率——技术与货物输出相结合。

【例】　上海A高新技术研发公司从事自主研发、设计软件。公司在2014年2月与国外客户签订了一份软件研发项目的合同,技术出口合同登记证上的成交价格为100万美元,于4月份完成并提供,国外客户支付了全部研发款项。

同月内A公司报关出口了一批100万美元自主研发委托加工收回的产品,现规定可以享受免抵退税政策。相应发生委托加工费4 705 882元,进项税额为80万元,此外还发生内销设计开发收入(不含税价)200万元,销项税额为34万元。

假设当月1日人民币对美元汇率中间价为6.0000,A产品的征税率为17%,退税率为16%,研发服务征退税率均为6%,上期无留抵税额。

现省略一般购销记录,先从免抵退税计算开始演示:

① 计算免抵退税不得免征和抵扣税额(货物出口部分)

　　当期免抵退税不得免征和抵扣税额=货物 $1 000 000 \times 6.0 \times (17\% - 16\%)$
　　　　　　　　　　　　　　　　　= 60 000(元)。

② 计算免抵退税额

　　当期应纳税额 = 340 000 - (800 000 - 60 000) = -400 000(元)。

如有出口货物当期未收齐单证,不得并入当期的免抵退税计算,应当在收齐单证的所属期进行免抵退税计算,

$$当期免抵退税额 = 1\,000\,000 \times 6.0 \times 16\% + 1\,000\,000 \times 6.0 \times 6\%$$
$$= 960\,000 + 360\,000 = 1\,320\,000$$

③ 计算应退税额、免抵税额

由于本期期末留抵税额小于免抵退税额,应退税额 = 期末留抵税额 = 400 000(元)。

$$免抵税额 = 1\,320\,000 - 400\,000 = 920\,000(元)$$

会计处理——根据以上计算,在当期申报期内填报《免抵退税申报汇总表》及其附表、《应税服务(研发、设计服务)免抵退税申报明细表》、当期《增值税纳税申报表》、免抵退税正式申报电子数据,并提供各种相关原始凭证(例如零税率应税服务收入相对应的《技术出口合同登记证》复印件等),于5月15日前向税务机关申报免抵退税

5月末,根据税务机关审批的汇总表做账:

① 借:主营业务成本——出口商品　　　　　　　　　　60 000
　　贷:应交税费——应交增值税(进项税额转出)　　　60 000
② 借:应收出口退税款　　　　　　　　　　　　　　400 000
　　　应交税费——应交增值税(出口抵减内销产品应纳税额)　920 000
　　贷:应交税费——应交增值税(出口退税)　　　　1 320 000

按政策规定,实现退税款时

借:银行存款　　　　　　　　　　　　　　　　　　400 000
　贷:应收出口退税款　　　　　　　　　　　　　　400 000

二、跨期完成技术出口

提供技术服务收入的确认有两种情况:① 提供技术服务从开始到完成,处在同一会计年度内,应当在完成服务时确认收入。确认的金额为合同或协议的总金额。② 如提供技术服务的开始和完成分属不同的会计年度,在提供技术服务的交易结果能够可靠估计的情况下,企业应在资产负债表日按完工百分比法确认收入。完工百分比法是指按照服务的完成程度确认收入和费用的方法。服务的完成程度可以采用以下方法确定:

1. 已完工作的测量。
2. 已经提供技术服务占应提供技术服务总量的百分比。

第十章　技术进出口业务的会计

3. 已经发生成本占估计总成本的比例。

提供技术服务的交易结果能否可靠估计,须依据下列条件进行判断,如同时能满足下列条件,则交易的结果属于能够可靠估计的范围。

(1) 合同总收入和总成本能够可靠计量。合同总收入一般在双方签订的合同或协议中已确定。合同总成本包括至资产负债表日止已经发生的实际成本和今后为完成技术服务估计将要发生的成本。

(2) 与交易相关的经济利益能够流入企业。

(3) 提供技术服务的完成程度能够可靠地确定。

【例】 我国甲公司于 20×1 年 9 月为 B 国某企业设计工程项目,设计费为 50 万美元,期限 6 个月,合同规定 B 国企业预付设计费 5 万美元,余款在设计完成后支付。至 20×1 年 12 月 31 日已发生成本 200 万元(假定为设计人员工资),预计完成该设计项目还将发生成本 120 万元。20×1 年 12 月 31 日经专业人员测评,设计工程已完成 75%。美元中间价为 6.128,假定期内无变动。B 国征收的预提所得税率为 10%;为鼓励技术引进税局同意免征增值税。则:

20×1 年确认收入 = 劳务总收入 × 劳务的完成程度 − 以前年度已确认的收入 =
500 000 美元 × 6.128 × 75% − 0 =
2 298 000(元)

20×1 年确认费用 = 劳务总成本 × 劳务的完成程度 − 以前年度已确认的成本 =
(2 000 000 + 1 200 000) × 75% − 0 =
2 400 000(元)

甲公司作分录:

(1) 收到预收款,已扣预提所得税:

借:银行存款——美元户[50 000×(1−10%)×6.128]　　　275 760
　　贷:预收账款——预收国外账款——B 国企业　　　　　275 760

(2) B 企业寄来代缴预提所得税凭证:

借:应交税费——应交 B 国预提所得税　　　　　　　　　30 640
　　贷:预收账款——预收国外账款——B 国企业(USD 5 000)　30 640
借:所得税　　　　　　　　　　　　　　　　　　　　　　30 640
　　贷:应交税费——应交 B 国预提所得税　　　　　　　　30 640

(3) 发生成本时：

　　借：劳务成本　　　　　　　　　　　　　　　　　　2 000 000
　　　贷：应付职工薪酬　　　　　　　　　　　　　　　　　　2 000 000

(4) 20×1 年 12 月 31 日资产负债表日确认收入。

　　借：应收账款——应收国外账款（USD 375 000）　　2 298 000
　　　贷：主营业务收入　　　　　　　　　　　　　　　　　　2 298 000

同时结转成本：

　　借：主营业务成本　　　　　　　　　　　　　　　　2 400 000
　　　贷：劳务成本　　　　　　　　　　　　　　　　　　　　2 400 000

(5) 20×2 年中发生成本时（实际发生成本比预计多 5 万元）：

　　借：劳务成本　　　　　　　　　　　　　　　　　　1 250 000
　　　贷：应付职工薪酬　　　　　　　　　　　　　　　　　　1 250 000

(6) 设计工程完工时确认余下 25% 进度的收入：

　　借：应收账款——应收国外账款——B 企业
　　　　　（USD 50 万×25%＝USD 12.5 万）　　　　　766 000
　　　贷：主营业务收入　　　　　　　　　　　　　　　　　　766 000

同时结转成本：实际发生 200 万元＋125 万元－已转销 240 万元。

　　借：主营业务成本　　　　　　　　　　　　　　　　　850 000
　　　贷：劳务成本　　　　　　　　　　　　　　　　　　　　850 000

(7) 收到 B 国企业设计费余款：

　　借：银行存款——美元账户　　　　　　　　　　　　2 481 840
　　　　　［USD 45 万×(1－10%)＝USD 40.5 万］
　　　贷：应收账款——应收国外账款——B 企业　　　　　2 481 840

(8) B 国企业代缴预提所得税：

　　借：应交税费——应交国外预提所得税　　　　　　　　275 760
　　　贷：应收账款——应收国外账款——B 企业（USD 4.5 万）　275 760
　　借：预收账款——预收国外账款——B 企业（USD 50 000）　306 400
　　　贷：应收账款——应收国外账款——B 企业（USD 50 000）　306 400

企业在 B 国缴纳的预提所得税，在国内汇总缴纳企业所得税时予以抵扣。

三、技术转让的会计

技术转让又称技术权益转让。是指转让者将其所拥有的专利和非专利技术的所有权或使用权有偿让给他人使用的行为。它可以用图纸、技术资料等形式有偿转让技术所有权和使用权。如果是所有权转让，当属无形资产出售，已在《中级财务会计》学科讲述过。如果这类交易属企业让渡资产使用权，则使用费的收入作收入处理。举例如下。

【例】 国内甲企业将一项专利权让给 C 国企业使用，合同规定使用期为 4 年，使用费为 20 万美元，分两次收取，并当即结汇。该专利权受法律保护期限为 7 年（假定已过 2 年），该技术专利权取得时的账面价值为 20 万元，已摊销 2 年，余额为 142 850 元。C 国不征收预提所得税，美元买入价为 6.1265。作分录：

（1）每次收取使用费时：

 借：银行存款——人民币户   612 650
  贷：其他业务收入   612 650

（2）按 4 年的期限，每月摊销无形资产时：

 借：其他业务支出——无形资产摊销（142 850÷4÷12）   2 976
  贷：无形资产——专利权   2 976

复 习 思 考 题

1. 什么是技术进出口贸易？它在财务及会计上和货物进出口是否相同？
2. 什么是预提所得税？
3. 什么是重复征税？如何避免？间接税有无重复征税问题？
4. 为什么技术贸易不纳关税而要纳营业税或"营改增"？
5. 技术进口的典型会计分录是什么？
6. 技术服务的进口和特许权使用费的税务和会计有什么不同？
7. 技术进口用产品补偿时有何特点？
8. 技术出口的分录要点是什么？
9. 什么是出口应税服务的零税率？和货物贸易的免抵退税中的零税率有何不同？

习 题

习题 10-1

一、要求 为汽车制造厂作成会计分录。

二、资料 我国某汽车制造厂请 A 国一公司设计汽车造型,约定设计费为 €50 万,分三次支付:①20×8 年 9 月支付 €10 万;②20×9 年 2 月支付 €20 万;③20×9 年 5 月支付 €20 万。

税务要求代扣预提所得税 10%,增值税 6%。欧元汇率:7.8000,假设期内无变动。

第三部分

几个外贸专题的会计

第 三 章

几个奇特的天体

第十一章 信用证专题

第一节 审 单

从第六章信用证的流程中可以看出,信用证在使用中要经过层层的审单:在交单时付款行或议付行等要审单,付款行或议付行等向开证行索偿时开证行要审单,开证申请人赎单时又要审单,而且审单攸关能否付款,工作要求高,企业和银行都要分配资深人员担任审单工作。为了快速回收资金,避免因被拒付而拖延收款,出口企业也必须事前预防产生枝节纠缠。因此,这是外贸企业高级财会人员在使用信用证时必须掌握的知识。本节侧重探讨一下审单的具体内容。

1-1 审单与信用证作用的评估

现对此论题列一大纲(图表 11-1)如下:

图表 11-1

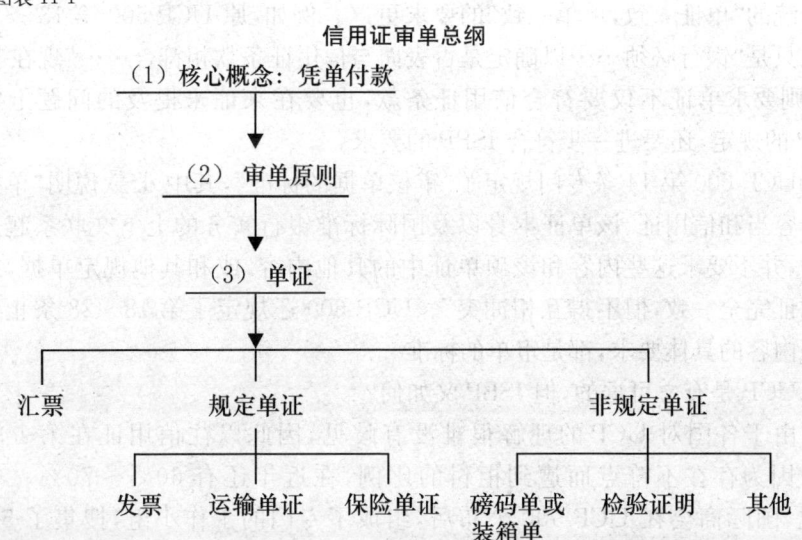

解释:

(1) 信用证的核心概念是银行凭单证作有条件付款。所谓"条件",其实质是要能证明开证申请人的要求已获满足的一整套单证。只要这些单证在表面上完全符合信用证的规定,银行也就能进行付款了。这是传统的审单标准。

(2) 传统审单的总原则是"单证一致、单单一致、无不符点"。所谓单证一致,不仅是信用证上所规定的一切单证都要具备,而且各种单证的内容都要和信用证上所规定的要求相符。所谓单单一致是指在单证相互之间都要保持协调一致,例如,在发票上的条款是 CIF,而在提单上却写着"运费到付",那就是不一致。

如果受益人不能保持这种一致性,就称为有不符点,那是银行能拒付的合适理由。究竟一张单证是否在表面上和信用证相符合,应由 UCP600 第 18～28 条的条文中所反映的国际上的银行标准实践来判定。

(3) 附入一张信用证的单证可能多至二三十种。它们可分为三类:① 汇票;② 几乎所有信用证都指定的单证,包括发票、运输单证和保险单证;③ 非指定的单证。我们将谈及其中某些单据。

1-2 审单的新国际惯例:ISBP 681

UCP 600 引进了一个新的概念:"相符交单"(Complying Presentation)。这是指与信用证条款,本惯例中所适用的规定及国际标准银行实务(International Standard Banking Practice,简称 ISBP)三者相符合的交单。这比传统的"单证一致,单单一致"的要求更严。例如,原 UCP 500 第 13 条审单标准只是"银行必须……以确定是否表面与信用证条款相符合……"现在 UCP 600 则要求单证不仅要符合信用证条款,也要在来证未提及的问题上符合 UCP 的规定,还要进一步符合 ISBP 的要求。

UCP 600 第 14 条专门规定了"审核单据的标准",其中 d. 款说明"单据中的内容当和信用证、该单证本身以及国际标准银行实务的上下文联系起来阅读时,并不要求这些内容和该项单证中的其他内容,或和其他规定单据,或和信用证完全一致,但不得互相冲突"。UCP 600 还规定了第 18～28 条止各项单证内容的具体要求,都是审单的标准。

UCP 是有文可据的,但 ISBP 又如何?

由于各国对 UCP 的理解很难没有歧见,因此以往信用证在第 1 次交单时因为存在不符点而遭到拒付的比例,在近年还有 60%～70%。有鉴于此,国际商会在 UCP 500 公布后,组成了专门的工作小组,搜集了 50 多个国家的审单标准,在 2003 年 1 月开始公布实施了《关于审核跟单信用证项下单据的国际标准银行实务》199条,是为♯645出版物[1];并在2007年随着UCP 600的公布,修订了该《实务》,共185条。ISBP并不修改UCP,只是UCP的细化、补充和解释,较UCP增加了许多新的内容。例如关于原产地证明,未定义的用语……例如其第20条说明了"UCP 600关于运输单据的条款仅适用于有正本运输单据提交时",第57条说明了"如果信用证要求'发票'而未做进一步定义,则提交的任何形式的发票都可以接受(如商业发票、海关发票、税务发票、最终发票、领事发票等)。但是,'临时发票'(Provisional)、'预开发票'(Pro-forma,通常译为'形式发票')或类似的发票是不可接受的。当信用证要求提交商业发票时,凡以'发票'为标题的单据都是可以接受的"。

可见,在实际审单工作中,不仅要熟悉UCP,还有必要熟悉ISBP。因涉及细节过多,本书只限于示例。

1-3 汇票的审单

以下是我国银行惯用的汇票的票样(图表11-2)以及另一种直式汇票票样(图表11-3):

用于信用证的汇票和汇款及托收中所用的汇票是相似的,都要服从《票据法》的规定(参看第六章3-2-3),不再复述。信用证用汇票都要加注"依据××银行第×××号信用证开发"字样,又票样中的"第二联不再支付"词句也和提单中的用法相似,即为了防止邮递错误所致丢失,在外贸中的单证常作成两(或多)份正本并分别以全套寄出。如果第一(或第二)正本比第二(或第一)正本先到而获支付,则另一份即自动作废。这称为付一不付二。

现选列汇票的审查要点于后。

汇票审查清单

1. 付款人、收款人名称是否正确?
2. 汇票中有无"凭指示"的叙述?如有,已否背书?
3. 汇票的付款人是否信用证所指名的?
4. 汇票中是否包含了信用证中所规定的一切叙述(例如:汇票系根据××号信用证开出)。
5. 金额的大小写是否一致?
6. 汇票是否指出了开出地点和日期?有无受益人的签署?
7. 汇票、发票和信用证的金额是否一致?

---

[1] 中国民主法制出版社在2003年曾有中英文对照的单行本出版。

图表 11-2   信用证用汇票例示

凭 Drawn under D×××BANK LTD. OSAKA, JAPAN.   不可撤销信用证 Irrevocable L/C No. 104-11-3673109

日 期 Dated 990809

号 码 No. I99-10-121

汇票金额 Exchange for USD87 300.00

支 取 Payable with interest @ ____%   付款

见票（第一正本）____ at ____ sight of this FIRST（本汇票第二正本不再支付）of Exchange (Second of Exchange)

Shanghai, ____ 上海 ____ 日 后 ____ 19 ____

付交 B银行 ____ 指定人

being unpaid) pay to the order of B×××Bank

金 额 SAY U.S. DOLLARS EIGHTY SEVEN THOUSAND THREE HUNDRED ONLY
the sum of

此 致
To THE D×××BANK LTD. OSAKA IBOD
    OSAKA, JAPAN

上海ABC股份有限公司
SHANGHAI ABC CO.LTD
（签 名）

图表 11-3

UNCITRAL bill of exchange format
Tampa, May 27 1994
US$ 100 000
At sixty days after sight for values received, pay against this bill of exchange to the order of ourselves
the sum of US dollars one hundred thousand
effective payment to be made in US dollars only without deduction for and free of any tax, Import levy or duty
present or future of any nature under the laws of the United States or any political subdivision there of or therein.
This bill of exchange is payable at
The American Bank in Tampa
Drawn on The American
Advising Bank, Tampa
Accepted _____

                For and on behalf of
                The American Exporter Co. Inc.
                Tampa, Florida

（译文大意）

联合国国际贸易法委员会
汇票格式

（地点、日期、金额）

"在见票后 60 天凭此汇票向我方指定人支付拾万美元。

此款……应十足支付，并免除任何税或进口关税或现时或将来在……国……法律下所加的税负。"

（支付地及银行）

（承兑签名：_____）

（签发人：_____）

1-4 规定单证的审单

1-4-1 发票

国际贸易中所用的发票会有好几种：① 商业发票；② 形式发票；③ 海关发票；④ 领事发票。以往只有第一种是用来证明商品销售的正式单证。但是 ISBP 已有放宽（见 1-2）。

下面是一张商业发票的式样（图表 11-4）。内容清晰，无待解释。

现选列其审查要点如下。

商业发票审查清单

1. 确认其为受益人所开发，并如信用证中所示确切地开给开证申请人。

2. 商品的叙述必须和信用证中的叙述相符合，同时在其他一切单证中，许可作笼统而不与信用证中的货物叙述相矛盾的叙述。

3. 不必签署（UCP 600 第 37 条），但如信用证要求一张有签署的发票，则必须照办。

4. 其中的数量、总价、所用币种、交货条款是否与信用证及其他单证相符。

5. 标题中不可有"形式"或"临时"发票的字样。

......

图表11-4

上海ABC股份有限公司
SHANGHAI ABC CO. ,LTD.

TO：M/S(致：各位先生)	发 票	INVOICE NO. I99-10-121(发票编号)
K. B. CO. ,LTD.		S/NO. NO. SDY99-10-48(合同编号)
4-16DOJIMA-HAMA(地址)	INVOICE	DATE：SEPT. 13, 1999(日期)
1-CHOME KITA-KU		
OSAKA JAPAN		

FROM(自) SHANGHAI　　　TO(至)　　　OSAKA, JAPAN

LETTER OF CREDIT NO. 104-11-3673109(信用证号)　　　ISSUED BY
D. BANK LTD. OSAKA,JAPAN(开证行)

MARKS & NUMBERS (唛头与数量)	QUANTITIES AND DESCRIPTIONS (数量及货名)			AMOUNT (金额)
Y. H. (IN DIAMOND)				
OSAKA	PAJAMAS 12 600SETS. (睡衣12 600套)			CIF OSAKA
S/NO.	KL-718	S. S.		(CIF大阪)
C/NO.				
MADE IN CHINA	STYLE NO. 型号	TOTAL 总套数 SETS	CIF AT 单价 (USD)	TOTAL AMOUNT 总　价 (USD)
	A	3 600	7.80	28 080.00
	B	5 400	6.50	35 100.00
	C	600	5.20	3 120.00
	⋮	⋮	⋮	⋮
	TOTAL：(共计)	12 600		87 300.00

SAY U. S. DOLLARS EIGHTY SEVEN THOUSAND THREE HUNDRED ONLY. (大写金额)

GROSS WEIGHT：12 125KGS(毛重)
NET WEIGHT：11 575KGS(净重)
MEASUREMENT：112.87M^3(呎码)
PACKED IN 550 CARTONS ONLY. (装入550箱整)

产地证明 CERTIFICATE OF ORIGIN：
WE HEREBY CERTIFY THAT THE ABOVE
MENTIONED GOODS ARE OF CHINESE ORIGIN. (原产于中国)

签署：×××

第十一章 信用证专题

形式发票是一种非正式发票,它只是向进口方提供有关即将发送的货物的种类和数量,它们的总价和重要的规格等信息,以便在销售之前作为预告性信息来申请许可证和办理同类手续(图表11-5)。

图表11-5

GUANGDONG ×× FOREIGN TRADE DEVELOPMENT CORP.
NO. 166 RONGQI DA DAO RONGQI SHUNDE GUANGDONG CHINA
PROFORMA INVOICE(形式发票)

TO: LITE-LICHT GMBH(抬头人)　　　　　DATE(日期): JAN. 04,2002
BOSCHSTR 10(地址)　　　　　　　　　　　S/C NO(销售合同号):02SFA01
33442 HERZEBROCH-CLARHO　　　　　　INVOICE NO.(发票编号):000600

MARKS & NOS & DESCRIPTIONS	QUANTITIES	UNIT PRICE	AMOUNT EX WORKS
(唛头、编号及商品说明)	(数　量)	(单　价)	(金额,工厂交货条款)
001 1206200 00001			
NIGHT & LIGHT 3X20W SATIN	1000SETS	USD×××	USD×××
002 1206260 00001			
NIGHT & LIGHT 3X20W SATIN	1000SETS	USD×××	USD×××
		TOTAL: USD×××	

AMOUNT:
ADDITION: 1. PAYMENT(支付条款): LC 55DAYS AFTER SHIPMENT
(附加条款) 2. BANK(银行): BANK OF COMMUNICATIONS GUANGZHOU BRANCH
　　　　　　　　ADVISING THROUGH BANK: SHUNDE SUB-BRANCH
　　　　　　SWTFT CODE: COMMCNSHGUA TELEX: 441026 COMCZ FAX: 020-80000000
　　　　　　ADDRESS: 123,JIE FANG NAN ROAD, JINHUI, BUILDING GUANGZHOU, CHINA.
　　　　3. EFFECT SHIPMINT BEFORE/ON JAN. 30. 2002(最后装期)
　　　　4. ORDER NO.(定单号): 2259391/000/000
　　　　5. MEASUREMINT(体积): 10.86CBM

领事发票是拉丁美洲的进口方惯常要求出口方提供的一种发票。这是一种必须在其上通过"领事制度"或领事证明的发票,也就是要求进口国驻(出口国)当地的领事来检查(商品)价格和其他条款,并在商业发票上加盖官方印章,或向领事馆购填表格,甚至还要使用进口国的文字。这是一项既费钱又费事的要求,很多出口商不乐意这样做。要求出具领事发票的多为中东、拉丁美洲和非洲国家的企业(例如科威特、埃及等)。领事发票的内容除了上述领事验证及确认商品原产地外,必须和商业发票一致,且各国均自印固定格式,此处不再例示。

海关发票是一种进口国海关专用的发票(诸如加拿大、美国、新西兰、拉丁美洲等国家)。其基本内容是商品总价和原产地国,用以供进口统计和据以实施区别税率,也用以发现有无倾销行为。示格式例如图表11-6。

虽然后三种发票都与结算无关,但一旦由信用证加以规定,那就必须做到。

图表 11-6　　　　　　　　　　美国海关发票

DEPARTMENT OF THE TREASURY
UNITED STATES CUSTOMS SERVICE　　**SPECIAL CUSTOMS INVOICE**
19 U.S.C.1481,1482,1484　　(Use separate invoice for purchased and non-purchased goods.)　　Form Approved.
O.M.B. No.48:RO342

1. SELLER（卖方） China National Light Industrial Products Imp. & Exp. Corp.（中国轻工业品进出口公司） 128 Huqin Road., Shanghai, China	2. DOCUMENT NR.* （单证号）	3. INVOICE NR. AND DATE* （发票号及日期）
	4. REFERENCES* S/c No. 86/HA3039（合同号）	
5. CONSIGNEE（收货人） Pex Trading Co. 88 Central Avenue Ersey City N.J.07307 U.S.A.	6. BUYER (*if other than consignee*)（买方，如非收货人） Same as Consignee（同收货人）	7. ORIGIN OF GOODS（原产地） China
8. NOTIFY PARTY* （通知方） Same as Above（同上）	9. TERMS OF SALE, PAYMENT, AND DISCOUNT （销售条款，交付条款及折扣） CIF NEW YORK BY L/C	
10. ADDITIONAL TRANSPORTATION INFORMA-TION*（其他运输情况） From Shanghai To New York by vessel （自上海船运至纽约）	11. CUBBENCY USED（币种） USD	12. EXCH.RATE(if fixed or agreed) （汇率）	13. DATE ORDER ACCEPTED （定单接获日）

第十一章 信用证专题

(续)

14. MARKS AND NUMBERS ON SHIPPING PACKAGES (船运唛头及件数)	15. NUMBER OF PACKAGES (包装件数)	16. FULL DESCRIPTION OF GOODS (货物全称)	17. QUANTITY (数量)	UNIT PRICE		20. INVOICE TOTALS (发票总额)
				18. HOME MARKET (国内市场单价)	19. INVOICE (发票单价)	
				22. PACKING COSTS (包装费)		RMB￥24.00
				23. OCEAN OR INTERNATIONAL FREIGHT (国际海运费)		USD770.00
				24. DOMESTIC FREIGHT CHARGES (国内运费)		RMB￥60.00
				25. INSURANCE COSTS (保险费)		USD88.00
				26. OTHER COSTS (*Specify Below*) (其他费用)		RMB￥60.00

21. ☐ If the production of these goods involved furnishing goods or services to the seller (*e.g.*, *assists such as dies molds, tools, engineering work*) and the value is not included in the invoice price, check box (21) and explain below. (有发票价未包括的制成品,如模具等)

27. DECLARATION OF SELLER/SHIPPER (OR AGENT) (卖方申报事项)

I declare:

(A) ☐ If there are any rebates, Drawbacks or bounties allowed upon the exportation of goods, I have checked box (A) and itemized separately Below. (折扣情况)

(B) ☐ If the goods were not sold or agreed to be sold, I have checked box (B) and have indicated in column 19 the price I would be willing to receive.(尚未售出,愿按19栏价出售)

(C) SIGNATURE OF SELLER/SHIPPER (OR AGENT): (签名) ××××

325

1-4-2 运输单证

在各种运输单证中,海运提单是核心,因为它是物权单证。现列举其审单要点如下:

提单审查清单

1. 银行将不接受下列提单:

(a) 不清洁提单——我们已在第四章第一节中提到过,如果理货员发现货物有损坏或缺少,或是包装损坏,或有其他不正常情况,他将要加注诸如"6只箱子破损"、"铁皮松弛或脱落"、"包装不足以应付海运航程"、"短缺两件已肯定"……或是"发运人自行装货和点数"之类。在大副收据和提单上也将带有此类词句。这就称为"不清洁提单"。银行将不接受此类提单(UCP 第 27 条)。

(b) 过期提单——在第六章 4-5-2 段中曾提及"装后交单期"。如果出口方拖延交单超过限期,称为过期提单(UCP 第 14 条 c)。

(c) 多式运输营运人(即一般所称的货运代理,"货代")签发的运输单证(UCP 500 第 30 条曾许可签发,但 UCP 600 中已删去此签发资格)。

2. 银行将接受:

(a) 简式提单或背面空白的多式联运单证(UCP 第 20 条及第 19 条 a 款第 5 项)。

(b) 非流通海运单(UCP 第 21 条)。

(c) 包含表明"预期船只"的提单,但必须另有一项已装上船的批注(包括日期、船只),(UCP 第 20 条)。

(d) 货装甲板提单(UCP 第 26 条 a 款)。

运输单据不得注明货物已装或将装于舱面。但运输单据条款中如注明货物可能被装于舱面,银行将予以接受。

(e) 租船提单(UCP 第 22 条)。

原 UCP 500 第 25 条曾有条件(如果信用证要求或允许……)许可银行接受租船合约提单。在 UCP 600 第 22 条中未正面明示态度,因而有人分析"银行不会加以干涉"其使用。但 ISBP 681 第 115 条仍要求在"如果信用证要求……或允许……"即可适用 UCP 第 22 条,即隐含着银行可以接受租船提单。

3. 要明确以下各项:

(a) 在 FOB、CFR 及 CIF 包含一个"货装上船"的批注,但在 FCA、CPT、CIP 则可接受备运提单。(UCP 第 20 条)。

(b) 全套已开发正本均已提交(银行)。在某些实践中进口方指定:"……

一份正本……必须在装货后立即寄给开证申请人。"在这种情况下,银行将失去对货物的控制,从而承受风险。

4. 另有两种情况属于欺诈,银行无从发觉,必须严加注意,从侧面作判断(例如时间跨距过久等):

(a) 预借提单——虽然货已交到承运人手中,但因船公司的原因而未能在最后装期前装上船。承运人却应发货人的请求,开了"已装船"提单,以便发货人向银行交单。这种提单称为预借提单。按照大多数国家的法律看,这是一张假单证,承运人要因他的欺骗行为而受控告。银行不能发现这种问题。

(b) 倒签提单——非承运人原因而出口方未能在最后装期前完成装货或在装期后才开始装货。但承运人仍应发货人的请求而开出一张标明信用证限期前的提单。这也是要负法律责任的欺骗行为。银行也不能发现。

1-4-3 保险单

保险单的审查要点可举例如下:

保险单审查清单

1. 要确定是否以保险证明书替代了保险单。

2. 要确定保险货物投保总值是否如跟单信用证所要求的或是如 UCP600 第 28 条 F 款所界定的。例如在 CIF 或 CIP 至少为货价的 110%,且无最高限额。

3. 是否已覆盖跟单信用证中所指定的风险,而且这些风险已清楚地界定(UCP 第 28 条)?

4. 保险单证上是否已如运输单证上所指出的那样,指明从货物最后装期起开始其有效防护,或自承运人接管货物时起开始有效防护?

5. 已开出正本单证是否已全部提交?

……

1-5 非规定单证

所谓非规定单证是指在运输单证、保险单证和商业发票以外的单证。在多种不同情况下会要求非规定单证,不可能对它们的审单步骤全部列举。原 UCP 指出,当要求提供非规定单证时"信用证中应规定该单证的出单人及它们的措辞或资料内容。如果信用证中没有这样的规定,只要所提交的单证上的内容和任何其他已提交的规定单证的内容无矛盾,则银行将接受这类单证"。

这里只列出几种常用单证的名称和某些式样的例子:

1. 产地证明:例如欧盟表式 A 普惠制产地证等等,见图表 11-7。

图表 11-7

普惠制原产地证明书

<table>
<tr><td colspan="2" align="center">正　　本</td></tr>
<tr>
<td>1. 货物运自（出口商的名称、地址、国家）</td>
<td>编号：

普遍优惠制原产地证明书
（申报及证书联合格式）
格式 A

　　　　　　　在＿＿＿＿＿签发
　　　　　　　　　　见背面注释</td>
</tr>
<tr>
<td>2. 货物交给（收货人名称、地址、国家）</td>
</tr>
<tr>
<td>3. 运输工具及航线（据悉填定）</td>
<td>4. 供官方使用</td>
</tr>
<tr>
<td colspan="2">
<table>
<tr><td>5. 项目号</td><td>6. 唛头及包装编号</td><td>7. 商品名称包装编号及类别</td><td>8. 原产地标准（见背面注释）</td><td>9. 毛重或其他数量</td><td>10. 发票号码及日期</td></tr>
</table>
</td>
</tr>
<tr>
<td>11. 证明
　　兹证明出口商的申报经查核是正确的。

＿＿＿＿＿＿＿＿＿＿＿＿＿＿＿＿
签发当局签字及印章、地点、日期</td>
<td>12. 出口商申报
　　签署人申明上述各项目内容和说明均正确，所有货物系在＿＿＿＿＿＿生产
　　　　　　　　（国家）

该出口货物符合普惠制规定的原产国，运至＿＿＿＿＿＿
　　　　　（进口国）

＿＿＿＿＿＿＿＿＿＿＿＿＿＿＿＿
授权签字　　　　地点、日期</td>
</tr>
</table>

　　格式 A 背面列有采用此式的国家名单及填写第 8 栏的具体标准，例如，美、加、澳大利亚要求本国加工成分占××％以上，而日本、欧洲国家则要求原料和成品的税则号列有变动即可（这意味着经过了充分加工）。细节从略不列。

　　2. 检验证明。

　　3. 出口许可证。

　　4. 装箱单、磅码及尺码单。

　　……

第二节　不符点的处理

UCP600 的第 16 条规定了带有不符点的信用证的处理途径。即由开证行：① 拒付，退回单据，或② 建议开证申请人放弃有关不符点的要求，或③ 持有单据，等待交单人进一步指示。但在银行实践中，总是先争取由交单人作补救。下面列成最常用的处理途径的大纲如下：

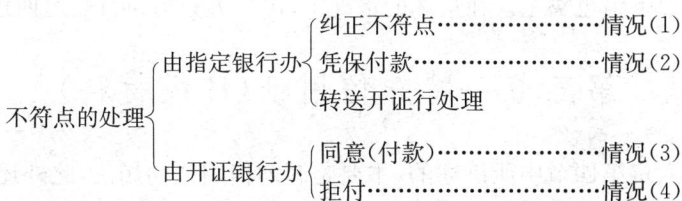

当付款行或议付行发现有不符点时，它将扣住付款，并按如下四种情况之一加以处理：

（1）纠正不符点——指定银行可以退回全部单证给交单人，以便在信用证有效期内和最后交单期前进行纠正和替换。这只有在时间允许的情况下才可这样做，而且还要这些不符点有可能进行纠正。

（2）以保留方式或凭担保赔偿书付款——如果受益人不能纠正单证中的不正常点，随着不符点的严重程度不同，可有不同的方法去取得清账结果。最常用的一种称为有保留付款。假如单证中有些轻度的不符点，银行将根据实践经验和受益人的同意进行"有保留"的付款、承兑或议付，即保留对受益人的追索权。如果开证行拒绝凭不符合信用证要求的单证来偿还先前支付的款项，即要实施追索。

如果出口方不是一个信誉卓著的知名公司或是银行顾虑风险，则指定银行将要求受益人出具担保赔偿书，然后付款、承兑或议付。如果开证行拒绝偿还，则它们先前所作的任何付款、承兑或议付，将要由作出担保赔偿的一方连同利息和有关费用一并退还。

当开证行在接到有问题的单证并作审单后，将首先与开证申请人联系以决定其行动。

（3）"同意支付"——这是进口方放弃追究成问题的单证。指定银行在交单者的授权下将具有不符点的单证以请求"同意支付"原则在跟单信用证的名下转送开证行要求检查并加批准或拒收。正常的操作过程是由指定银行用电报、电传或电子通讯相联系,请求对这类有不符点的单证授权付款、承兑或议付。如开证行获得开证申请人授权,那就等于对不符点作了修改。

(4) 托收原则——如果不正常点的性质非同小可,开证申请人可能拒收这些单证。作为最后的挽救,出口方将请求开证行以付款交单或承兑交单的方式向进口方提示这些单证,即按托收的原则办理。在这种情况下出口方就完全任凭进口方摆布了,进口方也许接受也许不接受这批货,有时进口方可能愿意在杀价的条件下接货。如果他拒收货物,出口方可能不得不在忍受重大损失的情况下另觅买主。在最坏的情况下,出口方只得再订船运回这批货物。

第三节 特殊信用证(B级材料)

在第六章第四节中所讲述的,主要是即期信用证的用法,此外还有多种较特殊的信用证的用法,现将几种常见的 L/C 特殊用法叙述如下:

3-1 预支信用证(Anticipatory L/C)及红条款信用证(Red Clause L/C)

一般 L/C 要在出口方发运货物后才可向银行交单议付或付款,但另有一种 L/C 准许出口方在货物发运前就预先支取部分或全部货款。预支 L/C 的特殊处在于:它根据开证申请人的要求在 L/C 上加注了一条特别条款,即开证行授权议付行或保兑行向受益人凭光票(即只开汇票没有跟单)预付某一金额。

当初英国毛纺织厂向澳大利亚羊毛商购买羊毛时,由于一年只剪一次羊毛,资金需要特别集中,澳商资金不足以应付收购的巨额需要,要求英厂在羊毛发运前预付给部分羊毛款,这就产生了预支信用证。在 L/C 中规定准许预付部分货款的词句,在以往习惯上用红字打印,以引起注意,故也称为红条款 L/C。但目前已多不用红字,而且使用的范围也不限于英、澳两国之间。

在红条款信用证中,虽然代付银行会由开证行保证偿还预付款及应计利息,但当出口方将货物发运后到银行交单议付时,就可由议付行扣还原预付额和利息。只是当出口方领取预付款以后不交货不交单,或是因交货不及时误了装期或有效期,因而使信用证对受益人自动失效时,则代付行有权要求开证行偿还本息,同时开证行可再向开证申请人进行追索。因此,预支 L/C 的最终偿还责任落在开证申请人身上。

红条款 L/C 只限预支一部分货款,而预支 L/C 则是总称,既包括预付部分货款的 L/C,也包括预付全部货款的 L/C。预支信用证在国外也有称之为打包信用证(Packing L/C)的。

预支及红条款信用证的流程如图表 11-8。

图表 11-8

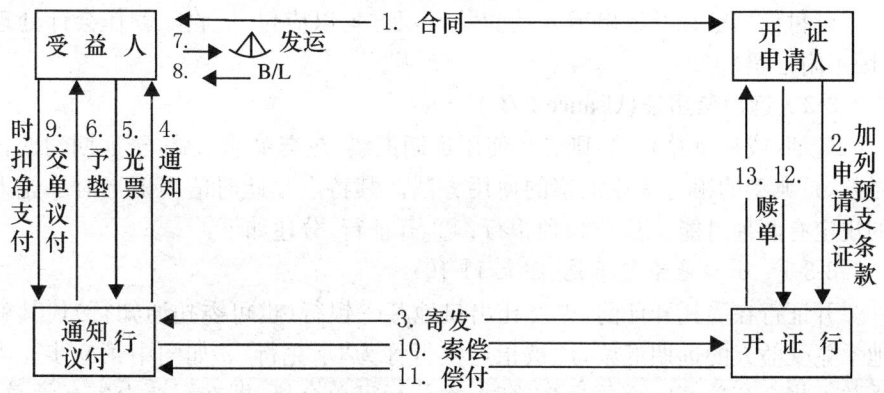

有关分录如图表 11-9。

图表 11-9

预支信用证分录总表

时　　序	开证申请人	受益人
1. 开证时	借：其他货币资金 　贷：银行存款	(作备忘记录)
2. 凭光票支付后	借：预付货款 　贷：银行存(或贷)款	借：银行存款 　贷：预收货款
3. 发货交单扣还时	借：采购 　贷：预付货款 　　银行存款 　　其他货币资金	借：银行存款 　　预收货款 　贷：主营业务收入——出口

3-2　延期付款信用证(Deferred Payment L/C)

延期付款信用证也可称为迟付信用证。

如前述，延期付款 L/C，是一种交单后不立即付款而根据 L/C 所确定的日期延迟付款的 L/C。它可以有三种到期付款日：① 固定日期；② 交单日后××天；③ 提单出单日后××天。

延期付款 L/C 也是对进口方的一种融资，但它不同于承兑 L/C，其特点在于不用汇票，这多数是欧洲银行用于大型成套设备等长期项目的货款上的办法。一来是有些国家禁止开发半年或一年以上的远期汇票，二来则是有些国家的印花税率高达 1‰、2‰，为了节省印花税开支而不用汇票。

由于不用汇票而不能贴现,故受益人的资金负担较重,只能用一般贷款筹资。由于贷款利率高于贴现利率,故用延期付款L/C结算时,这一差额即会转化到价格中去,即此时的货价将比采用承兑信用证时为高。

延付信用证在开证申请人及受益人双方均以应付、应收账款作会计处理（因不附汇票）。

3-3 远期信用证(Usance L/C)

远期(或称承兑)L/C则必须使用远期汇票,在交单前承兑,至远期到期日付款,是典型的银行承兑汇票的使用方法。其特点是此时信用证上对承兑人的规定有两种可能：① 出口地银行；② 开证行,分述如下：

3-3-1 出口地银行承兑(图表11-10)

开证行在受托开证前,先委托出口地某一银行(也可委托通知行)代其就地承兑受益人的远期汇票,此被指定银行称为"承兑行"。如图中第9步。当受益人将全套单证向承兑行交单时,承兑行审单合格,即在汇票上签名承兑,承兑后的汇票退回受益人保管。受益人对已承兑汇票有两种运用可能：

图表11-10

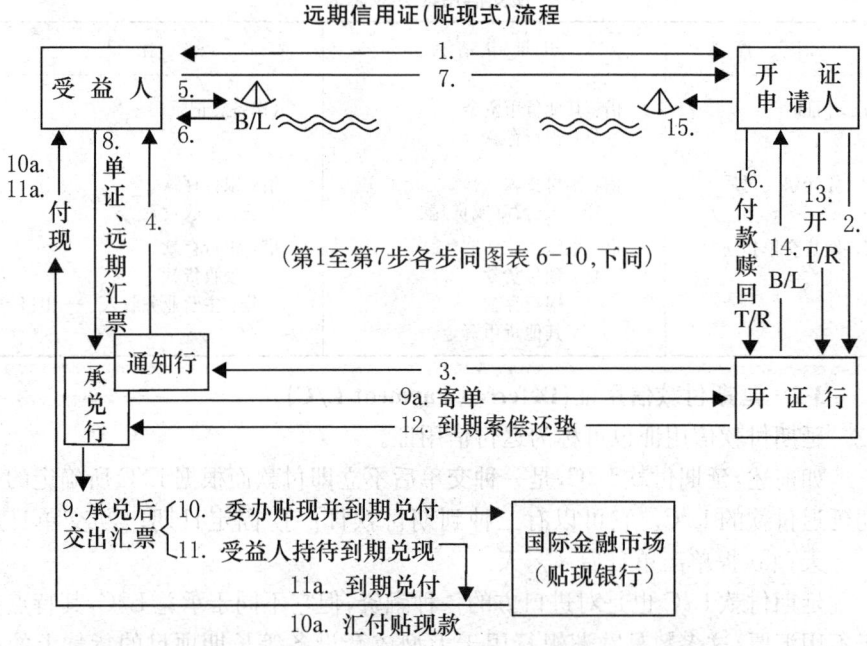

远期信用证(贴现式)流程

a. 到期前需用资金时——将已承兑汇票去资金市场(银行)贴现(或经背书转让作支付,图中第10步)。至到期日贴现银行(或背书受让的持票人)向承兑行要求兑付,承兑行兑付后向开证行索偿(图中第12步),开证行则再借记开证申请人的账户。

b. 将汇票持待到期收取——承兑行向受益人兑付后,向开证行索偿(图中第11、第12步)。

另一方面承兑行经承兑而收受全套单证后即加附承兑通知书向开证行转送,开证行经审单后向开证申请人提示,以"付款交单"条件将单证转给申请人,由于是远期汇票,申请人不必即期付款,但如不付款,开证行放单后将承担风险,故通常申请人要开具"信托收据"(T/R)借出提单,等待货到提货(图中第13步)。关于信托收据将在第十二章1-7中详述,暂时可不深究。

3-3-2 开证行承兑(图表11-11)

在上项所述中,出口国银行未受托代为承兑,只是通知行地位,在接到受益人交来单证及远期汇票后,寄向进口国的代理行代办要求开证行承兑手续,汇票经承兑后由代理行保存,等待到期兑付(图中第12步)。如果需要贴现,

图表11-11

远期信用证(持留式)流程

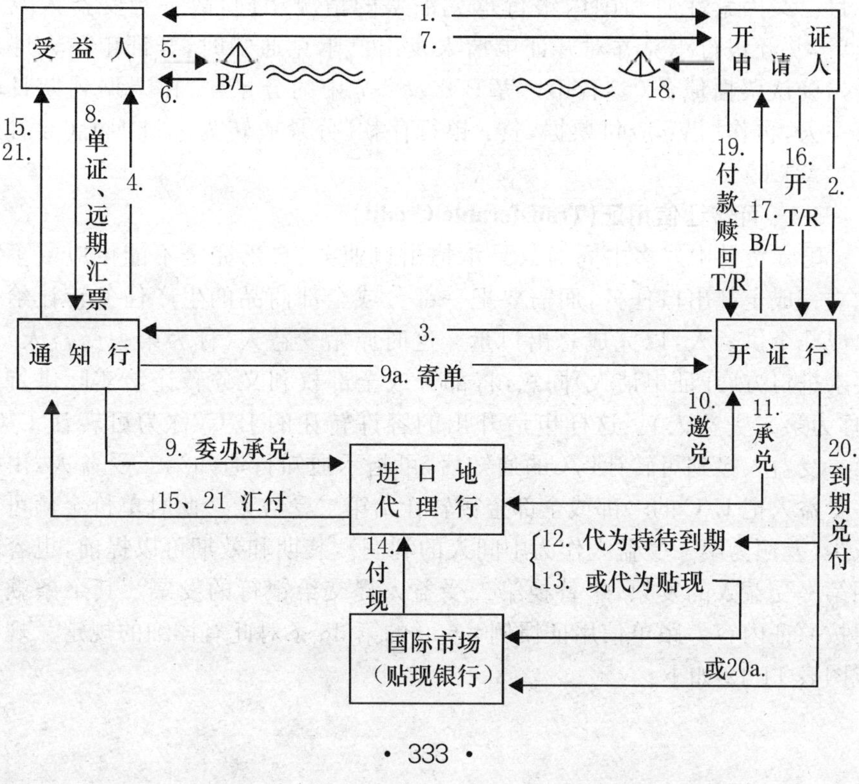

由代理行代办后汇回出口国银行转交受益人(图中第 13 步)。开证行对全套单据仍采用"信托收据"办法,借给开证申请人等候提货。

3-3-3 远期信用证的利息负担问题:真假远期信用证

远期信用证的利息负担有两种处理方法:

(1) 卖方远期信用证(Seller's Usance)——在中国俗称真远期信用证,指上述贴现利息以及承兑费都由卖方负担。

(2) 买方远期信用证(Buyer's Usance)—— 在中国俗称假远期信用证,指其贴现息及承兑费都归买方负担。

这一问题将留待第十二章 1-4 作进一步的讨论。

3-3-4 远期信用证议付

有时卖方觉得跨国承兑不方便,则也可把远期信用证改向出口国银行叙做远期议付。此时扣息期中将包含邮程加远期天数。远期议付不以汇票为依据而以信用证及提单为依托,而承兑则是票据行为,必须有汇票。

3-3-5 会计分录

和延期付款信用证不同,因其使用汇票,故应使用"应收、应付票据"科目。又因其性质和国内银行承兑汇票的情况相同,故一当受益人发货交单,并经银行承兑并对开证申请人发出已承兑通知时,开证申请人即应开始确认票据债务(参看第六章 3-8 及 4-7 中的分录)。在票据到期日的前一天,再作"借:应付票据,贷:银行存款"分录或转为进口押汇(参看第十二章 1-6)。

3-4 可转让信用证(Transferable Credit)

国际贸易中好多中间商只是承揽出口业务,自己完全不能供应或不能独立完成全部出口任务,而需要把一部分或全部商品的生产任务转让给一个或几个供货人,以完成总出口量。这时原始受益人(称为第一受益人)多要求进口方(开证申请人)同意,将部分或全部权利义务转让给实际供货人(称为第二受益人)。这样申请开出的容许转让的 L/C,称为可转让 L/C。第一受益人接到可转让 L/C 的通知后,可指示通知行通知第二受益人:由第一受益人把 L/C 的一部或全部金额转让给第二受益人。此时单价金额可以减少(差额为第一受益人作为中间人的利润),装期和效期可以提前,也容许用第一受益人的发票,来替换第二受益人提交给银行的发票。其余条款均要按原证内容。跟单信用证惯例♯600 的第 38 条对此有详细的规定。现列成图表 11-12 如下:

图表 11-12

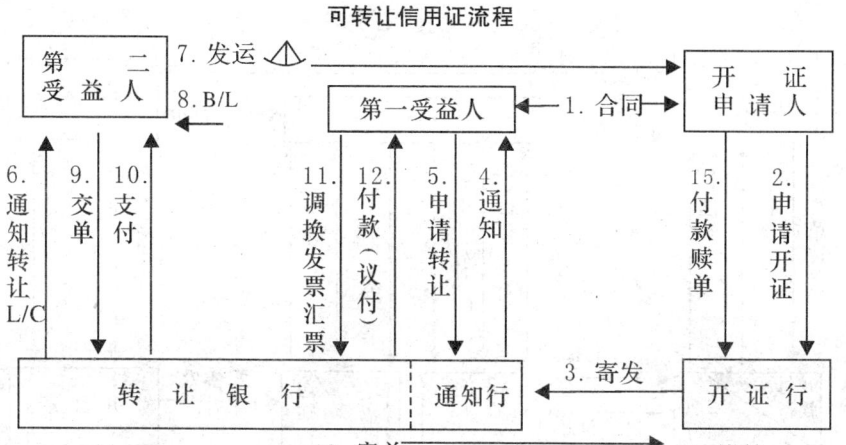

可转让信用证对第二受益人的好处是可以凭此转让信用证向银行获取出口押汇或打包贷款(见后第十二章第一节)等资金融通。

可转让信用证的开发必须经出口方商经原始进口方同意,如果信用证不明白标明为"可转让",即不能按 UCP 600 ♯ 38 条进行转让。办理转让的银行,可由来证指定或由第一受益人自选,故可以是保兑行、通知行、付款行、承兑行或议付行。第一受益人要填写转让申请书。转让行受理后开出通知书(或将原证)给予第二受益人。

可转让信用证各方的会计分录和常规相同,对转让事项只作备忘记录。

3-5 背对背信用证(Back to Back Credit)

有时开给出口方的 L/C 是不可转让的 L/C,但出口方却需要他人协助完成出口。有时来证虽可转让如上条,但中间商不愿让实际原始供货人与进口方接上关系,以保护自己作为中间商的源源不断的商业机会。这时可由原证的受益人要求通知行或其他银行,以原证为基础,另外开立一张或几张以原受益人为开证申请人,由原通知行或其他银行为开证行,以实际供货人为受益人的内容相似的新证,这称为背对背 L/C。原证仍有效,由银行代原受益人保管作为开出背对背 L/C 的担保。现将其流程列成图表 11-13,供对照。

解释:

第1~10步 与上可转让信用证相似。其中另开的新证,在中间商与实际供货人属同一国家时,称为国内信用证(Domestic or Local L/C)。

图表 11-13

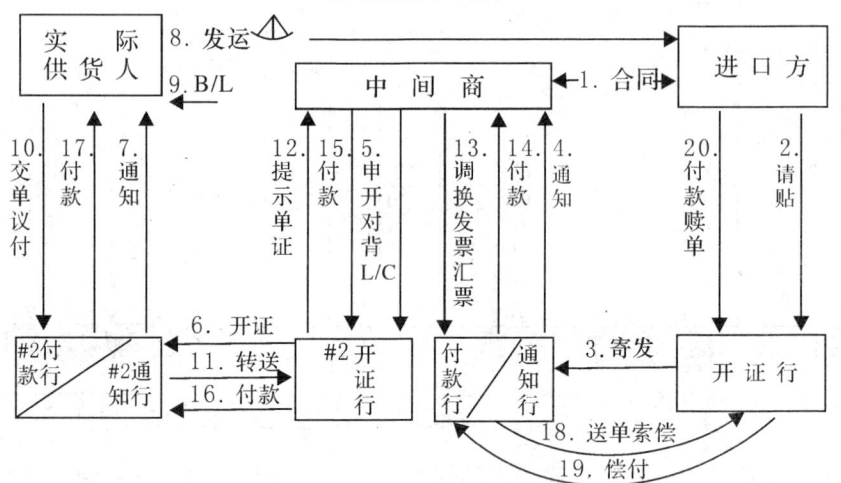

背对背信用证流程

第 11～17 步　与可转让信用证不同，第 2 付款行多采用"收妥"付款的办法。

背对背信用证各方的会计分录也没有特异之处。

3-6　对开信用证（Reciprocal Credit）

在来料加工或来件装配业务中，对方提供原料或零件，我方交付成品。由于距离远，起讫时间相隔长，在业务量较大时，主客双方都要保护自己，免受风险。例如外方委托人将自有原料发给加工方时，手头没有可以对抗加工方违约的法律保障，故有顾虑，外方将会希望加工方对来料、来件开出远期信用证。但就受托加工方说，又怕加工完毕发货后收不到加工费和远期信用证上的料价，故希望能拿到成品料价及工缴的全价额的即期信用证（称为回头证），以便一旦交货就可取得即期付款以支付原来的远期料、件价款和获取加工工缴。这样就等于将一笔加工或装配业务分解成为两笔相互关联的"购"、"销"业务，这样的一对即、远期信用证即称为对开信用证。对开信用证也用于补偿贸易等。

对开信用证的具体流程有如图表 11-14。图中第 2～10 步属于远期 L/C 部分，第 11～19 步属于即期（回头）L/C 部分。

对开信用证有两种生效方法：① 分别生效；② 同时生效。所谓分别生效是指先开先生效；即远期证开后在原料发运时立即生效，而后开的即期证则要到成品发运时才生效。但是对开信用证宜采用同时生效的办法，否则先开证

图表 11-14

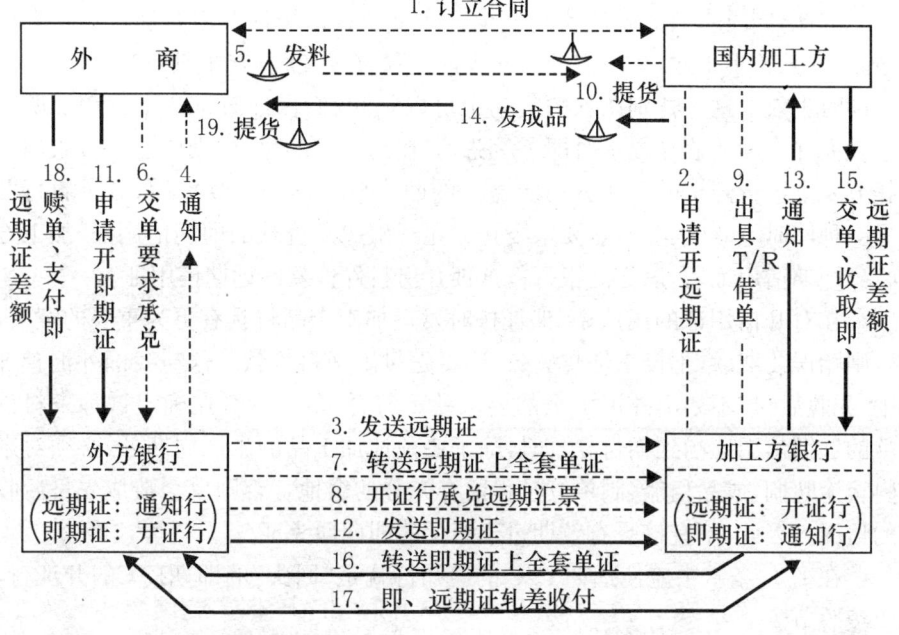

说明：(例示假设日期)

　　　　外　　商 (委托方)　　　　　　　　　　我国企业(加工方)

① 3月1日签约,要求加工方按原料价款来证。　→

　　　　　　　　　　　　　　　　　　　← ② 3月5日开立90天期L/C寄送外商。

③ 3月15日远期L/C到达,发运加工原料,交单,要求加工方银行承兑远期汇票。　→

　　　　　　　　　　　　　　　　　　　← ④ 3月25日银行接单承兑。
　　　　　　　　　　　　　　　　　　　　⑤ 3月31日料到齐,开始加工。

⑥ 在3月15日到5月×日间的某一天开出回头即期L/C,效期为加工完成交货期后几天(例如6月底)。　→

　　　　　　　　　　　　　　　　　　　← ⑦ 6月20日加工完毕,发运成品,向银行交单,即期L/C获付款,对开证行偿付3月25日承兑远期信用证所附汇票。

的一方要负担对方不开回头证的风险。例如我方开出远期信用证后,市场发生变化,外方中途反悔,不开来成品的即期信用证,我方因已对远期汇票承兑,负有严格的票据债务,在到期日不得不履行付款义务,加工工缴款落空,即来料加工业务变成了我方单方面的进口原料业务。不仅要赔出税收,而且由于料件早已投产,如果成品销售无渠道,或是料、件作价过高,均会造成重大损失。

因此,同时生效的做法比较安全。即第一张信用证开出时加一特别限制条款,使其暂不生效,待对方开来回头证经我方接受后,方才通知对方银行,两证同时生效。这一特别条款的文句也可以是"我们保证对符合本信用证所列条款而开出的汇票在提示时即予承兑,但在到期日的付款,则要待我方收到委托方要求银行开出的以我方为受益人的回头信用证中的款项后,方予履行"。另一种同时生效的实践,是要求委托方先开出成品价款的即期信用证,加工方收到即期信用证后,以之向银行作抵押开出料件价款的远期信用证。

在对开信用证的用法中,保证按时发运加工产品将具有更为重要的意义,否则贻误装期后,不仅来证将失效,还要先付出来料价款。这与我国外汇管理中"先收后付"不垫出外汇资金的要求就不符合了。由此,在确定这种来料价款的远期信用证的到期付款日时,除了要预计加工品的生产周期外,必须对来料运途耽搁,成品租船、制单等过程留有充分的余地。否则也会造成先付后收的情况。因此,不宜接受有效期过于短促的即期回头证。

在 L/C 条款中应使远期 L/C 的通知行就是"回头"的即期 L/C 的开证行,以免脱节。

对开信用证的会计分录和常规的即、远期信用证的分录相同,不再重列。

3-7 循环信用证(Revolving L/C)

一般的信用证在用过后就被注销了。循环信用证则是可以一再重复使用而不需办理任何修改手续的信用证,即信用证被全部或部分运用后,能够恢复到原金额以重新使用。

在国际贸易中买方时常会继续不断地向同一个外国供货商进口商品,这种一再重复的长期购销,每年要出运多次相同的货物给同一客户。对于这种包销或专卖的进口商,就适宜于运用循环信用证。因为这样涉及的总金额很大,如果开一张总的信用证,需占用的保证金就很多;如果对每批货分别开立信用证,手续就很繁。在母公司与子公司之间常有这种经常性、周期性的购销。

按循环的方式,可以分类如下:

$$\text{循环信用证}\begin{cases}\text{按次数或时间循环}\begin{cases}\text{累积}\\\text{非累积}\end{cases}\\\text{按金额循环}\end{cases}$$

① 按次数/时间循环式——这种信用证对某一确定的金额可以运用一个确定的次数,例如出口方每月可发货开出汇票支用 100 万元,共 12 个月。开证行将在其后各月自动恢复可用金额。

所谓"累积"是指信用证在上期未用完的金额,可以加到其后各期中一并运用(多发货,多开汇票额),即在一定期限中作总额限制;反之,则为"非累积",那是分段作同一金额的限制,未用完金额以后不得再用。

② 按金额循环式——每次可用金额是确定的,用后即恢复,在信用证指定有效期限内,可用次数不限,即备齐一次单证即可交单运用一次。这潜伏着总额不定的风险,开证行和申请人都负起了一个无穷尽的支付责任。为此,必须加订一个总金额的限制才妥当。

循环信用证的会计分录和一般信用证相同。

3-8 备用信用证(Stand-by L/C)

在美国流行一种备用信用证,实质上它是一种形式的银行保函(Letter of Guarantee,L/G)。因为美国法律禁止银行为他人作担保,所以银行和公司就用备用信用证作银行担保,也称为担保式信用证。

这种信用证的措辞可举例如下:

"根据我行的客户_____的命令并记入其账户,我行同意:如果该客户(作为你的借款人)到期未偿付你方的贷款,则当我行收到你方的书面说明,将立即在最高_____元的范围内对你方清偿其所欠借款本息。"

国际商会已在 1998 年专门订出了一个《国际备用信用证惯例》,不再援用《跟单信用证统一惯例》。

备用信用证的开发与收受均只作备忘记录,不作正式会计分录,但要作表下附注。

复习思考题

1. 什么是审单?它和审证有何不同?审单的总原则是什么?它和信用证的核心概念有何关系?

2. 信用证全程中共要经过哪几道审单?

3. 全套单证包括哪些组成?审单要审哪几种单证?

4. 试比较信用证所使用的汇票和托收所用汇票的异同。汇票在企业中由哪一部门制作?汇票审单的要点主要有哪些?信用证所用汇票中除了《票据法》要求的要式条件外有无财会工作中的特殊要求?

5. 外贸中发票有哪几种？哪一种是国际结算中所必需的？它在审单中的要点有哪些？ISBP 对发票的规定有什么特殊点？

6. 外贸中所用的运输单证有哪几种？哪一种是国际结算中所必需的？它在审单中的要点有哪些？

7. 外贸中所用的保险单证有哪几种？什么情况下全套单证中必须有它？

8. 试列举三种以上非指定单证。非指定单证的共通审单原则是什么？

9. 审单通不过时如何处理？

10. 试述远期（承兑）信用证的两种流程。(B)

11. 试说明可转让信用证的流程。(B)

12. 试说明背对背信用证的流程，并比较其与可转让信用证流程的不同点。(B)

13. 试说明对开信用证的流程。(B)

14. 试说明循环信用证的流程。(B)

习　　题

习题 11-1

一、要求　根据下列假设，作成上海某出口方 A 公司的有关会计分录（可径以美元做账）。

二、资料　假设：5 月 1 日订立合同条款：由香港 B 公司经汇丰银行开来远期 L/C，总金额 USD 10 万；

5 月 10 日通知行汇丰银行上海分行转来 90 天远期 L/C，原证委托通知行承兑；

6 月 2 日交单；

6 月 8 日通知行经审单后承兑并送回汇票；

6 月 9 日向通知行汇丰银行上海分行贴现，贴现息 6%；

9 月 7 日汇票到期，香港 B 公司付款。

第十二章 外贸融资会计

第六章所述国际贸易结算和本章外贸融资的实质是相通的,因为它们都是支付的延伸(向前或向后),只是前者是定型化了的,而后者则采用了传统的借贷形式。近年来定型贸易结算方式的应用比重日趋下降,例如信用证形式已从 80% 以上降低到 40% 左右,近来在国外更下降到了 10%~20%。赊账贸易的结算方式用得越来越多,如保理、出口信用保险等等。融资中有的与传统的信用证结算方式等紧密地结合在一起,有的则与结算方式没有多大关联。以下分别展开融资的讨论。

第一节 外贸短期融资会计

在国际贸易结算过程中,通常多有融资活动伴随发生。随着货款结算期的长短不同,外贸业务中的融资活动有短期的和中长期的两类(以 1 年为界)。短期融资大多与原材料、消费性大宗商品的购销结算业务结合在一起,通常都按交易合同逐笔进行借贷。而中长期的融资,则大多与成套设备的巨额交易的结算相结合而逐笔借贷。本节将只讲述银行对外贸的短期融资。至于中长期的国际融资将另在下节讲述。

按照国际通行的实践,常见的外贸短期融资可有下列(图表 12-1)所示各类:

图表 12-1

外贸短期融资总表

```
                                    ┌─ 货物出运前 ┬─ 打包放款
                                    │            └─ 预支 L/C
                      ┌─ 对出口商 ─┤
                      │             │            ┌─ 出口押汇
外贸短期融资 ─────────┤             └─ 货物出运后┼─ 远期汇票贴现
                      │                          └─ 保理账款
                      │             ┌─ 进口押汇
                      └─ 对进口商 ─┤
                                    └─ 信托收据借贷
```

1-1 打包放款(Packing Loan)

这种贷款是旧中国就已经营的传统项目,至今在东南亚各国依然盛行。1985年,中国银行总行已经通知恢复这一业务。其他银行也陆续自1990年起开办了这一业务。这是出口地银行支持出口商在货物未出运前的资金短缺,而以扣押信用证正本作为条件的贷款。本来信用证在出运交单后即可取得货款,现出口方资金紧缺,货物还在"打包"就已要资金周转,故称为"打包放款"。承做打包放款的银行一定是今后的议付行(或是付款行、承兑行),即双方约定出运后一定在该行作议付,以便银行扣还这笔打包贷款。因此,如果国外来证限定××银行为议付行(这称为"限制议付"),则别的银行就不愿做打包放款了,因为将来偿还无保证。因此,上述以信用证正本作"扣押",只是议付行对议付时收回贷款的机会的控制,而不是法律意义上的抵押,因为信用证本身不是有价证券,没有作抵押品的可能。

打包放款可借人民币,也可借外币。贷款金额以信用证金额的70%～80%为限,有的规定最高不超过90%,因将来信用证议付不能足额付现(例如要扣息、交货会有尾差等等)。有的还规定对出口有盈利的企业,要按外销价乘以换汇成本后的80%贷放,因为银行只贷给成本,不贷给利润。

打包放款的利率一般以 LIBOR 即伦敦银行同业拆放利率[①]为基础来订定,由于银行在此时的风险比议付时为高(例如贷后不出运),故利率也比议付利率稍高,但仍小于流动资金贷款利率。计息期从放款日起至出运后交单日扣还为止。通常可借取3～4个月,最长不超过6个月。因此,所谓"打包",只是贷借的托词。

有的银行还可凭与国外客商签订的出口合同申请打包放款(例如在采用托收方式结算时,因无信用证可作"抵押")。此时的贷款金额改按60%计算。

据上分析,打包放款在会计上可按一般"短期银行借款"记账。

1-2 预支信用证

预支信用证的用法已见第十一章3-1的叙述。它的性质显然是预收(付)

---

① 这是一种浮动利率,在2009年5月23日的行市可举例如下:(单位:%)

币 种	1个月	3个月	6个月	1年
美元	0.31313	0.66	1.20125	1.53125
欧元	0.89938	1.26188	1.46688	1.63
英镑	0.68938	1.2925	1.50563	1.76813

的购货款。预支信用证和打包放款不同,它不是出口方对银行的借款,而是对进口方的融资。因为打包放款的风险落在叙做的银行,贷款后如出口方不出运,放款银行要承担损失。而预支信用证是进口方授权银行预支的,出口方如不出运,付款行可向开证行索偿,开证行则必然找到进口方。因此,风险最终当在开证申请人。

进、出口双方的分录已见第十一章。

1-3 出口押汇

出口押汇已在前第六章议付部分解释过。但作为融资手段,除了信用证的议付外,它也可用于D/P托收,而且既可用于即期汇票,也可用于远期汇票。

如前述,押汇是"买入"以提单作质押的汇票,企业如经常有向银行做押汇的业务,当其第一次与银行建立关系时,要提交一种设立长期质押关系的法律文件,称之为总质权书;而在每次叙做押汇时,只简单地填列一张申请书。现各举一例(图表12-2、12-3)供参考:

图表12-2

出口押汇质权总设定书
General Letter of Hypothecation

致:_____银行

由于我单位经常有信用证项下出口单据要申请你行同意叙做出口押汇,我单位同意均按本质权书条文办理。

1. 你行叙做出口押汇,保留追索权,如因开证行所在地出现动荡、爆发战争,或发生金融危机,开证行倒闭、邮寄中遗失单据或延误,电讯失误,以及人力不可抗拒等原因招致国外拒付、迟付或少付,由此造成的损失及迟付利息,你行有权自我单位账户中,或其他出口收汇中主动扣还。

2. 我单位担保提交全套相符单据,嗣后如果开证行提出单据不符而予拒付造成损失时,由我单位负责,你行可按上述第1条办理。

3. 对开证行无理挑剔、迟付或拒付,你行应协助我单位据理交涉,如交涉无效造成损失的由我单位负责,你行可按上述第1条办理。

4. 全套单据及货权均转让你行,你行有权根据情况自行处理单据和货物,并可向我单位补收不足之差额。

5. 如属你行错误寄单、错误索偿造成不获付款、延迟收汇,应由你行承担责任。

6. 你行叙做押汇,可按规定的利率和时间向我单位计收外币/人民币利息。

7. 正常议付之单据如果实际收汇超过匡算天数一般不再补收利息。

_____公司

年 月 日

图表 12-3

叙做出口押汇申请书

根据你行《关于叙做出口押汇业务办法》，我公司凭××国××银行开来第××号信用证下全套出口单据拟向你行申请叙做即期出口押汇：

 单据编号：BP _____

 单据金额：_____

此笔押汇到期时请你行以国外银行对本单据项下所付之货款清偿之。届时如因单据不符遭到国外拒付无法偿付此笔押汇时，你行有权追索（直到出售单据上的货物）。

               公司签章_____

               ____年____月____日

银行审批意见：

 利率（外币）年息：_____

 期限：_____天

 扣息（外币_____）

  折人民币_____元

                年____月____日

银行审查同意后，扣息支付结汇，开出结汇水单或收账通知单供企业入账，并另行向国外银行开出"出口寄单议付通知单"索偿。

银行对出口押汇要收取手续费（一般为押汇金额的 1‰）、邮电费及押汇期利息。出口押汇的利息在我国通常按 LIBOR（如为 HKD 票面则用香港的 HIBOR）1 个月档的利率另加一定利差（例如，0.5%～1%）计算：

$$议付行垫款利息 = 票面美元金额 \times 利率 \times \frac{收汇天数}{360} \times 美元汇率 （也有按外币收取的）$$

从理论上说，即期汇票的计息天数应是邮程加开证行处理单据的工作天数。实践中有的银行按分地区平均天数计息。

如属远期汇票押汇，除利率相应改用同一档期限的 LIBOR 外，且上述天数中还要加上远期天数。如汇票规定见票后××天，则以此天数加上即期计息天数；如为根据提单日后或出票日后××天，则按叙做押汇日至到期日计算天数。

至于收息所用货币种类有收外币的也有收人民币的，例如中国银行是收人民币的。已如前述议付的实质是融资，即议付行为出口方扣息垫付，是一笔有追索权的贷款，而不是 L/C 的最终付款，一旦议付行向开证行索偿遭到拒付时，议付行仍要向出口方收回垫款及利息和有关费用。因此在第六章中曾简述应先按短期贷款入账,要待正常可能追索期间过去后,才可转销应收账款。这里要补充说明的是过去因中国银行对议付都改做"收妥结汇",故外贸以往实践不论议付或付款都冲应收账款,这在那时还情有可原,但今后遇到银行按国际惯例操作时,出口押汇应该按融资记账。国际上的会计实践,对此是有区别的。作为对手方,我国中国银行的会计处理中,也是作为押汇贷款而不是作为L/C付款处理的。现将正确的分录与中国银行的会计处理对照如下(图表12-4):

图表12-4

出口押汇分录对照表

	企　业　分　录	中国银行分录
议付结汇时	借：银行存款(或外汇存款) 　　财务费用(利息及手续费) 贷：短期借款——押汇	借：即期押汇 贷：利息收入 　　进出口企业活期存款
开证行偿付后	借：短期借款——押汇 贷：应收账款 　　(月末总轧汇兑损益)	借：存放国外同业 贷：即期押汇

1-4　远期汇票贴现

在外贸中远期汇票的产生有两种情况：① 承兑信用证项下及② 托收项下。

(1) 承兑信用证项下的远期汇票经银行承兑后即可向贴现市场或银行贴现。这和一般国内票据贴现的原理是一样的,无需赘述。由于承兑方多是著名大银行,信誉无可争议,极易获得其他银行接受贴现,故银行承兑汇票被看成是一种安全而流动性极强的金融工具。

(2) 在托收方式中的D/A,也要使用远期汇票,也要经进口方承兑,承兑后的远期汇票,同样可以申办贴现,但是托收项下的远期汇票是商业承兑汇票,其信誉一般比不上银行承兑,故较难获得贴现。以下将侧重讨论银行承兑汇票。

其实,银行承兑汇票在开出时是进出口方借重银行信誉,是用"借信用"代替"借资金"。有时进口方不为出口方所了解,不能取得商业信用,给了银行承兑汇票就可远期付款(甚至到所购货物售出后再付款)。因此,它也是进口方融资的一种手段;而当已开出的承兑汇票在出口方(或其代理银行)手中用于贴现时,则是出口方融资的工具之一。所以以下将结合在一起叙述。

进口方申请银行开出承兑汇票时,多数是以信用证项下的物权凭证提单作为担保的,这时基于 UCP 等银行实践的惯例,除了开证申请书外,进口方不需另订法律文件;但当进出口货运中不使用信用证,而要银行实施光票承兑(Clean Acceptance)时,银行就缺乏法律保障,此时多要由进口方客户向银行签订一种承兑协议书(Acceptance Agreement),在其中保证最迟于银行承兑汇票到期前一天解入头寸;承担相关银行费用;并提供担保。

贴现市场:银行承兑汇票的贴现有几种可能:① 由承兑银行自身贴现;② 贴现市场自营商;③ 本国的其他商业银行;④ 国际金融中心。承兑银行自身贴现后可能持待到期日向贴现人收回贴现款,也可能在中途急需资金时向本国中央银行作再贴现或转让给其他大银行(转贴现),甚或在一般货币市场售给一般投资者——企业或个人。在市场经济国家,银行承兑汇票是短期资金市场的热门品种,和国库券、CP(商业本票)及 CD(大面额存款证)同样有一个活跃的二级市场,所以流动性极强。由于其转让性,在某些国家对银行承兑汇票有较严格的立法。

融资费用:银行承兑汇票可说是融资费用最低的金融工具之一,主要费用有:

(1) 承兑费——对信用良好的客户约为每年 $1\% \sim 1.5\%$,例如在承兑 3 个月时相当于承兑票面金额的 $0.25\% \sim 0.375\%$。但对客户信用程度较差者会有提高;也会因竞争程度高并获得低廉资金来源时有降低。

(2) 贴现息——随市场短期资金利率波动,接近国库券、CP、CD 利率,但总低于大客户优惠贷款利率(美国称为 Prime Rate),因其有贸易背景,带有自偿性(随进口方付讫货款即可了结)。因利息属"内扣"(即贴现时预扣),故要折算为实际利率作比较。

(3) 手续费少量;或银行要求客户保存一定的活期存款户余额等作替代。

优点:银行承兑汇票在资金市场头寸松时并不显得有什么优点,那时贴现银行往往将已贴现票据储存手中,等待到期收回票面金额,赚得了利息,这与放款的作用,并无大差别。但在市场头寸趋紧时,贴现银行可以经上述各个方向转售出去,那就大为机动灵活了。承兑是客户"贷出银行的好名声"(Lending its Good Name),即使在银行手头没有多余资金时也可承兑。就企业而言,当因市场头寸紧而借不到贷款时要尽多利用银行承兑汇票。有时贴现成本较低于贷款,也是一个优点。

这里要强调一下"假远期信用证"的作用。

远期(承兑)信用证就其利息负担看可分为真、假远期两种。在正常的远期承兑信用证中,因为这本来是出口方给予进口方的融资优惠,故贴现息和承兑费应由卖方负担,这俗称为真远期,实即卖方远期信用证。但有时合同订为即期付款信用证,而买方开出了远期汇票,在证中说明可照即期办法付款,其贴现息及承兑费归买方负担。这时出口方仍可在交单后立即取得全额货款,与即期信用证有同样效果(但在买方未作到期偿付前,卖方的连带责任还未终结)。这种做法称为买方远期信用证,俗称假远期信用证。其所以要这样做,一是因买方此时资金头寸紧张;二是买方可能想利用大银行的承兑汇票在国际资金市场上的低利率,所以把即期信用证转化成假远期信用证,请开证行委托国际金融中心的大银行承兑,可就地获得低利率贴现,加上承兑费后还比当地贷款利率低。

有时出口方不愿接受假远期的银行承兑汇票而要求即期信用证和即期汇票。这时进口方仍可依靠"再融资"(Refinance)方式利用银行承兑汇票:进口方请其银行承兑其汇票后在市场上进行贴现以所得款项支付即期信用证的即期汇票。这是进口方运用银行承兑汇票的第二种方式。

会计分录:远期汇票贴现也要填写"叙办贴现申请书"(内容与上列押汇相似),并作成分录如下:

借:银行存款
　　财务费用(贴现息)
　　贷:短期借款——贴现(或应收票据贴现)

其中贷方不宜用"应收票据"账户。因为在国内国外一般银行都规定,票据贴现是一种银行借款,如果汇票到期不能兑现,要向贴现人追索。在国际上的法例中,则还可向该票据的任何一个背书人或出票人追索,因此,在国际上的会计实践中,要求表示出这一或有负债,而贷记"应收票据贴现"科目。要等票据到期对方兑付,银行不来追索,才作转销分录如下:

借:应收票据贴现
　　贷:应收票据

如为假远期 L/C 贴现时,可收取票面全金额,上述分录中将没有"借:财务费用"账户。目前我国银行也承做假远期 L/C 的汇票贴现业务。

1-5　保理账款(Factoring)

1-5-1　发展概况

保理初创于英国纺织厂在工业革命后在殖民地美洲设立的收账代理商行(Factor),由它保证代美商付款。虽然这种业务逐渐发展得多样化,在国际上仍统称为"保理"。在我国以往有多种译名如"代理融通"、"保付代理"等等,现金融系统中已统一简称为保理。我国财政部在文件中则统称为"应收债权融资"。

保理在国外从20世纪60年代开始发展,目前在世界上已相当普遍。其后国际上成立了国际保理商联合组织(Factor Chain International,简称为FCI),在各国保理公司之间互换进口商的资信情报。到1988年在英、美、西欧、中国香港、新加坡、韩国、日本等国家和地区已有157家以上的保理商参加。1988年5月国际统一私法协会召开会议签署了《国际保理公约》。1991年FCI制定了《国际保理惯例规则》。2001年年末,联合国大会通过了《国际贸易中应收款转让公约》。至1998年全世界通过保理所做的外贸已超过100亿美元。

我国在1988年中国银行总行开始试办,1991年加入FCI。1992年以来中国银行几家主要分行已分别与英国、德国、美国、瑞典等国的大保理公司签署了国际保理业务协议,并已成立了专门的保理公司。开始时开展较慢,但近年来据报道我国保理业务量在世界总量中已占第六位。

1-5-2 种类

保理中所含变型大致可分为如下四类:

(1) 标准(或传统)保理(Standard Factoring)——以保理公司买断卖方的应收账款并预先付款为典型特征。本书以下以此为介绍重点。

(2) 到期保理(Maturity Factoring)——虽买断,但等到账款到期日才由保理公司支付收购款。

(3) 应收账款担保贷款——保理公司对卖方融资,并不买断。

(4) 代收账款——收账服务型,甚至包括代记账。

1-5-3 业务流程

现将保理账款的具体做法列成简图(见图表12-5),并顺次说明要点如下:

图表12-5

保理流程图

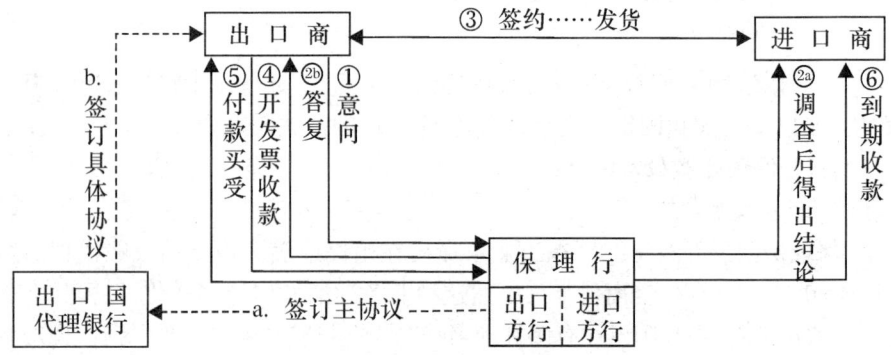

说明：

① 凡拟采用保理方式收取销货账款的出口商，在每笔具体交易前先向进口方所在国的保理行表示意向，签订协议。

② 保理行对进口商进行资信调查，如果调查合格，即向出口商表示愿意买受这笔账款。如认为资信不好不愿买受，就可能表示只愿承做代办收账，但可先给融资。

③ 出口商接获答复后，与进口商签订交易合同，并办理发货等业务手续。

④ 出口商发货后开出发票等账单，在发票上写明"授权保理行收取账款"，向保理行买断应收账款的债权。

⑤ 保理行立即将账款付给出口商。由于西方国家一般赊销都是远期债权，故此时保理行即按类似票据贴现方式扣除利息及保理手续费后付现给出口商，而且不再有追索权，即承担了坏账风险。如果当初保理行只同意代办收账，则此时保理行也可用融资方式贷给款项（一般只贷付80%），而持有追索权，即不承担坏账风险。

⑥ 到放账期届满（例60天收款），由保理行向进口商收取全额账款，赚取差额。如果当初是代办账款，则此时方将现款付给出口商或收回贷款。

西方国家保理行对于转型经济国家的保理业务，往往通过出口商所在国的银行作中介代理人，签订一个主协议。遇有出口商要做保理业务时，就与中介银行接触签订具体协议，再由中介银行按上述程序与保理行进行具体业务工作。（图表12-5中a、b）

此外，国际保理有单保理与双保理两种模式。前者没有出口国保理商，只有进口国的保理商，连同进、出口商共有三个当事人，进行业务不方便。目前国际保理都采用双保理模式，增加一个出口国的保理商，两国保理商签订协议共同经营业务。

1-5-4 采用保理的原因

外国保理商与我国中国银行签订了一些协议。北京、上海等地中国银行已着手做这种业务。保理账款是指账款保理行以无追索权的方式买受卖方对进口商的应收账款，出口方选用保理要让出×%的折扣以换取保理公司的买断。保理行收取的手续费一般为销售账款的1%～2%（例如美国保理行收1%，英国则收1%～2%），利息则按LIBOR另加1%～2%。

保理费用由出口商负担。那么，出口商支付这样大的费用来采用保理方式的理由何在？在西方国家认为如果企业外销规模小，在地理分布上很为分散，企业自己维持一个收账的专责部门是不上算的。此外，尽管成本很高，但根据风险多元化分散(Risk Portfolio,即成组风险)的理论,客户越多,总风险越小,所要求的风险补偿率就越低。从这一点讲,保理商始终比出口商的地位有利。这是出口商主动采用保理方式的考虑。但更主要的原因却是被动的。因为近年来国际市场上竞争激烈,某些产品具有买方市场的倾向。进口商往往不愿意开立 L/C,因要交保证金,手续也繁(原西欧共同市场各国间几乎不开 L/C),而只能用 D/P、D/A 或赊销方式。那时,出口商有被进口商拿了货不付钱的风险。如做了保理,风险即转嫁掉了。有时,对方迫使出口商做赊销(可以迟付款),出口方如不同意,进口方即转向别的国家或别的供货商,出口商权衡起来,有时还是保理可以早得资金,较为有利。

保理公司的优势在于它拥有一个进口商资金信用状况的数据库的全球联网(各国保理公司可共同享用)。

1-5-5 保理的成本得失

保理也许是一个代价高昂的筹资方法,因此应该做一次成本得失的分析。

保理公司向出口商提供两类服务:① 提供资金;② 提供包括坏账"保险"等一系列服务,所以它们要向出口商收取两种费用。其构成如下:

1. 承购手续费(Commission of Factoring)。即保理公司对出口商提供服务而索取的酬金,其中包括:

(1) 由于保理公司无追索权,为出口商承担了坏账风险,要收取"保险"的补偿。

(2) 保理公司提出的、向进口商提供赊销额度的建议是周密调研的结果,对提供此项服务,出口商要给予报酬。

(3) 给予信贷风险的评估工作,要维持一个数据库,要求一定的报酬。

(4) 支付保存进出口商间的交易磋商记录与会计处理而产生的费用。

保理行所收手续费与每年周转总额、每笔发票额的大小、销货的条件、可信任程度、汇率风险等有关。根据买卖单据的数量多少一般每月清算一次。手续费一般为销售账款的 1%～2%。考虑到国外一般企业的坏账备抵率常在 1% 以上,总要用某种形式包括进去。

2. 利息。保理公司从收买单据向出口商付出现金到票据到期从海外收到货款,这一时期的利息完全由出口商承担。利率根据预支金额的大小,参照当时市场利率水平而定,通常比 LIBOR 高 1% 以上。

出口商如利用保理形式出卖商品,均将上述费用转移到出口货价中,其货价当然高于以现汇出卖的商品价。

【例】 设某美商将每月赊销额 USD1 000 000 委做保理,平均到期天数为

60天，银行大客户优惠利率为9.5％，风险附加率为2.5％；为预防其中发生销货退回，故暂时估扣6％购买款，待过了退货限期后再付给；手续费为1％；则保理成本和最大预支的款项可计算如下：

委做保理的应收账款面额	USD 1 000 000
减：手续费（1％）	(10 000)
保留款（6％）	(60 000)
利息：	
[(9.5％＋2.5％)÷360×60×(1 000 000－70 000)]	(18 600)
最大预支额	USD 911 400

$$\text{折合年率}=\frac{18\,600+10\,000}{911\,400}\times\frac{360}{60}\times100\%=0.03138\times6\times100\%=18.83\%$$

如果出口方不急于用钱，则可采用到期保理，就没有利息负担了。

显然，暂留款在这里起着很大的影响，如能降低扣留率，折合年率就不会这样高。但在决策中应该考虑到节省了保持赊账管理部门、记账等开支，其次还应考虑坏账准备的节省。

1-5-6　会计记录

保理账款业务在我国刚刚起步，2003年财政部曾下达《关于企业与银行等金融机构之间从事应收债权融资等有关业务会计处理的暂行规定》，其后吸收入2004年的《小企业会计制度》中。及至新《企业会计准则第23号——金融资产转移》，因涉及面较广，未有针对保理的说明。现只将上两文件中有关出售及质押两种分录的大意介绍于下。

（1）买断时——无追索权，风险由保理机构承担。

借：银行存款等	（按实际收到的款项）
其他应收款——保理保留款	（按协议中预计发生的销售退回及折让额）
坏账准备	（按售出的应收债权已提取的坏账准备额）
财务费用	（按支付的手续费）
营业外支出	（如出售净结果为亏损的借方差额）
贷：应收账款等	（按售出应收债权的账面余额）
营业外收入	（如出售净结果为盈利的贷方差额）

（2）质押时——或是保理公司买而不断，有追索权；或是一开始协议要"回购"，实质上为担保借款。

借：银行存款　　　　　　　　（按实际收到的款项）
　　　　财务费用　　　　　　　　（按实际支付的手续费）
　　贷：短期借款等　　　　　　　（按保理公司贷款本金）

　　国外借贷实践，即使是银行的信用借款，也要开给一张远期本票，而不是单纯地挂账（我国目前在商业银行中也已有开始仿效这种做法的）。此时上列贷方科目即应改用"应付票据"。

1-6　进口押汇（Advance Against Inward Documentary Bills，简称为 AB）

　　进口押汇是开证申请人不能及时对开证行付款赎单时，开证行所作的垫付款（参看第六章 4-4 信用证流程图中第 13 步）。在西方，进口商申请银行开证时只付小部分保证金，当单证到达开证行时，开证行审单相符后已对外支付全部货款。此时如进口商无款赎单甚或较长时间无款赎单，那就占用了银行的资金，转化成了贷款。由于这时银行手中掌握着货单，因此这笔垫款也是以货物的物权作为抵押的，这就成为"进口押汇"。

　　开证申请人要承担进口押汇的利息。其本金应按扣除开证时交付的保证金后的差额计算，起息日应为开证行垫付日，利率与出口押汇的情况相同。

　　当开证行对外垫付时，企业已经成立负债，故应及时确认。开证行在接到国外付款或议付银行寄来报单（借项通知单）及全套单证时要先作审单然后缮打进口单证到达通知单（Import Documents Arrival Notice），送达进口方，除其中一联供进口方签章后退还银行以领取单证外，进口方即应据以作成"借：××采购，贷：银行短期贷款"的分录。至还清押汇款时，再作还贷付息分录。这样可使进口押汇的负债及时在报表上有所反映。因为押汇款的拖欠常会跨越会计报告期。

1-7　信托收据（Trust Receipt，简称为 T/R）借贷

　　前已述及，四种信用证方式下，银行对进口方交出提单的条件都是付款交单。即使是承兑信用证，开证行虽然对外是见提单就承兑，但对开证申请人却非收到钱不放单，而不肯像 D/A 那样操作。因为放单后银行手头便没有有效控制手段，收贷有风险。

　　在美、英等一些国家有一种开立信托收据借贷的实践，银行可多一道法律保障。

　　但是事实上信托收据在世界上并不是普遍使用的，通常只在受美、英两国影响的某些国家和地区（例如我国香港、台湾地区）采用。在美国《统一商法典》中规定了"担保利益"的概念，其中包含了信托收据。在我国大陆在《担保法》中还没有相似的内容；在欧洲和世界其他部分，很少应用信托收据。所以

第十二章 外贸融资会计

连美国的贸易财务专书也不怂恿出口方去授权使用而主张让当地银行自行判断可否采用。授权人必须看到这将承担某种风险,因为这种做法的安全性在很大程度上要依赖于对受托人的高尚品质的信任。不过近年在我国内地的银行业务中已开始出现信托收据。

现举一英国某大银行采用的文本大意作为参考资料如下。

参考资料:

××公司:

本行将现存于我行作为垫款担保品的下列货物按下列条款(选用其中一种或多种)转交给你公司。你公司作为本行的受托人负责保持物权凭证及其货物,以及其出售后的得款。

条款(1)……你公司承担提货后以本行名义存入公共仓库并将仓单交给本行;同时……投保保险……的责任;

(2)……在运出货物委托代销或加工以求最终销售时,你公司承担将代销得款交给本行的责任;

(3)……在你公司将上述货物向买方交货时,负责将销售得款在 15 天内全额(不减除任何费用)付给本行……

本行授权你公司代本行提货并作为受托人保管和售卖这些货物。本行要求将一切销售得款立即付给本行……

……

××银行

紧接上列文本,由原进口方申明并签署如下:

"我公司承认已收到你行上述货物的有关单证并将按上列条款执行。

××公司"

在美国银行则采用由原进口方主动向银行提出承认受托人地位及义务的文本。

会计问题:信托收据借货应否入账?一种意见认为在进口方可不作会计分录而只作为资产负债表外项目处理,即与受托加工物资相似。因为按照国际上有关存货的会计准则,通例要以所有权转移作为确认界限;至于货物销出则作为委托代销处理。但是就"实质胜于形式"的会计概念来看,仍应按正常进口处理,因为信托收据设定的实质只是质权(一种债务担保利益),而不是所有权。从而税务、费用……均属自营范围,只是最后要加上进口押汇的还贷记录而已。

第二节 外贸中长期融资会计

外贸中的中长期融资多用于成套设备的进出口及工程项目的国际承包或外方带资(附带提供贷款)来国内承建等跨越多年的大型外贸。近年来由于我国科技水平的不断提高,成套大型设备出口比重日益上升,2014年末国务院更决定了要拓宽融资渠道以帮助"走出去"。例如,高铁出口等都可以获得金融支持。这些都将使中长期融资的比重大大增加。常用的资金渠道有:

(1) 出口信贷、政府贷款及国际金融组织贷款。
(2) 国际商业银行贷款(包括欧洲货币贷款)。
(3) 国际融资租赁。
(4) 补偿贸易。
(5) 包买票据(福费廷)。
(6) 发行国际债券。
(7) 项目贷款、BOT[①]等新型

本节将简述前5种;发行长期债券已见一般《财务会计》教材;至于项目贷款及BOT等在我国开展还不多,限于篇幅,不再述及。

2-1 出口信贷、政府贷款及国际金融组织贷款

本节合并叙述官方的一些融资渠道。

2-1-1 "三贷"

机械设备在国际市场上争夺销路的竞争日趋激烈。这就推动各出口国的政府和银行竞相采用各种措施来帮助本国企业争夺市场,排挤对手,同时借以改善本国的国际收支平衡情况。

"三贷",即外国出口信贷、政府贷款与混合贷款的总称。我国很多企业的大小设备进口是通过政府对外经贸机构、财政部门、中国银行、建设银行、交通银行、对外经济贸易信托投资公司等单位取得了国外"三贷"的。而且即使是乡镇集体企业中二三十万美元的小项目,也有通过外贸部门而借得政府贷款的。

所谓出口信贷(Export Credit)是出口国的商业银行或国家的进出口银行——如日本的"输出入银行"(简称输银)、美国的"进出口银行"(Exim

---

① 项目贷款是指利用外资建成项目后由项目本身资产担保还贷,原贷款人不负偿债责任的形式。BOT是"Build Operate Transfer"的缩写,即"建设—经营—移交"之意。这是政府把公益性项目的开发和经营权在××××年内暂时交给国外私营企业,利用其资金建设电力、交通等基础设施,并经营至到期后交还所在国的一种形式。

Bank)、德国的出口财务公司(AKA)等——为了协助本国机械设备制造商出口而发放的中长期信贷。

出口信贷随着直接贷放对象的不同而有不同的名称,如图表12-6所示。

图表12-6

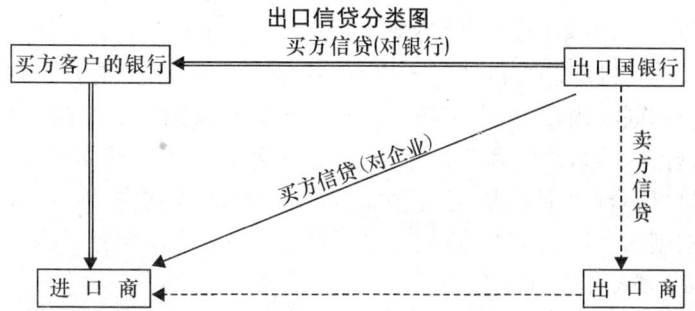

(1) 卖方信贷(Supplier's Credit)。出口商为了多推销产品,在买方缺乏资金时多采取赊销办法,一般在签约后买方只支付15%的现汇定金(Down Payment),其余连同延期利息分期付款。卖方为了再生产,即向出口国商业银行借出口信贷,待今后从买方的分期付款得款中归还银行。由于出口国银行的直接贷款对象是卖方(出口商),故称卖方信贷。

(2) 买方信贷(Buyer's Credit)(对企业)。出口国银行直接贷款给进口企业,一般也只贷给货款的85%(由买方自行在签约后付出15%的现汇定金),供买方对出口商按现汇支付价格偿付设备价款。最后由买方按贷款合同向出口国银行分期还款。

(3) 买方信贷(对银行)。出口国银行不直接贷款给进口企业而贷给买方的往来银行,由买方银行贷款给买方向出口商以现汇条件偿付设备价款。买方银行根据贷款协议分期向出口国银行还款。而买方则向买方银行按协议归还欠款。

以上各类出口信贷中,买方信贷的使用较卖方信贷为广泛。在买方信贷中,则以贷给买方银行的为多。我国的中国银行、建设银行等专业银行以及交通银行、中信银行等商业银行及某些投资信托公司都与国外很多银行签订了买方信贷协议。拟使用的企业可以向有关银行申请。

政府贷款,是指一国政府用财政资金向另一国政府提供的优惠贷款,往往带有政治目的。通常要列入贷款国政府的财政预算并经过立法机构通过。国际惯例认为政府优惠贷款必须含有25%以上的赠与成分[①],即具有经济援

[①] "赠与成分"(Grant Element)并不完全从字面理解,在国际融资实践中,凡利率小于市场利率的贷款,都被认为包含债权人对债务人的赠与。

助性质。通常利率低(约为 1%～3%，如西班牙政府贷款中最低为 0.55%)而期限长(约为 20～30 年,其中还含 10 年左右的宽限期)。但实际上,贷出国一般都附有贷款必须用以购买贷出国的机器设备等资本性货物的条件。因此,政府贷款的实质并不是施舍或"援助",而带有促进本国出口贸易的经营性的目的。

为了在出口竞争中取得优势地位,曾经发生过出口信贷的低利率竞争及"君子协定"。各国政府对付"君子协定"的另一个对策是"混合贷款",即在出口信贷之外,同时由出口国政府给予进口国政府以无息或低息的政府贷款。这样两者合在一起,总的利率即可扯低,这是两位一体的整体性安排,但却没有违背出口信贷的"君子协定"。少的可以是政府贷款占 15%,出口信贷占85%,多的则两者可达 1∶1 的程度。

2-1-2 国际金融组织贷款

国际金融组织,是指由许多国家为了达到某项共同目的而共同兴办的在国际上进行金融活动的机构,有全球性的,也有地区性的。其贷款有如:

(一) 世界银行系统的贷款

世界银行是联合国下三个专业化机构的集合名称:

1. 国际复兴开发银行(IBRD),即世界银行　IBRD 只对会员国中低收入国家的政府发放贷款,或对政府批准和政府保证的项目发放贷款。一般对人均国民生产总值超过 1 895 美元的国家,即不予贷款。这类贷款的主要部分,用于特定的大型基础工程项目。例如,道路、港口、学校、医院及农业等。为期 7～30 年,利率为 7.9%,近年已渐有工业企业技术改造项目的贷款,一般限于对国民经济有重大影响的项目,须经过该行评估团评估,董事会批准。项目执行中途要进行监督和技术指导,结束后还要作总结性评价。

2. 国际开发协会(IDA)　其资本来自成员国的认缴款及 IBRD 自己积累的利润。它对政府或政府担保的项目,提供长至 50 年之多的贷款。贷款对最贫穷的发展中国家发放,用于公共工程及农业、文教建设。一般对人均国民生产总值超过 805 美元的国家,即不再贷放(实际上只对 410 美元以下的国家贷放)。在归还前可有一个宽限期(最长可到 10 年),且不收利息,只收手续费与承担费,还可用本国通货还款。这类贷款,对工业企业的关系不大。

3. 国际金融公司(IFC)　主要是对发展中国家会员国的私人企业发展项目提供补充财源。此外,IFC 还对某些国家的国营开发金融机构起持股作用,不需政府担保,期限为 7～15 年,贷款利率视风险及预期收益而定,一般略高于世界银行贷款利率。这一类贷款,就可能与工业企业有关。除贷款外,还可对私人企业投资入股。

第十二章 外贸融资会计

(二)地区性的国际金融组织贷款

包括亚洲开发银行(Asia Development Bank,简称 ADB)、欧洲投资银行(简称 EIB)、美洲开发银行(简称 IADB)、非洲开发基金组织(简称 AFDA)及阿拉伯经济社会开发基金组织(简称 AFESD)等。这些区域性的发展银行都是为了帮助改善经济落后区域,为它们提供巨大财源而创立的,这些银行提供贷款资金,用于那些私人投资不能完全取得经济效益的基础性设施项目,也包括有重大作用的工矿等项目,多数为 5~15 年归还的中长期贷款并有优惠利率。其中与我国有关的是亚洲开发银行。亚洲开发银行是联合国前亚洲及远东经济委员会在 1965 年 3 月决议创立的,1966 年年末将总部设在菲律宾马尼拉。亚洲开发银行成员国家和地区共有 47 个,其中亚洲内的有中国、中国台北、日本、韩国、中国香港等 32 个国家和地区;还包括 15 个亚洲区域外的成员国,计有:美、英、法、前西德、意、比、奥、荷、瑞士、瑞典、丹麦、西班牙、挪威、芬兰和加拿大。

亚洲开发银行自 1987 年起就已开始向我国企业贷款。此外还通过地方信托投资公司办理转贷业务。亚洲开发银行办理贷款业务的做法与世界银行颇为相似。也分硬、软两种:硬贷款实行浮动利率,为期 10~30 年;软贷款不收利息,仅收取 1‰的手续费,期限 40 年。

2-1-3 国际上银行中长期贷款会计的特点

国内一般银行贷款的传统实践,多为到期日一次还本付息,其会计处理比较单纯,与国际通行贷款实践有较大的差别。业务实践不同,会计处理的内容自亦不同。这里考虑到 WTO 后外资银行更多地进入我国,以及我国商业银行业务也将日益向国际通例靠拢,并考虑到国际中长期贷款与外贸企业关系较为密切(例如进口设备的买方信贷等),事实上我国某些银行已经吸取了这种做法,因此,重点述说一下这方面当今国际贷款实践与会计处理的特点。

(一)贷款提款期和还款期的国际惯例

通常一笔中长期贷款在贷款提用、归还等方面与我国传统做法有较大的不同,在贷款契约内要商定提款期、宽限期及还款期。

1. 提款期:指一笔贷款自签约日起可以陆续提用,到达用完约定贷款总额的期间,如 10 年期的贷款,可能有一两年的提款期。

2. 还款期及宽限期:国际上中长期贷款的还本较多采用分次等额偿还的方式。通常在贷款契约中要约定一个在贷款期初只付利息不还本金的期间,称为宽限期(Grace Period)。过此期后即要逐年分期归还一部分(通常为每半年一次),而不是如国内贷款那样到期满才一次还本。在 10 年总贷款期中宽限期可达两三年。

(二)中长期贷款利息的国际惯例

通常有四个特点:

1. 都按复利计算。通常为每半年复利一次。在宽限期中利息可以资本化,即滚入本金。

2. 多为浮动利率。通常以伦敦银行同业拆放利率,即LIBOR为基准,加上借贷双方议定的利差作为附加利率(如0.5%)。多按6个月一次定期调整。

3. 除利息外还有如下几种费用:

(1)承担费(Commitment Fee)——按照用款期开始后未提款部分计算。一般从贷款契约签约日起几个月后开始计收。在用款期内除已用部分付息外,对未用款部分即要支付承担费。承担费率通常在0.125%~0.25%之间。

(2)代理行费(Agency Fee)——在组成银团共同贷款时,日常用款的调集、拨付、归还等等事务由专门指定的代理行承办,有的按贷款总金额一次性支付,有的按每年规定费率支付。其标准视事务繁简而异,约在千分之几以内。

(3)管理费或经理费(Management Fee)——付给贷款行,如为银团贷款则付给组织银团的牵头行。一般为一次性支付0.25%~1%。

(4)杂费(Out of Pocket Expenses)——指贷款过程中发生的律师费、差旅费、电讯费等。按牵头行提出的账单支付。

以上提款、还款、宽限期及费用、利息的关系,可综合如图表12-7所示(以10年贷款期为例)。

图表12-7

中长期贷款的期限及费用示意图

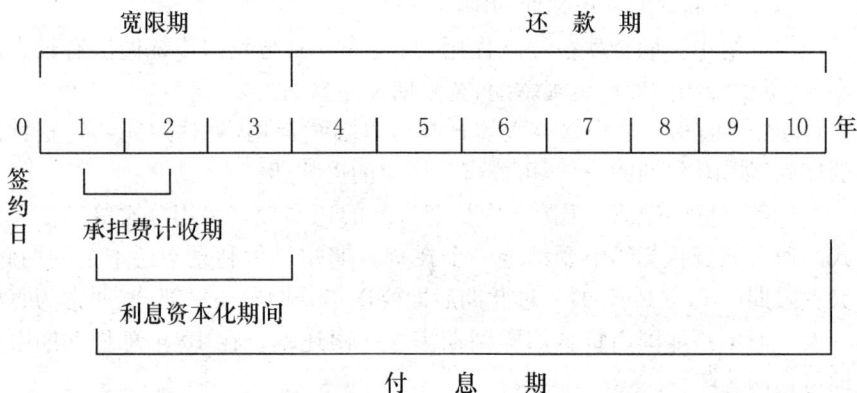

第十二章 外贸融资会计

4. 担保及抵押。国际上的银行贷款通行信用担保与抵押担保的方式,以保障收回贷款的安全性。我国也已在1995年5月公布了《担保法》。

(三) 会计分录

在我国以往都认为长期借款总是固定资产借款。但在国际上长期借款未必全是固定资产借款,只是与银行间约定还款的时间超过1年,也会有可能部分用于流动资产的。接轨后,我国当然也要适用国际通行观点。

银行中长期贷款共涉及借入、付息及归还三个方面的分录。

1. 借入各种长期贷款的分录:

借:银行存款
　　(或)在建工程——××工程
　　　　　　　　——工程物资
　贷:长期借款

国内银行的贷款多是转入存款户备用的,但在国际金融组织贷款方面则不同。世界银行、亚洲开发银行都订有《贷款项目采购指南》、《支付手册》、《贷款项目财务报告及审计指南》一类专用办法,不仅对贷款项目有独立会计主体的要求,还有一套专用的会计分录。其中支付方式将影响上项分录的做法。世界银行、亚洲开发银行都规定不是把贷款金额一次划转给借款单位而是:

(1) 作为一笔承诺金额,随着项目工程建设进度逐笔由借款单位申请提款,由世界银行、亚洲开发银行审核后直接支付给供应商或承包商,直至工程结束;在"三贷"项目的转贷款,也有运用凭供应商单据再向银行申请提款的情况。

(2) 贷款单位先垫付后凭单据向银行要求偿还。

(3) 银行预拨一笔备用周转金备付。

因此,如在上述(1)提款方式之下,分录中在借项即要用"在建工程"、"固定资产"等科目。凡建筑安装等工程款入"在建工程——××工程"、购入工程用料或需安装的设备借记"工程物资"科目;不需安装的设备则可径行借记"固定资产"科目。只在(2)、(3)方式下才会先后通过"银行存款"。

2. 长期贷款利息的分录:

长期借款的利息,应按照权责发生制的原则按期预提入账,先贷记"长期借款"(宜设利息子目),待到半年实际付息日再行转账。即使在长期工程不需按月预提而半年一次入账时,也宜先通过"长期借款"科目,以便集中反映有关借款的本利总额及还本付息总的情况。

由于利息负担的情况不同,分述如下:

（1）在固定资产尚未交付使用或达到可使用状态之前的建设期利息,应计入固定资产的购建成本：

借：在建工程（或固定资产）
　贷：长期借款

（2）在固定资产已经办完竣工决算后,在还款期内支付的利息,则由支付当期的损益负担：

借：财务费用——利息支出
　贷：长期借款

（3）如果长期借款并未用于购建固定资产,其利息作分录：

借：财务费用——利息支出
　贷：长期借款

如果一笔贷款混合使用于建设工程和生产经营,则按使用比率分析后分别处理。

（4）如为筹建期开始借入,用于开办费等的利息作分录：

借：递延资产
　贷：长期借款

（5）清算期的利息作分录：

借：清算损益
　贷：长期借款

3. 归还长期借款的分录：

借：长期借款
　贷：银行存款

（四）关于抵押借款入账问题的讨论

如果所借的是抵押借款,按照会计原理,应单独记录,但在现行会计制度中并未分设专门账户,故只能在二级账户中进行区分。考虑到国际通行法例中,在破产时有抵押品的债权都可用抵押品变价优先受到清偿(一般要早于清理费用及欠税、欠工资款,我国《破产法》也有类似规定),一般债权将不能得到已抵押资产的保障。因此,在资产负债表上应该与一般银行借款分别列示。从而为便于编表,最好能单独设立二级账户。

同理,作为抵押品的资产也应相应单列。可供抵押用的资产的面较广,厂房设备、原材料、有价证券等等均可用作担保、抵押品,在涉外融资中较国内更为普遍。在很多国际贷款中列有"项目的全部资产作为抵押"条款,同一项资产不能两次作为第一抵押品,作为一种健全的会计实践,应该加以区分。为求与国际上的会计准则充分接轨,我国2006年准则对此已规定列为附注(16)。

2-2 外国商业银行贷款

以上所述出口信贷、政府混合贷款、国际金融组织贷款等三种贷款,都与一定的目的(例如商品出口、工程项目招标等)相联系。另有一种不指定用途的贷款,可由借款人自由运用,不受任何限制,故也称为自由外汇贷款。这种贷款由国际金融市场上的外国商业银行提供。由于这种贷款是外国商业银行吸收存款后贷放的,没有利息补贴来源,其贷款利率完全按国际金融市场上的供求关系决定,比前三种贷款都高,商业银行纯粹是把它当作金融买卖,借以谋求赚取利差。但在相应的借取方面,则比较方便。虽然总的说来,贷款条件不如前述三种贷款的条件优越,可是因前三种贷款供量有限,获取贷款的难度也高,发展中国家需要的资金量大,有时也不得不借入商业银行贷款。

外国商业银行的贷款方式,目前在国际上有银团贷款、联合贷款和单独(或双边)贷款等三种。

所谓银团贷款(或译辛迪加贷款,Consortium Loan 或 Syndicated Loan),是指由一国的某家银行牵头由各国的许多银行参加组成国际融资的银团,向借款国的政府、银行、企业或某项工程项目提供的大额长期贷款。近年来,银团贷款已占国际长期贷款总额的70%左右。其所以要组成银团,一是因贷款总额巨大,一家银行不能胜任;再一是因一家银行单独贷出长期巨款,风险太大。贷款期限一般为7～8年,长的可达12～15年。利率可以固定,但一般为浮动利率,期限越长,利率越高,均以LIBOR为基础外加一定利差。通常不要担保品,但要求提供保证人。除利息外,借款人还要负担牵头银行的管理费、银行代理费、杂费和承担费等开支,故银团贷款的成本一般高于双边贷款。单独一个银行的贷款的成本较低,只有利率及承担费两项。

我国自1983年起出现银团贷款,目前已有很多借入的实例,如我国的30万吨乙烯工程中,即借有11国和22国的银团贷款。

我国除了上述两种形式外,也已新出现了外资银行与我国银行联合向我们国有企业直接贷款的少数例子,双方共同协商,共同出资,利益共享,风险共担。

由于目前国际金融市场中以欧洲货币市场的实力为最强,以下对欧洲货币市场作一介绍。

欧洲货币 所谓欧洲货币是指在发行国本国以外流通(存储、贷放、买卖、发行债券……)的货币存款,例如欧洲美元(Eurodollars)是指在美国国界以外各银行获取的美元存款;欧洲英镑(Eurosterling)则指在英国国界以外的各国银行中的英镑存款,还可以有欧洲日元……又称离岸货币(Offshore Currencies),但都不指在国外的纸币、铸币。目前已扩大为亚洲美元等形态,从而欧洲货币并不是欧元(Euro)。

首先,在19世纪50年代,东欧国家拥有相当数量存储在纽约银行中的美元余额。东欧各国政府怕它被美国政府封锁冻结,决定将其转存到欧洲银行中。其次,美国银行立法禁止对活期存款支付利息;而且定期存款的利率也极低,从而转存欧洲可以获得较多利息收入。

可是其后欧洲货币的发展是因为:

(1) 资金来源可利用程度高——欧洲货币的来源大得惊人,主要来自中东的石油美元和很多国际组织。在这一资金市场上几乎从来没有头寸紧张的时候。尽管国际货币市场上发生危机,欧洲美元总可供应。

(2) 容易借取——欧洲货币脱离了任何国家的金融监管,大借款人经常发现只要一个电话即可取得离岸资金,借款的文件手续要求极少。

(3) 费用便宜——因为少监管,银行收费即低。

(4) 适应范围广——可以从隔夜拆借到15~20年。年内任何时候都能借,而且还可不断滚转延期。

为避免利率风险,长期借款都用浮动利率制,即以 LIBOR 为基础每3~6个月调整一次,另加商定的一个利差(例如0.5%~1%或更多)。

目前欧洲货币债券的总量已超过欧洲货币的贷款量。

商业银行贷款的会计处理和前述相同,没有特点。

2-3 国际融资租赁

2-3-1 业务概述

国际融资租赁(Financial Lease)是企业取得中长期资金的新渠道之一。

所谓租赁是承租人以向固定资产的所有人(出租人)支付租金为代价,取得固定资产使用权的一种合同行为。在西方实践中租赁可分为营业租赁(Operating Lease)和融资租赁两种。前者只是单纯地短时间租用固定资产,不涉及所有权转移问题,是所谓"经营性租赁"。而后者则实质上伴随着所有权的转移等条件,故称为"资本性租赁"。本节所要讨论的是后者,即融资租赁。

融资租赁的一般工作程序可示意(图表12-8)如下:

图表12-8

融资租赁工作流程

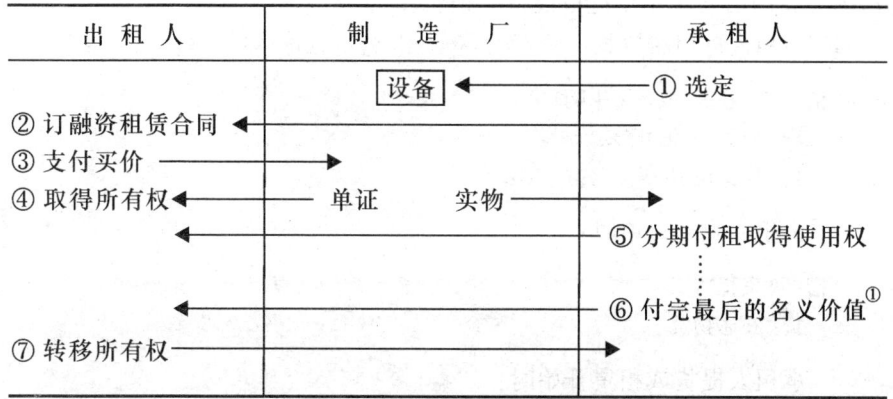

如图表12-8,企业在选定设备型号、厂商后,去找一家专业的融资租赁公司,请它拿出资金去购买这套设备,再以收取租金的方式租给企业使用。但是融资租赁公司并不是经营出租业务的,问题的关键在于它在计收的租金中,已把设备的原价及利息和手续费计算在内,并按较短的年份摊收租金,故每次为数较大。

融资租赁的租金计算可示意如下:

$$每次租金=\frac{设备价格+利息+手续费}{支付租金的次数}$$

由此可知,融资租赁的实质是分期付款购入资产,即由出租人垫款代购,承租人分期偿还,故也是一种中长期融资,只是以"融物"的形式,实现"融资"的实质。但在付清末一次租金及账面名义价值前,承租人对资产在法律上没有所有权。出租公司实质上是垫款代购固定资产,依靠承租人所付租金偿还上述垫款。

我国财政部对融资租赁基本上采取美国会计规范,按照实质胜于形式原则,规定融资租入固定资产在租赁期内应视同企业自有的固定资产进行管理,

---

① 指象征性地在账上保留一个金额,以免账户被注销。

在固定资产科目下专设"融资租入固定资产"子目进行记录。

2-3-2 融资租赁的会计分录

租赁会计在我国一般划归《财务会计》学科,这里只简述其大意。

2006年准则"第21号——租赁"引进了国际上的公认会计原则,融资租赁改按公允价值为计量基础。融资租赁会计和外贸会计有关的,多为出租人一方,因为我国当前多用于进口设备的租赁。

1. 出租人进口融资租赁资产时,按一般进口程序入账:

借:在途物资(或××采购)
  贷:应付(外汇)账款
    应交税费——×××

2. 出租人收到提单时:

借:融资租赁资产
  贷:在途物资

3. 承租人提货或租赁开始时:

借:长期应收款——融资租赁   (按未来可收租金总额,不折现)
  贷:融资租赁资产   (按现值)
    未实现融资收益   (上两项之差)

其中借项是各期原值相加(相当于终值),而贷记的融资租赁资产则是现值,故两者之差实质上相当于利息,故要分期摊转。

承租方分录:

1. 融资租赁开始时:

借:固定资产——融资租入固定资产
  未确认融资费用
  贷:长期应付款——应付融资租赁款

各借贷项的计量为:

租赁资产:按"最低租赁付款"(一般指各期租金及租后余值)的现值与该项资产的公允价值孰低入账。

长期应付款:按"最低租赁付款"(终值)入账。

未确认融资费用:上述两者的差额,其实质即是利息费用,要在租赁期内分摊。

如果融资租入固定资产需要经过安装,应先通过"在建工程"科目,待安装完成后再转入固定资产。承租人在租赁谈判和签约过程中,如发生有可归属于租赁项目的手续费、律师费、差旅费、印花税等初始直接费用,应当计入租入资产价值。

2. 期内支付租金：

借：长期应付款——应付融资租赁款
　　贷：银行存款

3. 分摊未确认融资费用——按实际利率法：

借：财务费用——利息支出
　　贷：未确认融资费用

4. 交付使用后提取折旧时：

借：制造费用
　　贷：累计折旧——融资租入固定资产折旧

5. 租赁合同期满转移所有权时,最后付给出租单位名义价值后：

借：固定资产——××资产
　　贷：固定资产——融资租入固定资产
借：累计折旧——融资租入固定资产折旧
　　贷：累计折旧

2-4　补偿贸易

2-4-1　业务及财务概念

补偿贸易在我国习惯上和来料加工、来件装配、来样仿制合称为"三来一补"的贸易形式。多数是外商来料加工时,觉得我方设备落后,缺乏竞争力,短期内我方企业又无更新资金来源的一种补救措施。它是外国企业向我方提供(赊卖)设备、必要的原材料、技术(包括专利、各种服务、培训人员等)作为贷款,待工程项目建成投产后,用生产的产品偿还贷款(称为产品返销)或用别的物资偿还贷款(称为互购或回购,即间接补偿)的一种业务。

通过补偿贸易方式引进设备的最大优点是：一可以不要整批资金头寸,二可以不支付现汇。补偿贸易不仅是进口贸易与出口贸易的结合,同时是融资和贸易的结合,而且还是国际融资,是利用国际中长期资金的一种形式。

补偿贸易融资有两个基本要素：一是外方以融物代替融资；二是外方以负责返销该设备所产产品的形式,以其部分价款逐步偿还设备款。不论是上述双边的或是多边的,例如设备供方不具备返销渠道而吸收有经营该种产品的能力的第三方参加而成的"三角补偿贸易"或因供方资金紧张而另再吸收银行参与出口信贷或商业贷款的四方补偿贸易,都具有上述两个基本要素。以下仅就此讨论其会计处理。

补偿贸易是我国鼓励开展的项目,历来在还贷方面有一些政策优惠措施。但是人们很容易从补偿贸易的名称出发,望文生义地认为可以用外销产品的全部销售收入抵还应付引进设备的账款。事实上,却只能以相当于利润的那一部分应收销货款抵还设备账款,所以补偿期间要比想象的长得多。如果将全部销售收入都用来抵还设备账款,那么连相当于补偿原料、动力、工资等等成本的那一部分销售收入也都用于还款了,企业将无法进行第二轮再生产。从不影响再生产看,补偿贸易的"还贷"资金来源只有利润和设备折旧两项。为此,应在可行性研究中作出相应的计算。

【例】

(1) 甲方提供二手设备的计价,按外方的折余价值进行讨价还价。全部单体分算汇总后净值为 80 万美元,经协商议定为 50 万美元。

在此基础上另加附属费用:

运输保险费:为 6%,共 3 万美元,外方负担;

利息:按经济合作与发展组织(OECD)出口信贷利率 8% 算,设按年金计算,每季复利,共计为 11.83 万美元(即以每季匀交加工品为背景);

佣金:设备部分为 1.5%,共 0.75 万美元,中方付;

进口代理费:为 3%,共 1.5 万美元,中方付。

中方付款与补偿无关。

中介单位按实收加工费收取佣金 2%。

(2) 来料加工按各作各价形式计算,成品每件加工费:

原料:按消耗率 6%,来料净价计算	$30.00/件
原料附属费用(运输、保险、利息、进口代理费等)	0.50/件
工缴(以历史成本为基础)	16.00/件
利润	13.50/件
议定结算价	$60.00/件

$$\frac{用利润补偿}{的产品量} = \frac{\$53 + \$11.83}{\$13.50 - 佣金\$0.60} = \frac{\$64.83}{\$12.90} = 50\ 225(件)$$

本例未用折旧参与补偿。事实上,此外还有头×年免所得税,来料可节省成本中的流动资金利息等因素,故还有缩短补偿期的潜力。

补偿贸易项目在生产环节要照章缴增值税。不过从 1985 年起我国财政部对出口实行退税制,补偿贸易项下的返销也属正常出口,可以享受退免税待遇(参看第六章中退免税的叙述),从而退税率的高低会影响转增成本的多少,间接影响毛利乃至影响还款的资金来源。

通常在补偿贸易的谈判中,常将利润加折旧的总和按产品价格折成产品实物量,以确定返销量中的补偿还账比例(如 1/4 用于还款)。因此,每批返销都是小部分抵账、大部分收汇。

2-4-2 补偿贸易的会计分录

补偿贸易的负债要在"长期应付款"下开设一个"应付引进设备款"的子目进行记录。

1. 引进设备时:

甲:将设备及附属工具、零配件的合同价格及国外运杂费按当时汇率折算为人民币入账:

借:在建工程、材料物资等
　　贷:长期应付款——应付引进设备款

乙:用人民币借款支付国内运杂费、安装费等:

借:在建工程、材料物资等
　　贷:银行存款、长期借款等

2. 交付生产验收使用时(包括货价及国内外费用全部价值):

借:固定资产
　　贷:在建工程

3. 分批返销归还设备款时:

借:应收账款(销售额)
　　贷:主营业务收入
借:长期应付款——应付引进设备款
　　贷:应收账款(相当于增加的利润部分)

2-4-3 补偿设备上的利息入账问题

按照国际上公认的会计原则,长期负债应按现值入账(短期负债因历时短,出入不大,故一般都同意按到期值入账,如应付账款、应付票据等)。因为多年后或多年内分期支付的赊欠货款的到期值(终值)中都包含一笔较大的隐含或明示的利息,如按此数入账,资产和负债双方的反映都不真实。

补偿贸易的设备作价中,事实上也含有外方垫款的利息因素,但现制并未规定按融资租赁中那样剔除利息计算固定资产的原价。例如,20×1年1月外商交来补偿贸易设备1 000万元,约定从20×2—20×6年中分年返销补偿。如果每年平均补偿200万元,共收回1 000万元,则外商显然净损失五年的利息,势必要将设备作价提高(或明白说明另行加收利息)。设国际市场当时利息为年利8%,则为简化计,按五年年金计算,P/A,8%,5的年金现值系数为3.9927≈4。为此,按资本回收类型计算:

$$\text{每年补偿额 A} = \frac{\text{原价}1\,000}{4} = 250(\text{万元})$$

即按名义上货币计算,设备作价为1 250万元(250×5)。如据此金额作成2-4-2中"甲"分录,显不合理。根据国际上的会计实践,应改分录如下:

借:在建工程、固定资产等	10 000 000
长期应付款折现差额	2 500 000
贷:长期应付款——应付引进设备款	12 500 000

负债的现值为1 000万元(1 250万元−折现差额250万元)。在资产负债表上表现为:

流动负债		××××	
长期应付款	1 250		
减:折现差额	250	1 000	
应付债券		×××	
……		……	
负债总额		××××	

随着时间的消逝,逐期将折现差额转为当期的利息费用。

以上还只是理论分析,是否吸收这种国际实践,要等待今后我国公布的具体准则来作规范。暂时可供实践参考。

2-5 包买票据(福费廷)

包买票据(Forfaiting),近年多采用音译称为"福费廷"。第二次世界大战后,进口商因无力支付那些建设期长而金额巨大的资本性货物(指设备之类),要寻找资金来源,在20世纪60年代中,西欧各国对东欧各国就开始采用了这种方式。近年来,德国、瑞士、英国,甚至美国等对中东与亚洲的发展中国家,也开始采用这种方式。

第十二章 外贸融资会计

我国在1996年由中国进出口银行首先开展了这一业务,随后中国银行、建设银行、工商银行、农业银行、交通银行,乃至光大、中信、民生及广东发展等一些地方性银行也都已经营这种业务,并日见盛行。

2-5-1 性质及效用——福费廷的核心意义在于应收票据的买断。在机器设备出口的中长期融资贸易中,进口商对货款要开出一张远期票据,出口商把这张票据向当地银行作无追索权的转让,即买断。所谓买断,不是贴现,不同处在于买断时银行对票据出售人(出口商)无追索权,也有人译为"买单信贷"。但实际则是票据的出售,出口商已将票据拒付的风险完全转嫁到买受的银行身上,要由银行自己去向汇票承兑人(或本票出票人即进口商)去索取票款,类似于应收账款的买受(保理,Factoring)。只是福费廷的贸易标的物多是大型设备、长期承包工程;保理则是一般货物。福费廷不同于信用证议付的"买单",买单有追索权,买而不断。也不同于本章1-4的远期汇票贴现。贴现多有追索权。

福费廷的优点有:

(1) 提前实现销售,可获取现金——在我国现行外汇管理中福费廷收款即等于销售货物收款。第一,要经由"出口收结汇联网核查",第二,可进行出口收汇核销,第三,可立即申请退税。

(2) 转嫁全部风险——远期收汇的汇率风险,利率风险、进口商的信用风险,进口国的政治风险等全部转嫁给了买断银行。

(3) 为进口方创造融资渠道,易于做成国际贸易。中长期项目实质上成为分期付款(通常分拆为半年支付一次的多张票据)。

2-5-2 标的资产——福费廷原来用于中长期票据的转让,用于1~5年的设备贸易融资,但近来已发展到180天(甚至1个月)以上的短期融资,而且金额也相应变小。

适用的范围可为:

(1) 远期信用证项下的银行承兑汇票或迟期付款信用证中已由开证行承付的;还有远期议付信用证。

(2) 银行保付(Par Aval)票据、银行保函及备用信用证。例如我国银行与泛美开发银行、亚洲及欧洲开发等银行均已订有合作协议,一般商业银行也作保付。

(3) D/A项下的商业汇票

(4) 进口商开出的以出口商为收款人的本票。

(5) 已投保出口信用保险的应收货款项下的票据。

2-5-3 业务流程——先列成示意图

图表 12-9

福费廷业务流程图

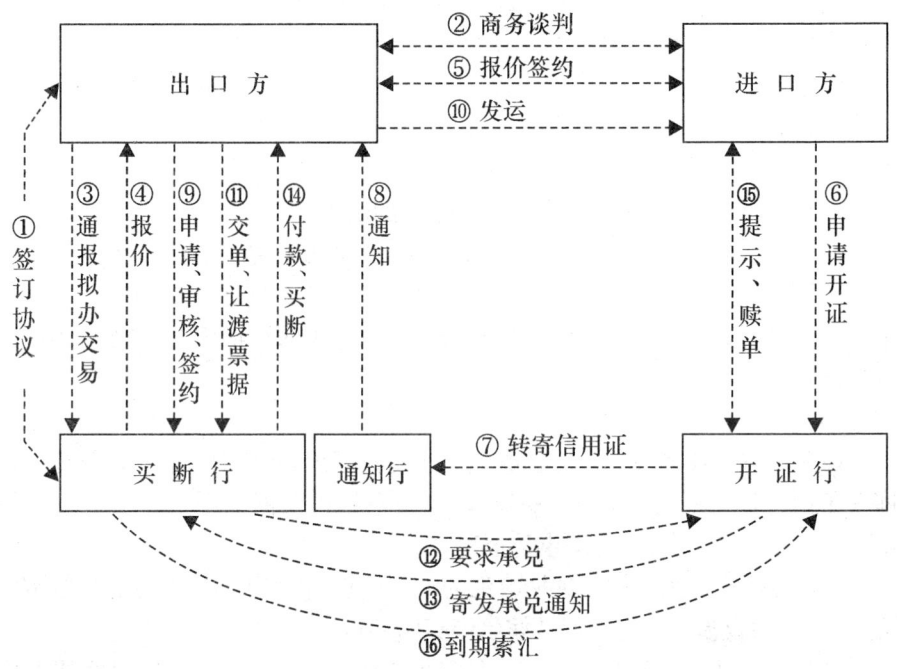

说明：

① 在具体进行福费廷业务前，先要和买断银行签订总的《福费廷业务协议》，以后再逐笔签订合同。但也可跳过此阶段。

②、③、④ 在与进口方具体商谈项目后，出口方将项目具体背景资料向买断行通报，由买断行针对国际金融市场利率、对方资金信用程度、提前支付期（俗称贴现期）长短、国家风险程度等等拟定收费报价（买断％）。通常出口方会向 2~3 家银行进行咨询，比较报价后选定。

⑤ 出口方据买断行报价拟定对进口方的商品报价。当银行远期收款下买断的利率等折扣率大时，出口方为求保住成本利润的现值计，倒求出的商品价格即会高，这与对方能否接受价格有关。经双方谈判妥当后签订贸易合同。

⑥、⑦、⑧ 进口方启动申请开发信用证以至转寄与通知的常规程序。

⑨、⑩ 出口方填列《福费廷业务申请书》，经银行审核后与银行签订《确认

书》。出口方开始发运货物,取得各种单证。

⑪ 出口方将全套单据,加附《债权让渡书》,并在票据背面加注"无追索权"的背书,转让给买断行。

⑫、⑬ 买断行将全套单证审单后转寄开证行要求承兑。开证行审单相符后,以电文发出"承兑通知书"。

⑭ 买断行接到开证行"承兑通知书",随即向出口方扣除"贴现"等相关多项费用后,支付买断款。福费廷即完成。以下买断行到期索汇即与出口方无关,因其后与上章所述远期信用证的操作相同,不再解释。

2-5-4 费用计算——先列出公式,然后展开解释

$$买断率=基本利率(LIBOR+本行利差)+风险附加率$$

$$买断费=票据金额\times 买断率\times 实际融资天数\div 360+承担费$$

上式中的买断利率以贴现率形式表示。贴现率包括基本利率和风险附加率。基本利率一般以伦敦银行同业拆放利率(即LIBOR)为基础,因为这还只是买断行的筹资(借入)利率,作为买断拆出利率,还应加上本行要求的利差(作为利润),通常这在0.44%上下。

风险附加率视情况而异,例如进口国及债务人的信用评估的等级低,风险就高。再如信用证汇票和D/A汇票即有差别。又如票据金额大,风险率即低。但因多属银行承兑、承付或保付,故风险也不大。通常也在0.××%~1%上下,即在100基点(bp)左右。

实际融资天数,通常为买断行付款日起的实际远期到期天数。但通常买断行为防到期日不能立即收到款,要外加一个拖延期,称为"多收期"(或宽限期 Grace day),通常只估3~5天,不超过7天。

利率在某些国家用365/360天制,即报出利率为360天标准,计息要按全年365天实算。例如半年将为182天及183天计息。

除了利率因素外,有时还有"承担费"、电讯费、手续费等开支。

包买行签约后,即承担了见票据承兑即对出口方付款的义务。但是出口方签约后不可能立即发货、交单。这中间会有一段时间包买行要对资金头寸有所准备,从而限制了他承做其他业务的资金能力,也承担了利率和汇率风险,为此而收取的补偿费称为承担费。承担期一般为6个月。

$$承担费=票据面额\times 承担费率\times 承诺天数/360$$

上项费率一般为0.5%~2%。承担期示意如下:

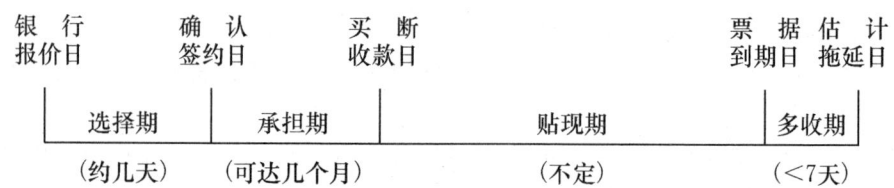

福费廷业务多为大型资本性货物,通常需使用固定间隔期的多张等值票据。例如,1 000万元总额,可开出半年1期,共10期,每张100万元的票据10张。从而使费用计算过于繁复。那时要用《财务管理》学科中有关"货币时间价值"计算法中的年金现值系数等来推算票面金额,终值大于现值才是利息。

2-5-5　会计分录——福费廷所适用的会计准则是第23号"金融工具的转让",该准则第7条"企业已将金融资产所有权上几乎所有的风险和报酬转移给转入方的,应当终止确认……"买断显然属于风险和报酬的完全转让,无须探讨。

福费廷的会计处理类似于前述保理,不同点只在于转让的标的物:前者是应收票据;后者是应收账款。因债权一成立就已转让,故无坏账准备的相关内容。现举一往年实例如下:

【例】　2008年1月2日,A企业收到南非某银行开出的120天的远期信用证,金额为100万美元,产品为汽车配件。该批配件于1月15日出运,A企业于1月22日向汇丰银行上海分行交单,当天中间汇率为7.1835。1月30日,汇丰银行收到南非开证行的承兑通知书,确认5月14日付款。1月31日,汇丰银行上海分行买断该票据,并付款。银行手续费1 380美元,中间汇率7.1853元。

福费廷融资协议约定120天的LIBOR为2.5%,风险率2%,额外多收期3天。买断率为4.5%(2.5%+2%)。买断利息为13 500美元[100万×4.5%×(105+3)÷360]。

分录:

(1) 1月22日向银行交单。

　　借:应收票据(USD 1 000 000)　　　　　　　　　　　　7 183 500
　　　贷:主营业务收入　　　　　　　　　　　　　　　　　　　7 183 500

结转成本和计提应收出口退税分录略。

(2) 1月31日收到买断款,全部保留外汇。

借：银行存款——美元户(USD 985 120)   7 078 382.74
  财务费用——银行手续费(USD 1 380)   9 915.71
     ——利息(或买断费)(USD 13 500)   97 001.55
 贷：应收票据(USD 1 000 000)   7 185 300.00

(有关汇兑损益系汇总做账，此处从略)

第三节 出口信用保险与担保

以上介绍的都是由第一顺位债务人清偿负债的融资，但在外贸和商业实践中，还有第一顺位债务人无力清偿而由第二顺位债务人清偿的情况。这就是出口信用保险和担保。

各国的保险公司、政府、银行时常承担一个第二顺位的支付保证来支持本国企业的出口活动。这就是出口信用保险(Export Credit Insurance)和开出保函(Letter of Guarantee，简称 L/G，在英国称为 Bond)。

3-1　出口信用保险

在第六章中曾详细阐述了信用证作为国际贸易结算主渠道的理由，与其在操作中的体现。但是，国际贸易形势的发展，使我们不得不考虑完全相反的方面。

3-1-1　买方市场对结算方式的影响

近年在国际市场上不少产品已形成了买方市场，各国竞相出口，争取提高市场占有率，竞争越来越剧烈，不仅是价格、质量方面的竞争，同时也有支付条件与支付方式的竞争。当各国出口商为了占领市场而竞相提供更优惠的付款条件时，如果我们一味坚持"公平合理"的信用证结算方式，必然会使自己处于被动地位，实质上意味着自动退出竞争，放弃做成生意的机会。

现在不少发达国家和发展中国家，在出口贸易中 D/P、D/A 或 O/A(即 Open Account，赊账)等非信用证结算方式所占的比重已大有增加。例如英国出口商采用 D/P、D/A 及 O/A 方式，在出口总额中已达 80% 以上。美国、日本、中国香港与中国台湾地区，韩国等都广泛采取商业信用方式推销其产品。因此，我国出口企业也不能不面对这一新形势采取灵活的对策，否则有时就会失去成交机会。如中东、拉丁美洲、非洲国家对我国产品有很大需求，但付不出即期资金(例如阿根廷等一般都要远期 180 天)，从而支付条件成为成交的一大障碍。有人认为，近年国际上已有以 D/P 代替即期信用证，以 D/A 代替远期信用证的趋势。

但是,随之而来的问题是:在商业信用之下收账的安全性问题。必须对坏账等风险筹有防范措施。在近代国际贸易实践中,新发展的措施之一就是出口信用保险。

3-1-2 出口信用保险的发展

早期的出口信用保险是商业性的,与火灾险、海运险一般,对出口商的应收国外销货款给予保险,遇有进口商无力支付货款时进行赔偿。早在1917—1919年,德、英、美等国就已先后成立了私人保险公司经营出口信用保险。

在经过1929—1933年的世界性的资本主义大危机后,企业倒闭面太广,私营保险公司的保费收入承受不了赔偿损失,才由各国政府出来参与"担保"。在此前后,主要资本主义国家均先后建立起了国家的信用保险公司。英国在1919年成立了一个出口信用担保局(Export Credit Guarantee Department,简称为ECGD),1949年从属于贸易部。它虽然是一个政府部门,但按商业方式进行营业,对其担保和保险的交易自负盈亏,平衡收支。在20世纪80年代初,英国的出口总值中将近有35%是投保过信用险的。日本自1930年起开始办理出口信用保险,现今出口总额中受出口信用保险保障的占40%。中国香港也设有"出口信用保险公司(ECIC)"与英国的ECGD同样是官方机构,但自负盈亏。其他国家也设立了不同的保险机构,例如美国有国外信用保险协会(简称FCIA),法国有法兰西国外贸易保险公司(简称COFACE),德国有赫尔姆斯公司等等。通常都是对商业风险由商业机构经营,政治风险则由政府机构分担。现在连印度、墨西哥等发展中国家也已建起出口信用保险的专门机构。在中国,人民保险公司自1988年起试办出口信用保险,后隶属于进出口信贷银行,现已设立了独立机构中国出口信用保险公司。

3-1-3 出口信用保险的作用及承保责任范围

出口信用保险除了可以为出口企业防护风险外,还可提高出口企业的资金信用程度。

世界各国出口信用保险机构的承保责任范围大致都采用英国ECGD的做法,我国的出口信用保险公司也基本上只在其框架上稍加变动。

a. 防护商业信用风险,一共有三种情况:

(1)买方无力偿付债务。指法院已宣告买方破产,或买方已接到法院关于破产清算的判决或裁定……诸如此类。

(2)买方收货后超过付款期限×个月以上仍未支付货款(一般为6个月,我国为4个月,在英国只要应收货款逾期3个月)。

(3) 买方拒收与合同相符的货物、拒付货款。

b. 防护政治风险,范围远比商业风险为广。一般包括所有损及民、商法律中的合同关系的政治事件。

(1) 汇兑限制——指在被保险人和买方均无法控制的情况下,买方所在国禁止或限制买方以货物发票上写明的货币或其他可自由兑换的货币向被保险人支付货款。

(2) 贸易限制——指在被保险人和买方均无法控制的情况下,买方所在国禁止买方所购的货物进口;或撤销已颁发给买方的进口许可证;或买方所在国或货款须经过的第三国颁布延期付款令(例如冻结银行账户),或是在合同签订、货已发运后被保险人的出口许可证被撤销。

(3) 动乱、战争,或其他非常事件——指买方所在国发生战争、敌对行动、内战、叛乱、革命、暴动或其他骚乱。或在出口国以外的国家或地区发生被保险人和买方均无法控制的其他非常事件,经保险公司合理认定买方已无法履行合同。

(4) 外国政府任何阻止合同履行的行动——包括货物的没收、征用及公司、企业的国有化等。

(5) 公方购买人违约拒付——在私营出口方和公方购买人之间的交易中公方拒付。

但出口信用保险并不承保出口货物本身因自然灾害和意外事故所造成的损失(应另外投保出口货物运输保险等),也不承保汇率变动引起的损失,由被保险人或买方违反合同等引起的损失等。

c. 提高投保企业的资金信用程度。

(1) 有利于企业融资——可有两个层次的优点。

一般地说,投保出口信用保险后,可以保证出口企业安全收汇。出口企业如要向银行借贷,银行的风险即大大降低。因为一旦进口商违约,出口企业最终可从信保公司取得保险赔款,作为还贷的后盾,从而从总体上看,增强了偿债能力。

更有进者,企业申贷时还可三方联动,即由我国出口信用保险公司和出口企业共同出具《赔款转让协议》,交给银行作为贷款的担保,例如我国中国银行就有此业务。一旦货款成为呆账,即由信用保险公司按保险单上的赔款直接向贷款银行作支付。这在我国信保公司称为"信用保险贸易融资"(参看图表12-10)。

因此,这两种情况都能使出口企业在贷款银行心目中的资信等级大大提高。不仅易于借得资金,还可享受较低的利率。因为各国银行贷款的惯例,风险越小,则利率越低。

(2) 出口信用保险公司出面为企业对外作投标担保、履约担保等。例如出口成套设备、海外工程承包、海外投资项目的各种担保。上述(1)项为外方可能违约,本项则为我方可能违约。

3-1-4　出口信用保险的操作流程

可分为单纯保险和保险后融资两种情况,分列两图作说明。

a. 单纯保险(图表 12-9)。

图表 12-9

出口信用保险流程示意图

进口方客户	被保险人(出口方)	出口信用保险公司
		① 投保
② 洽谈出口		
	⑤ 成交签约	③ 申请买方信用限额
		④ 审批限额
		⑥ 发运申报,付保险费
⑦ 出险情	⑧ 索赔	
		⑨ 定损核赔
		⑩ 代位求偿

解释——选讲几点如下。有的标题含意清晰,不再解释;而有些则在以后各段中合并作说明。

① 出口企业填写投保单,公司签发保险单(总保单),投保手续即完成。总保单覆盖全部出口货款,连续有效。

这里有的出口保险机构曾对投保企业实行"全额投保"的原则。所谓"全额",是指保险机构要求被保险人(投保的出口企业)将其全部按商业信用条款外销的货款均予投保,以免投保企业只将恶劣风险投保,所定保险费率不够补偿。但因竞争的压力,也不得不容许企业有选择地投保。

②、③ 经初步贸易谈判后为每一买方客户申请信用限额。即在与每一外商谈判一致后不立即签订出口合同,先由投保出口企业向保险公司申请信用限额(即可以对其赊销的最高限额,也即保险公司将为其负责承担可能的损失的最高限额)。各国的出口信用保险机构都持有一个内容广泛的有关企业资

信的资料库,当出口商将买方客户名称报向保险公司时,保险公司即据该客户的资信情况、经营情况,以及该客户在世界各地的债务情况审批信用限额,并将结果以书面形式尽快通知被保险人,据以确定是否授信成交。但关于投保信用保险一事,被保险人除其开户银行外不得向任何人(包括买方)泄露,以免产生依赖保险而故意拖欠。

④、⑤、⑥ 被保险人在出运货物后即向保险公司填报《出口申报表》,保险公司据以收取保险费并承担保险责任。

⑦、⑧、⑨ 当保险责任范围内的情况发生,而可采取的一切追讨行动无效时,被保险人可填写《损失索赔申请书》并附送必要附件,由保险公司定损核赔。

⑩ 保险公司继续向进口方追讨。

b. 保险后贸易融资(图表12-10)。

图表12-10

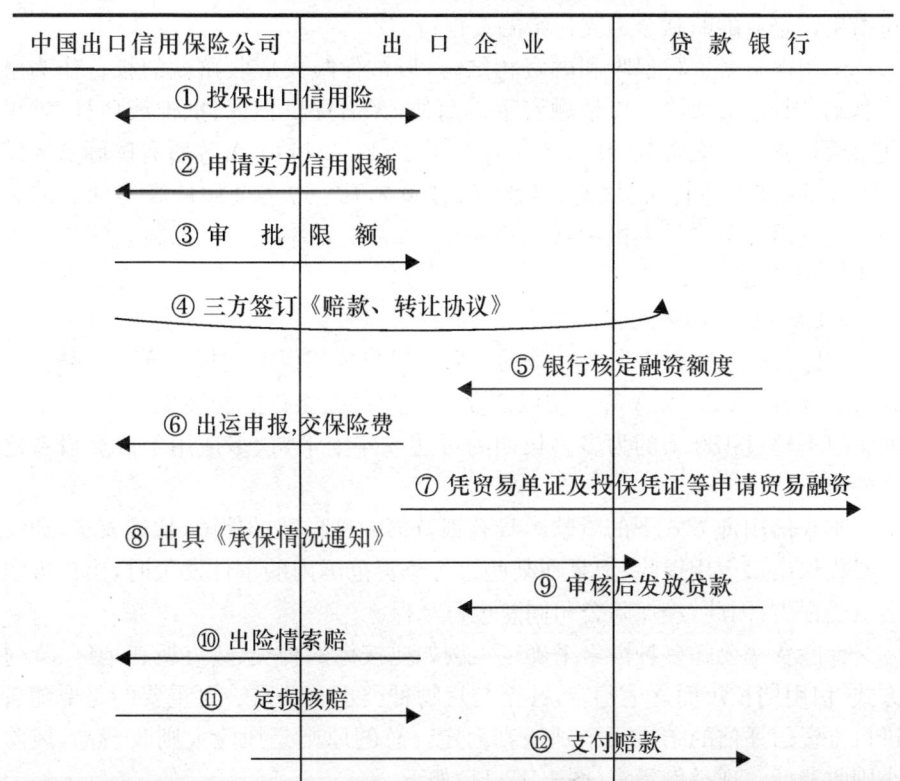

出口信用保险项下贸易融资流程示意图

说明：

①、②、③ 与上列图表 12-9 相应项目的说明相同。

④ 被保险人选择贷款银行。由银行、出口商及信用保险公司三方签订《赔款转让协议》。

⑤ 银行根据保险公司核定的买方信用限额和赔付率，核定融资额度。

⑥ 同上图说明。

⑦ 出口企业向银行提供商业发票、提单等全套单证的副本（复印件）及投保信用保险的有关凭证，并填写《融资申请表》申请融资。

⑧ 保险公司向银行出具《承保情况通知书》正本。

⑨ 银行审核出口企业所提供的有关单证复印件和全部投保凭证后发放贷款。单证正本按 L/C、D/P、D/A 或 O/A 的常规，另由承办银行向国外开证行转送贸易单证索偿。

⑩、⑪ 同上图⑪、⑫的说明。

⑫ 信用保险公司根据《赔款转让协议》的规定，将按保险单规定理赔后应付给出口企业的赔款金额支付给融资银行。

信用保险融资将保险和融资相结合，以被保险人应收赔款的权益作为融资基础，因此，被保险人申请融资手续简便，无需提供担保、抵押或质押，就可获得银行融资。融资范围广，适合 L/C、D/P、D/A 和 O/A 等所有国际贸易结算方式的出口合同。收款期一般不超过 100 天。融资金额最高为保险赔付额。融资币种可以是人民币或结算货币，以避免汇率风险。保险公司核定的信用限额可循环使用。

3-1-5 保险标的及保险费率

保险标的是指保险所要保障的对象。出口信用保险的标的通常是被保险人按 D/P、D/A 或 O/A 等一切以商业信用为付款条件的长短期出口货款，但通常以不超过 180 天的为多。长期的可达 5 年上下，这多适用于成套设备之类的出口。

本来信用证方式下的货款本身有银行第一性付款的保障，比较安全，通常不必投保出口信用保险，但是在某些银行免责范围内的事件发生时，出口方也会遭受损失，因此，经保险公司同意也可承保。

保险费率要随多种因素来确定。例如要按标的种类、买方所在地区、支付方式、信用期长短而逐笔确定，甚至与货物种类也有关系。更重要的是要随着进口方资信评估的结果而个别谈判商定。总的原则是风险大则收费高，风险小则收费低。现举例示意（图表 12-11）如下：

图表 12-11

短期出口信用保险费率表(示意)

发票金额每百元的保险费

支付方式及信用期限		买方所在国(地区)类别			
		1类	2类	3类	4类
L/C	0~30天	0.13	0.19	0.24	0.31
	⋮	⋮	⋮	⋮	⋮
	271~365天	0.25	0.35	0.47	0.81
D/P	0~30天	0.44	0.64	0.83	1.21
	⋮	⋮	⋮	⋮	⋮
	271~365天	1.18	1.70	2.20	3.18
D/A 及 O/A	0~30天	0.64	0.93	1.21	1.75
	⋮	⋮	⋮	⋮	⋮
	271~365天	1.70	2.46	3.12	4.61

地区类别举例：

1类——美、加、欧盟多数国家、瑞士、日本、新加坡、文莱、澳大利亚……

2类——中国香港及中国澳门地区、科威特、巴林、阿曼、沙特、阿联酋、希腊、智利……

3类——以色列、约旦、韩国、菲律宾、俄罗斯、巴西、印度……

4类——朝鲜、孟加拉国、印尼、巴基斯坦、土耳其、古巴、阿根廷、刚果……
对某些地区的出口,保险公司将不愿接受投保。

我国出口信用保险公司自2005年起首次独立编制出版了《国家风险分析报告》。其2015年版已涵盖了全世界192个国家和地区。《报告》从政治、经济、商业环境及法律四个风险维度对各国评级逐年有所调整。

3-1-6 赔偿及代位求偿

a. 索赔——在出现险情时,被保险人应及时向保险公司报送"可能损失通知书"。一旦损失明确发生,则进一步提交"索赔申请书",并加附规定的索赔单证(例如银行出具的未承兑或不付款的证明、破产债权登记证明等等),由保险公司核定损失(例如扣除变卖抵押品得款,扣除不必履行合同而节省的佣金等开支等等)后作赔偿。对待破产等情况,可尽快获得赔偿;对其他原因所致的损失则要经过一个"等待期"(多为4个月)。

b. 共同保险制——为了促使被保险人注意收汇安全,在挑选客户时应谨慎从事,不滥用保险,并鼓励出口商采取一切合理步骤以避免或减少损失。一般都采用共同保险制(Coinsurance),即保险公司不承担全部风险,私营保险机构一般赔偿不超过信用总额的75%。在国家担保时,承保的商业性风险约赔90%,政治性风险赔偿有达95%甚至100%的(我国保险公司则均为90%)。

c. 追讨及代位求偿——在保险公司赔偿后,被保险人仍应积极协助保险公司追讨。保险公司也将采取一切措施(包括法律诉讼通过出口国驻买方居住国的使领馆施加压力等等)向买方或其担保人追回欠款。追回的款项按规定的赔偿百分比与保险公司分享,追讨过程中发生的一切费用,也按同一百分比分担(保险公司追回的款项及发生的费用也同此办理)。后者称为"代位求偿"。我国《保险法》第44条第1款规定:"……保险人自向被保险人赔偿保险金之日起,在赔偿金额范围内代位行使被保险人对第三者请求赔偿的权利"。代位求偿又称为"权益转让"。

3-1-7　出口信用保险的财务评价

在外贸应收账款的风险对策中,另一个可与出口信用保险相比较的是保理。两者的做法很为相似,也要经买方资信评估、缴费(在保理是收购折扣),所不同的有两点:① 保理是收回货款在先(货物发运后),而出口信用保险则在出险后;② 保理公司全额接受坏账风险(按扣除1%~2%左右买断),而出口信用保险则是在全国参与者之间共同分散风险,即按外贸坏账发生的概率作"互助",两者都基于买方信用的评估,关键在于工作效率、预测程度,保理将拒绝通不过资信评估的账款的收购,是在逐项判断的基础上进行;出口信用保险还只在国家(地区)分类的笼统基础上进行。

因此,收费高低、保险赔付限制的宽严、工作效率等等都是选择决策的依据。虽然从总体说,国家参与出口信用保险的动机是帮助企业去追求一个更为积极大胆的出口方针、接受新的进口客户,进入新的海外市场而少有后顾之忧,但是多数机构是在纯商业基础上经营的。如果有的保险公司对赔付条件掌握过严、过稳、工作水平不高,将受到保理的严重挑战。

3-1-8　会计处理

我国会计准则对出口信用保险尚未有直接规定,这里只得从理论上作一些探索。信用保险和财产灾害保险所传达的会计讯息稍有不同。财产保险费在固定资产上列为管理费用——保险费,发生灾害损失时赔款视同变价收入,冲销"固定资产清理"账户。出口信用保险费属于坏账损失风险共担,故建议

作分录如下:

(1) 支付保险费:

借:管理费用——坏账损失
　　贷:银行存款

(2) 出现险情,损失确定时(包括预计可获赔款部分及共同保险制下的自负损失):

借:管理费用——坏账损失(例如自负 10%)
　　其他应收款——出口信用险赔款(例如 90%)
　　贷:应收(外汇)账款

(3) 收到赔款:

借:银行存款
　　贷:其他应收款——出口信用险赔款

3-2　对外担保

在外贸中不仅出口方需要用信用证和出口信用保险等来保护,就连进口方也需要保护。例如,一个大建设项目可能需要从全世界几百个供应商那里获取大宗散装商品、原材料、设备等,全都要求准时、按质、按量地履行合同。如果出口商不能做到这一点,进口方将遭受严重损失。为此进口方需要从出口方取得一个合适银行或其他金融机构的担保。一旦发生损失,进口方将简单地找到担保人,立即获取支付款。担保人成为第二顺位债务人。

此外,担保也用于融资的后备支撑,例如贷款担保可以在借款人不能还本付息时代其偿付,也成为第二顺位债务人。

中国在 1995 年颁布了《担保法》,其中规定了财产担保和个人担保两类。在外贸中担保还涉及外汇。中国外汇管理总局在 1997 年公布了《境内机构对外担保管理办法》及其《实施细则》。

所谓对外担保,是指中国境内机构(以下简称担保人)以保函、备用信用证、本票、汇票等形式出具对外保证,或以《中华人民共和国担保法》(以下简称《担保法》)中第三十四条规定的财产对外抵押,或者以《担保法》第四章第一节规定的动产对外质押和第二节第七十五条规定的权利对外质押,向中国境外机构或者境内的外资金融机构(债权人或者受益人,以下称受益人)承诺,当债务人(以下称被担保人)未按照合同约定履行义务时,由担保人履行义务;或者受益人依照《担保法》将抵押物或者质押物折价拍卖、变卖的价款优先受偿。

对外担保包括如下各种：

(1)"融资担保"是指担保人为被担保人向受益人融资提供的本息偿还担保。融资方式包括：借款、发行有价证券（不包括股票）、透支、延期付款及银行给予的授信额度等。

(2)"融资租赁担保"是指在用融资租赁方式进口设备时，担保人向出租人担保，当承租人未按照租赁合同规定支付租金时由担保人代为支付。

(3)"补偿贸易项下的担保"包括现汇履约担保和非现汇履约担保，其中现汇履约担保是指担保人向供给设备的一方担保，如进口方在收到与合同相符的设备后，未按照合同规定将产品交付供给设备的一方或者由其指定的第三方，又不能以现汇偿付设备款及其附加的利息，则担保人按照担保金额加利息及相关费用赔偿供给设备的一方。非现汇履约担保不以现汇方式对外支付，不属外汇局所订细则管辖范畴。

(4)"境外工程承包中的担保"是指在境外工程承包中，担保人向招标人担保，当投标人中标或者签约后，如不签约或者不在规定的时间内履行合同，则担保人在担保的范围内向招标人支付合同规定的金额。包括投标担保、履约担保、预付款担保等。

(5)"其他具有对外债务性质的担保"是指除前四类担保以外的所有可能构成对外债务的担保。

在英国的商业实践中，担保一词通用 Guarantee 和 Bond 两词，但 Bond 主要使用于相当上述第 4 种的工程承包的担保，具体又包括：

(1) 投标担保——中标后如不签约要支付合同值 2%～5% 的担保罚款，通常还要连带承担下项履约担保的责任，用以防止虚假投标人。

(2) 履约担保——如不按标准履行合同要支付担保罚款，通常在 10% 以上。

(3) 预付款担保——如果货物或服务不合格要退还一切预付工程款，担保人对此负责。

(4) 维修担保——担保出口方在一定期内维修此设备。

(5) 保留款担保——买方可扣住某一保留款直到合同完工以后某一时间为止。现在凭银行担保提早放出了保留款。如果出口方不履行完工后的义务，则银行保证将此保留款退还买方。

已如前述，美国银行立法不允许作担保，故改用了备用信用证（参看第十一章 3-8）。

国际会计通例，担保不需要做正式会计记录，但应在资产负债表下作附注列出。我国 2006 年《企业会计准则第 13 号——或有事项》从之。

复习思考题

1. 什么是打包贷款？它和预支信用证有何不同？
2. 出口押汇和进口押汇有何异同？
3. 试述使用假远期信用证的原因，并叙述其操作过程。
4. 试述保理账款的流程及标准保理的分录。使用保理是否合算？
5. 什么是"三贷"？适用于什么外贸项目？
6. 商业银行贷款和国际金融组织贷款的会计分录有何主要不同点？
7. 国际融资租赁运用于什么外贸项目？中国《企业会计准则第 21 号——租赁》规定的会计处理的特点是什么？
8. 什么是补偿贸易？其分录的特点是什么？和上章产品补偿技术引进的分录有何异同？
9. 什么是出口信用保险？它和保理相比的优缺点如何？对使用信用证的货款是否要投保？其会计分录是怎样的？
10. 担保和信用证中的银行保障是否相同？常见的银行担保有哪几种？备用信用证和担保有何异同？

习　　题

习题 12-1

一、**要求**　根据下列资料，按买方信贷（对企业）方式为进口厂作成五年半中的有关会计分录。

二、**资料**　某中德合资企业 A 向德国某设备制造厂进口价值 3 000 万欧元的成套设备。因资金不足，决定利用德国进出口银行的出口信贷。20×6 年 7 月 1 日签订商务合同（附带以出口信贷合同成立作为前提条件）。安装、试车费用全部包括在上述售价内，由外方负责到正常开车为止。约定半年后开出。先付 15% 定金，贷款额为商务合同金额的 85%，为期五年，年利率 6%，每年 12 月 31 日付息一次，宽限期二年，第三年年末起，每年等额还本一次。实际于 20×7 年 1 月 1 日如期验收合格，当日通知国外银行付款。该企业以欧元为记账本位币。

题中改用卖方信贷方式,由供货厂自行筹资,对进口方以分期收款形式结算。商定价格为2 000万欧元,签约日先付定金15%,余85%分五年十次(每年6/30及12/31)等额偿付,并另按欠付货款额及年利率7.5%加付利息。

第十三章　外汇防险及衍生工具会计（B级材料）

在外贸领域，汇率波动风险是足以左右企业整体效益的因素之一。例如：1美元兑日元的汇率，在2011—2015年间，自75升至123.75日元。1欧元兑人民币的汇率，在1999年为9.9元上下，至2000年最低跌到6元多，至2009年最高时又达11元多。进口一辆奥迪汽车的原币设为5万欧元，则当汇率低时只花人民币30多万元，而在汇率高时要花55万元。外贸企业常常难以掌握自己的命运。

自20世纪末起，如何防范汇率风险已是我国外贸企业财务的一个重要问题。衍生工具成为西方各国对付外汇风险的繁用工具。外汇远期交易等衍生工具业务已在我国银行开始展开；部分企业有了一些实践。2007年，美国的金融风暴在我国外贸领域中掀起了更大的汇率风险和生存压力。衍生工具的财会已引起我国外贸会计界的广泛重视。本章将以有限的篇幅就外贸业务中与外汇相关的部分，作一最低限度的原理性介绍[①]。

第一节　概　说

1-1　衍生工具的产生

自从20世纪70年代世界各国先后改用不兑换纸币制以来，因通货膨胀或紧缩而造成的物价、汇率及利率水平的剧烈波动，使商贸业务充满了不确定性。一笔生意的盈亏打算，往往因此而落空，生意变得很为难做。企业迫切希望能有一些办法避免物价、汇率、利率波动的风险。

除了农产品运用远期交易的传统方法来避免风险（或称防范风险）外，从1972年起先后产生了商品、股票、债券、外汇……的远期交易、期货、互换与期

---

① 读者如有进一步了解衍生工具财会的需要时，可以参看纪洪天与纪一编写的《衍生工具会计——高级会计学专题》，立信会计出版社2006年版。该书是我国新准则第22、第24号的基础解释和某些深入补充。

权等基本衍生金融工具新品种,频繁地用以避险。从而形成了一个财务与会计的新领域。

我国在实行改革开放政策后,银行也逐渐开放了外汇市场的一些衍生工具业务。1988年国务院还正式批准了银行经营远期外汇及外汇期权的业务。但是总体上看,总是时开时停,形不成气候。直至2011—2014年再度开放期权、期权组合及外汇互换等业务,再向前迈出了一步。

1-2 衍生工具的会计

市场经济的先进国家美国,早在1975年起就在这方面订出了会计准则,由于实践的飞速前进,在1997年美国又发布了FAS133这一时代的巅峰规范。接着,国际会计准则委员会在此基础上发布了IAS39。我国2006年的新准则第22号及第24号也是在它们的框架下制订出来的。

2007年金融风暴后,国外银行界抱怨衍生工具的会计准则过严,加重了倒闭的浪潮。2013年IASB公布了IFRS 9,放宽了套期避险会计的应用要求,预定自2018年起实施。我国已开始有所响应。

本章将先叙述一些避险防险的基本概念作为讲解会计的简短铺垫,然后以外汇为例介绍远期交易和期权两大体系的会计确认和计量原理和部分分录。

1-3 衍生工具的定义

从业务上说,衍生工具是一种派生性的交易合同,它的价格源头来自原生的(基础的)金融工具或商品的价格,它通过预测价格、汇率,及利率的未来行情趋势来签订远期交割的合同。其后信用程度的变化(例如AAA级降为AA级等)也成为衍生工具的交易对象(称为信用衍生工具),发展越来越纷繁。

在会计上的衍生工具,除了上述价格变化条件外,还要添加两个专业条件:① 不需要(或只要相对少的)初始净投资;② 必须轧净了结(即不作实物交割,见第406页释)[①]。

1-4 衍生工具的种类

衍生工具的发展极快,在20世纪末美国统计已达1 200种以上,但其基本类型只是远期交易、期货、互换及期权(或译选择权)四种。在会计处理上,前三种是一个类型,期权又是一个类型。本章分两个类型作简述。

1-5 衍生工具的作用

衍生工具对惧怕风险的人说来,它的作用是防避风险,稳定交易条件。

---

① 我国准则♯22从国际会计准则只说在未来结算。

但是运用同样的技术操作,衍生工具也可单纯为牟取利润而作投机,而且投机者是参与分担风险的人,有了他们,防险在总体上才有更多均衡的可能。

防险与投机在会计准则中有不同的会计规范,本书将重点讨论其防险方面,只适量指出投机及其会计中的风险性。

第二节 远期交易的财务与会计

2-1 远期交易(Forward)的定义

远期交易是指今天成交(同意)而在将来某一日期(通常不超过1年)按合同预先约定的数量、价格进行交割的一个预约交易合同。

例如棉农和纺织厂对棉花的丰收歉收正好有相反的利害关系。棉农惧怕夏秋季天气晴朗获得丰收,那时棉价会下跌,而纺织厂则惧怕夏秋季节阴雨连绵,棉花歉收,价格大涨。为此在年初双方即预先签订一个远期交易合同,在其中约定交易的数量、价格和交货期,待到秋收时不论丰收或歉收,双方均按原约定交割。

又如作为金融商品的外汇,其汇率天天有变动。进口商负有外币制债务时,他惧怕汇率上涨。此时,他可向银行买入一笔远期外汇(简称期汇),签约后,汇率、数量及日期就此"锁定",按本币计算的成本即固定下来,从而解除了汇率风险;反之,出口商持有外币制债权时,可向银行卖出远期外汇,以解除汇率风险。把买、卖期汇两者组合起来还可达到更高级的防险目的(见后文)。

期货和互换也属于远期交易的体系内,只是略有特点。

2-2 远期交易防险操作的原理:套期防险(Hedge)[①]

上述更高级的防险操作,是在即期市场上做交易的同时,在远期市场上做一笔相反方向的交易(例如买入即期外汇时,同时卖出相同或相近数量的期汇),以限定盈亏的范围。日后市场价格波动时,两个市场上的反向交易各自的盈亏,可以互相冲销一部或全部,这就全部或部分避开了价格、汇率及利率波动的风险。我国的中国银行、工商银行等早已开展了外汇方面的远期交易业务。

---

① "Hedge"一词在国外主要是指减少或消除风险。在香港地区译为"对冲",是侧重技术面的译法。在我国内地,传统译法为"套期保值"。套期是指即期与远期交易配套进行,侧重于操作技术的方面,译法正确;至于保值是指这一操作的目的方面,其措辞偏于资产防险,不全面,因为运用于负债时即无所谓保值。本书在今后将直接侧重于其目的,译为"防险",在某些场合用"对冲"。由于某些防险操作不全在衍生工具市场进行(例如在货币市场举借外币债等),防险方法已超越其起源时的套期了。

现以外汇业务为例,列一空头对冲得失示意图(图表13-1)作简要解释。①

【例】 假设美国的母公司在瑞士设有子公司。子公司在20×9年3月1日急需资金,估计3个月后可卖掉手中的货物而归还。母公司决定对其支持500 000瑞士法郎。为避免将来瑞士法郎的汇率变动时可能遭受程度高低不可知的损失,故作防险:即在3月1日在现汇市场上买进瑞士法郎汇去子公司的同时,在期汇市场上卖出3个月期的同量瑞士法郎。到6月1日收到子公司汇还瑞士法郎时,再了结3月1日的期汇交易合同。这样,不论在6月1日的汇率如何涨跌,都不至于影响这一项资金调度的净损益。现列成对照表如图表13-1。

图表13-1

空头对冲得失示意图

时点		现汇市场操作	期汇市场操作
开始时		3月1日以美元买进CHF50万 汇率0.9113 总额US$455 650	3月1日卖出3个月期CHF50万 汇率0.9102 总额US$455 100
结束时	假定汇率上涨	6月1日子公司汇回CHF50万时,母公司将其兑换成US$: 卖出CHF50万 设汇率上涨为0.9736 总额US$486 800 收益US$31 150	6月1日了结原期汇交易合同,另外补进CHF50万供了结 汇率0.9736 总额US$486 800 损失US$31 700
		轧抵后净亏US$550	
	假定汇率下跌	卖出CHF50万 设汇率下跌为0.8351 总额US$417 550 损失US$38 100	另行补进CHF50万供了结 汇率0.8351 总额US$417 550 收益37 550
		轧抵后净亏US$550	

从此例所示,可见:3月1日的现汇、期汇同时交易已基本"锁定"了损益,

---

① 进一步的解释,请参阅纪洪天所著:《现代财务管理教程》,立信会计出版社2002年版。

第十三章　外汇防险及衍生工具会计(B级材料)

防范了汇率风险。从上表横向看,造成损益的主要原因是3月1日瑞士法郎的卖出(期汇)汇率0.9102小于买入(现汇)汇率0.9113,共亏出50万瑞士法郎×(0.9102－0.9113)＝－550美元,任凭6月1日的汇率如何变化,与净损益关系很小,因为在现汇与期汇两个市场中,用的都是6月1日的即期汇率,在左右两方计算时,涨则同涨,跌则同跌(买卖差价及利息因素从略)。

上例如改为出口业务,其防险原理完全相同。现特意假设为与上例同一金额,即美国A公司向瑞士B公司出口产品一批计价CHF50万,3月1日起运,约定6月1日付款。如A公司怕CHF下跌,则其防险操作与图表13-1完全相同。

上表中的远期市场可有两种了结方式:一种是到期时作实物交割,把子公司还来的外汇50万瑞士法郎拿去期汇市场交割,取回455 100美元。不管此时即期汇率是高是低,企业总能保证获得0.9102的锁定价格。另一种是更为高级的"轧差了结"方式,即不作实物交割。这种方式本是后述期货市场的常规做法,但也可将其原理应用于远期交易,为了叙述方便,合并在此讲述①。轧差了结在期货术语中称为"对冲平仓"("仓"即是存量头寸)。

在结束日6月1日,先假设母公司想将瑞士法郎留在自己账上,不准备用以去期汇市场上交割。企业本应交出外汇换回美元,现只得另向市场(银行)购买外汇供交割。设此时汇率下跌为0.8351,则企业可用417 550美元购得(术语为补进)50万瑞士法郎,用以向市场(银行)交割,就银行看,一方面要收进原3月1日购进的期货头寸50万瑞士法郎;另一方面又要付出6月1日企业补货头寸50万瑞士法郎,两两相抵,外汇头寸不进不出。但银行在头寸方面要付出455 100美元而只能收取417 550美元,两两相抵,可以只找补差额以求简便,故银行只需轧净付出差额37 550美元即可双方了结。这就称为轧差了结。至于子公司在6月1日还来的50万瑞士法郎,按当天即期汇率计算,共值417 550美元,不论结汇与否,加上银行轧差付来的37 550美元,合到了单价0.9102美元的锁定价格。两种方式的结果当然一致。结束时汇率上涨的情况,可自行推演,不再重述。

按期汇市场开始时的买卖作为命名依据,上例称为空头(或卖出)套期防险。如上例中的资金变成借入,出口变成进口,则称为多头(或买入)套期防险。如下例,请按上例自行推演,不另解释。

---

① 国外有一种场外外汇交易称为"无本金交割远期外汇交易"(NDF,即 Non-deliverable forward)就是到期只收付差价了结的。

【例】 美国A公司向瑞士G公司进口材料一批,计价CHF100万,约定5月1日起运,8月1日付款。A公司怕CHF上涨,防险如图表13-2所示。

图表13-2

多头对冲得失示意图

时点		业务或现汇市场操作	期汇市场操作
开始时		5月1日全套单据传到,CHF100万,先入账,款暂欠,无外汇交易 即期汇率 0.9445 总额 US$ 944 500	5月1日买入3个月CHF100万 远期汇率 0.9447 总额 US$ 944 700
结束时	假定汇率上涨	8月1日以美元买入CHF100万归还子公司 设汇率上涨为1.0091 总额 US$ 1 009 100 损失 US$ 64 600	8月1日卖出CHF100万 汇率 1.0091 总额 US$ 1 009 100 收益 US$ 64 400
		轧抵后净损失 US$ 200	
	假定汇率下跌	设汇率下跌为0.8655 总额 US$ 865 500 收益 US$ 79 000	汇率 0.8655 总额 US$ 865 500 损失 US$ 79 200
		轧抵后净损失 US$ 200	

2-3 远期交易防险的会计论题

国外对远期交易的会计规范,已包括在美国准则FAS133及国际会计准则IAS39中。我国2006年的《企业会计准则》、其《应用指南》及《案例讲解》,也已扼要作了规定。因我国尚少实践,行文又过于简略,以下将进一步作解释。

2-3-1 FAS133前衍生工具会计的缺点

在1998年前认为衍生工具不属于企业的资产及负债,不入账,作表外处理(Off-Balance-Sheet,简称为O-B-S),即不入表内,只在表下作附注。但是衍生工具的风险很大,作O-B-S处理后在会计上就无法正面表现,使企业及报表使用者发现不了。尤其是当时美国会计概念自1991年起对金融资产已转变为以公允价值(市价)反映,会计原则已准备采用现值观念(2000年2月正式公

第十三章　外汇防险及衍生工具会计(B级材料)

布了♯7会计概念大纲,我国也已吸收为第39号准则)。原有准则不得不彻底修改。

FAS133的第一大原则是明确了衍生工具是权利和义务,符合资产及负债的定义,应该正式计价入账。随之而来的第二大原则是衍生工具应该按公允价值计量入账,被防险对象的公允价值的变动应调整账面价值……

我国CAS♯24的《应用指南》除了上述国际通用的规范外,在"会计科目和主要账务处理"中增列了"衍生工具"、"套期工具"及"被套期项目"等会计科目及其使用说明。当衍生工具被用作套期保值(防险)时,要自"衍生工具"科目转入"套期工具"科目;其被防护对象的资产或负债则要转入"被套期项目"科目。

2-3-2　远期交易分录原理

现以进口为例列成业务分录与套期分录的对照表(图表13-3)讲述原理如下。如为出口,可反向类推。

图表13-3

期汇分录总表

日　　期	业　务　分　录	套　期　防　险　分　录	
		教学式——总额法	准则要求——净额法
	计量:即期汇率	计量:远期汇率	
1. 开始日	—	—	—
2. 交易日	借:采购 　贷:被套期　应付外 　　　项目　　汇账款	(备忘分录) 借:应收期汇款(外币) 　贷:应付期汇款 　　　(本币)	
3. 中间月末(设汇率上涨)	借:汇兑损益 　贷:被套期　应付外 　　　项目　　汇账款	借:应收期汇款(外币) 　贷:汇兑损益	借:套期工具——期汇 　贷:汇兑损益
		(如汇率下跌则相反)	
4. 结束日	借:被套期　应付外 　　项目　　汇账款 　贷:银行存款(外币) 借或贷:套期工具——期汇	借:银行存款(外币) 　贷:应收期汇款 　　　(外币) 借:应付期汇款(本币) 　贷:银行存款(￥)	—

说明:上列分录中包含着丰富的会计理论,以下作细释:

(1) 开始日——指业务合同订立(或购销订单发出或收到)日(Order

Date)。在此日既不作业务分录也不作套期防险分录。因为被套期防险的对象尚未确认入账,防险工具当然无所依附。只有在准则规定的某些情况下(见后 4-2-2 及 4-3-1)可以为了避险而提前向银行等订立期汇合同;在一般情况下要到交易日才订立期汇合同。

业务合同(即期市场)之所以不做分录,是因为从会计理论说,这是"将来生效"的交易(参看第三章 4-1-1),今天尚不构成资产或负债。

(2) 交易日(Transaction Date)的实际意义是交易入账日。这是指按照公认会计原则一笔交易(购销商品或服务)记入会计账簿的日期。从业务合同(即期市场)角度看,权利义务成立(参看后文),应该确认入账。即要以一方付款或另一方交付货场为合同成立的标志。

至于期汇合同,如从教学角度看,做一笔应收应付期汇款对转的分录可较易讲解,其后外币方照常规作期末重估价,其汇兑损益与业务分录中的汇兑损益同时转入"本期损益"账户,互相冲抵。

但是,从 FAS133 起,衍生工具的会计理论有了新发展。首先,衍生工具在专门准则中的定义三条件中有不要求或只要求很少的初始净投资这一条。远期外汇交易完全不需支付代价,因此没有初始价值,不能进入资产负债表,不应作分录。其次,会计中开始采用公允价值的计量标准和现值基准。一种商品的远期价和即期价之所以会不同,主要是两国利率有差距。试看下列假设例:

【例】 设日本利率为 0.6%,美国利率为 6%,汇率为 US$1=J¥100,按单利简化列表(见图表 13-4)如下:

图表 13-4

两国利率差与远期汇率的关系

时 点	US$(A)	J¥(B)	日本外汇市场上	
			理论汇率(B/A)	远期差(贴水)
现在	1.0	100.00	100	
满 1 个月时	1.005	100.05	99.55	−0.45
满 3 个月时	1.015	100.15	98.67	−1.33
满 6 个月时	1.030	100.30	97.38	−2.62
⋮				
满 12 个月时	1.06	100.60	94.91	−5.09

可见,两国利率有差异时,必然造成远期汇率的差异,即升水和贴水。两

第十三章 外汇防险及衍生工具会计(B级材料)

者间所差的是利率因素,即远期价是"终值"而即期价相当于现值,终值折现就成现值,两者差额为"0",即远期交易合同按公允价值计,当前的价值为"0"。因将应收、应付各种货币的现值轧净后入账,故称"净额法"。本书以下按此立论作叙述。

(3) 中间期末编表日(Intervening Financial Reporting Date)从交易日到最终了结日,往往会跨越一个到几个会计期间。在每一个会计期末编制会计报告日,从即期市场角度看,外币制三类账户应按期末汇率重估价,差额入当期汇兑损益。

从期汇市场看,合同的初始价值虽为"0",但其后会因利率波动而产生价值,即在期汇市场上会出现价格涨跌,这是新的预计终值按当前利率折现而得的现值与当初的期汇合同价(历史价)产生差额,从而出现资产或负债应予入账:如为汇率上涨,期汇合同值增加,反之,则合同值下降。其来源作为汇兑损益(或套期损益、公允价值变动损益等),记为当期损益。"套期工具——期汇"账户所表示的是应收应付期汇款在此时的现值的轧净数,继续贯彻"净额法"的原意。

(4) 交割了结日(Settlement Date)。如前图表13-1示意,两个市场的盈亏反向对冲,缩小乃至消除了价格风险。

2-3-3 远期外汇应用例

【例一】 应收、应付外汇账款的防险。

20×3年10月1日,中国A公司从英国B厂定制的设备到货,价值£100 000,应在2004年1月30日按英镑付款。为防汇率风险,同时与银行订一同期同金额的期汇购买合同。又假定按编制报表。有关汇率如下:

	20×3/10/1	20×3/12/31	20×4/1/30
即期汇率	12.00	12.56	12.96
远期汇率	12.15(120天)	12.65(30天)	12.96

分录:

顺序	业 务 分 录	套 期 防 险 分 录
	20×3/10/1	
(1)	借:在途物资　　　　　　￥1 200 000 　贷:被套期＿＿应付外汇 　　　项　目　账款(£)　￥1 200 000	(无,或做备忘分录)

(续表)

顺序	业 务 分 录	套 期 防 险 分 录
	20×3/12/31	
(2)	借：汇兑损益　　　　　　56 000 　　贷：被套期　应付外汇 　　　　项目　账款(£)　　56 000 　　(12.56－12.00)×10万=56 000(元)	借：套期工具——期汇　　￥49 628 　　贷：汇兑损益　　　　　￥49 628 (12.65－12.15)×10万=50 000 设年利率3%×$\frac{30天}{360天}$=0.25% 折现值 50 000÷(1+0.25%)=49 628元
	20×4/1/30	
(3) (4)	借：汇兑损益　　　　　　40 000 　　贷：被套期　应付外汇 　　　　项目　账款(£)　　40 000 　　(12.96－12.56)×10万=40 000元 借：被套期　应付外汇 　　项目　账款(£)　　1 296 000 　　贷：银行存款——£　1 215 000 　　　　套期工具——期汇　81 000	借：套期工具——期汇　　31 372 　　贷：汇兑损益　　　　　31 372 (12.96－12.15)×10万=81 000元 81 000－49 628=31 372元 　　　　套期工具——期汇 　20×3/12/31　49 628 　20×4/1/10　31 372 　　　　　　　81 000

说明：

（1）业务分录（1）按现值（即期汇率）作初始确认，期汇合同因价值为"0"而不入账。

（2）业务分录（2）中外币制三类账户期末重估价，即期汇率上涨将要多付出本币，列为当期汇兑损失。

但在期汇市场，则因期汇汇率也有上涨，与初始期汇汇率 12.15 相比，£10万上总共产生 50 000 元的上涨值，未来（20×4/1/30）现金流量会有增加，故使期汇合同从"0"值增加到 50 000 元，产生了一笔新的资产，应该列账，同时这形成了汇兑收益，应计入当期损益。但是 FAS133 要求期汇按折现处理（因为要到 20×4/1/30 才真有现金流入，在 20×3/12/31 应折为现值入账），假设当时年利率为 3%，则 20×3/12/31—20×4/1/30 的 30 天间折现值为 49 628 元。但在实践中往往因折现的出入甚小而予简略。

（3）分录（3）中期汇汇率到到期日与即期汇率趋同，两者都是 12.96，从而又产生了汇兑损益。从 12.15 起点至 2004/1/30 共产生 81 000 元，减去其中已在 2003/12/31 时入账数，再记升值及汇兑收益 31 372 元。可见上年末折现处理的差额在此已随时间的过去而获实现，使总值仍

第十三章 外汇防险及衍生工具会计（B级材料）

为 81 000 元。

（4）分录（4）中期汇市场累积的合同值可以冲销即期汇率市场上涨的汇兑损失，但因一开始期汇承认了 0.15 的升水，故未能全额冲销，此时仍要支付 1 215 000 元而不是 1 200 000 元。可以看出，升水、贴水自 FAS133 以前的全程摊销转为现时的事后轧计。

【例二】 套利业务的防险。

远期外汇与即期外汇交易相结合（即套期）的方法历来用于国际金融市场中的套利业务中。

所谓套利，是指低利率国家的投资人将资金汇到高利率国家中运用，获取高利息后汇回本国的活动。但是必须是回程的汇率波动不致完全冲销利息的好处才行，因此，套利事实上是利率和汇率同时发生作用的结果。

从 2007 年前后起，人民币持续升值的趋势极为明显。此时我国银行利用这种形势，向企业推介一种"组合外汇贷款"（或称组合购汇）。这是将外汇贷款、即期与远期外汇套期和远汇保证金定期存款三者组成的一种创新理财产品。从银行方面看，赚到了外汇贷款利息；从客户方面看，和银行共同套取到了人民币升值的利益；保证金存款作质押是为了降低银行风险。现在举一个实际案例作说明。

某企业在 2008 年 7 月 1 日需用 300 万美元对国外供应商支付一笔机器设备款。银行建议不要购买即期外汇，而先向银行借取一年期美元贷款对外作支付，利用人民币的升值趋势，由企业买入远期外汇以备一年后归还美元贷款。另由该企业存入一年期人民币的保证金定期存款，作为质押品，以保证购汇还贷。具体测算资料如下（数字已作简化）：

即期汇率	USD/RMB	6.8000
1 年期远期汇率	USD/RMB	6.6500
1 年期人民币存款利率		4%
1 年期美元贷款利率		5.4%

先画成典型的套利分析图，见图表 13-5。

这说明如果一年后的汇率是 6.7097，则当初立即用现汇支付和 1 年后用人民币本利和购汇支付是没有得失的。如果 2008 年 7 月 1 日的 1 年期远期汇率能小于 6.7097，这样的远期购汇方案就有利可图了。现根据银行外汇市场行情（或 NDF 行情）已知人民币一年后将升值到 6.6500，这一组合贷款及远期购汇还贷的行为可使银行与企业双方得益。换一个角度，计算当初人民币定存的本金如下：

图表 13-5

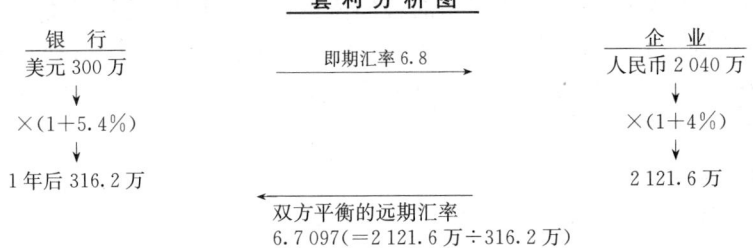

套利分析图

美元贷款本息合计　　USD 3 162 000
远期购汇所需人民币本息　　3 162 000×6.65＝RMB 21 027 300
人民币定期存款本金合计　　21 027 300÷(1＋4％)＝RMB 20 218 557.69
7月1日即期购汇所需人民币资金　　3 000 000×6.8＝RMB 20 400 000
节约额　　RMB 181 442.31

本来在传统的套利活动中,资金是从低利率国发动而向高利率国流动的,因此本例本不会出现。但因人民币稳定升值而使期汇行情为6.6 500,经过外汇套期,可以冲销利率上的亏损额后还有多余,仍能取得无风险利益。企业从每美元6.8000降低到了每美元6.6500,节省了购价;银行不仅获取了美元贷款的利息差,也分享了0.0597(6.7097－6.65)的升值汇差(银行相当于投资人的地位)。

现在据此演示相关分录。为了便于理解,这里特意分两步作解说,先只演示外汇本金有关部分,以期凸显套期的影响,最后再讨论到期利息。另外简化为按季编制报表。

Ⅰ. 初始分录

2008/7/1

① 存出保证金:

借:其他货币资金——保证金存款　　　　　　　　20 218 557.69
　　贷:银行存款——人民币户　　　　　　　　　　20 218 557.69

② 借入外汇贷款:

借:银行存款——美元户　　　　　　　　　　　　20 400 000
　　贷:短期借款　　　　　　　　　　　　　　　　20 400 000

③ 对外付款:

第十三章　外汇防险及衍生工具会计（B级材料）

　　借：应付外汇账款　　　　　　　　　　　　　20 400 000
　　　　贷：银行存款——美元户　　　　　　　　　　　　20 400 000

Ⅱ．中间套期操作

假设第一、第二、第三、第四季季末的实际汇率如下：

	第一季季初	第一季季末	第二季季末	第三季季末	第四季季末
即期汇率	6.8	6.7	6.6	6.5	6.4
远期汇率	6.65	6.6	6.5	6.45	6.4
		(余90天)	(余60天)	(余30天)	

	业 务 分 录	套 期 分 录
2008/7/1	为外汇借款防汇率风险	④ 向银行订约购买1年期美元外汇。
	借：短期借款　　　20 400 000 　　贷：被套期＿＿短期 　　　　项　目　借款　20 400 000	（无分录）
2008/9/30	⑤ 第一季末调整公允价值 借：被套期＿＿短期 　　项　目　借款　　　300 000 　　贷：套期损益　　　　　300 000 [300万×(6.80-6.70)]	借：套期损益　　　150 000 　　贷：套期＿＿期汇 　　　　工具　　　　150 000 [300万×(6.6-6.65)]
2008/12/31	⑥ 第二、第三、第四季季末调整公允价值分录同上，金额分别计算如下： 　　300万×(6.70-6.60)=300 000(元)　　300万×(6.5-6.6)=300 000(元)	
2009/3/31	⑦ 300万×(6.60-6.50)=300 000(元)　　300万×(6.45-6.5)=150 000(元)	
2009/6/30	⑧ 300万×(6.50-6.40)=300 000(元)　　300万×(6.40-6.45)=150 000(元)	
2009/6/30	⑨ 归还外汇贷款 借：被套期＿＿短期 　　项　目　借款　　19 200 000 　　套期 　　工具＿＿期汇　　　750 000 　　贷：其他货＿＿保证金 　　　　币资金　存　款　19 950 000	了结期汇合同，取得外汇 （累积套期工具——期汇值 750 000转入左方分录）

根据上列④～⑨6笔分录，可见自即期汇率为6.5000起，左右两方套期损益已作对冲，最终支付为期汇锁定的19 950 000元（USD300万×6.65）。

Ⅲ．有关利息的影响

以上例解简略了存、贷款利息的处理。其中人民币定期存款的利息是"息随本清"到期支付（每季预提）的常规做法，无须解释。这里要分析外汇贷款的处理。

如上列事前设计方案中所示,外汇贷款到期要支付利息 USD162 000,此数也有汇率风险。是否上述Ⅱ中应按本息总额 3 162 000 美元订立期汇合同作套期防险?

各国有关衍生工具会计的准则,都对防险对象概括为公允价值套期及现金流量套期两类。前者的防险对象(被套期项目)主要包括已入账的资产负债和确定承诺两大类。所谓确定承诺是指目前尚未确认入账,但在未来十有八九要发生的会计事项,各国准则也允许对其预作套期防险,例如购销订单或贸易合同中具有重大违约罚款的条款,从而不大可能不履行的一些"未来生效"的约定(参看第58页),而且其金额是可确定的。因此固定利率的利息是贷款随带的未来支付义务,也属于确定承诺。从而上例中⑤~⑨各相关美元本金均应改用 3 162 000 美元为基础。但是浮动利率的利息因其数额不能预先确定,其防险属于现金流量套期项目。不可如上例本金一般处理。本例仅有示意作用。因衍生工具会计涉及细节颇多,本章第四节将有简要叙述,但在实践中还需详细研究我国《企业会计准则第24号——套期保值》的相关规定。

2-4 期货(Futures)的会计

2-4-1 期货的业务

从业务上说,期货是标准化了的远期交易,但从会计处理上说却大体相同。现将两者的业务差别列成对照表(图表13-6)说明如下:

图表13-6

期货特点

项　　目	远 期 交 易	期　　货
1. 交易内容	约定	标准化(量、质、时、地)
2. 交割方式	实物	对冲平仓
3. 交易对象	一对一	清算所
4. 保证金	无	有初始、维持保证金
5. 盯市结算	无	负债不过夜
6. 交易场所	无形市场	交易所
7. 佣金	无	要
8. 最低涨跌(高)	无	有
9. 投机持仓限度	无	有

说明:

(1) 期货为便于在交易所中买卖,交易的对象是一份标准合同,是按规定商品、规定质量和规格,规定整数成交的单位,规定交割时间和地点的标准合约,只有价格是双方议定的。例如,一份英镑合同的成交单位是 62 500 镑,棉花以 50 000 磅为一份合同量等,既不可多出另数,也不可少一另数,可以交易两份、三份,但不能订立 70 000 镑之类的合同。交割期通常是逢 3、6、9、12 月。小麦之类则有冬小麦,软质、硬质等不同品种。在远期交易则一任交易双方自行议定,别称"量体裁衣"式,或"度身定制"或"顾客化"。

(2) 期货合同中以往统计有 95% 以上不要求实物交割,只是在到期日或中途作对冲平仓:即按当时的新价格另行新订一反方向的购销合同,冲销原合同,双方只找补价格差额。因为期货的目的只是防险,不是要购货。如目的在于取得实物,可以到现货市场上去交易。

(3) 交易双方都只认交易所的清算部门结算账款,不知道对方是谁,不直接交割,这样可消除或减轻违约风险。清算所则依靠事先收存保证金(亏损备扣金)来防止违约。逐日按当天收盘价结算盈亏后,将当天亏损额从保证金中扣除(盈余则加入保证金内或任凭提取)。当扣到余额达到初始存入保证金额的 3/4 时即要求次日早上补交足额(到原来初始保证金额)。如客户不能如期补足,交易所即强制平仓(代买代卖轧平头寸)。

(4) 期货只能在交易所中买卖,而远期交易多是一对一就地成交,例如外汇远期交易多是客户对银行通过电话、电讯成交,称为无形市场。

其余各点可无需细释。

2-4-2 期货的会计处理

a. 会计规范

国际上对于期货的会计只有美国有会计准则,而对外汇期货也还没有会计规范。但如上业务特点可知,除了多出一些与保证金有关会计处理外,在防险会计上,期货与远期交易的会计基本相同,唯一的特点是期货允许在中途提前平仓,那时的期货价格不是一开始所订规定交割日(3、6、9、12 月)的期货价,因此往往不能完全冲销价格风险,而只是相对减轻风险。

我国 CAS 中无一处明白针对期货的直接规定[①]。只能从精神实质上运用衍生工具的共同规定,现参照 FAS 作细节介绍。

b. 会计分录原理

期货会计的基本原理和远期交易会计相似,只是由于业务及财务操作上

---

① 财政部在 1997 年 10 月 24 日曾印发《企业商品期货业务会计处理暂行规定》。迄今我国除股票指数期货外,还不存在金融期货业务实践。

采用了保证金制及逐日盯市结算制,才导致了两方面的特点:① 保证金的处理;② 对冲防险的处理。

现列示分录总表如下(假定以外汇应付账款为例,假设汇率不断上涨)。

图表 13-7

分 录 总 表

<u>业 务 分 录</u>　　　　　<u>套期防险分录</u>

(1) 订期货合同时　　借:采购(或在途物资)　　借:套期　　期 货
　　　　　　　　　　　贷:应付外汇账款　　　　　　　工具　　保证金
　　　　　　　　　　　　　　　　　　　　　　　　贷:银行存款

　　　　　　　　　借:应付外汇账款
　　　　　　　　　　贷:被套期＿＿应付外
　　　　　　　　　　　　项 目　　汇账款

(2) 第一个结算日　　借:汇兑损益　　　　　　　借:套期　　期 货
　　　　　　　　　　　贷:被套期＿＿应付外　　　　工具　　保证金
　　　　　　　　　　　　　项 目　　汇账款　　　　贷:期货损益

(3) 第二个结算日　　同(2)　　　　　　　　　　同(2)
(4) 中途对冲平仓日　(无分录)　　　　　　　　同(2)
　　　　　　　　　　　　　　　　　　　　　　借:银行存款
　　　　　　　　　　　　　　　　　　　　　　　贷:套期　　期 货
　　　　　　　　　　　　　　　　　　　　　　　　　工具　　保证金

(5) 账款了结日　　　借:汇兑损益
　　　　　　　　　　　贷:被套期＿＿应付外
　　　　　　　　　　　　项 目　　汇账款
　　　　　　　　　借:被套期＿＿应付外
　　　　　　　　　　　项 目　　汇账款
　　　　　　　　　　贷:银行存款

说明:

分录(1):在外汇应付、应收账款成立时,为求防险,签订期货合同,原来在远期交易中不必作防险分录,现是期货,有少量保证金的初始投资。

开户做交易(开仓)时买卖双方都要向经纪公司结算部门缴纳初始保证金,作此分录,其后还有可能追加维持保证金,分录同此。

分录(2):"第一个结算日"在上节期汇分录的说明中是指中间结账日(月度、季度、半年度或年度);现在在期货盯市制下,那就是每日有结算收付,会计上平日不编报表,故可不逐日作盯市调账,只要到期末求出累计盈亏,汇总一笔作此分录。因此,实质上还是会计结账日。

应付(收)账款要按常规作期末重估(按 CAS♯19 及 FAS♯52 等,用即期汇率)自不待言。

在防险方面:原来在期汇分录中是:"借:套期工具——期汇,贷:汇兑损

第十三章　外汇防险及衍生工具会计（B级材料）

益",现在在期货盯市制下,逐日结清盈亏,因此不是未实现损益,而是已实现损益,资金已由经纪公司结算部在保证金户上转入或转出。

分录(3):以分录(2)类推,直至对冲平仓日,业务操作上是天天盯市结算,在会计上是每逢结账日作自期初起的本期累计的重估价,即第一期是"期末期货价－开仓时期货价";第二期则是"第二期期末期货价－第一期期末重估期货价"。以此类推。应付账款则仍按即期汇率调整。

分录(4):在期货规定交割日前,如果客户感到此时价格已有利可图,急于固定损益,即可能提前进行对冲平仓(即作一与原期货合同反向的期货交易)。

经纪公司将期货合同昨日结算价改按平仓交易价结算,最后一次增减保证金。客户则在会计上作上期末至平仓日的余额调整,再向经纪公司注销账户收回保证金。

分录(5):至账款到期日,先将应付账款户的上期末即期价调整到当日即期价,然后清欠。此时收到的保证金如果不能十足冲销汇率变动差异,自将由银行存款补足。

上节提到,期汇价格最终一定与现汇价格趋同,但在期货却可能中途对冲平仓,所据期货价格要早几天,与账款最终到期日的即期现货价格不相等。

防险的效果可计算如下:

业　务　方　面	防　险　方　面
初始即期价	订约开仓期货价
－了结日即期价	－对冲平仓日期货价(中途或交割日)
已先后记入"汇兑损益"账户	已先后记入"期货损益"账户

两账户余额均在结账时转入"本年利润"账户,在那里对冲,或是防险不足,或是相反为防险得益。

2-4-3　期货会计运用例——现以国外外汇期货为例作演示

【例】　美商A在20×9年7月15日向英商进口£375 000的商品一批,约定7月20日发货,9月20日以£付款。为防£上涨,在7月20日买入9月份交割的£期货合同3份。初始保证金为US$10 000/份,维持保证金为初始保证金的80%,美商A在9月10日判断行市有利,预计很快要下跌,决定提前平仓。现套用我国会计科目模拟地列示A账上分录。有关汇率如下(US$/£):

	7/20	7/31	8/31	9/10	9/20
现汇价	1.6271	1.6289	1.6310	1.6320	1.6330
9月份期货价	1.6310	1.6325	1.6345	1.6355	1.6335 （设9/27为交割日）

分录	业 务 方 面	套 期 防 险 方 面

20×9/7/20

  借：采购　　US$ 610 162.50　　　借：套期　　期货
    贷：应付外　　　　　　　　　　　工具　　保证金
     汇账款　US$ 610 162.50　　　　　　　　　US$ 30 000
  （375 000×1.6271）　　　　　　贷：银行存款　US$ 30 000

  借：应付外汇账款　610 162.50
    贷：被套期　　应付外
     项　目　　汇账款
        610 162.50

20×9/7/31

  借：汇兑损益　　　　675　　　借：套期　　期货
    贷：被套期　　应付外　　　　　　工具　　保证金　562.50
     项　目　　汇账款　675　　　贷：期货损益　　562.50
  ［375 000×(1.6289－1.6271)］　　［375 000×(1.6325－1.6310)］

20×9/8/31

  借：汇兑损益　　　787.50　　　借：套期　　期货
    贷：被套期　　应付外　　　　　　工具　　保证金　　750
     项　目　　汇账款　　　　　贷：期货损益　　　750
        787.50
  ［375 000×(1.6310－1.6289)］　　［375 000×(1.6345－1.6325)］

20×9/9/10

  （无分录）　　　　　　　　　　借：套期　　期货
           工具　　保证金　　375
         贷：期货损益　　　375
        ［375 000×(1.6355－1.6345)］

        借：银行存款　　　31 687.50
         贷：套期　　期货
          工具　　保证金　31 687.50

20×4/9/20
借：外币存款——£   612 375
　　贷：银行存款   612 375
　(375 000×1.6330)
借：汇兑损益   750
　　贷：被套期___应付外
　　　　项　目　汇账款   750
　[375 000×(1.6330－1.6310)]
借：被套期___应付外
　　项　目　汇账款
                    612 375
　　贷：外币存款——£ 612 375

结果分析：
业务方面的汇兑损益：自 1.6271～1.6330 共上涨了 0.0059
防险方面的期货损益：自 1.6310～1.6335 共上涨了 0.0025
　　　　　　　　　　　　　　　少防护 0.0034

2-5　互换(Swap)

2-5-1　互换的含义

作为衍生工具的互换，是指双方商定在经过一段时间后，彼此交换支付的一种金融交易。上项支付中有的是指不同币种的资金，称为货币互换（Currency Swap），有的则单换利息不换本金，称为利率互换（Interest-rate Swap），有的则既换本金又换利息，还有各种复杂的组合形态。这里所讲的"互换"和期汇中的"掉期"虽然在英文中都使用 Swap 同一个术语，但内容大有不同，不应混淆。①

2-5-2　货币互换的含义

两个对手方在起始时点互相交换拥有的两种货币，到其后的另一时点互相换回原来的币种，即相互交换使用权（占用），但要支付利息。

这些交换都依据事先约定的汇率：可能是初始时点的即期汇率，也可能是另行确定的汇率。这些交换可能只有初始及结束时两次，也可能中途分几次交换，每次交换时可能互相以不同币种支付，也可能轧净差额后支付。

对超过 1 年的长期风险在某些国家中不能做远期交易，从而无法进行防范。这时可用货币互换作防护。初始及终结时两次交换可以跨时达 5 年乃至

---

① 在我国有的文件中仍有混用的，遇到时要细加辨别。

15年,甚至更久,可以达到长期防护汇率风险的目的。虽然从实际效果说,这等于双方互相借贷,但从法律观点说,这不是筹集资金借以取得收益,不构成借贷行为,在会计上也不计入资产负债表(O-B-S)。

我国某些企业及银行已开始从事这一新型业务,在外资银行则更见平常。国家外汇局已在2011年3月1日开放银行对客户的外汇货币互换业务。

现先举例说明货币互换的大致意义。如图表13-8,英国的国际化工公司(ICI)需要对其开设在美国的业务单位供应美元资金,而美国的杜邦公司(Du-Pont)则需为其在英国的子公司提供英镑资金。解决这一需要的办法之一是英国国际化工公司将英镑让给杜邦公司使用,而杜邦公司则把美元让给国际化工公司使用,并互相支付利息。为求排除外汇汇率风险,双方约定在第5年年末倒回这笔业务,即互相按原额收回原货币。

图表13-8

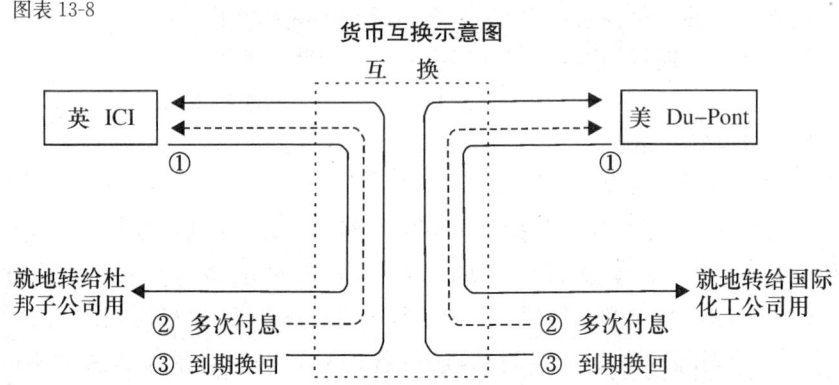

货币互换示意图

但其后已发展出分多次按约定汇率换回,互不计息的做法,此处从略。

2-5-3 利率互换的含义

利率互换是指各自负有不同利率债务的双方,将其利息支付的相当金额与对方互换,从而交换其债务的实质内容的一种金融交易。有① 固定与浮动利率互换;② 不同浮动利率互换,例如LIBOR与基准利率互换。

引发利率互换的重要原因是浮动利率制的盛行,也有汇率风险的因素掺杂其间。在今日利率互换更增加了降低筹资成本的作用。利率互换的交易额在互换市场中远远超过了货币互换。我国有的企业在20世纪80年代末已开始运用这一业务品种。由于有的企业持有固定利率负债,却只持有与浮动利率相挂钩的收入。它宁愿以固定利率的负债换入浮动利率的负债,使其相互匹配,免除风险,其对手则情况相反。

在利率互换中,在初始日及到期日都没有实际的本金交换,而只在预先规定的名义本金的基础上交换不同类型的利息支付款。例如约定 5 年期中按名义本金××××元交换按不同利率计算的利息如图表 13-9 所示。

图表 13-9

利率互换示意图

```
┌─────────────┐  按 5 年的固定利率计息  ┌─────────────┐
│  互换方 A   │ ──────────────────→ │  互换方 B   │
│原持浮动利率债│ ←────────────────── │原持固定利率债│
└─────────────┘  按 6 个月期的 LIBOR 利率计算 └─────────────┘
```

2-5-4 互换的会计处理

因我国实践较少,准则的《应用指南》和《案例讲解》中都少有涉及。美国 FAS133 虽有例解,但计算过于复杂,不便引述,只得暂时从缺。

第三节 期权的财务与会计

3-1 期权(Option)的定义

购权方以支付期权费(俗称保险费)为代价,购得一项能按约定价格,约定数量,在约定期限买(卖)或不买(不卖)某一商品(包括金融商品)的选择权的合同。

所谓"期权"是"远期选择权"的缩语,它指购权方有单方面的权利而没有相应的义务。

我国交通银行自 2008 年起已可提供外汇期权交易的服务。国家外汇管理局也已通知,自 2011 年 4 月 1 日起银行可以普遍开放外汇期权的买入业务。

3-2 种类

期权按交易方可以分为:① 购权方,或期权持有者(Buyer 或 Holder),也称期权多方;② 售权方,或期权签发者(Seller 或 Writer),也称期权空方。

期权按其内容可分为:① 要货期权,或称做多期权、看涨期权(Call);② 出货期权,或称做空期权、沽货期权、看跌期权(Put)。

这两组标志交叉结合后,组成四种得失类型见图表 13-10。

图表 13-10

期 权 类 型 表

买卖商品角度 \ 买卖期权角度	购 权 方	售 权 方
持权方买货	(1) 要货期权(Call)	(2) 供货义务
持权方卖货	(3) 出货期权(Put)	(4) 收货义务

在图表 13-10(1)中要货期权的购权方有按某一约定价格、约定数量及约定期限购买某一商品(包括金融商品,下同)的权利,除支付期权费代价外,没有相应的义务;而售权方则只有按上述条件把商品卖给购权方的义务。同理,图表 13-10(3)出货期权的持权方则有按某一约定价格、约定数量及约定期限出售某一商品给售权方的权利,而售权方则只有按约定条件买受的义务,不可拒绝。而且选择权在持权方,到时要买(卖)就买(卖),觉得不利时可以放弃。在一般情况下,购权方是追求防险,售权方则依靠收取期权费以冲销风险。

在通常进出口业务中,外汇期权的持权人多是企业,而售权人多是银行。但在较高级的运用中,未必都如此。

此外还可按实施期限划分为欧式(板期即只限到期日实施权利)或美式(期内任何日均可实施权利)。

期权的基础资产可以是外汇、股票等等,此外认股权证、可转换债券也含有期权在内。

3-3 防险

现在来分析期权的得失图——以外汇为例:

【例】 某年 3 月 31 日美国某进口商对瑞士某出口商有一笔 60 天 CHF62 500 的货款要支付,怕 CHF 汇率上涨。美商为此在同日向银行购入一笔同额的 60 天(5/31)要货(购 CHF 外汇的 Call)期权。要求在 5 月 31 日前即 60 天内按瑞士法郎的约定汇率 USD 0.61 售给美商。又设期权费每一 CHF 为 USD 0.01。

图表 13-11

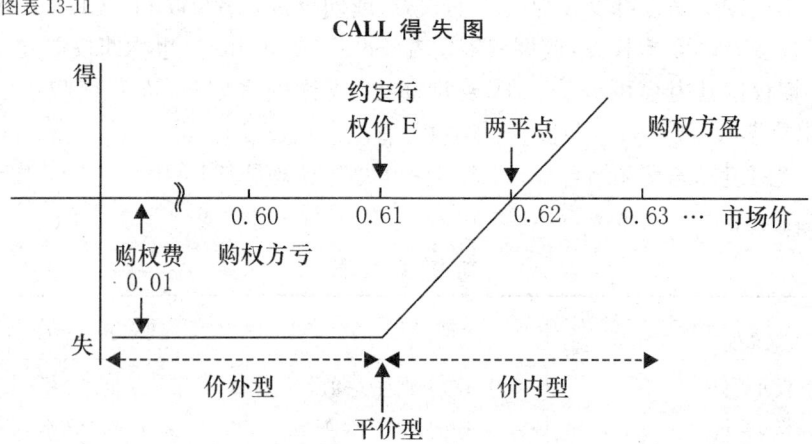

CALL 得 失 图

解释

美国进口商付了 625 美元(62 500×0.01)取得按 0.61 美元汇率在 60 天货款支付期内购入 62 500 瑞士法郎的权利。到 5 月 31 日,如外汇市场上瑞士法郎汇价升到 0.64 美元,则购权人自然乐意行使期权,双方将按 0.61 美元的价格进行交割,美商可少支付 1 875 美元(62 500×0.03),这可在抵补期权的成本"保险费"625 美元后,净省下 1 250 美元。如到 5 月 31 日时汇率下降到期权合同汇率 0.61 美元以下,例如 0.59 美元,则合同不兑现,即购权人宁可牺牲"保险费"而不行使购买权,另在市场上按低价 0.59 美元购买瑞士法郎。与当初盯死在 0.61 美元价格上购买远期外汇的做法相比,还可使购权人有 625 美元[(0.61−0.59−0.01)×62 500]的好处。

归纳:持权人会否行使权利,决定于今后市场价的位置。

(1) 当市场价＞两平点(例如 0.62 美元)时:实施合同,随着市价的上涨,利益几乎无上限。

(2) 当市场价＜约定行权价(例如 0.61 美元)时:不会实施合同而到市场上去买入,最大损失仅止于期权费。

(3) 当约定行权价＜市场价＜两平点时:例如市价为 0.615,因购权方早已付了保险费,如外购,总支付为 0.625,超出两平点,故仍会实施合同。

在(1)、(3)的情况下,即市场价处于图中底部右半虚线所示区域,称为价内型(In-the-money),有人译为实价、有利价或兑现价。

反之,在(2)的情况下,即市场价处于图中底部左半虚线所示区域内,则称为价外型(Out-of-the-money),有人译为"虚价",不利价或不兑现价。

如市场价正好等于约定行权价,则称为平价型(At-the-money)。

其他三种(要货期权的售权,及出货期权的购权与售权)类型的得失,只列示简图,请读者自行类推。

现将期权 4 种情况的得失归纳成图表 13-12。

根据上述期权的业务操作可以看出,购权人对价格波动的风险获得了防范,它的代价是一笔期权费,即购入期权的价格。它的单向得益的防险机制和远期交易的双向得失的防险机制是完全不同的。问题的关键在于期权费大小的设定,这是一个高级财务论题,超出了本书的范围,不再论述。

图表 13-12

外汇期权 4 种情况得失总结表

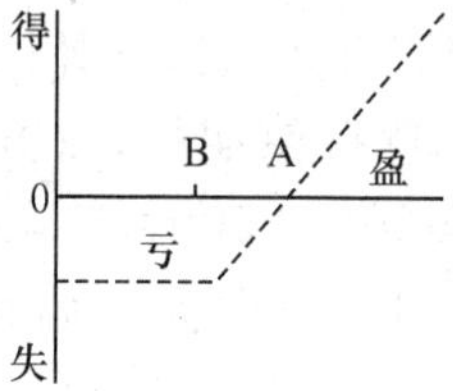

Call 购权方怕涨价，付费购权求防险。如涨价过 A，得益无上限。

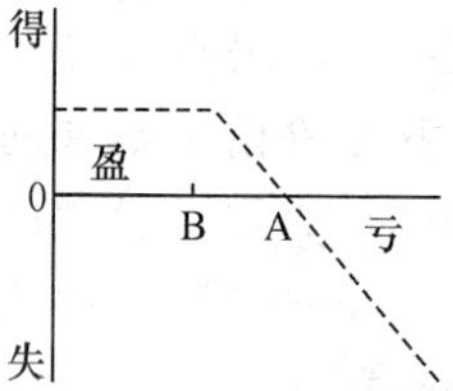

Call 售权方收费投机，如涨价过 A，风险无上限，故可设止损点，到止损点时合同自动解消。

⎫
⎬ 购售权双方得失互相对应
⎭

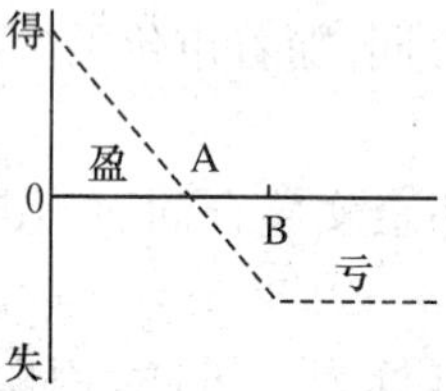

Put 购权方怕跌价，付费购权求防险，如跌价过 A，得益上限为两平价。

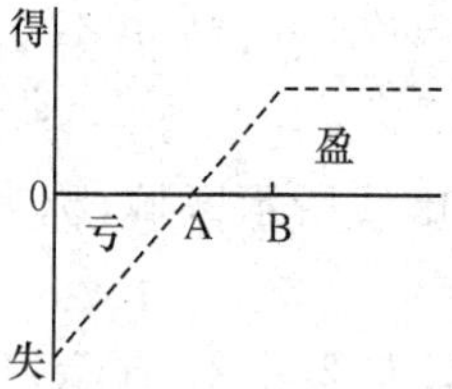

Put 售权方收费投机，如跌价过 A，风险上限为两平价，故也可设止损点。

⎫
⎬ 购售权双方得失互相对应
⎭

3-4 会计论题

期权的会计准则初见于美国 FAS133。我国新准则 CAS22～24 中有相应规范。但操作细节还待展开。现采用国外教材的阐述（改用我国准则《应用指南》的科目）作讲解如后。

3-4-1 初始确认

期权合同应在其开始日确认进账，因为它和远期交易不同，有一个初始投资额——即实际支付的期权费。这是一笔现实的交易而不是将来生效的合同。

分录：

　借：套期工具——期权（或先通过"衍生工具"科目转来）

　　贷：银行存款

第十三章　外汇防险及衍生工具会计（B级材料）

3-4-2　后续各编表日

有两种记账法：分离式与非分离式。

分离式会计——要分析为时间价值（Time Value）和内在价值（Intrinsic Value）各自入账。所谓内在价值是指不同时点上市场价值和约定行权价之间的差额。例如合同开始时英镑的市场值为 USD1.5123，而企业向银行订约中的行权价为 1.5023，则订约后期权立即成为价内型，企业如立即按市场价出售，即可获利 0.01/£，这说明这一期权背后的基础资产本身含有 1.5123 的价值，故此期权确实可值 0.01。所谓时间价值是指实付期权费大于内在价值的差额，即内在价值和时间价值合在一起即是期权费。时间价值和内在价值都会随着时间的进展而有不同，因为订约后的其他日期的期权费都是在市场上的交易价，必然会随着人们对其未来现金流量变动量的数学估测[①]及心理判断而上下波动。例如在上项英镑成交后的××天，英镑期权的市场值可能变为 USD1.5344/£，即同一到期日的期权值上涨了 USD 0.02。

IAS 的规定采用分离式会计，时间价值要作为一项损益对期权全期间进行分摊，而内在价值则是一笔资产，只将其各期变动值计为当期的收益。美国准则不要求采用分离式（在某些较复杂的防险会计中允许采用分离式会计）。

非分离式会计——内在价值和时间价值合并成一笔入账，即：① 在期权开始日按期权费全额记账；② 在后续日则按当天期权费的不同值记账。

3-4-3　盯市调账问题

期权的市价是不断变化的，天天有行情。但在会计实践中不可能天天调账而只在每一会计期末作调整。

3-4-4　最终了结日

如果期权成为价内型（如前述，欧式只限合同到期日，美式则期内任何一天均可），它将被持权方实施权利（行权）。那时在账中累积的期权合同值是期权期末价格大于期初价格的差额，将用以冲抵购货应付账款或销货应收账款的账面余额，即对冲了风险。

如果那时期权成为价外型，持权人自将放弃合约权利而转向市场购买或销售外汇以了结债权或债务。

【例】　假设 20×3 年 12 月 11 日，中国 C 公司自英国 B 供应商进口一批

[①] 在此数学估测方法中现在广泛使用美国教授勃拉克、休勒斯两人发明的数学模式（简称勃-斯模式）。因内容较深奥，一般都只介绍结论，可参看前述《现代财务管理教程》第 482 页。

计价£100 000 的货物，约定在 20×4 年 1 月 10 日到期付款。C 担心其后英镑汇率会上涨，故同时与中国银行订立一个 30 天要货期权合同，约定行权价为￥12.02，期权费￥0.11/£。为求简明，采用了中间价表示。有关日期的汇率如下：

	开始日	中间财务报告日	结束日
	20×3/12/11	20×3/12/31	20×4/1/10
即期汇率	￥12.00	12.56	12.96
期权费	11 000	60 000	96 000

分录：

顺序	与供应商 B 的业务交易	套 期 防 险 交 易
	20×3/12/11	
1.	借：在途物资等　　　￥1 200 000 　贷：应付外汇账款　　￥1 200 000 借：应付外汇账款　　　1 200 000 　贷：被套期项目　　　　1 200 000	借：套期工具——期权　　￥11 000 　贷：银行存款　　　　　￥11 000
	20×3/12/31	
2.	借：汇兑损益　　　　　　　56 000 　贷：被套期　应付外 　　　项目　汇账款　　　56 000 　　[(12.56－12.00)×10 万]	借：套期工具——期权　　　49 000 　贷：汇兑损益(60 000－11 000)　49 000
	20×4/1/10	
3.	借：汇兑损益　　　　　　　40 000 　贷：被套期　应付外 　　　项目　汇账款　　　40 000 　　[(12.96－12.56)×10 万]	借：套期工具　　　　　　　36 000 　贷：汇兑损益(96 000－60 000)　36 000
4.	借：被套期　应付外 　　项目　汇账款　　1 296 000 　　汇兑损益　　　　　　　2 000 　贷：套期工具——期权　　96 000 　　　银行存款　　　　1 202 000	套期工具——期权 2003/12/11　11 000 　　12/31　49 000 　　　　　　60 000 2004/1/10　36 000 　　　　　　96 000

解释

例中期权费的公允市价,在 20×3 年 12 月 31 日因英镑汇率上涨而随之自 11 000 元上涨为 60 000 元(同期交割的期权,即当初 2003/12/11 所购期权的天数,设计为业务合同了结日 20×4/1/10)。如加分析,即期汇率上涨后与约定价的差额为 54 000 元[(12.56－12.02)×10 万],距到期日还有时日,故还有可能会上涨,人们抱有这样的期望,就还会有时间价值。即以较高的价格差额换取一个获利机会,故有人称此时间价值为"投机贴水",即投机的代价。为此,市场上出现 60 000 元的价格,即隐含着其中有 6 000 元的时间价值。但到 2004 年 1 月 10 日了结日,则已无时间价值,而期权费变为 96 000(即期价 12.96－初始价 12.00 的总涨价)就是资产价值的提高,故记为"套期工具"的增加。

但其损益净影响却较小,因为当初约定行权价多承受了 2 000 元(分录 4 新转入了汇兑损益),而且付了期权费 11 000 元,两抵后只净得防险好处 83 000,与账上汇兑损益户的借方 96 000 对冲后,余额 13 000 为防险不足,转入"本年利润"账户。即:

汇兑损益 49 000＋36 000－2 000＝现行市价 1 296 000－
(约定行权价 1 202 000＋期权费 11 000)＝
净防险 83 000(元)

第四节 防 险 会 计

4-1 防险会计概念

运用衍生工具防险,多是超越常规的会计处理,为防止企业利用来调剂利润,因此准则规定了特别严格的适用条件:

(1) 在作预先防险时必须由经理部门作成专门的正式书面凭证、说明:

a. 套期的目的及其策略;

b. 所防护的风险的性质;

c. 所用衍生工具及被防护的对象;

d. 对确定承诺的防护,说明其确认入损益的合理方法;

e. 评估防护有效程度的方法。

(2) 在防险开始时就要计算其有效程度,将无防险效果部分剔除出来,由当期损益负担,以避免防险会计的滥用。

我国新准则第 24 号将套期防险划分为公允价值、现金流量及境外经营净投资等三种。现简述前两种的会计如下。

4-2 公允价值防险会计(Fair Value Hedging Accounting)

公允价值防险包括已入账资产负债及未入账确定承诺的防险。前者有如账内存货跌价的防险。这里重点解释一下确定承诺的防险。

4-2-1 确定承诺的意义

这里所谓"承诺"(Commitment)专指一项承担在将来做交易的义务的协议或合同,包括单方面发出的购、销订单。所谓确定(Firm)是指可靠、无变,不可中途撤销或修改,或是合同中包含重大处罚条款,以致不大可能不履行义务的情况。在美国准则中对确定承诺的界定要点是:① 通常是法律上能强迫执行的;② 由于对不履行协议会有足够巨额的阻遏规定,从而其履行是极为可能的一个协议。这里所谓"极为可能",在美国财务会计准则♯5"或有事项"中所作的界定是其概率达到85%。

已如第三章外汇会计第五节所述,国际及美国的现行公认会计原则基本上倾向于单是"承诺"并不构成负债。即使是正式的、不可撤销的购销合同,在开始日也不确认为资产或负债,因为这还是一个将来生效的合同。只是当为数重大时,才在资产负债表下作成附注。但是国内企业的外汇风险却从一发出或一接受订单就开始了,而不是到交货日才有风险。因此要求在为购货承诺(订单或合同)作防险时,对受险的"承诺"和防险的期货合同两者的价格变动相关联地确认入账。这是一个特殊处理,因为作为基础的受防护对象还未入账,而两者的价格变动却要先入账,有些像"无根之木,无源之水"。凡是在一笔按外币定值的交易已经入账为应收、应付账款后作防险活动的(例如,订期汇合同),属于一般防险,称为"应收、应付账款拥有量防险";反之,凡是在外币制交易入账前就作防险措施的,就属本段的"公允价值防险"。美国准则承袭了这一观点而且还作了扩大(对预测交易)。但是如果不是"确定"的承诺,则不能采用下述公允价值防险会计的处理法。

4-2-2 公允价值防险会计的要点

公允价值防险的对象还有贷款上的未来利息及营业租赁上的未来租金等,以下将只介绍确定承诺的防险会计处理。

综上 4-2-1 所述背景,可先列示其与应收、应付外汇账款的一般防险会计的异同如下:

(1) 不同点——a."确定承诺"防险实施于应收、应付外汇账款入账之前,故其相对应的存货等基础资产负债最终按期汇汇率折算后入账;一般防险则相反,其存货等基础资产负债早已按当时即期汇率折算后入账。b."确定承

第十三章　外汇防险及衍生工具会计（B级材料）

"诺"防险会计以远期汇率作为计算汇兑损益的基准，而一般防险会计则兼用即期汇率（对受险的账款）和远期汇率（对防险手段的期汇合约）作计算汇兑损益的基准。

（2）相同点——受险对象和防险手段的汇兑损益都计入当期利润作对冲。

【例】　当汇率上涨时。

2003年10月2日，中国某公司开出订单从英国某厂定制设备一套，计值£100 000，约定在2004年3月31日交货，发运交单日立即付款。并由中国银行开出不可撤销付款担保书。为防£汇率上涨，2003年10月2日同时向银行订立一个180天的购入同额期汇的合同。全程有关汇率资料如下：

	20×3/10/2	20×3/12/31	20×4/3/31
即期汇率	11.95	12.56	13.00
远期汇率	12.10	12.65	13.00

分录：

顺序	业　务　分　录	套　期　防　险　分　录
	20×3年10月2日	
1.	（无分录）	（在期汇防险时无分录；但期权则有）
	20×3年12月31日	
2.	借：汇兑损益　　　　　¥54 591 　　贷：应付外汇确定承诺　　¥54 591 　　　　（计算同右）	借：套期工具——期汇　　¥54 591 　　贷：汇兑损益　　　　　　¥54 591 　　（¥12.65－12.10）×100 000 　　＝55 000（元） 　　设年利率3%×90÷360＝0.75% 　　55 000÷（1+0.75%）＝54 591（元）
	20×4年3月31日	
3.	借：汇兑损益　　　　　　35 409 　　贷：应付外汇确定承诺　　35 409 　　　　（计算同右）	借：套期工具——期汇　　　35 409 　　贷：汇兑损益　　　　　　35 409 　　（13－12.10）×100 000＝90 000（元） 　　90 000－54 591＝35 409（元）
4.	借：固定资产——设备　1 300 000 　　贷：银行存款　　　　　1 300 000 借：应付外汇确定承诺　　90 000 　　贷：固定资产——设备　　90 000	借：银行存款　　　　　　　90 000 　　贷：套期工具——期汇　　90 000

说明：

(1) 确定承诺和期汇合同都是将来生效的交易，故此时都不确认入账，但均可作成备忘记录。在期权防险时有初始投资，要做分录。

我国准则的《应用指南》中 3202"被套期项目"说明中只说"………将已确认的资产或负债"转入。确定承诺尚未确认，故本书主张不转入"被套期项目"科目。

(2) 涉险对象（确定承诺）与防险手段（期汇合同）在中间期末报告日的价值，均因期汇汇率有变动而发生增减，即形成汇兑损益，要同时转入当期利润账户。本例中期汇价值有增加：据期汇汇率看，每一英镑增长了人民币 0.55 元（年末 12.65－合同开始时的 12.10）。但此远期汇率是预计至 2004 年 3 月 31 日可兑现数，有 3 个月的时间差，按现值入账，￡100 000 上共增加价值人民币 54 591 元。已如前述，也可简化不折现。

同时所作确定承诺虽未入账，但不可撤销，因汇率变动导致的（本币）价格变化也是十有八九要成事实，从而相应地增减其价值。它也应按期汇汇率计算其变动额。

这里为何要按期汇汇率计算价值的增减？在汇率中也有时间价值和内在价值两个成分。两个日期之间即期汇率的波动反映内在价值；远期汇率对即期汇率的升水、贴水则反映时间价值（参见本章图表 13-4）。因为，即期汇率 $\frac{+升水}{-贴水}$ =远期汇率，故 FAS133 规定，照远期汇率计算双方的公允价值的变动，已经包含了内在价值（即期汇率的波动）和时间价值（减升水，而加贴水）两者的影响在内。就本例而言，在最终了结日，期汇的公允价值既调整了内在价值即期汇率差的提高额 ￥105 000 [￡100 000×(13－11.95)]，也调低了时间价值的丧失额（即升水额）15 000 元 [(12.10－11.95)×100 000]，其净增额为 90 000 元。

(3) 3 月 31 日是期汇到期日，期汇汇率和即期汇率相一致。所以 0.90(13－12.10)是防险全寿命期间的合同价值总额，减去上年末已入账的合同价值后，就是 2004 年 1 月 1 日至 3 月 31 日间新增的合同价值。

(4) 所购设备虽先照当天即期汇率对外支付(1 300 000)，但在期汇上收得增值 90 000 元（此时外汇银行轧差支付给订约企业，即 13.00－12.10 之差），以之冲减已支付的 1 300 000 元，故设备的净购价为 1 210 000 元，即达到了期汇防险的目的。如将左右两方的第 4 组三笔分录合并起来看，其净结果将如下（单位：万元）：

第十三章 外汇防险及衍生工具会计（B 级材料）

借：固定资产——设备(130－9)　　　121　（按期汇汇率计价）
　　应付外汇确定承诺　　　　　　　　 9　（受险对象）
　贷：银行存款(130－9)　　　　　　　121
　　套期工具——期汇　　　　　　　　 9　（防护手段）

对冲

双方的汇兑损益当期获对冲。

（5）如果确定承诺是接受了客户的订单成为销售（出口）承诺，则调整汇兑损益的将是销售收入。

【例】 当汇率下跌时。

设有关汇率如下，其他假设同上例：

	20×3/10/2	20×3/12/31	20×4/3/31
即期汇率	13.00	12.56	12.00
远期汇率	13.15	12.65	12.00

分录：

顺序	业　务　分　录	套期防险分录
	20×3 年 10 月 2 日	
1.	（无分录）	（无分录）
	20×3 年 12 月 31 日	
2.	借：应付外汇确定承诺　￥49 628 　贷：汇兑损益　　　　　　￥49 628 　　（计算同右）	借：汇兑损益　　　　　　￥49 628 　贷：套期工具——期汇　￥49 628 　（12.65－13.15）×100 000＝ 　　－50 000(元) 折现同上 　－50 000÷(1＋0.75%)＝ 　　－49 628(元)
	20×4 年 3 月 31 日	
3.	借：应付外汇确定承诺　　65 372 　贷：汇兑损益　　　　　　　65 372 　　（计算同右）	借：汇兑损益　　　　　　　65 372 　贷：套期工具——期汇　　65 372 　（12.00－13.15）×100 000＝ 　　－115 000(元) 　－115 000－49 628＝－65 372(元)
4.	借：固定资产——设备　　1 200 000 　贷：银行存款　　　　　　1 200 000 借：固定资产——设备　　 115 000 　贷：应付外汇确定承诺　　 115 000	借：套期工具——期汇　　　115 000 　贷：银行存款　　　　　　　115 000

和上例的原理相同,无需说明。

4-3 现金流量(预测预算业务)防险会计(Cash Flow Hedging Accounting)

4-3-1 现金流量的含义

所谓现金流量,专指未来的现金收付量。

在浮动汇率制汇率剧烈波动的情况下,也在金融创新不断发展的形势下,很多公司今天已经不限于对① 业已入账的外汇账款等资产负债项目及② 未入账的确定承诺项目作防险,而已普遍地对预测性的未作确定承诺的交易作防险了。

美国FAS133中所称现金流量防险,是指运用衍生工具对下列两种潜在的会使未来现金收付量发生不利变动的涉险处境作防险:

(1) 在预测性交易上发生的;

(2) 在已入账的资产或负债上所发生的(例如在浮动利率制下的贷款利息上)。

本书只讨论第一种情况。

4-3-2 预测性交易的含义

所谓预测性交易(Forecasted Transaction,我国准则称之为"预期交易")是指"不属于确定承诺的预计会在将来发生的交易。……它不构成任何对未来利益的现有权利,或任何对未来将作牺牲的现有义务。"(美国FAS133第540条)它包括① 已列入公司预算的进出口贸易,② 公司在国外的子公司的外币制预算购销额,③ 已列入预算的国外子公司汇回利润和分红,及④ 未完成的投标等。

预测性交易不同于确定承诺的地方有两点:① 没有固定的协议条款,② 并不能确定是否会发生。不仅是汇率变动会导致现金收付量发生变动,也包括未来价格的变动(这在确定承诺中是不存在的),更有可能根本不发生。因此现金流量的波动性远大于确定承诺。

4-3-3 现金流量防险会计的要点

(1) 防险的损益一开始只确认为资本公积——其他资本公积(本期工具价值变动),待以后再转入利润账户(递延转销);

(2) 对受防护的项目不做对冲损益的调整记录。

【例】 套用4-2-2的例,改为预计要向英商购买现成设备。

中国某公司的管理部门在20×3年10月2日决定在明年4月增设一个生产部门,需向英国某专用设备制造厂购买一项现成设备,计价￡100 000,由于财务管理规定,这类重大业务决策要经董事会通过方可执行。公司如获批

第十三章 外汇防险及衍生工具会计（B级材料）

准，英厂须于20×4/3/31前发运，公司凭交单付款。但判断当前外汇市场形势后认为英镑汇率不久将上涨，故于10月2日向银行订立一个购买180天同额期汇的合同，全程有关汇率资料如下：

	20×3/10/2	20×3/12/31	20×4/3/31
即期汇率	11.95	12.56	13.00
远期汇率	12.10	12.65	13.00

分录：

顺序	业 务 分 录	套 期 防 险 分 录
	2×13/10/2	
1.	（无对应分录）	（无分录）
	2×13/12/31	
2.	（无对应分录）	借：套期工具——期汇　　　￥54 591 　　贷：资本公积——预计交易防险　￥54 591
	20×4/3/31	
3.	（无对应分录）	借：套期工具——期汇　　　　35 409 　　贷：资本公积——预计交易防险　35 409
4.	借：固定资产——设备　￥1 300 000 　　贷：银行存款　　　　￥1 300 000	借：银行存款　　　　　　　　90 000 　　贷：套期工具——期汇　　　90 000

说明：

（1）上列业务分录中第1、2、3笔都因不确定而不作分录。但经理部门仍要作成正式书面凭证如4-1所述。期汇分录的汇率变动影响一直挂在"资本公积——预计交易防险"中不转入"本年利润"账户。

（2）第4笔分录表示预测预算的实际结果。但事实上有多种可能：

a. 在本例中其后确实经董事会通过后购入现成设备，并于3月31日前发运，凭交单付款，当月作成如上分录。累积在"其他全面收益"账户中的余额要随着设备的使用和提取折旧的比例，逐期转入各期利润账户。

b. 如本例其后未获董事会通过方案，并未购入设备。则已经积累的"其他全面收益"余额立即转入当期利润账户以确认为汇兑损益；并另作第4笔期汇合同结束的相应分录。

c. 如果预计购买的是材料、商品等存货而非固定资产，则第4笔分录当然应改为"采购"或"存货"。同时随同存货的销售而分期转入当期利润账户。

d. 如果预计的是计划销售（或出口），则除将"采购"改为"销售成本"外，其余均可按购买承诺的处理法类推。

e. 预测性交易中途转为确定承诺，则衍生工具按上段 3-2 转为公允价值防险，已积累的"其他全面收益"余额将仍予保留，按上述 a 点处理。

归纳起来说，累积在"其他全面收益"户中的外汇利得或损失，将有两种出路：

a. 凡所防护的未来交易会构成资产负债的，待所构成的资产或负债影响当期利润时，才跟着改列入各期损益账户（即如上 a 点中的折旧，或浮动利率负债中的利息，或 c、d 中的销售成本）。

b. 凡所防护的未来交易预计十有八九不会出现的，则立即改列入当期的损益账户。

第五节 投机的会计处理

为了能更深入地了解防险会计，这里简单勾勒一下投机的会计处理作对照。

5-1 必须谨慎辨别防险与投机

虽然辨别的标准只有一个，看有无被防护的对象（被套期项目）。但是同样一个衍生品项目，既可以用以防险，又可以用于投机，有时只是一墙之隔。作为会计人员来说，能否辨清其区别只影响会计处理与报表反映（当然在上市公司也会有可能构成虚假陈述的罪责）；但作为高级财务人员说来，严重时就会成为企业兴衰存亡的大问题。21世纪以来，我国一些外贸业务相关单位越来越多地运用衍生工具来防避汇率风险。由于缺少专业素养，往往在不知不觉之间从防险滑入到投机范围，承担了极大的风险。特别是国际投资银行为了追求营业收入，凭借一些复杂的数学模式，设计出了五花八门的"创新"品种，设下了"陷阱"，使我国企业屡屡出现了几亿人民币乃至一百多亿元的巨亏[①]。国外银行也有以相似的衍生品"理财产品"，使我国一些个人投资人发生巨亏。有人从拥有几千万元存款短时间内变成负欠银行几千万元。

举一个例来说，有一种复合的期权："买入一个要货（看涨）期权同时售出 2 个沽货（看跌）期权"[①]，而且要每天买货，长达一年甚至几年的合约。从表面看，客户省去了期权费（售出沽货期权可以收入期权费，以冲抵购买要货期权

[①] 从 2001 年起，连续发生了"中航油（新加坡分公司）"、"中棉储"、"中煤"、"东航"、"国航"等航空油料等商品期权；"中国中铁"、"中国铁建"、"中信泰富（上市公司）"等外汇投机事件。这些都是陷入了"累积期权"（Accumulator 或 KODA）即"带上限折扣购买累积期权"（Knock-out discount accumulator），是和银行对赌"行情不会大跌"的行为，是投机，不是"套保"。

的支出)。但是沽货期权的售权方在货价下跌时,风险极大(参看图表 13-12),因此,期权售出方与购买方的风险不相称,这种衍生品不是用以"套期保值(防险)"而是投机。

从而 CAS♯24 及 FAS133、IAS39 等各国的防险会计准则,都不允许把净收入期权费的组合指定为防险工具(CAS♯24 第八条)。

因此,财会人员(尤其是高级财会人员)必须提高自己对新兴金融学科的素养,应该学习《金融工程学》一类课程。在不甚了了前,最好只使用风险可控的简明品种。

5-2 衍生工具用于投机的会计处理

远期合同、期货及期权都可用于投机。现在只介绍用远期交易投机的会计处理作例子:

a. 会计规范。投机不属于防险会计准则范围,凡用远期合同投机时,其公允价值变动所致的得益或损失,都要在发生时立即确认入当期利润内。这一得益或损失都按远期价格计算。因为这时不存在对冲机制,投机会增加利润的波动性。

b. 会计分录。现举一数字例作解释:

【例】 设美商 A 公司在 20×5 年 11 月 1 日认为加元将在 120 天内走强,从而在当天与银行签订了 CAD1 000 000,120 天交割,期汇汇率 USD 0.71 的远期购汇合同。各日汇率如下:

	开始日	结账日	到期日
	20×5/11/1	20×5/12/31	20×6/3/1
即期汇率	0.700	0.750	0.770
远期汇率	0.710(120 天)	0.753(60 天)	0.770
折现率		6%	

20×5/11/1	(无分录)		
20×5/12/31	借:衍生工具——期汇		USD 42 574
	贷:汇兑损益		USD 42 574
	按期汇价重估的折现值	$= \dfrac{(0.753-0.710) \times 1\,000\,000}{1+6\% \times 60/360} = 42\,574$(美元)	
20×6/3/1	借:衍生工具——期汇		17 426
	贷:汇兑损益[(0.77−0.753)×1 000 000+		
	原折现差额 426]		17 426

借：银行存款　　　　　　　　　　　　　　　　60 000
　　贷：衍生工具——期汇(42 574＋17 426)　　　　　60 000

即当初期汇价 0.71 上涨至到期日的 0.77 了结价间的差额。

第六节　新型期权

6-1　新型期权的概念

第三节中的单个期权，如果和另一种衍生工具相搭配，用于同一个风险防护项目，就称为期权组合。各种不同的搭配，可以产生不同的特殊作用（故在西方国家称为"特异期权"(exotic option)，相对地对于第三节那样的单个期权就称之为标准期权或简单期权）。以下只用3个例子作一个初步介绍。

【例1】　零成本保值策略——又称双限期权策略(collar)、篱笆墙策略(fence)。

当购入 call 用于防护风险时，购权方要支付期权费。为求节省套防成本，经营期权的银行为客户设计出了一种组合：在购入 call 的同时又卖出一个 put，两者是同等期权费（或基本接近），同一到期日，以致 put 上收入的期权费基本上可以抵付 call 上支付的费用①。

【例2】　设限期权——又称栏式期权(barrier option)。

上例中 call 的售权方（如银行）在市价上涨时负有无限风险，为避免这一风险，设计出了一种封顶期权(knock out option，以下简缩 KO)，即售权方可以预设止损点作为栅栏——只要合同期内一旦达到或超过这一栅栏，期权即告失效。失效后即使市价再跌回栏内，期权也不能恢复生效。

反之，在 put 的售权方（如客户）在市价下跌时负有极大风险，就可在某一下跌市价点上预设栅栏以止损——跌价达栏或跨出栅栏，便使期权失效，只有价格进栏才能启动期权。这就成为保底期权(knock in option 简缩为 KI)，失

---

① 我国对期权的开放很有限。汇发[2011]8号文尚限制银行只能办理客户买入外汇看涨或看跌期权业务，除对已买入的期权进行反向平仓外，不得办理客户卖出期权业务。至汇发[2011]43号文才允许客户同时买入一个和卖出同一个币种、期限、合约本金相同的人民币对外汇普通欧式期权所形成的组合，但期权组合中，客户卖出期权所收入的期权费应不超过买入期权支付的期权费。我国2006年《准则》♯24"套期保值"第八第明白指出："……一项发行的期权和一项购入的期权，其实质相当于企业发行的一项期权（即企业取了净期权费），不能将其指定为套期工具。"

效后也不能恢复。

由于"跨出"或"未入"栅栏时,购权或售权方都失去了保护,因此期权费都可低于相应的不设限期权。

KO 与 KI 可以联成一个组合。

【例3】 累积期权(accumulator)——这是 2008 年前后在东南亚各地极为流行的一种期权组合。曾经广泛地运用于外汇、股票、商品等标的物。

它是在 kiko 基础上添加某些特殊条款而构成的。现在以我国香港前中信泰富公司的外汇期权巨亏案为例,说明其大意。

该公司在 2008 年收购了澳大利亚的一个铁矿,需要用澳元作远期支付。当时国际市场上钢铁非常热销,澳大利亚铁矿资源丰富,公司担心澳元有强劲上涨的趋势,乃与美国银行、香港汇丰……13 个国外大银行订立了一个外汇期权套期防险的合同。现为便于分析,按照经数学概括后的大意综述如下:

累计最大买入数额:90.5 亿澳元,每月买入一定数额的澳元

签署时间:2008 年 7 月 16 日;合约开始结算时间 2008 年 10 月 15 日;到期时间:2010 年 9 月(24 个月)

每次交易额:价格有利时买进,1 000 万澳元,价格不利时买入 2 500 万澳元,这称为杠杆率 2.5,即 call 购买标的物全合同期只有 1 次了结;但遇有 put 价时每次要收购标的物 2.5 倍。(通常可为 2～4 倍),且全合同期内每月(有的合同为每日)都要收购 2.5 倍标的物。故称累积。

交易间隔:每月一次,按月支付。

行权价:AUD1＝USD 0.87(通常为当时市价的 80% 上下)

封顶价:累计盈利 350 万 HKD

签约当日市价:AUD1＝USD 0.974 0

期权价:KO-call 与 KI-put 的期权价互抵,无支付

保证金:仿照期货办法,客户要在经营银行中存入保证金,供扣取收购的价款

这一设计"忽悠"客户的核心手法就在于杠杆率。本来不支付期权费的道理是 KO-call 和 KI-put 两者是等价交换的。但 call 1 000 万澳元上 80% 上下的盈利机会,远远小于 2 500 万澳元上可能无限度跌价而且还要在合同期内持续累积的亏损机会。这是只有 ko 而没有 ki 的"组合,"相当于在未来两年内的某一个月 KO 前,中信泰富获得 1 次向上敲出的看涨期权《从此再无涨价保护》,同时要每个月都送给银行 2.5 倍数量的看跌期权作为对价。这明显地不

相当。

期权券"互相抵付"是一种欺骗。中信泰富为此亏出了147亿元以上,也就是这13家国外大银行在短短3个月中掠夺了我国上市公司的巨额财富,使公司最终停止了生存。

6-2 要能辨别新型期权的性质:是套防还是投机?

衍生工具有两面性:既可防险也可投机。

防险以存在对冲为前提,即存在现有资产、负债和某种极可能发生的未来资产、负债、收入、费用上的风险,有待对冲。投机则单纯为了牟利,不存在对冲的目标。

定性地看,上述例3一类累积期权是对赌——购权企业赌今后市价为"牛市"(持续上涨);而经营银行则赌今后为"熊市"(持续下跌)。对赌就是投机。

定量地看:我国报刊报导这些公司的事件时,都使用了"套保"、"浮亏"等词,这是错误的。真正的套保产生的盈亏是在决策时就已预知的。是明知而故为的。目的在于锁定风险、锁定损益,抱着"再大的亏我不吃,再大的好处我不要"的态度(如期货等),简单期权甚至还能不放弃事态意外地向有利方向发展时的"好处"。总之,风险是被限定了的。但上例3的利益是限定的(有KO),跌价时的亏损却设有限定(无KI)。因此,不是套保而是投机。

事实上该公司的铁矿投资的资金需要只有AUD16亿,而所签订的16份"套保"合同总金额,即使今后两年汇率都有利,也要购入AUD36亿,如果化率不利则要购入AUD90.5亿。远超实际需要好多倍,不能说不含有投机成分。其结果就是董事长、财务总监和财务主管一起下台。

6-3 会计处理

期权组合的会计处理有两个核心问题:

① 期权组合公允价值的发生与变动——在4个时点上的数值计量、

② 期权组合公允价值的归属——套防工具上因公允价值升降而产生的利得和损失,又可分为两个组成成分;

a. 有效防险部分—内在价值;

b. 无效防险部分—时间价值。

前者要在时间上与受防护对象相匹配;后者则要转销为当期损益。(参阅前3-4-2)

现在假定一个现金流量套期防险的例子示意如下:

【例4】 德国Z公司生产多种专利产品,美国A公司在20×5年9月向Z公司发去进口意向书,拟在2016年一季度进口总额USD 1亿元的设备一批。

第十三章 外汇防险及衍生工具会计（B级材料）

至2016年3月细节商定，3月发货，D/A90天付款，全部以USD支付。其后货在3月底一次运出。6月末结账付款。

Z公司预计此笔出口实现概率极高，但担心USD到时下跌，决定预作现金流量防险，特在2015年10月1日向经办银行买入一个USD的PUT合同，行权价＄1.2900，到期日2016年6月30日，期权费EUR1 400 000。为采取零成本策略，再向银行卖出一个USD的CALL合同，行权价＄1.2120，其余条件同上，收取的期权费等额相抵。请注意，在外汇交易的情况下，USD的PUT就等于EUR的CALL，而USD的CALL就等于EUR的PUT。零成本的搭配原理和[例1]完全相同。

又假设Z公司按季度作财务结账编表。各时点的汇率等资料如下：

各时点汇率及期权费：(纯属假定，只为示意)

	20×5/10/1	20×5/12/31	20×6/3/31	20×6/6/30
EUR/USD	1.2350	1.2700	1.2950	1.3200
期权费行情				
USD PUT	1 400 000	1 580 000	1 584 000	1 761 000
USD CALL	1 400 000	−490 000	−89 000	0

分录：　　　　　业务方面　　　　　防险方面

① 起始日

20×5/10/1　　　（无）　　　　　　　（无）

说明：业务方面此时为预计出口，受防护对象尚未成立，不能确认入账。

防险方面要按CALL与PUT两者期权费的总和计量入账，当前为"0"，故无分录。

② 中间报告日

20×5/12/31　　　（无）

借：衍生工具——零成本组合　　　　　€1 090 000
　贷：本年利润——其他损益　　　　　　　€1 090 000

说明：业务方面出口仍未发生，还不能入账。

防险方面：与简单期权相似，随着时间的进展，金融市场对期权组合成分的价值也会有不同的评估：USD的PUT上涨了，而CALL下跌了。两者轧净为组合增值1 580 000−490 000＝1 090 000。

但是问题是这笔增值是否应该留给受防护对象（预期出口）？逆延为未来现金流量的增加？本段初的会计处理核心问题②中已说过要区分有效防险与

无效防险——即内在价值和时间价值。(参看 P.426)：

$$\text{内在价值}=\text{当日即期市场价}-\text{约定行权价}=1.2700-1.2900=-0.0200$$

但负值时最多只能取值为"0"。(迂有正值时要按出口 USD1 亿全值计算分录金额)

$$\text{时间价值}=\text{期权费总值}-\text{内在价值}。$$

故本例中的增值全属时间价值，应该在本期损益中全部转销，不能递延到预期出口实现日作防险。

③ 交易日

20×6/3/31

借：应收账款——出口	€ 77 220 000
贷：主营业务收入	€ 77 220 000
a. 借：衍生工具——零成本组合	€ 405 000
货：资本公积——现金流量防险	€ 296 000
本年利润——其他损益	109 000
b. 借：资本公积——现金流量防险	296 000
货：主营业务收入	296 000

说明：业务方面按当天即期汇率作常规分录。

防险方面第一步要作期末重评价：1 584 000－89 000＝1 495 000

比上期末账面增值：1 495 000－1 090 000＝405 000

第二步要分析有效、无效部分：

内在价值：组成成分一，USD 的 PUT 行权价 1.2900，即 $1=€0.77519$；大于当天即期汇率 1.2950，即 $1=€0.7722$，故有内在价值。

在出口总值上：USD 1 亿×(0.77519－0.7722)＝€297 000

由于这是到期日的将来值，按理应该折成现值。假设折现率为 0.9901 则内在价值为 296 000。

组成减分二，USD 的 CALL 行权价 1.2120，即 $1=0.82508$，大于当天市场汇率 0.77519，Z 公司为卖权方，对方不会来行权，故内在价值＝0。

故内在价值总和仍为 296 000 具余期权费 100 900 全为时间价值。

分录 b：在分录 a 中递延的"资本公积"296 000，原来是为了和受防护对象上的价格波动相互匹配作防险的。现在 3 月 31 日货已发运，现金流量已经成为现实，应不再需要保留递延，理应立邮匹配。

因为递延的是贷差，故追补为"主营业务收入"

第十三章 外汇防险及衍生工具会计（B级材料）

④ 了结日

20×6/6/30

a. 借：汇兑损益   1 462 000

    贷：应收账款   1 462 000

b. 借：衍生工具——零成本组合   266 000

    贷：本年利润——防险损益   266 000

c. 借：现金（银行存款）   77 519 000

    贷：应收账款   75 758 000

       衍生工具——零成本组合   1 761 000

说明：

分录 a：应收外汇账款按了结日即期汇率重估。

$1亿÷1.3200（即×0.75758）＝€75 758 000，比上期末的 77 220 000 降低 1 402 000。

b：PUT 的市场价格为 1 761 000，比上期末的 1 495 000 降低 266 000。

c：随即将出口所得外汇交到期权经营银行作实物交割，按约定行权价兑现：

$1亿÷1.2900（即×0.77519）＝€77 519 000

结论：外汇应收账款的确在了结日贬了值，但期权组合按行权价防护了当初的预期出口收入（完成了现金流量防险），而且还是零成本。

复习思考题

1. 什么是衍生工具？具体包括哪几大类金融工具？对此有无会计规范？
2. 远期交易的定义是什么？有什么作用？如何利用远期交易作防险？试解释图表 13-2 的得失图。
3. 什么是轧差了结或对冲平仓？这一业务上的处理在会计分录上如何体现？
4. 期汇汇率是如何形成的？升水和贴水是否能说成时间造成的差异？
5. 什么是 O-B-S？有什么缺点？FAS133 对衍生工具会计处理所作的改变是怎样的？
6. 试解释图表 13-3 远期交易的分录。
7. 和远期交易相比，期货的业务特点导致会计上产生什么特点？
8. 什么是期权？它和远期交易有什么根本性的差别？
9. 试比较期权的会计分录和远期交易分录的异同。
10. 确定承诺和预测性交易有什么不同？

11. 公允价值防险和现金流量防险的会计有什么不同?
12. 什么是新型期权、期权组合和累积期权?
13. 解释专门术语及符号:

Call Put In-the-money Out-of-the-money At-the-money 对冲(套期防险) KO KI

习　题

习题 13-1

一、要求　作成期汇防险的有关会计分录。

二、资料　假定美国某公司出口 A 产品给日本某进口公司。发票开票日为 20×2 年 12 月 1 日,总价 1 000 万日元,收款期 60 天为 20×3 年 1 月 30 日。美出口商与银行订立了一个 60 天期售出 1 000 万日元的期汇合同,以冲抵资产性的汇率敞口(风险)。有关三天报刊上当天日元的汇率行情如下:

	20×2 年 12 月 1 日	20×2 年 12 月 31 日	20×3 年 1 月 30 日
即期汇率　1 日元＝	$0.007150	$0.007140	$0.007141
30 天期汇汇率	0.007145	0.007139	0.007138
60 天期汇汇率	0.007140	0.007138	0.007136

又设年利率为 6%。

习题 13-2

一、要求　作成上海家具厂的相应会计分录。

二、资料　加拿大 B 百货公司在 20×0 年 5 月 15 日签约购入上海家具厂一批家具,总价 CAD 300 000,约定用 D/A90 天方式付款。5 月 25 日货物已发运。31 日承兑交单。为免加元可能下跌而造成的损失,该厂于同日向加拿大皇家银行上海分行以 CAD 3 610 购入一份欧式售汇期权合同(Put),为期 3 个月。约定实施价 CAD 1＝USD 0.7632。有关汇率及期权费如下(USD 1＝RMB 8,期内无变动):

	5/31	6/30	7/31	8/31
汇率	0.7632	0.7605	0.7553	0.7477
期权费总值(USD)	3 610	3 800	4 200	4 650